高速公路改扩建设计理论与实践

袁胜强　郑晓光　主编
徐　健　主审

中国计划出版社

图书在版编目（CIP）数据

高速公路改扩建设计理论与实践 / 袁胜强，郑晓光主编. -- 北京 : 中国计划出版社，2017.7
ISBN 978-7-5182-0666-7

Ⅰ. ①高… Ⅱ. ①袁… ②郑… Ⅲ. ①高速公路－改建－道路工程－研究②高速公路－扩建－道路工程－研究 Ⅳ. ①U418.8

中国版本图书馆CIP数据核字(2017)第154991号

高速公路改扩建设计理论与实践
袁胜强 郑晓光 主编

中国计划出版社出版
网址：www.jhpress.com
地址：北京市西城区木樨地北里甲11号国宏大厦C座3层
邮政编码：100038 电话：（010）63906433（发行部）
新华书店经销
北京市科星印刷有限责任公司印刷

787mm×1092mm 1/16 16.25印张 381千字
2017年7月第1版 2017年7月第1次印刷
印数 1—3000册

ISBN 978-7-5182-0666-7
定价：58.00元

前言

我国高速公路持续快速发展，截至 2015 年，高速公路通车里程达 12.3 万 km，已连续四年蝉联世界第一，“十三五”期间中国高速公路投资增长势头将延续，到 2020 年，全国高速公路将新增通车里程 4.6 万 km，高速公路通车里程将达 16.9 万 km。

随着我国宏观经济的持续快速发展，部分早期建设的高速公路，如长三角、珠三角、环渤海湾地区以及国家高速公路网中的南北向、东西向交通主骨架，年平均增长率多在 10%以上，部分地区甚至达到 20%以上，其交通流量的实际增长远超出项目规划立项时的交通量增长预测值，并在未来一段时期内仍将保持较高的增长速度，道路通行能力和服务水平降低，个别路段拥堵严重、事故频发，呈现出交通量饱和、运输能力十分紧张的状况，已不能适应经济社会发展和城乡建设的需求，高速公路迫切需要进行改扩建。

高速公路改扩建工程是践行资源节约、节能高效理念的重点领域，是我国绿色公路建设的重要组成部分，它是在充分考虑资源环境约束力和承载力的前提下，通过集约利用运输通道资源、土地资源和路产资源，对部分已经不能适应经济社会发展的高速公路实施的以优化交通结构、提高运输能力、提升服务质量为目的的一种重要的公路工程建设形式。相对于新建公路，可以节约土地资源，缓解土地使用矛盾、节省工程费用，如新建四车道高速公路需要占地 50m，而改建拓宽四车道仅需增加 20m 宽度，造价比新建低 30%以上。因此可以预见，高速公路改扩建将是我国未来交通基础设施建设的重要组成部分，特别是经济发达、路网结构、密度已趋完善的地区。

高速公路改扩建的重要性不言而喻，如何做好高速公路改扩建设计显得非常关键，我国一些省市陆续开展了对部分高速公路实施改扩建的工程探索与实践，取得了一些相关研究成果和工程经验。交通运输部先后颁布实施的《高速公路改扩建设计细则》JTG/T L11—2014 及《高速公路改扩建交通工程及沿线设施设计细则》JTG/T L80—2014 是全国高速公路改扩建设计遵循的重要规范。上海市政工程设计研究总院（集团）有限公司（以下简称上海市政总院）在高速公路改扩建方面进行了大量的研究，包括上海市科学技术委员会科技攻关计划项目（062112062）、上海市城乡建设和交通委员会重大科研项目（2007—022），先后设计完成了沪宁高速公路（上海段）改扩建、沪杭高速公路（上海段）改扩建等多个有代表性的项目，并组织编写了上海市地方标准《高速公路改扩建设计规范》DG/TJ 08—2174—2015，于2015年12月1日颁布实施，取得了系列性的成果。

为了总结和推广多年来积累的高速公路改扩建研究与应用成果，上海市政总院组织科研技术人员编写了本书，其中第一章、第二章由袁胜强编写，第三章由袁胜强、姚锐、郑晓光、陈亚杰、顾民杰、何武超、张杰编写，第四章由袁胜强编写，第五章由姚锐编写，第六章、第七章由郑晓光、祁乐凤编写，第八章由顾民杰、何武超编写，第九章由袁胜强编写，第十章由陈亚杰编写，第十一章由张杰编写，第十二章由黄晓清编写，全书由袁胜强、郑晓光统稿编著。值此向全体编写人员致谢！

本书部分资料来源于所列参考文献，在此向原著（编）者表示衷心感谢！

由于编写人员水平有限，不足之处在所难免，恳请读者批评指正。

袁胜强

2017年5月于上海

目 录

第一章 概 述

1.1 背 景

高速公路作为现代化的公路运输基础设施，其产生和发展是国民经济发展的必然结果，是衡量一个国家公路交通运输和汽车工业现代化水准的重要标志，在公路交通运输和国民经济发展中具有举足轻重的地位和作用。1988 年建成通车的沪嘉高速公路，标志着中国大陆高速公路零的突破，从此以高速公路为标志的现代公路运输体系进入了一个新的建设发展时期。从 1988 年到 2010 年，高速公路建设经历了高速增长期，全国高速里程以每年 20%～80%的同比增速增长，特别是 1998—2010 年间每年平均新通车高速公路里程在 5100km 以上。“十二五”期间，全国高速公路建设依然以快的步伐加紧建设，5 年内通车里程新增 4.9 万 km，平均每年建成 9800km，截至 2015 年，高速公路通车里程达 12.3 万 km，已连续四年蝉联世界第一，较 2010 年增长率 66%。“十三五”期间，在“一带一路”“京津冀协同发展”“长江经济带”三大国家战略交通先行的背景下，全国交通投资规模将继续攀升，预计 2020 年末全国高速公路通车里程将超 16 万 km。

进入 21 世纪以来，随着我国经济的持续快速发展，部分早期建设的高速公路，如长三角、珠三角、环渤海湾地区高速公路以及国家高速公路网中的南北向、东西向交通主骨架，年交通流量平均增长率多在 10%以上，甚至达到 20%以上，其交通流量的实际增长远超出项目立项时的交通量增长预测值，并在未来一段时期内仍将保持较高的增长速度。随着交通流量的持续增长，高速公路的服务水平不断降低，个别路段拥堵严重、事故频发，呈现出交通量饱和、运输能力十分紧张的状况，已不能适应经济社会发展和城乡建设的需求，高速公路改扩建已成为我国交通基础设施建设中的一项重要而紧迫的任务，迫切需要进行改扩建。

自“十五”以来，在加快路网建设的同时，一些省（市、区）陆续开展了对部分高速公路实施改扩建的工程探索与实践，取得了一些相关研究成果和工程经验。目前，国内已有广佛高速、沪杭甬高速、南京绕城高速、沈大高速、沪宁高速、京港澳安新段、连霍高速洛阳至郑州段、福厦漳高速、佛开高速等 10 多条高速公路先后完成了改扩建，大多运行良好。同时针对改扩建工程的特点和难点，许多建设单位组织开展了总体设计、路线设计、地基处理、路基路面拼接、桥梁拼接、路面材料再生、交通组织等一系列的科研课题及专题研究，研究成果也运用到工程中，提高了工程的建设质量。

2013 年 10 月 29 日，交通运输部发布了《高速公路改扩建工程中有关技术问题处理的若干意见》（交公路发〔2013〕634 号）（以下简称《意见》）。《意见》是交通运输部首次专门针对改扩建工程发布的指导意见，明确了改扩建工程中应坚持“统筹规划、兼顾长远，注重实效，指标合理，节约资源，绿色环保，科学组织，安全实施”的原则。《意见》共分四个部分 33 条，从改扩建工程中方案选择、指标选用、资源节约、建设组织、安全保障等方面提出了具体指导意见。

2015 年 1 月 1 日，交通运输部颁布实施的《公路工程技术标准》JTG B01—2014（以下简称《标准》），对公路改扩建的总体设计、路线、路基、路面、桥涵、交通工程及沿线设施等进行了原则的要求。

2015 年 3 月 1 日，交通运输部颁布实施了《高速公路改扩建设计细则》JTG/T L11—2014（以下简称《细则》）及《高速公路改扩建交通工程及沿线设施设计细则》JTG/T L80—2014（以下简称《交通设施细则》，（图 1-1），《细则》和《交通设施细则》为《意见》的延伸和细化，是全国高速公路改扩建设计遵循的重要规范。该《细则》针对高速公路改扩建特点，围绕技术标准采用、既有资源利用、改扩建方案选择、人工构造物的拼接、建设与运营协调等方面，在深入调研的基础上，总结了我国近年来在高速公路改扩建方面的经验，借鉴并吸收了一些发达国家的相关技术标准，力求“注重实效、和谐环保”的理念，以解决当前高速公路改扩建方面存在的问题，指导和规范高速公路改扩建设计，促进高速公路运行的通畅、安全和高效。

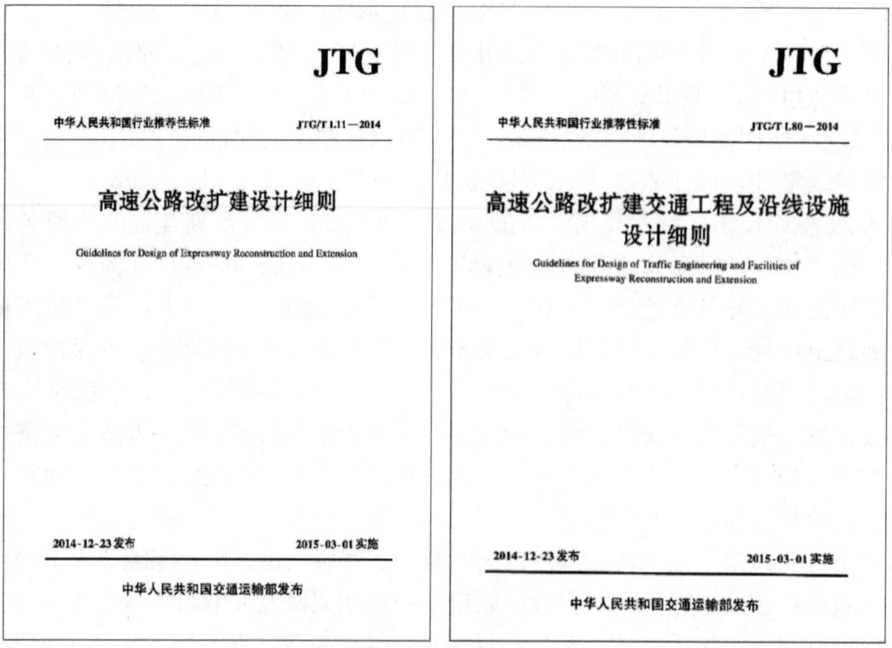

图 1-1　已颁布的高速公路改扩建设计标准

2015 年 12 月 1 日，上海市城乡建设和管理委员会颁布实施了《高速公路改扩建设计规范》DG/TJ 08—2174—2015，该规范属于上海地方标准，由上海市路政局、上海市政总院等单位组织编写，充分考虑了平原软土地区地质条件及上海市高速公路的交通特点。长三角、珠三角等广大软土地区进行高速公路改扩建设计时，均可以参考。

为了更好地诠释高速公路改扩建设计的理念，编者通过本书从理论及应用实践方面全面阐述了高速公路改扩建设计技术，并结合工程实例介绍了具体应用方法，帮助广大工程技术人员科学正确地掌握高速公路改扩建设计方法。

1.2 高速公路改扩建工程的相关术语

高速公路改扩建工程是高速公路建设的一个新的方向，不同于新建高速公路工程，在阐述其设计理论和方法之前，有必要厘清几个重要的概念。

(1) 改扩建。

在既有高速公路的基础上，通过拓宽并对既有高速公路实施改造，以提高服务水平、通行能力及安全性的工程建设行为。

(2) 拓宽。

对既有路基、路面、桥涵等公路设施进行拼宽或分离新建，包括单侧直接拼宽、两侧直接拼宽、单侧分离新建及两侧分离新建等形式。

(3) 拼宽。

新建路基、路面、桥涵等通过有效的横向物理联系工程措施，与既有道路结构形成整体，共同承受荷载。

(4) 线形拟合。

利用实测数据，以逼近现状道路线形并满足规定的技术指标为目的，进行平面线形及纵断面线形设计。

(5) 整体式扩建。

在既有道路内侧或外侧直接拼宽，形成整体式路幅，以达到改扩建目的。

(6) 分离式扩建。

在既有道路外侧或上部通过新建分离的道路，以达到改扩建目的。

(7) 扩挖。

对既有隧道扩大断面开挖重建。

(8) 同向车道分隔带。

单侧直接拼宽时，将既有中央分隔带保留形成的作为分隔同向行驶车道用的带状设施。

(9) 车道转换带。

单侧直接拼宽时，将既有中央分隔带改造为路面后，供同向车道分隔带两侧车辆转换行驶的带状区域。

1.3 高速公路改扩建工程特点

目前我国高速公路改扩建的经验及相应的规范标准主要集中在对既有高速公路进行扩建这一方式上，二级或一级公路提升改造为高速公路的情况更加复杂，经验不成熟，实际案例极少。因此，本文主要阐述既有高速公路进行改扩建设计。

高速公路改扩建不同于新建高速公路，主要有以下六个特点：

1. 需要协调新老高速公路的建设标准

既有高速公路建设一般运营 10 年以上才会出现改扩建的需求，改扩建时可能会出现两种情况：

（1）改扩建时现行高速公路技术标准和既有高速公路采用技术标准不同。

现行《标准》与1997版以及2003版有了较大的调整，如：设计速度、服务水平分级、横断面宽度、桥梁设计荷载、车辆折减系数、标准车型等方面均有所变化。同时现行相应的公路路线、路基、路面、桥涵、交叉、附属设施等技术要求也有部分调整。因此，在确定设计标准时，应充分考虑两个技术标准的衔接。

（2）既有高速公路交叉的河道、铁路等技术标准变化。

随着相关行业规划的调整，和既有高速公路交叉的铁路建筑限界、河道通航等级及相应的技术标准变化时，在改扩建时，新建部分应当考虑按照新的技术标准要求；既有部分需要综合考虑，当既有高速公路已纳入交叉的铁路或河道的改造提升工程时，一般考虑按照新的标准，否则，宜维持既有高速公路的标准不变。同时设计应考虑相应技术标准的近远期的衔接。

2. 需要处治既有高速公路的各种病害

早期修建的高速公路，一方面，限于当时的经济条件、技术水平和经验的不足，修建的高速公路可能存在一些问题，如部分线形指标取值偏低、路基压实度不足、地基处理不到位、路面结构厚度偏薄、边坡防护不当等；另一方面，高速公路经过多年的运营，或多或少都存在着病害，如路面疲劳破损、路基沉陷、桥梁结构病害、隧道渗水、沿线交通设施破损及老化等。这些直接影响着既有高速公路的质量和正常运营，甚至直接威胁着高速公路运行车辆安全，造成不必要损失，同时也给日常养护、维修工作带来许多麻烦。因此，在高速公路改扩建时，应认真细致地分析病害，提出合理的处理措施。

3. 需要协调好新老高速公路间的衔接

高速公路改扩建的难点和重点之一是处理好新老高速公路间衔接，如线形（高程和横坡）的衔接、路基差异沉降的控制、新老路基结合部、路基横向排水衔接、路面拼接、桥梁拼接、互通立交的衔接等。只有协调好新老高速公路间的路基、路面、桥梁、隧道、沿线设施，才能充分发挥高速公路改扩建工程的功能。

4. 需要合理利用既有高速公路

高速公路改扩建时，应充分考虑利用既有的路基、路面、桥梁、涵洞、交通工程及沿线设施、道路两侧富余用地等。同时，对废弃的既有道路的路基填土、路面挖除材料、桥梁拆除废料、安全设施等材料，应综合考虑尽量利用于高速公路改扩建工程或其他低等级的公路工程。

5. 需要维持施工期间既有高速公路运营

对日益繁忙的高速公路进行改扩建，完全封闭交通进行改扩建是非常困难的，因此保持既有高速公路运行状态下进行改扩建是必然选择，交通组织方案应遵循不中断和少影响原则，既要考虑施工期交通组织方案对施工方案和设计方案的反作用，又要根据总体工程方案制定可行的交通组织方案。总之，高速公路改扩建项目要制订行之有效的综合性交通保障方案，包括区域路网的交通分流组织以及高速公路施工路段的交通组织两个部分，确保把改扩建对交通的影响降到最低程度。

6. 需要动态的设计及建设管理

由于施工周期比较长，并且施工期间还力求保证既有高速公路交通运营，根据施工现场实际情况，积极配合施工，最大化减少施工过程中对于道路交通的影响，往往需要采用动态设计的方法，及时调整设计，做到方案合理、投资节省、方便施工、保证安全。例如路面补强及加罩设计，施工图设计是根据当时的检测评价结果确定的技术方案，但是保通期间路面的技术状况会出现衰减，在实际进行路面改建时（一般时间间隔可能有 2 年左右），需要重新评价既有路面技术状况，动态的调整路面补强及加罩的设计方案。和动态的设计一样，改扩建工程中需要动态的建设管理。包括动态的计划调整、动态的交通组织调整、根据工程实施中暴露的问题以及动态的观测数据与设计动态跟踪相结合直至动态的建成路段运营管理等。因此，良好的实时的动态建设管理是“保证交通、提高质量、加快建设速度”的基本保证。

1.4 主要内容

本书共由十二章组成：

第一章回顾了我国高速公路新建及改扩建的发展历程，对高速公路改扩建设计的相关术语进行了定义，并总结了高速公路改扩建的工程特点。

第二章通过对国内外高速公路改扩建建设的调研，对不同地区不同类型的高速公路改扩建的关键技术进行了总结。

第三章提出了既有高速公路的交通运营、技术状况调查和评价的原则。结合改扩建工程的特点，重点对交通、路线、路面、桥涵、路基及沿线设施的调查内容、评价方法及标准进行了论述。

第四章重点论述了高速公路改扩建的启动时机、改扩建形式、改扩建规模，研究了高速公路改扩建时主要技术标准的采用，并对总体布置的技术要点进行了总结。

第五章重点论述了路线设计，包括横断面设计、平面设计、纵断面设计与运行速度检验。

第六章提出了既有路基利用与处置方法，阐述了地基处理、路基拼宽、路基排水，重点研究了桩承式拓宽路堤设计、新老路基结合设计与路基拼宽设计方法。

第七章提出了既有路面处置方法，阐述了扩建路面结构设计方法、既有沥青路面材料再生利用和路面防排水，重点研究了新老路面拼接处治、新老路面协同设计与再生材料组成设计方法。

第八章提出了桥涵病害的处置方法，论述了桥涵拼宽的技术，并对既有桥梁的顶升及拆除的技术进行了探讨。

第九章阐述了路线交叉改扩建设计的重点和原则，着重论述了路线交叉的总体方案设计，提出了改扩建互通立交线形设计标准及设计方法。

第十章提出了高速公路改扩建安全设施防护等级与设计原则，重点阐述了交通标志标线、护栏、临时交通安全设施、隔离栅与桥梁护网的设计要求。

第十一章简要论述了高速公路改扩建的管理及服务设施的设计。其中管理设施包括：监控设施、通信设施、收费设施、供配电照明、房屋建筑等；服务设施包括服务区和停车区。

第十二章论述了高速公路改扩建施工期间的交通组织，包括既有高速公路内部交通组织以及利用区域路网进行交通分流交通组织两方面，通过合理的交通组织，尽可能降低高速公路改扩建对交通通行的影响。

第二章　国内外高速公路改扩建建设与发展

2.1　国外发展状况

2.1.1　技术发展概况

由于美国、德国、日本等国家开始高速公路建设的时间较早，其理论体系较为成熟和完善，随着公路研究的不断深入和道路建设的日益饱和，高速公路改造升级的方法和技术越来越受到重视。其中，以美国高速公路的改扩建建设研究最为典型，取得的成就也很显著。

二战之后，因国防要求，美国开始在国内大规模的建设高速公路，到 20 世纪 70 年代末期，美国的高速公路网基本成型，高速公路的建设从新建转向对原有道路的扩容改造。同期，美国国内数条高速公路已经开始初步的改扩建研究和实践。从 1981 年开始，美国政府基本上不再对高速公路新建项目投资，而是转向 4R 项目（Restoration，Resurfacing，Reconstruction，Relocation)，即对高速公路进行重修、重新铺面、重建和重置的工程项目。1982 年，美国国会通过《陆上运输资助法》，规定用于州际高速公路的资助金额中，用于 4R 项目的不得少于 40%，这一项政策突显出了美国政府对高速公路改扩建建设的重视。

1983 年，TRB 组织在美国召开了公路扩建工程专题国际会议，总结了发达国家近 10 来年对高速公路扩容改建的技术和方法，会议主要集中在对结构拼接和施工方法上的总结。

1983 年，美国学者 Jack E. Leisch 在 ITE Journal 上发表名为 *Plan/Design Features and Case studies in freeway Reconstruction* 的论文，较为系统地论述了高速公路改建拓宽中在几何设计上普遍遇到的问题，尤其对立交设计的问题作了很精辟的总结。1999 年美国普渡大学的 Richard J. Deschamps 等人对加宽路基进行了研究，提出了加宽路基的设计指南和施工步骤，并对相应的规范进行了修订。

美国 AASHTO—2002 版设计方法中，老路拓宽部分的设计中强调了新路和老路必须良好结合，要求新拓宽的路面结构性能尽可能和原有路面相近。认为在常规设计下，旧路拓宽工程中，沿结合面破坏是不可避免的，AASHTO 仅提出了以上一些原则和技术措施的建议，但没有提供明确的有针对性的结构设计方法。

日本已建成通车的高速公路中隧道和桥梁所占比例较大，填筑路基段大多位于山堑峡谷依山体而建，因此，根据地形条件，除少数一般的平原、丘陵挖、填方路段采用两侧拼接加宽的方式外，其他路段多以单侧拼接加宽为主，局部路段的隧道、桥梁和路基采取分离新建的做法。对路基段的拼接采用轻质填料（空气泡沫轻质稳定土或发泡聚苯乙烯 EPS)，拼接过程中对原路基一般不作大面积开挖台阶复压处理。路面大多采用排水性沥青混凝土路面结构为 4cm 排水性沥青混凝土面层＋6cm 沥青防水层＋10～20cm 沥青处治基层＋17～25cm 水泥处治底基层，面层石料为坚质砂岩，其中 10～13mm 粒径石料占 70％～80％、砂占 10％～15％ ，矿粉占 4％，树脂沥青占 5％，孔隙率达 20％，排水性沥青混凝土路面提高了道路的安全系数和行车的舒适性。

日本是地震灾害多发的国家，桥梁的设计更加注重抗震性能，在高速公路扩建中，一般不对原桥作直接拼接加宽处理，而是与原桥并行新建，上下结构均不作连接，多采用钢箱梁以及其他型式的钢梁结构。在需要对原桥直接作拼接加宽处理时，上下构件均作连接（当预应力混凝土连续箱梁有横向预应力时，上部结构不连接），以提高新旧桥梁连接后的整体强度。在新旧桥梁连接时采用了膨胀混凝土技术，以减小原桥行车振动产生的影响和普通硅酸盐水泥混凝土自身干缩性影响，保证新老混凝土交接处的整体性。高速公路改扩建需要新增下穿通道时一般采用液压顶推混凝土箱体技术，形成了独特的“单桩顶推、组合成梁、圈拱浇注”的施工技术方法。

日本十分重视环境保护、安全生产、文明施工和现场作业管理，日本的高速公路拓宽改造施工也是在开放交通情况下进行的，施工中对所有运送材料的车辆都安装了防散落、防扬尘的密封设施，施工现场，都分类摆放垃圾箱，严禁乱扔杂物，所有材料分类堆放整齐，工地上非常整洁，现场看不到散落的黄沙和水泥。道路的拓宽基本上做到了边填筑、边整坡、边清理、边绿化，排水设施同步施工，施工组织非常严密。

综上所述，从 20 世纪 80 年代开始至今，国外发达国家对高速公路扩容改造的方案选择由过去简单考虑满足交通功能的思维模式转变为考虑交通、生态、环境、经济、技术、社会影响等多目标的改建模式。高速公路与周边环境、生态系统和公众生活的相适性越来越受到重视，选择怎样的扩建方案以及怎样利用先进技术来减小扩建项目的影响成为高速公路改扩建研究的重中之重。

通过对国外高速公路改扩建的分析可知：近几十年内国外对高速公路改扩建的研究重点在改扩建方案比选、公路改建拓宽中的几何设计、路基路面结构拼接和施工方法上这几个方面，并且在设计规范中也只对高速公路改扩建提出一些原则和技术上的建议。

2.1.2 工程案例

美国高速公路建设始于 20 世纪 40 年代，其中相当一部分是在原有道路的基础上改建而成。由于美国平原多、大川大河少，加上土地资源丰富，州际高速公路建设中绝大多数采用了宽中央分隔带，这些设计理念为后期的高速公路扩建带来了很多便利条件。随着经济和汽车工业的发展加上州际高速公路均不收费，交通量增长较快，70 年代后开始逐渐进入高速公路扩建时期。由于早期建设的高速公路多采用了宽中央分隔带的形式，高速公路扩建多采用了原位加宽的方式，车道数从 4 车道增加为 8 车道、10 车道。为了充分发挥高速公路快速通过能力，交通量大的高速公路两侧大多设置了集散车道，用于收集和疏散高速公路交通，构成了美国高速公路的一个特色。

1. 美国 15 号高速公路

美国 15 号州际高速公路拉斯维加斯至洛杉矶段原来以 6 车道为主，局部为 4 车道，随着交通量的增长，道路服务水平开始下降，内华达州开始实施道路扩建。15 号高速公路与美国大部分高速公路一样采用了宽中央分隔带的方式，扩建工程采用内侧加宽方式将道路扩建为 8～10 车道，把原来的宽中央分隔带改为新泽西分隔带（图 2-1）。

图 2-1　改扩建后的美国 15 号高速公路

2. 美国 45 号高速公路

45 号高速公路休斯敦通往加尔维斯敦段从 1952 年的 4 车道公路到 1999 年逐渐扩建为 8 车道为主（局部 6 车道）的高速公路，整个建设过程历时近 50 年。

3. 美国 59 号高速公路

59 号高速公路是休斯敦西南方向的重要出口道路，1976 年形成完整的 4 车道高速公路，随着交通量的增加，从 1992 年开始分段实施扩建，到 2002 年全线建成了以 10 车道＋2HOV 车道为主的高速公路。59 号高速公路两侧设置了集散车道，集散车道与高速公路的连接有集中连接与分散连接两种方式（图 2-2），分散连接是间隔一定的距离分别设置主线出口和主线进口，集中方式是在较短的距离内允许匝道交叉设置主线出口和主线进口。

(a) 分散连接方式　　(b) 集中连接方式

图 2-2　美国 59 号高速公路主线和集散车道的联系方式

4. 加拿大多伦多 401 高速公路

多伦多是加拿大人口最多的城市，交通需求量大，高速公路网发达。401 高速公路是多伦多市内东西向主要干线高速公路，1952 年开始建设，断面车道数为 4～22，平均每天通过交通量大于 1.5 万～40 万辆（小汽车）。401 高速公路建设时期不同路段采用了不同的标准，且标准差异较大，建成后不同路段交通发展不同，其中一些路段进行了扩建（图 2-3）。

图 2-3 改扩建后的加拿大 401 高速公路

在一般路段，401 高速公路采取了中央扩建与两侧加宽扩建相结合的方法增加车道数；在交通量大的城市路段，早在建设时期就已考虑了多车道方案，且通过采用分离路基方式来解决多车道的交通组织问题。

401 高速公路分离路基交通转换的连接方式与美国高速公路与集散车道交通转换连接方式相似，也有集中转换与分散转换两种方式，但其标准不同。401 是同一高速公路分离车道间的转换，连接车道技术指标较高，美国 59 号高速公路是高速公路与两侧集散车道间的交通转换，连接道路技术指标可以较低。401 高速公路的建设模式为处理多车道高速公路提供了借鉴。

国外高速公路建设起步早，规划相对超前，在地域辽阔的美国、加拿大等国家多采取了宽中央分隔带的布置方式，为扩建提供了方便。在中央扩建不能满足要求时优先采用了两侧拼接扩建，在多车道（大于 8 车道）高速公路交通组织上，美国和加拿大大量采用了分离断面或集散加快速的处理方式。

2.2 国内发展状况

2.2.1 技术发展状况

我国高速公路的发展较国外发达国家整体较晚，20 世纪八九十年代以前，我国公路建设多以新建为主，关于高速公路改扩建工程的研究较少，相关工程经验也比较欠缺。

20 世纪 90 年代中后期，随着我国经济发展的突飞猛进，极大地带动了公路事业的发展，原有高速公路的通行能力越来越不能适应急剧增长的交通量需求，我国高速公路开始进行大规模的道路拓宽建设。这之后，国内工程技术人员对高速公路改扩建工程的研究不断深入，并在设计和施工中进行了大量的实践。

我国高速公路建设初期，由于投资及用地条件的限制，建设时大多没有预留用于拓宽中央分隔带，使得大量国内高速公路改扩建工程需要在道路两侧进行拼接，路基不均匀沉降导致的新老路基结合问题较为突出。因此，在我国对高速公路改扩建技术研究初期，主要研究内容是路基填挖结合部不均匀沉降处治技术、匝道拼接技术、路堤加宽技术等，并以此为主开展了大量工程实践和理论研究。

随着对高速公路改扩建内容研究的越来越深入，以及新技术的不断融入，研究重点开始转向改扩建条件与时机、改扩建标准化、拓宽路基差异沉降控制标准、桥梁涵洞拼宽、路面再生技术以及高速公路改扩建交通安全和施工组织等方面。

2004 年 11 月，交通部专家委员会在南京主办了高速公路扩建工程技术研讨会，会议总结了近几年国内几条高速公路扩建的经验和技术问题。会议在方案制定、路基拼接处理、路面材料应用、桥梁与互通的改建等多项议题作了专题讨论，总结了国内近几年来在高速公路扩建研究中的最新成果。这次会议丰富了我国对高速公路改建领域的技术成果，为日后的标准化制定和进一步的技术研究无疑奠定了扎实的基础。

2012 年 12 月，中国公路学会青年专家委员会主持召开了第六届全国公路改扩建技术交流会，目的在于推广公路改扩建新技术和新成果，交流新经验，会议对高速公路改扩建的技术政策、工程精细化管理、改扩建设计与施工技术等进行了深入的交流。

2013 年 10 月 29 日，交通运输部发布了《高速公路改扩建工程中有关技术问题处理的若干意见》（交公路发〔2013〕634 号），是交通运输部首次专门针对改扩建工程发布的指导意见，共分四个部分 33 条，从改扩建工程中方案选择、指标选用、资源节约、建设组织、安全保障等方面提出了具体指导意见。

另外，近十年，一些早期的改扩建工程已先后建成通车，这些工程在改扩建方案论证比选等方面都进行了大量的分析研究，取得了丰硕的研究成果，对于后期高速公路改扩建研究具有极重要的借鉴价值。其中主要的高速公路改扩建工程实施情况如下述工程案例。

2.2.2　工程案例

1. 沈大高速公路

沈大高速公路是中国内地第一条建设的高速公路，全长 375km，双向 4 车道，路基宽 26m，全线 27 座互通立交，服务区 6 处，设计速度 100～120km/h。1990 年建成通车，交通量以年均 11.8%的速度增长，至 2000 年年平均日交通量已达到 20613 辆小客车，局部路段已达 25963 辆小客车，路面、部分小桥及桥面系等已破损严重，裂缝、车辙、龟裂、磨光等现象较普遍，已影响行车安全，并且服务区的停车场的规模、服务设施硬件条件、服务内容、服务水平均无法满足日益增长的交通量和用路人的需求。

沈大高速公路扩建工程研究始于 2000 年，研究阶段设计单位针对新建、扩建及扩建形式进行了深入的研究，充分地比选了两侧对称拼接方案和单侧拼接方案，最后推荐两侧拼接为主、单侧分离为辅的扩建形式。沈大高速公路改扩建工程于 2002 年 5 月开始，2004 年 8 月改造完毕通车（图 2-4），设计速度 120km/h，有 25 处互通式立交分别进行了改扩建（除灯塔互通式立交为 Y 型、熊岳互通式立交为半苜蓿叶型外均为喇叭形），改扩建后的沈大高速公路路线视野开阔，线型舒缓，路基、路面、桥梁等各项控制指标均优于现行标准，是中国内地第一条改扩建为 8 车道的高速公路。

(a) 改扩建前

(b) 改扩建后

图 2-4 沈大高速公路

沈大高速公路改扩建项目建设中采用了分阶段、分路段、全封闭施工的组织模式。工程的主要技术创新为：既有路面加铺技术、路基拼宽技术、桥梁加固及拼宽技术。

既有路面加铺技术：充分利用原路面结构层强度，以“加铺为主、局部路面挖除为辅”，既满足技术要求又具有很好的经济性。

路基拼宽技术：重视拼宽软弱地基处理，原有路基挖台阶，新旧路基结合处铺土工格栅，提高新填路基的压实度，控制新填路基填料。

桥梁加固及拼宽技术：加宽桥梁与原桥上下部刚性联结，增强加宽部分的基础设计、减少新旧桥体的不均匀沉降，新老桥梁连接部分采用 HLT 植筋技术、聚丙烯纤维混凝土等技术。

另外，沈大高速公路改扩建对沿线交通工程及沿线设施进行了重建。沈大高速公路改扩建开创了国内高速公路大规模扩建的先河，为其他类似工程积累了宝贵的经验。

2. 广佛高速公路

广佛高速公路是我国的最早的高速公路之一，1986 年动工兴建，1989 年 8 月建成通车，东起于广州市横沙，西至佛山谢边，连接佛开高速公路，全长 15.7km，设计速度 120km/h，设计荷载：汽车-超 20 级、挂车- 120，双向 4 车道，路基宽 26m。

1997 年 8 月开始对广佛高速进行拓宽，是国内首条高速公路改扩建工程，采用两侧直接拼宽的方式，横沙到雅瑶段由 4 车道拓宽为 8 车道，路基宽度为 41m；雅瑶至谢边拓宽到 6 车道，路基宽度为 33.5m，1999 年 10 月拓宽后的广州至佛山高速公路正式通车。2007 年，广佛高速再次进行扩建，雅瑶至谢边由 6 车道扩建为 8 车道，路基宽 42m，全长 8.5km，设计荷载：公路-Ⅰ级。拓宽后的广佛高速全线设有 5 座互通式立交桥。同期对交通工程及沿线设施进行了重建。

3. 沪宁高速公路

沪宁高速公路全长 274km，其中江苏段长 249km，上海段长约 25km，双向 4 车道，每车道宽 3.75m，中央设 3m 宽分隔带，外侧设 2.5m 宽的紧急停车带，路基宽 26m，设计车速为 120km/h，1996 年 9 月建成通车。

沪宁高速公路（江苏段）扩建前期研究工作于 2002 年开始，开展系列专题科学研究：拼接路基软土地基处理方法与控制标准研究、现有路基评价与路基拼接综合处理技术研究、桥梁拼接技术研究、路面结构及路面再生利用研究、施工期交通组织及交通工程安全设施研究。总体设计采用“两侧拼接为主、局部分离加宽”的扩建方式，扩建规模为4车道扩建为8车道，整体式路基宽度为42.5m、采用老路两侧各拼宽8.25m的拼宽方式，分离式路基宽度为53m，采用13.5m（新建）+26m（老路）+13.5m（新建）断面，全线桥涵设计荷载采用汽车-超20级、挂车-120。全线改扩建桥梁233座/18252m，大桥特大桥20座/8717m，支线上跨桥53座。改扩建互通22处，新增互通3处，分离式立交114处，改扩建服务区6处。沪宁高速扩建工程（江苏段）于2003年10月开工建设，2005年6月半幅扩建完成正常运行，2005年12月全线建成通车，全线恢复正常运营（图2-5）。

图2-5 改扩建完成后的沪宁高速公路（江苏段）

沪宁高速公路扩建工程全线是在不中断交通的条件下完成的，工程实施中既充分考虑了老路的利用，又对老路存在的病害进行了较为彻底的整治，工程建设既追求高质量又避免盲目高指标，在技术指标合理利用和旧材料利用方面取得了明显的成绩。改扩建后的沪宁高速公路，大大提高了车辆通行能力，车流更加顺畅、快捷，行驶的安全性和舒适性，成为长江三角洲经济腾飞的黄金通道。

沪宁高速公路（上海段）扩建前期研究工作于2004年开始，针对上海市软土地基高速公路改扩建的工程特点和技术问题，结合本工程对高速公路拓宽技术展开研究，以实现“全残值利用、零废弃外运、多维度协调、高性能耐久”为目标，建立了一套适合于软土地区的高速公路改扩建设计技术指标体系，在老路评价、旧料再生、地基处理、路基结合、路面拼接、桥涵拼接6方面进行深入研究，提出软土地区高速公路改扩建工程成套关键技术。主要科技创新如下：①构建了新老路基变形协调与控制技术；②建立了基于寿命协调的旧路结构评价与利用技术；③创建了软土地区高速公路拓宽工程协同设计方法与指标体系；④研发了零废弃混合旧料利用和高性能加铺材料设计技术；⑤提出了新老桥梁、涵洞协调变形控制指标和方法，以及桥梁上部结构拼接的新技术。成果全面支撑了上海沪宁、沪杭两大高速公路扩容拓宽工程，显著提高了上海门户高速公路的通行能力和使用性能，实现了资源节约和环境友好的建设目标，取得2.1亿元直接经济效益，并有力保障了上海世博会超常规的公路交通运输。作为示范，沪宁高速公路拓宽后已接待全国17个省市相关部门的观摩学习，成功改变了上海高速公路的社会形象（图2-6）。成果还在其他12项同类工程中得到推广应用。

图 2-6 改扩建完成后的沪宁高速公路（上海段）

4. 沪杭甬高速公路

沪杭甬高速公路是浙江省内第一条建成通车的高速公路，从嘉兴开始，途经杭州、绍兴，最后到达宁波市，全长 248km，设计车速为 120km/h，原为双向四车道，1991 年开工建设，于 1996 年全线通车。

随着经济高速发展，四车道高速公路难以适应交通量的迅猛发展，堵车和交通事故频繁发生。为了确保高速公路的畅通，沪杭甬高速公路拓宽工程分三期实施：一期工程为杭甬红垦至沽渚段，全长 44km，于 2003 年年底建成通车；二期工程为沪杭枫泾至大井段，全长 95.612km，于 2005 年底建成通车；三期工程为杭甬沽渚至宁波段全长 80.82km，于 2007 年 12 月建成通车（图 2-7）。

图 2-7 改扩建完成后的沪杭甬高速公路（浙江段）

采取的扩建方式为两侧拼接，分段逐步实施，路幅宽度分路段采用 6 车道和 8 车道两种。是国内第一条在不中断交通、不对车辆进行分流的情况下，按照“边营运、边施工”方式实施拓宽改造的高速公路，实现了扩建、运营两不误。

沪杭甬高速公路改扩建也开展了系列专题科学研究：通车条件下桥梁拼接技术研究，深厚软基高速公路拓宽工程关键技术试验研究，小跨径桥梁整体顶升技术研究，注浆法空心板梁绞缝维修技术研究，静压桩薄壁桥台处理技术。主要研究成果：①提出了拓宽路基的总沉降、工后沉降及差异沉降控制标准；②提出路面改建宜积极考虑轴载分布变化及工期较长的特点，进行分车道分期实施的动态设计；③提出拼接桥的桩基础沉降差≤5mm，适当加大拼宽桥梁的桩长，上部构造的刚性连接，在拼宽部分的梁板放置重物预压。

5. 佛开高速公路

佛开高速公路是广东省通向粤西的交通大动脉，是全国高等级公路网国道主干线沈阳至海口高速公路的一段，其起于佛山市南海区的谢边，与广佛高速公路相接，终于开平市的水口镇，与开阳高速公路相连，途经佛山、鹤山、江门、新会、开平等市（区），全长80km，双向4车道，设计速度120km/h。佛开高速公路是广东省首次利用世界银行贷款和按FIDIC条款对工程质量、工程造价、工程进度进行管理而建设的大型交通基础设施项目，工程于1993年5月开工，于1996年12月工程全部完工并全线通车。

随着交通量的增加，佛开高速公路进行扩建建设，佛开高速公路（谢边—三堡段）改扩建工程，起于南海区谢边，与广佛高速公路连接，路线长度约46km，原位改造张槎、沙头、龙山和陈山互通立交，新建南庄、吉利和大雁山互通立交，新建雅瑶服务区，主要结构物有特大桥、大桥13148m/16座，中、小桥1553m/41座，涵洞66道，互通立交7处，通道70座，服务区1个。2012年12月改扩建工程完成。

工程扩建规模确定为4车道扩建为8车道，主要拼接方案为：以两侧拼接为主，在通过佛山市路段（从汾江大桥北岸至北江大桥南岸）采用集散加快速的方式，即外侧加宽车道设计速度为100km/h，主要供往返佛山市区域交通量的转换，原道路维持原设计速度120km/h，供佛山以远的车辆直行；在九江大桥路段采用单侧分离扩建方案（图2-8）。

图2-8　佛开高速公路九江大桥段

施工期间交通组织方案：路基、桥涵下部结构施工阶段，封闭旧路硬路肩，维持旧路双向四车道通行；路面施工，桥梁加固、拼接顶升施工，上跨桥梁拆迁施工阶段，半幅封闭，半幅维持双向四车道通行；互通立交改造阶段，以谢边-张槎、南庄-新基田-沙头-龙山、大雁山-陈山作为三个立交组，始终保持每个立交组中至少有一个立交能够正常通行；施工区长度为3～5km，中央分隔带开口长度65～200m，施工区限制速度不宜低于60km/h（图2-9）。

图 2-9 佛开高速公路施工图期间交通组织

为提高工程的质量，业主会同有关单位进行 5 个专项研究：桥梁设计荷载技术标准专题研究、桥梁拼接方案技术研究专题研究、软土地基处理及路基拼接技术专题研究、节约用地措施专题研究、交通组织总体方案专题研究。主要研究成果：①对于分离式路段的桥梁设计荷载，旧桥仍执行“旧桥规”，新加宽桥梁执行“新桥规”；对于整体式路段的桥梁设计荷载，需拼接桥梁的新加宽部分执行“新桥规”，拼接成整体后的桥梁极限承载力需符合“新桥规”，正常使用状态按“旧桥规”验算。②简支空心板：采用铰缝与整体化层共同连接，新梁架梁并预压 3～6 个月后实施拼接；预应力混凝土 T 梁：纵缝拼接通过横隔板和翼缘板与旧桥实施拼接。根据联长新梁架梁并预压 8～12 个月后拼接。新旧结构间的中横隔板板连接，端横隔板不连接；连续箱梁：考虑到桥梁联长较长及新旧桥收缩徐变的影响，采用 D80 纵向伸缩缝临时拼接，成桥运营 2～3 年后再进行永久刚性拼接施工。③对于加宽路基软基处理采用复合地基方法（如水泥搅拌桩、素混凝土桩以及 PHC 管桩）进行软基处理，对于路基拼接段采用提高压实度、应用土工合成材料和挖台阶等几种措施提高路基拼接质量。

6. 西潼高速公路

西潼高速公路是陕西最早修建的第一条高速公路，是潼宝高速公路的重要组成部分，路线全长 163.4km，其中，潼关至华阴段设计速度为 100km/h，路基宽 24.5m，华阴至西安段设计速度为 120km/h，路基宽 26m；西安绕城高速公路北段设计速度为 120km/h，路基宽度 35m，除西安绕城高速公路为 6 车道外，其余路段均为 4 车道高速公路技术标准。

随着区域经济的快速发展，西潼高速公路的 4 车道通行服务能力已无法跟上经济发展的节奏。西安至潼关高速公路改扩建工程于 2008 年 10 月全面开工，其中潼关至华阴段采用设计速度 100km/h 的双向 8 车道高速公路标准，整体式路基宽度为 41m；华阴至西安段采用设计速度 120km/h 的双向 8 车道高速公路标准，整体式路基宽度为 42m。

西潼高速公路改扩建采用两侧直接拼接加宽为主，局部分离的扩建方案。施工组织是采用“边施工边通车”的模式，改扩建工程采用分项工程同步交叉施工、分幅通行的施工方法，对处于同一施工序列的分项工程合并考虑；拼宽路基施工维持既有四车道的通行，路面施工维持 2 至 4 车道的通行。2010 年西潼高速公路改扩建工程正式建成，由 4 车道扩容至 8 车道的西潼高速公路，彻底改变了以前车辆拥堵的状况。图 2-10 为西潼高速公路改扩建前和改扩建后的道路情况。

(a) 改扩建前　　(b) 改扩建后

图 2-10　西潼高速公路

西潼高速公路的主要技术创新：①路基差异沉降控制技术，为减少湿陷性黄土地基湿陷量，降低路基工后差异沉降，主要采用五种地基处理方法：重锤夯实＋砂砾回填处理新路基、灰土挤密桩＋灰土垫层处理新路基、水泥搅拌桩＋灰土垫层处理新路基、碎石挤密桩＋砂砾垫层处理新路基及抛石挤淤处理新路基处理。②旧料的再生利用技术，铣刨料分别采用泡沫沥青冷再生和水泥厂拌冷再生，节省造价 2800 万元；废旧轮胎加工成橡胶粉改性沥青作为应力吸收层的结合料，既解决反射裂缝、渗水等问题，又变废为宝，减少了环境污染。

第三章　既有高速公路现状调查与评价

3.1 概　　述

既有高速公路经过若干年的运营，路基、路面、桥梁等构筑物基本上都存在一定程度的病害，部分路段可能还存在事故频发的情况。在进行改扩建前，应该对既有高速公路进行现状调查和评价。目前交通运输部关于公路的技术状况评定的标准和指南是：《公路技术状况评定标准》JTG 1420—2007（以下简称《技术状况标准》）和《公路技术状况评定指南》JTG H20—2007（以下简称《评定指南》)。《技术状况标准》和《评定指南》中要求的公路技术状况评定内容有：路面性能、路基状况、桥隧构造物状况、沿线设施状况，并且详细规定了公路技术状况评价指标、各指标相应的检测与调查方法，以及指标的评定。

但这两本标准和指南是针对我国公路的养护而编写的，其目的是通过评定，进行必要的养护和维修，保证既有公路能提供不低于原设计的标准，不能完全应用于改扩建工程。

改扩建工程中不同的拓宽方案，对既有公路调查的侧重点也略有不同。对于分离式扩建，新建路基、路面、结构物和沿线设施基本与既有部分相互独立作用，所以对既有公路该部分内容的评价可参照《技术状况标准》的规定进行；对于整体式扩建，由于新建路基、路面、结构物和既有公路的衔接部位需要相互制约，相互依托，共同作用，所以应细化需要拼接部位的评价内容，也可根据需要有理有据地提高评价指标。

改扩建工程实施前，必须对既有高速公路的交通运营、技术状况等进行调查和评价，然后才能针对既有公路改建条件，确定拓宽改建方案。交通运营包括交通事故、交通流量、交通组成特性等内容；技术状况包括路线、路面、路基、桥隧构造物及沿线设施五部分。

对既有高速公路进行改扩建，不仅仅是通过车道规模的增加来提高既有高速公路的通行能力，而且还包括恢复或提高既有高速公路的技术状况来达到安全运营、延长高速公路使用寿命并提高通行能力的目的。对既有高速公路的调查和评价应首先满足规模扩建的技术要求，然后要满足对既有病害进行彻底治理的技术要求，最后还要实现新建部分和既有高速公路部分协同工作的目的。因此，对既有高速公路现状调查与评价应遵照以下原则：

（1）遵循客观、科学、高效的原则，采用先进的检测手段和合理有效的评价方法，对既有高速公路现状进行调查与评价。

（2）根据改扩建设计需求，广泛收集设计、竣工、养护等资料，采用现场调查、检测、勘查试验等相结合的方法，按照各专业特点进行调查。

（3）整理通过调查、试验获得的数据，运用经验判断、统计分析、指标对照、结构计算等方法，从构筑物安全、行车安全、规范符合性、功能适应性等方面做出定性或定量的评价。

（4）对路面、路基、桥涵构造物、沿线设施等进行检测与调查，宜以 1000m 路段为基本检测或调查单元。整体式扩建路段的路面宜以 200m 路段为基本检测或调查单元，最长不应大于 500m，局部损坏严重的路段可以 50m 作为单独的检测或调查单元。

（5）施工期间要维持交通运营的路段，应评估施工期间维持交通运营，车辆对高速公路技术状况的影响。

3.2　交通事故调查与评价

高速公路一直以它的高事故率、高事故损害困扰着我国高速公路的管理者和使用者。根据统计，高速公路每百公里事故死亡率是普通公路的 5 倍，每公里发生的事故数是普通公路的 8 倍。因此，进行高速公路改扩建设计前，很有必要对既有高速公路历年的交通事故进行调查和分析，对交通事故分布规律及事故多发位置进行分析，对高速公路交通事故产生原因进行深入研究，寻找预防交通事故的有效对策。通过改扩建工程的技术措施，减少高速公路交通事故的发生率，提高高速公路行车安全及交通服务质量。

3.2.1　交通事故调查

应通过交通管理部门、运营公司等部门，收集运营期间交通事故资料。应统计交通事故路段的事故率，应详尽收集事故类型、车辆速度、事故车型及实载、发生的时间、天气状况等事故现场数据，应调查事故路段线形指标、路面状况、交通安全设施状况等。

应重点调查交通事故多发位置的交通事故，交通事故多发位置集中了较大比例的交通事故，具有较大的危害性，对事故多发路段采取有针对性的改善措施能以较少的投入，大幅度地降低整条高速公路的事故率，取得较大的经济和社会效益。事故多发位置是指：在较长的一个时间段内，发生的交通事故的数量或特征与其他位置相比明显突出的某些位置（点、路段或区域），国外称为事故黑点。

首先应根据交通事故在道路沿线上的分布情况，将路线分成一系列的区间，然后计算各区间的交通事故，在此基础上，确定交通事故多发位置。鉴别事故多发点的基本方法主要有事故次数法、事故次数概率分布法、事故率法、矩阵法和质量控制法等。重点应对以下区域的交通事故情况进行核查：①高速公路立交出入口及相邻路段；②长隧道出入洞口的相邻路段；③连续发生 2 次或 2 次以上交织的路段；④采用极限最小半径的平曲线路段；⑤长直线末端；⑥连续长陡下坡路段；⑦行车道车道数变化的路段。

3.2.2　交通事故评价

应对交通事故的时间分布、空间分布、气候特征、事故程度、事故原因及形态进行分析，应结合设计符合性检查和设计速度协调性评价结论对事故黑点进行全面分析，提出解决措施和改进方案。

高速公路交通安全事故产生主要原因包括：驾驶行为、道路线形指标、交通安全设施、交通管理、气候环境等因素。为更好地对交通事故进行评估，应该建立高速公路交通事故评估体系，应遵循以下几个原则：①可以直接反映出高速公路的事故情况；②应全面反映交通事故的影响因素；③对具有相互渗透、相互联系的因素进行统一。按照高速公路的交通事故和高速公路工程特点，将道路条件特点、交通运行、交通安全设施、交通环境、交通管理及驾驶行为等作为交通事故评估体系的重要组成因素。交通事故评估体系框架如图 3-1 所示。

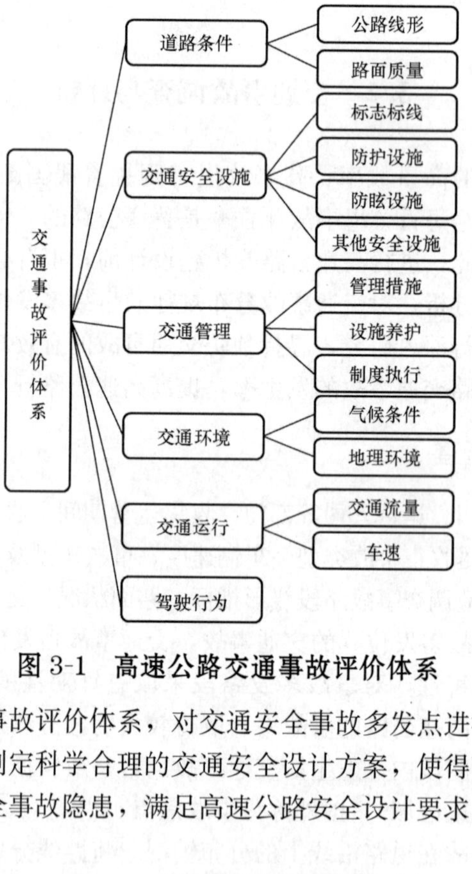

图 3-1 高速公路交通事故评价体系

采用高速公路交通事故评价体系，对交通安全事故多发点进行评估，并结合改扩建工程的总体设计方案，制定科学合理的交通安全设计方案，使得高速公路交通行驶条件明显改善，减少交通安全事故隐患，满足高速公路安全设计要求。

3.3 交通调查与评价

高速公路改扩建的主要目的是通过增加高速公路车道规模或提高技术标准来满足日益增长的交通需求。进行改扩建高速公路的交通调查与远景交通量预测，不仅是高速公路改扩建必要性决策的主要依据，同时还决定改扩建项目的规模及其项目在区域路网中的地位，并作为改扩建项目设计的重要依据。

3.3.1 交通调查

既有高速公路交通调查内容应包括：①各特征路段历年交通流量、交通组成及交通流（车速、车流密度、行程时间）特性；②交通流轴载；③交通影响区域路网布局、路网交通流量数据；④交通管理部门意见。必要时，还应对高速公路主线、服务区出入口、互通出入口、收费站等处的交通延误情况进行调查，并对频率、原因、后果等进行分析。

交通量的调查是为评价高速公路交通适应性及预测远景交通量服务的，要充分利用既有高速公路分布广泛的交通流量观测站及收费站历年收集的交通数据，进行整理和分析，作为高速公路扩建规模的依据。

轴载调查是路面评价的重要依据，轴载调查要获得的是每种车轴的质量，因此，调查时都需要按照轴型进行记录和分析。根据国内外的研究成果显示，对路面造成损坏的主要是 2 轴 4 轮以上的客车和货车，2 轴 4 轮和 4 轮以下的车辆对路面损坏很小，可以不考虑这部分车辆的影响。2 轴 4 轮以上的客车和货车可分为整车类、半挂车类和全挂车类；车辆的轴型可以分为单轴、双联轴和三联轴；轮型可分为单轮和双轮组。国内常见的轴轮组合有单轴单轮、单轴双轮、双联轴双轮和三联轴双轮。要充分利用自动化轴载仪记录的通行车辆的轴数和轴载大小；当缺少自动化轴载仪记录数据时，可以根据观测的交通流量，结合交通荷载构成调查数据（从交调部门获得调查区域的车型种类），形成轴载调查报告，作为路面评价和修复的依据。

3.3.2　交通流量预测

高速公路的交通量预测是根据对历史和现状的社会、经济、交通供给及交通特征资料的分析研究，推算未来年的交通需求。主要运用较为成熟的四阶段法进行交通量预测。改扩建高速公路不同于新建高速公路，改扩建高速公路本身已建成运营多年，交通量增长趋势平稳，在整个路网中的作用已经稳定，该公路历史观测交通量可直观地反映该路段上交通量的发展趋势。因此，对于改扩建高速公路，其交通量的预测具有一定的特殊性，除了可以运用较为成熟的四阶段进行预测外，还可以利用基于通道道路历史交通量的趋势法来进行预测。

基于运输通道的交通量预测法的具体思路如下：①获取项目所在运输通道内各条道路的历史交通量；②根据运输通道历史交通量找出其发展趋势，运用相关趋势模型求出通道交通量的增长率，并计算出通道未来年总交通量；③根据项目通道内各条道路的历史交通量发展趋势，结合各条道路在未来年的等级、车道数和通行能力等因素，采用 Logit 概率模型来确定未来年各条道路在通道内所承担的交通量比例，最后计算出本项目未来年的交通量。

交通流量趋势模型比较常用的有指数平滑法、多项式回归法和灰色预测法等几种方法。这三种方法共同的出发点都是在寻求交通量变化与时间进程的关系，其目的就是想尽可能准确地反映交通量自身随时间推移变化的规律。

基于运输通道预测的改扩建道路的交通量，仅通过历史交通量，来反映交通量随相关地区经济、人口等因素变化的发展情况，并没有考虑由于道路本身等级提高、道路条件改善所引起的转移和诱增交通量，所以该方法仅预测了拟改扩建道路的趋势型交通量，还需对转移型和诱增型交通量进行预测。由于诱增和转移交通量的预测与新建公路的预测方法一致，本文不再探讨。

3.3.3 交通评价

既有高速公路交通评价内容应包括：高速公路各部分（含路段、立交节点、收费站）的通行能力和服务水平、交通轴载。

应按现行《标准》、《公路路线设计规范》JTG D20—2006（以下简称《路线设计规范》）、《公路立体交叉设计细则》JTG/T D21—2014（以下简称《立交设计细则》）分别对不同路段、不同立交以及收费站的现状的通行能力和服务水平进行评价。

以往国内都是利用交通量数据和代表车型额定轴载模拟实际的轴载谱，但轴载数据的车型分类是以车轴为主，与交通量调查时以功能和吨位为主的分类方法并不相同，再加上超载现象普遍所带来的轴重变化，使得从交通量模拟出的轴载，往往比实际的轴载要小得多。因此分析评价时，应充分考虑这些情况。应按现行《公路沥青路面设计规范》JTG D50—2006（以下简称《沥青路面设计规范》）的规定，根据轴载调查报告，根据轴载大小分类计算运营期间的累计当量轴次数，形成轴载谱调查分析报告。轴载谱可以用每个级位出现的次数来表示（完全轴载谱），也可以用每个级位出现的频率来表示（代表轴载谱），再由各种车型出现的次数获得轴载次数。在进行轴载分析时，单轴以 10kN 为单位分级，双轴以 20kN 分级。

另外，应结合施工交通组织方案，对施工期间各施工路段（含路段、立交节点、收费站）及区域分流路网的通行能力和服务水平进行评价，评估分流绕行的需求和可行性。

3.4 路线调查与评价

高速公路拓宽改建之前，必须对既有公路状况进行全面的调查和评定，然后才能针对既有公路改建条件，确定拓宽改建方案。

3.4.1 数字化公路勘测技术

高速公路改扩建，应在全面掌握原地面资料的基础上进行设计，为最大限度地利用原有工程，必须对原有公路的各项数据有一个全面、精确地掌握，才能使新建部分与原有工程很好的衔接和拟合。虽然可以参考原有设计资料，但经过多年运营后，地面资料由于绿化和排水可能发生变化，路基和桥梁也会发生沉降，所以有必要对既有高速公路地形、地物进行实测，为改扩建提供准确的设计依据。

对于拟进行改扩建的高速公路，其现状交通已趋于饱和，因此，对既有高速公路的调查与勘测均不能中断或影响现状交通，在这种背景及要求下，数字化公路勘察设计新技术应运而生。

目前，常见的数字化公路勘测技术主要有高分辨率卫星遥感影像技术、低空大比例航空摄影技术、高精度三维动态测量技术等。其中，在公路改扩建勘测中较为常用的技术为低空大比例航空摄影及高精度三维动态测量两种技术。

1. 低空大比例航空摄影

航空摄影测量是以空中摄影像片构成的立体像对为基础，从几何和物理方面加以分析和量测，获取所摄对象物理信息和属性信息的一门学科。由于信息量大，反映物体细致、客观，真实和详尽地记录了摄影瞬间的地表形态，具有良好的量测精度和判读性能，能方便地获得被摄地区的地形图、地面数据和其他地物属性资料（图 3-2）。经过多年的研究、推广和应用，目前公路航测技术已广泛地应用于我国高等级公路勘察设计中。

图 3-2　航空摄影测量图

航空摄影测量是大规模获取地形资料的最佳手段之一，能快速、大范围内获取设计所需的各种地面要素的地理信息。但受制于气象条件、地面障碍物及植被覆盖等影响，航空摄影测量存在一定的高程误差，因此，该技术适合在改扩建前期总体方案确定阶段，用于确定改扩建工程路线走向、研究节点方案比选等。

2. 三维激光扫描技术

高速公路改扩建施工图设计中，大量的结构物对地面数据的精度要求较高，受航测自身的约束，其精度还不能满足施工图设计的要求，因此，需要有一种高精度、快速的数字化地面测量手段。

三维激光扫描技术是继 GPS 空间定位系统之后又一项测绘技术新突破。它通过高速激光扫描测量的方法，大面积高分辨率地快速获取被测对象表面的三维坐标数据。可以快速、大量的采集空间点位信息，为快速建立物体的三维影像模型提供了一种全新的技术手段。

近些年来，三维激光扫描仪已经从固定朝移动方向发展，最具代表性的就是车载三维激光扫描仪，车载三维激光扫描仪是将三维激光扫描设备、卫星定位模块、惯性测量装置、里程计、360°全景相机、总成控制模块和高性能板卡计算机集成并封装于汽车的刚性平台之上，在汽车移动过程中，快速获取高精度定位定姿数据、高密度三维点云和高清连续全景影像数据，通过统一的地理参考和摄影测量解析处理，实现空间地理信息采集与建库（图 3-3）。

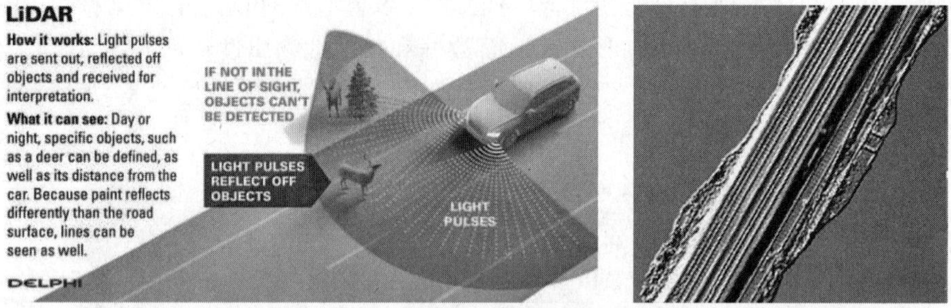

图 3-3　车载三维激光扫描

车载三维激光扫描系统作为测绘科学的领先产品，是一种直接主动式测量方法，受天气条件的影响少，作业安全，作业周期快，易于更新，时效性强，而且，在数据处理后，所有带有 3D 坐标的点云都可以被输出到 CAD 的环境下进行进一步的数据处理和加工。因此，该技术适用于改扩建工程设计阶段，结合 CAD 进行平、纵线形的拟合。

3.4.2　路线评价指标

对既有公路线形进行评价，是确定拓宽后公路的等级和建设规模的前提条件。通过对既有公路线形进行核查、评价，充分了解既有公路的线形指标，结合目标道路等级，论证路线改建方案，确定既有道路利用范围和改建或改线范围、路基利用和改扩建方案、路面利用和改扩建方案，计算工程量和投资规模。对既有公路线形进行评价主要包括四个方面：平面线形指标、纵断面线形指标、横断面布置、平纵横线形组合。

1. 平面线形指标

主要检查平面直线长度、曲线半径和长度是否满足规范，是否与实际运行车速相适应，还包括两平曲线之间的过渡与连接、反向曲线之间的直线段长度、反向曲线之间的半径变化率、两个或多个复曲线的曲率变化、复曲线间的直线长度和过渡方式、视距保证等内容。

2. 纵断面线形指标

检查内容主要有最大纵坡、最小纵坡、最大坡长、最小坡长及纵坡变化率，还包括竖曲线半径、多个竖曲线组合情况、是否有断背曲线、凸形竖曲线的视距、凹形竖曲线的积水、积雪、结冰等情况、爬坡车道是否发挥作用等内容；另外如果有小桥涵位于凹形曲线谷底，还应检查是否存在安全影响。

3. 横断面布置

重点核查车道宽度是否为行驶车辆提供了适宜的超车、错车、会车的条件，路肩宽度，路拱形状与横坡情况，超高值及其布设方式。应注意检查超高是否因路基等沉降降低或增大，甚至反超高；是否有比路基宽度小的窄桥涵。

4. 平纵横线形组合

检查平纵横线形组合是否得当，平纵组合段运行车速与其两端运行车速的变化与协调，线形组合能否保证视距。还应检查合成纵坡，不同路段过渡方式是否因路基路面变形和沉降产生了影响行车安全的变化。

各项内容的核查、评价指标均以现行《标准》、《路线设计规范》为依据。

对于路线不满足现行规范规定的路段，在改建过程中应予以消除。

3.4.3　平面中心线线形拟合

由于施工的误差、高速公路经过多年的运营存在路基变形，高速公路的中心线线位和原设计存在一定的偏差，在进行拓宽时，必须对既有高速公路的中心线进行拟合。

1. 平面中心线的计算模型

公路中心线是由一系列直线、圆曲线、缓和曲线首尾相连组合而成。用数学语言可以这样表述：集合 $A=$｛直线，缓和曲线，圆曲线｝，令 $a_i \in A$（$i=1$，2，3，…，n），对于任意线形设计单元 a_i，可以用状态描述方程来表述其几何特性。

中心线任一线形单元上任一点的状态描述值（x，y），可以采用如下方程进行描述：

$$
\begin{aligned}
x &= x_0 + \int_0^s \cos\left[\phi_0 + \int_0^l k(S)\,\mathrm{d}S\right]\mathrm{d}L \\
y &= y_0 + \int_0^s \sin\left[\phi_0 + \int_0^l k(S)\,\mathrm{d}S\right]\mathrm{d}L
\end{aligned}
\tag{3-1}
$$

式中：（x_0，y_0）——线形单元起点的坐标；

ϕ_0——线形单元起点的方位角；

S——线形单元任一点到线形单元起点的长度；

$k(S)$——线形单元的曲率方程。

直线、圆曲线、缓和曲线的坐标方程计算模型分别如下：

（1）直线：

$$
\begin{aligned}
x &= X(S) = x_0 + S \cdot \cos(\phi_0) \\
y &= Y(S) = y_0 + S \cdot \sin(\phi_0)
\end{aligned}
\tag{3-2}
$$

（2）圆曲线：

$$
\begin{aligned}
x &= X(S) = x_0 + R \cdot sign \cdot \left[\sin\left(\phi_0 + sign \cdot \frac{S}{R}\right) - \sin\phi_0\right] \\
y &= Y(S) = y_0 + R \cdot sign \cdot \left[\cos(\phi_0) - \cos\left(\phi_0 + sign \cdot \frac{S}{R}\right)\right]
\end{aligned}
\tag{3-3}
$$

式中：$sign=\{1, -1\}$，$sign=1$——圆曲线逆时针转，反之表示圆曲线顺时针转；

R——圆弧半径。

（3）缓和曲线：

$$
x = X(S) = x_0 + \int_0^s \cos\left[\phi_0 + sign1 \cdot \frac{l}{R_b} + sign2 \cdot \frac{l^2}{2A^2}\right]\mathrm{d}L
$$

$$y=Y(S)=y_0+\int_0^s \sin\left[\phi_0+sign1\cdot\frac{l}{R_b}+sign2\cdot\frac{l^2}{2A^2}\right]dL \tag{3-4}$$

式中：R_b——缓和曲线起点的半径；

R_e——缓和曲线终点的半径；

A——缓和曲线参数。

$sign1=\{1,-1\}$，$sign2=\{1,-1\}$。

式中：$sign1=1$——缓和曲线逆时针转，反之表示顺时针转。

$sign2=1$——缓和曲线 $R_b>R_e$ 并且 $sign1=1$ 或缓和曲线 $R_b<R_e$ 并且 $sign1=-1$；

$sign2=-1$——缓和曲线 $R_b<R_e$ 并且 $sign1=1$ 或缓和曲线 $R_b>R_e$ 并且 $sign1=-1$。

2. 平面线形拟合技术

高速公路改造，平面设计需要了解原平面线形的设计资料以及竣工资料，然后需要对现状的公路进行测量，在此基础上，可以进行平面线形拟合。

（1）平面拟合设计的流程。

第一步：输入原设计的竣工资料，生成竣工图的平面设计中心线。

第二步：检查平面坐标散点数据，剔除突变点。

第三步：划分点位段落。可据各点对应的曲率半径的变化，确定点位所处的曲线类型。点位在直线段内则 $\rho=\infty$；点位在缓和曲线段内则 ρ 均匀变化；点位在圆曲线段内则 $\rho=R$。

第四步：求解曲线参数。对于直线段内的散点，利用直线拟合技术求出平曲线的交点坐标；对于圆曲线内的散点，利用圆曲线拟合技术求出半径 R；对于缓和曲线内的散点，利用缓和曲线拟合技术求出要素 A 或缓和曲线长度 L。

第五步：进行控制点校核。

经过上述各个步骤，已经得出由散点数据能得到的效果最好的拟合线位数据，其误差最小。通过进一步调整线位数据得到满足条件的平面线位数据。

（2）平面拟合设计模型。

公路平面线形通常由直线、圆曲线和缓和曲线组成。下面分别讨论各个线形拟合的理论依据：

1）直线拟合。

根据最小二乘法原理：数据在使各个误差平方和最小的意义下，拟合函数与观测值将达到最佳拟合效果。

如果点位（x，y）在直线段内，则变量间存在线性关系，可用 $y=ax+b$ 来拟合它们之间的变化关系，由最小二乘法，应使

$$\sum_{i=1}^{n}[y_i-\overline{y}_i]^2=\sum_{i=1}^{n}[y_i-(a+bx_i)]^2=\text{最小值}$$

得：

$$\begin{cases} a=\dfrac{l_{xy}}{l_{xx}} \\ b=\overline{y}-b\overline{x} \end{cases}$$

式中：

$$\bar{x}=\frac{1}{n}\sum_{i=1}^{n}x_i \quad \bar{y}=\frac{1}{n}\sum_{i=1}^{n}y_i \quad l_{xx}=\frac{1}{n}\sum_{i=1}^{n}(x_i-\bar{x})^2 \quad l_{xy}=\frac{1}{n}\sum_{i=1}^{n}(x_i-\bar{x})(y_i-\bar{y})$$

利用上述公式可求出散点所在的直线方程式：$y=ax+b$

则相邻两直线$\begin{cases}y=a_1x+b_1\\y=a_2x+b_2\end{cases}$的导线交点坐标为$\begin{cases}x=\dfrac{b_2-b_1}{a_1-a_2}\\y=a_1\dfrac{b_2-b_1}{a_1-a_2}+b_1\end{cases}$，即为所求平曲线的交点坐标。

拟合线位与原路线的吻合程度由相关系数来检验：

$$\gamma=\frac{n\sum xy-\sum x\sum y}{\sqrt{[n\sum x^2-(\sum x)^2][n\sum y^2-(\sum y)^2]}}$$

当 $|\gamma|$ 越接近 1 表明拟合线位相关性越理想。

2）圆曲线拟合。

圆曲线的圆弧方程的一般形式为：

$$(x-x_0)^2+(y-y_0)^2=R_0^2 \tag{3-5}$$

式中：x_0，y_0——拟合圆弧的圆心坐标；

R_0——拟合圆弧的半径。

将上式展开：

$$x^2-2xx_0+x_0^2+y^2-2yy_0+y_0^2-R_0^2=0$$

令：$E=-2x_0$，$F=-2y_0$，$G=x_0^2+y_0^2-R_0^2=0$

则：$x^2+y^2+Ex+Fy+G=0$

用原公路上已测得的各点坐标（x_i，y_i）代替上式中的 x 和 y，显然上式计算结果不会等于 0，即：

$$x_1^2+y_1^2+Ex_1+Fy_1+G=V_1$$
$$x_2^2+y_2^2+Ex_2+Fy_2+G=V_2$$
$$\cdots\cdots$$
$$x_n^2+y_n^2+Ex_n+Fy_n+G=V_n$$

这时，可用最小二乘拟合法来确定 E，F，G，于是偏差平方的总和为：

$$\sum V_i^2=V_1^2+V_2^2+\cdots+V_n^2 \quad (i=1,2,\cdots,n)$$

使上式为最小值，有

$$\frac{\partial}{\partial E}\sum V_i^2=2\sum(x_i^2+y_i^2+Ex_i+Fy_i+G)x_i=0$$

$$\frac{\partial}{\partial F}\sum V_i^2=2\sum(x_i^2+y_i^2+Ex_i+Fy_i+G)y_i=0$$

$$\frac{\partial}{\partial G}\sum V_i^2=2\sum(x_i^2+y_i^2+Ex_i+Fy_i+nG)=0$$

$$V_i=Ex_i+Fy_i+G-L_i$$

其中 $L_i=x_i^2+y_i^2$

相应方程的矩阵形式为：

$$\begin{pmatrix} \sum x^2 & \sum xy & \sum x \\ \sum xy & \sum y^2 & \sum y \\ \sum x & \sum y & n \end{pmatrix} \begin{pmatrix} E \\ F \\ G \end{pmatrix} = \begin{pmatrix} \sum L_x \\ \sum L_y \\ \sum L \end{pmatrix} \tag{3-6}$$

式中：$\sum L_x = \sum L_{x_i}$；$\sum L_y = \sum L_{y_i}$。

求解方程组：

$$G = \{[\sum_{i=1}^{n} x_i y_i \sum_{i=1}^{n} L_i x_i - \sum_{i=1}^{n} x_i^2 \sum_{i=1}^{n} L_i y_i] \times [\sum_{i=1}^{n} x_i \sum_{i=1}^{n} y_i^2 - \sum_{i=1}^{n} x_i y_i \sum_{i=1}^{n} y_i] - [\sum_{i=1}^{n} L_i y_i \sum_{i=1}^{n} x_i - \sum_{i=1}^{n} x_i y_i \sum_{i=1}^{n} L_i] \times [(\sum_{i=1}^{n} x_i y_i)^2 - \sum_{i=1}^{n} x_i^2 \sum_{i=1}^{n} y_i^2]\} / \{[\sum_{i=1}^{n} x_i y_i \sum_{i=1}^{n} x_i - \sum_{i=1}^{n} x_i^2 \sum_{i=1}^{n} y_i] \times [\sum_{i=1}^{n} x_i \sum_{i=1}^{n} y_i^2 - \sum_{i=1}^{n} x_i y_i \sum_{i=1}^{n} y_i] - [\sum_{i=1}^{n} x_i \sum_{i=1}^{n} y_i - \sum_{i=1}^{n} x_i y_i \times n] \times [(\sum_{i=1}^{n} x_i y_i)^2 - \sum_{i=1}^{n} x_i^2 \sum_{i=1}^{n} y_i^2]\}$$

$$F = \{[\sum_{i=1}^{n} x_i y_i \sum_{i=1}^{n} L_i x_i - \sum_{i=1}^{n} x_i^2 \sum_{i=1}^{n} L_i y_i] - [\sum_{i=1}^{n} x_i y_i \sum_{i=1}^{n} x_i - \sum_{i=1}^{n} x_i^2 \sum_{i=1}^{n} y_i] \times G\} / [(\sum_{i=1}^{n} x_i y_i)^2 - \sum_{i=1}^{n} x_i^2 \sum_{i=1}^{n} y_i^2]$$

$$E = \frac{\sum_{i=1}^{n} L_i x_i - \sum_{i=1}^{n} x_i \times G - \sum_{i=1}^{n} x_i y_i \times F}{\sum_{i=1}^{n} x_i^2}$$

依次可以求得：

$$x_0 = -\frac{E}{2},\ y_0 = -\frac{F}{2},\ R_0 = \sqrt{x_0^2 + y_0^2 - G}$$

拟合圆曲线半径的偏差：

$$S = \pm\sqrt{\frac{\sum\left(\sqrt{(x_i - x_0)^2 + (y_i - y_0)^2} - R_0\right)^2}{n-2}}$$

3）缓和曲线的拟合。

求出直线和圆曲线的参数方程后，可以依次求得为直线与圆弧的垂直切线长度 LL，由公式：

$$LL = \frac{L_s^2}{24R_0} - \frac{L_s^4}{2384R_0^3} \tag{3-7}$$

通过二分法可求出缓和长度 L_s。

3. 平面线形拟合标准

既有高速公路中心线应依据现场实测数据进行拟合，并应以工程竣工资料进行线形校验，平面拟合线形应由直线、圆曲线、缓和曲线组成，线形拟合设计应符合下列规定：

（1）两侧拼宽路段宜独立进行平面线形拟合设计。

1）拟合设计应依据平面线形，按左、右幅中央分隔带边缘线实测点位的平面坐标进行拟合，左、右幅两侧测点资料应进行相互校核。

2）应合理选择拟合控制点，控制点宜为桥梁的跨中与桥台、互通式立体交叉和分离式立体交叉的交叉点等。

3）平面线形拟合的技术标准主要采用测设点到拟合中心线垂直距离的标准误差作为评价指标。

假定平面中心线有 N 个线形单元组成，第 i 个线形单元的坐标拟合点有 K_i 个，其中第 j 个坐标点到对应的拟合线形单元的垂直距离是 L_{ij}，则平面线形拟合的标准误差计算式为：

$$LL = \frac{\sum_{i=1}^{N}\sum_{j=1}^{K_i} L_{ij}}{\sum_{i=1}^{N} K_i} \tag{3-8}$$

高速公路经过多年的运营，尽管存在一定程度的路基变形，但一般不大，以沪宁高速公路（上海段）为例，路基变形在 0～0.40m，平均为 0.28m，因此，高速公路的拟合中心线的标准误差不会过大，一般控制在 0.20m 以内。面线形拟合精度标准应符合表 3-1 的规定。

表 3-1　既有高速公路平面线形拟合精度标准

设计速度（km/h）		120	100	80
平面线形拟合精度标准（cm）	一般值	10	15	20
	极限值	15	20	25

4）对于较长曲线，可采用多元复曲线进行拟合设计。

5）拟合后圆曲线半径与原设计值之差小于 3%时，可采用原设计值计算其他指标。

(2) 单侧拼宽路段，宜以既有公路平面线形为基础，在满足中央分隔带设置要求的前提下进行拼宽部分的平面线形设计。

(3) 整体式扩建路段的超高设计应符合下列规定：

1）应对既有高速公路超高段及超高渐变段的横坡进行拟合，计算超高渐变率。

2）应根据拟合的平面中心线和超高值，按现行《路线设计规范》合理确定超高值。

3）超高渐变率宜和拟合值一致，当拟合值小于 1/330 时，应按 1/330 进行设计。

4）超高旋转轴应和既有高速公路保持一致。

5）对于利用既有路面，但行驶方向发生改变的路段，应根据实际的线形指标，分析确定是否改建或采取相应管理措施。

3.4.4　纵断面线形拟合

1. 纵断面设计的计算模型

公路纵断面线是由一系列直线、竖曲线首尾相连组合而成。用数学语言可以这样表述：集合 $A=$｛直线，竖曲线｝，令 $a_i \in A$（$i=1$，2，3，…，n），对于任意线形设计单元 a_i，可以用状态描述方程来表述其几何特性。

中心线任一线形单元上任一点的状态描述值 h（设计高程），可以采用如下方程进行描述：

（1）直线。

$$h=H(S)=h_0+i(S-s_0) \tag{3-9}$$

式中：h_0、s_0——直线单元起点的高程、桩号；

S——直线单元上任意点的桩号；

i——直线单元的坡度。

（2）竖曲线（抛物线）。

$$h=H(S)=h_0+(S-s_0)i-sign\cdot\frac{(S-s_0)^2}{2R} \tag{3-10}$$

式中：h_0、s_0——抛物线单元起点的高程、桩号；

i——抛物线单元起点的坡度；

R——抛物线单元的半径；

S——抛物线单元上任意点的桩号。

$sign=\{1,-1\}$，$sign=1$ 表示是凸型竖曲线，$sign=-1$ 表示是凹型竖曲线。

2. 纵断面拟合技术

高速公路改造，纵断面设计需要了解现状道路的纵断面线形。既有高速公路经过多年运营，由于不均匀沉降以及施工误差等原因，其现状纵断面线同原设计数据可能存在较大的不同，需要利用测量或地面数字模型得到的桩号、纵断面高程数据进行拟合，得出纵断面的拟合线（包括数据变坡点标高和竖曲线半径）。

（1）纵断面拟合设计的流程。

纵断面设计的工作流程如下：

第一步：对原始二维数据（桩号，高程）进行拟合，得到一条平顺的贴近现状路面的拟合曲线。

第二步：由拟合曲线 3 阶导数确定地面线变化的拐点，然后利用一元线性回归确定初始变坡点。

第三步：为变坡点配置竖曲线。

第四步：对上述数据进行修正，得到拟合后的最终纵断面线。

根据以上的四步流程，下面分别论述。

（2）现状路面线的初始拟合。

采用最小二乘曲线拟合法对现状纵断面的地面线进行拟合，数学模型如下：

设已知 n 个测点数据（桩号，高程）表示为（s_i，h_i）（$i=0$，1，…，$n-1$），最小二乘拟合多项式为 $p_{m-1}(s)=a_0+a_1s+a_2s^2+\cdots+\cdots+a_{m-1}s^{m-1}$，$m$ 为最小二乘曲线拟合多项式的项数，$m\leqslant n$ 且 $m\leqslant 30$。

最小二乘曲线拟合次数 m 较低时，拟合曲线较为平顺，曲线的极值点较少，反之拟合次数越高时，拟合曲线越不平顺，曲线的极值点越多。平原地区的既有高速公路的路面线形较为平顺，最小二乘曲线拟合次数可取较小值。

（3）初始变坡点的确定。

由于初始拟合曲线连续可导，并且拟合曲线 3 阶导数为 0 处的点即为曲线拐点（凹凸变化点的位置）。

在拐点 i 和拐点 $i+1$ 之间采用一元线性回归定出初始变坡线。

假定初始坡线方程为：$h=a\cdot s+b$。方程中 s，h 为初始变坡点的桩号和高程，a，b 为待定系数，其中 a 代表纵坡。

为确定回归系数 a，b 通常采用最小二乘法，即要使 $Q=\sum_{i=0}^{n-1}[h_i-(as_i+b)]^2$ 达到最小，a，b 值分别为：

$$\begin{cases} a=\dfrac{n\sum_{i=1}^{n}(H_iS_i)-\sum_{i=1}^{n}H_i\sum_{i=1}^{n}S_i}{n\sum_{i=1}^{n}S_i^2-(\sum_{i=1}^{n}S_i)^2} \\ b=\dfrac{\sum_{i=1}^{n}H_i-a\sum_{i=1}^{n}S_i}{n} \end{cases} \quad i=1,2,\cdots,n$$

在每个拐点处，均用一元线性回归的方法定出一段回归线，每相邻两条直线相交而产生一个交点（变坡点），其桩号和高程分别为：

$$S_i=\frac{b_i-b_{i+1}}{a_{i+1}-a_i}$$

$$H_i=\frac{a_{i+1}b_i-a_ib_{i+1}}{a_{i+1}-a_i}$$

（4）竖曲线半径的确定。

竖曲线的初始半径 $R=\dfrac{(1+h'^2)^{\frac{3}{2}}}{|h''|}$，又有拟合曲线方程 $h=p_{m-1}(S)=a_0+a_1s+a_2s^2+\cdots+a_{m-1}s^{m-1}$ 得到：

$$h'=a_1+a_2s+a_3s^2+\cdots+a_{m-1}s^{m-2}$$

$$h''=a_2+a_3s+a_4s^2+\cdots+a_{m-1}s^{m-3}$$

因此，变坡点（H_i，S_i）处的竖曲线半径为：

$$R=\frac{[1+(a_1+a_2S_i+a_3S_i^2+\cdots+a_{m-1}S_i^{m-2})^2]^{\frac{3}{2}}}{|a_2+a_3S_i+a_4S_i^2+\cdots+a_{m-1}S_i^{m-3}|} \quad i=1,2,\cdots,n$$

（5）最终纵断面拟合线的确定。

根据上述方法依次求得各个变坡点高程、桩号以及竖曲线半径后，在图上绘出图形，设计人员可以根据实际情况进行调整，最后得到既有高速公路的现状纵断面线形。

对于既有公路路基高度不满足设计水位要求时，应调整纵断面线形或采取其他有效措施。

此外，整体式扩建路段，分幅设计纵断面设计线标高宜分别采用中央分隔带左、右侧边线标高。分离式扩建路段，纵断面设计线标高宜采用新建路线中心线标高。

3. 纵断面线拟合标准

扩建工程的纵断面设计要实现最大限度的利用现有工程，同时还要考虑到满足技术标准的要求，因此纵断面拟合标准包括：①测设点的高程和其对应的拟合纵断面线高程差值的标准误差；②最小纵坡长度。

（1）高程差值的标准误差。

假定纵断面线有 N 个线形单元组成，第 i 个线形单元的测设数据点有 K_i 个，其中第 j 个数据点到对应的拟合线形单元的高程差是 H_{ij}，纵断面线形拟合的高程差值的标准误差计算式为：

$$HH=\frac{\sum_{i=1}^{N}\sum_{j=1}^{K_i}|H_{ij}|}{\sum_{i=1}^{N}K_i} \tag{3-11}$$

在路基设计规范中，对于软土地基工后容许沉降的规定是：桥台与路堤相邻处，涵洞、通道处，一般路段分别为 0.10m，0.20m，0.30m，从这个角度而言，拟合高程差值的标准误差宜控制在 0.2m 以内。另外，为减少路面加罩补强的厚度，降低工程造价，拟合高程差值的标准误差不应过大，宜控制在 0.10m 以内。调研实际工程案例，沪宁高速公路（江苏段）的纵断面的拟合高程差值的标准误差为 10cm，沈大高速公路为 15cm，沪宁高速公路（上海段）为 6cm。

既有高速公路纵断面拟合精度标准应满足表 3-2 的规定。

表 3-2　既有高速公路的拟合纵断面高程差值的标准误差

设计速度（km/h）		120	100	80
纵断面拟合精度标准（cm）	一般值	5	7	9
	极限值	8	10	12

（2）最小纵坡长度。

从纵断面拟合的精度而言，坡长越小，拟合的精度越高，但过小的纵坡长，不仅会大大低于现行设计规范关于最小纵坡长的规定，而且还会影响车辆行驶的舒适性。因此，必须确定合适的拟合最小纵坡长度。除受净空及构造物限制的路段外，一般路段设计宜遵守“宁填勿挖”的原则；受构造物控制，不能满足最小坡长要求的局部路段，设计最小坡长可按表 3-3 的规定设计。

表 3-3　既有高速公路的拟合纵断面的最小纵坡长度

设计速度（km/h）		120	100	80
最小坡长（m）	坡差≤0.4%	180	160	120
	0.4%<坡差≤0.6%	200	180	140
	坡差>0.6%	300	250	200

当受构造物控制且纵坡不大时，在满足视距的前提下，经论证，纵断面设计可采用 3s 设计速度行程的竖曲线长度来控制设计。

3.5　路基调查与评价

3.5.1　路基调查及评价内容

（1）路基调查内容包括：

1）调查既有路基病害和隐患情况，整理分析病害的类型、规模、分布、成因等数据。

2）调查既有路基支挡、防护工程的地基地质条件、基础形式和使用状况，应对支挡工程地基进行勘探试验。

3）调查既有路基排水系统状况。

4）调查既有路基工后沉降状况，着重调查桥头引道不均匀沉降状况。

（2）路基评价内容包括：

1）应评价既有路基高程能否满足路基设计洪水频率的要求。

2）应评价既有路基的路床处于干燥或中湿状态下的临界高度。

3）应综合分析路基病害原因，评价既有路基承载能力，分析各种防护、排水设施的使用状况，应对既有路基可利用程度进行评价。

4）应分析既有软土路段和桥头引道地基固结情况，地基压缩变形发展规律和抗剪强度增长规律，根据沉降观测资料推算路基残余沉降，评价各种处理措施的效果。

5）应评价改扩建路基对既有路基的影响。

3.5.2　路基顶面回弹模量测试及评价

路基顶面当量回弹模量通过现场承载板测试给予实现，并根据式（3-12）确定计算结果。

$$E_0 = \frac{p_i D(1-\mu_0^2)}{I_i} \cdot \frac{\pi}{4} \tag{3-12}$$

式中：p_i——第 i 级承载板压力（MPa）；

D——承载板直径（m）；

μ_0——路基土泊松比；

I_i——对应于 p_i 的计算回弹变形值（m）。

当不具备在路基顶面直接进行承载测试时，研究中利用基层顶面承载板测试的当量回弹模量结果，并结合基层和垫层材料的结构模量和厚度，按式（3-13）进行路基顶面当量回弹模量的反算。

$$E_t = a h_x^b E_0 \left(\frac{E_x}{E_0}\right)^{1/3} \tag{3-13}$$

$$E_x = \frac{h_1^2 E_1 + h_2^2 E_2}{h_1^2 + h_2^2}$$

$$h_x = \left(\frac{12 D_x}{E_x}\right)^{1/3}$$

$$D_x=\frac{h_1^3E_1+h_2^3E_2}{12}+\frac{(h_1+h_2)^2}{4}\left(\frac{1}{E_1h_1}+\frac{1}{E_2h_2}\right)^{-1}$$

$$a=6.22\left[1-1.51\left(\frac{E_x}{E_0}\right)^{-0.45}\right]\qquad b=1-1.44\left(\frac{E_x}{E_0}\right)^{-0.55}$$

式中：E_t——基层顶面的当量回弹模量（MPa）；

E_0——路基顶面的当量回弹模量（MPa）；

E_x——基层和底基层或垫层的当量回弹模量（MPa）；

E_1、E_2——基层和底基层或垫层的回弹模量（MPa）；

h_x——基层和底基层或垫层的当量厚度（m）；

D_x——基层和底基层或垫层的当量弯曲刚度（MN/m）；

h_1、h_2——基层和底基层或垫层厚度（m）；

a、b——与 E_x/E_0 有关的回归系数。

同时，可利用改进弯沉盆参数法进行各测点路基顶面当量动回弹模量反演分析，并与路基实测静态当量回弹模量建立相关性，沪宁高速公路（上海段）测试结果见表 3-4。可知：

（1）随不同路段 SSI 评价等级的降低，路基土动回弹模量在变小，进一步表明路基结构整体抗变形能力在下降。

（2）路基动静回弹模量彼此之间显著的相关性，动静回弹模量之比维持在 0.18～0.26 之间，平均为 0.22，参照 AASHTO 的研究成果，动静回弹模量之间的比例系数在 0.2～0.33 之间。

表 3-4 $E_{静}$与$E_{动}$对比分析

代表路段	测试结果	测试点号					
		1	2	3	4	5	6
SSI=差	$E_{动}$(MPa)	105.1	108.9	88.2	99.9	102.3	98.6
	$E_{静}$(MPa)	23.6	29.7	16.7	24.3	24.1	20.8
	$E_{静}/E_{动}$	0.22	0.27	0.19	0.24	0.24	0.21
SSI=次	$E_{动}$(MPa)	171.9	165.9	158.4	151.2	154.4	168
	$E_{静}$(MPa)	32.7	37.2	28.7	33.2	32.9	31
	$E_{静}/E_{动}$	0.22	0.18	0.22	0.23	0.21	0.18
SSI=中	$E_{动}$(MPa)	205.5	201.4	196.4	191.6	186.9	182.5
	$E_{静}$(MPa)	38.1	40.2	36.3	37.1	35.2	39.2
	$E_{静}/E_{动}$	0.19	0.2	0.18	0.19	0.19	0.21
SSI=良	$E_{动}$(MPa)	234	229.5	223.4	217.5	211.9	205.5
	$E_{静}$(MPa)	47.9	45.7	54.5	48.9	53.4	51.9
	$E_{静}/E_{动}$	0.2	0.2	0.24	0.22	0.25	0.25
SSI=优	$E_{动}$(MPa)	249.8	242.7	319	229.5	319.2	237.5
	$E_{静}$(MPa)	56.8	58.3	63.4	57.9	60.2	59.2
	$E_{静}/E_{动}$	0.23	0.24	0.2	0.25	0.19	0.25

3.5.3　重型动力触探（DCP）测试及评价

重型动力触探（Dynamic Cone Penetration）测试可以用来间接反映路基结构整体承载能力和抗变形能力。重型动力触探检测结果与路基动静回弹模量之间的相关性见图3-4。随SSI评价等级的降低，*DCP*值在增大，表明路基实际抗变形能力的减弱，进而导致路表弯沉增加。*DCP*与$E_{静}$、$E_{动}$之间具有良好的相关性，即利用*DCP*测试可以快捷便利地表征路基土的抗变形能力，当$E_{静}=30MPa$时，$DCP=10$次/10cm。

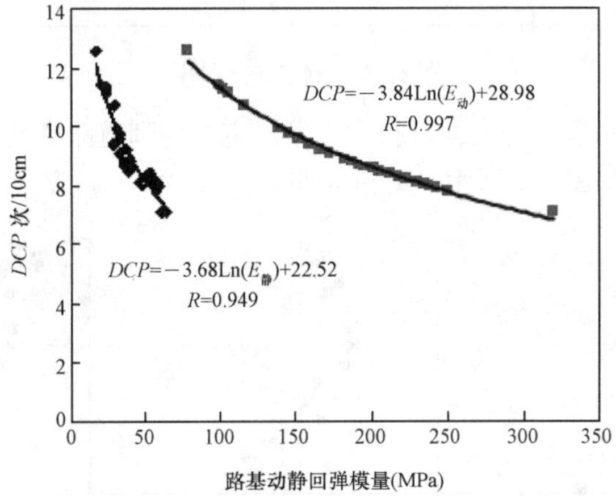

图3-4　$E_{静}$、$E_{动}$与*DCP*相关性

3.5.4　路基湿度测试及评价

为了掌握既有路基土湿度沿深度方向及横断面方向的空间分布规律，用螺旋钻和环刀在既有路基进行现场取土（图3-5），并室内测试含水量。所选横断面的路基填土高度为3m，横向从中央分隔带到路肩布设A、B、C、D、E、F 6个测点；每个测点在不同深度位置钻取土样，上部间距为10cm，下部间距为20cm，计19个取土深度。现场测点布设如图3-6所示。

(a) 螺旋钻取土

(b) 环刀取土

图3-5　路基含水率现场测试

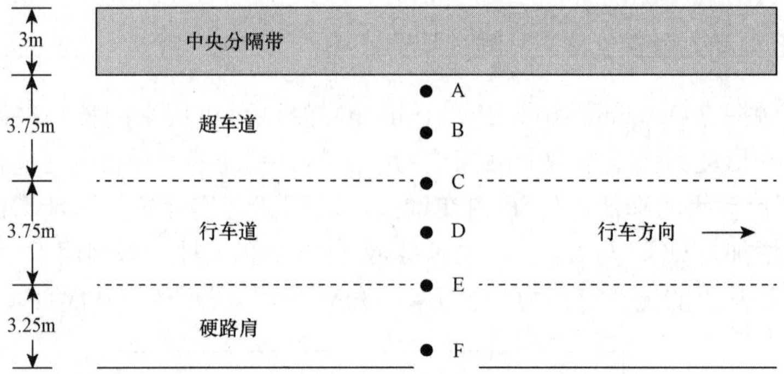

图 3-6 测点布置图

对不同测点、不同深度的土样进行含水量测定，得到道路横断面不同点位既有路基土湿度沿深度的分布如图 3-7 所示。分析表明：

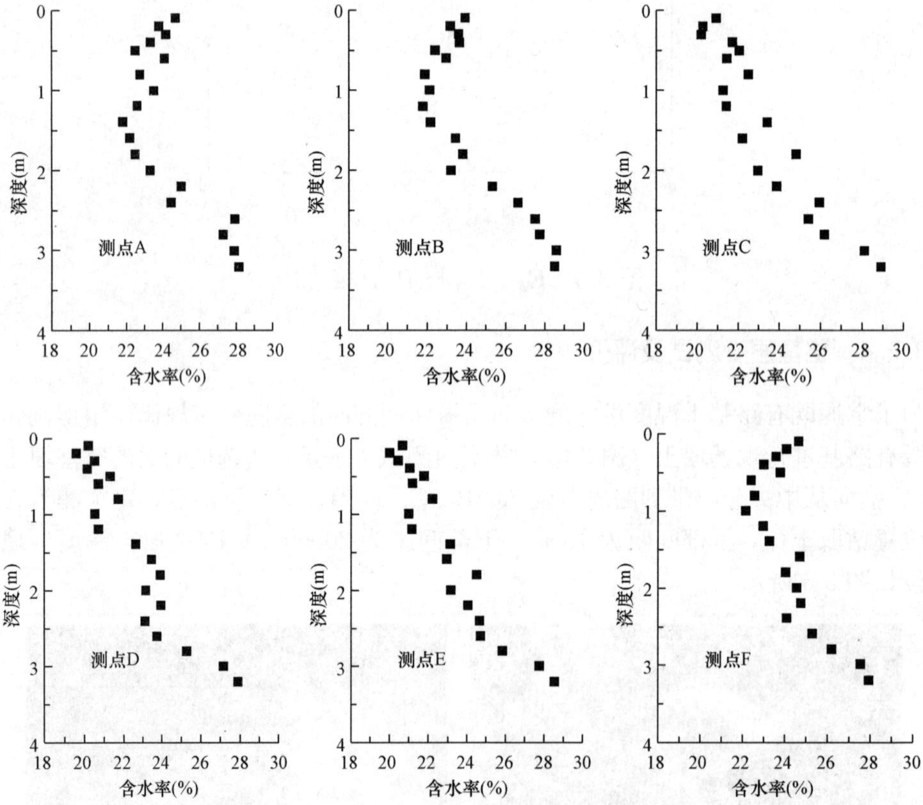

图 3-7 不同测点的路基含水量分布特征

（1）靠近中央分隔带的 A、B 测点，路基土湿度沿深度方向的分布呈现相同的趋势，即上部路基土的湿度在一定深度范围内波动（22%～25%，平均值为 23.5%）；而且，随测点距中央分隔带距离的增加，路基土湿度波动的深度范围变小，由 1m 左右变化为 0.6 左右；而下部路基土的湿度表现为随深度的增加而逐渐增大的特点。

（2）铺面中部正下方的 C、D、E3 个测点，路基土湿度沿深度方向的分布规律基本相同，在整个路基填土范围内均随深度的增加而逐渐增大。

(3) 靠近路肩边缘的F测点，路基土湿度沿深度方向的分布表现出与A、B测点相近的规律，即上部波动、下部随深度增加而逐渐增大。上部湿度波动的深度范围约0.5m，含水量在22.7%～24.2%之间。

分析形成上述湿度分布的原因，一方面，在较高地下水位条件下，由于铺面的存在，既有路基的湿度状况受地下水控制。作为非饱和土，路基土的基质吸力沿深度线性变化，从而使含水量随深度增加而逐渐增大。另一方面，大气降水通过无硬化处理的中央分隔带和边坡浸润相应部位的土体，由于毛细作用，湿度产生横向迁移，致使临近中央分隔带和路肩下的路基，其上部一定深度范围内的湿度在相对较大的状态下波动。

3.6　路面调查与评价

路面状况数据是公路改扩建的依据，基于这些数据可判别旧路路面状况是否可以继续使用。因此，路面状况的调查及其数据的准确采取在很大程度上决定了公路改扩建的成功与否。

3.6.1　沥青路面调查与评价

沥青路面调查应包括路面损坏、平整度、车辙、抗滑性能和结构强度。当既有路面全线进行罩面或补强时，沥青路面调查可只包括路面损坏、结构强度、平整度。

各项评价内容所用的指标及其关系如图3-8所示。

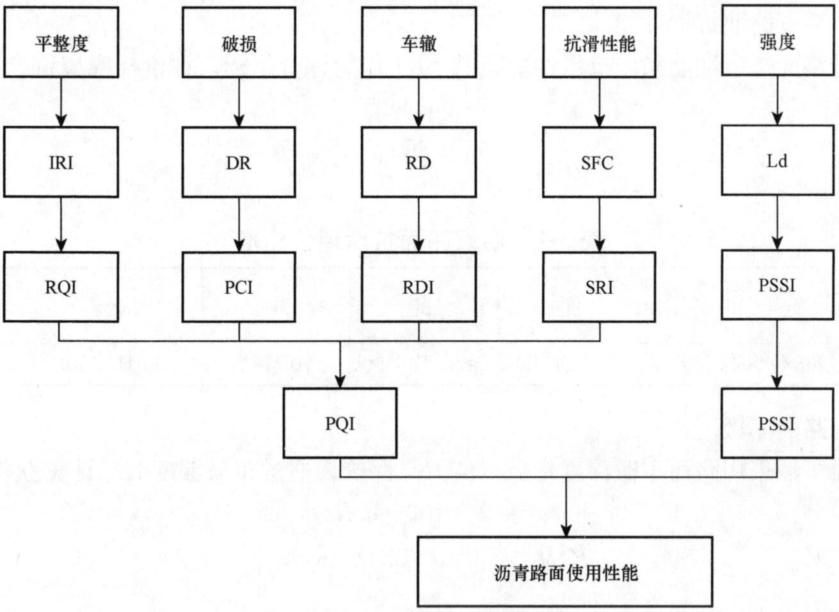

图3-8　评价指标关系图

（1）沥青路面状况指数。

路面状况指数 *PCI* 的数值范围为 0～100。其值越大，路况越好。*PCI* 的计算公式为：

$$PCI=100-15a_0DR^{a1} \tag{3-14}$$

根据路面破损情况，可将路面质量分为优、良、中、次、差五个等级。评价标准应符合表 3-5 的规定。

表 3-5 路面破损状况评价标准

评价等级 / 评价指标	优	良	中	次	差
路面状况指数 *PCI*	≥90	≥80～<90	≥70～<80	≥60～<70	<60

（2）沥青路面行驶质量指数。

沥青路面的行驶质量采用行驶质量指数 *RQI* 作为评价指标，行驶质量指数由国际平整度指数 *IRI* 计算。

$$RQI=\frac{100}{1+a_0e^{a_1\,\mathrm{IRI}}} \tag{3-15}$$

沥青路面行驶质量评价标准应符合表 3-6 的规定。

表 3-6 沥青路面行驶质量评价标准

评价等级 / 评价指标	优	良	中	次	差
行驶质量指数 *RQI*	≥90	≥80 且<90	≥70 且<80	≥60 且<70	<60

（3）沥青路面抗滑性能。

沥青路面抗滑性能采用抗滑性能指数 *SRI* 作为评价指标。评价标准应符合表 3-7 的规定。

$$SRI=\frac{100-SRI_{\mathrm{min}}}{1+a_0e^{a_1\,\mathrm{SFC}}}+SRI_{\mathrm{min}} \tag{3-16}$$

表 3-7 沥青路面抗滑评价标准

评价等级 / 评价指标	优	良	中	次	差
抗滑指数 *SRI*	≥90	≥80 且<90	≥70 且<80	≥60 且<70	<60

（4）路面车辙。

路面车辙采用路面车辙深度指数（*RDI*）评价，通过车辙深度 *RD* 计算获得。

$$RDI=\left\{\begin{matrix}100-a_0RD\\ 60-a_1(RD-RD_{\mathrm{a}})\\ 0\end{matrix}\right\} \tag{3-17}$$

（5）沥青路面的综合评价。

沥青路面的综合评价采用路面的综合评价指标 *PQI* 作为评价指标（见表 3-8），

PQI 用分项指标加权计算得出。*PQI* 的数值范围为 0～100。其值越大，路况越好。

$$PQI = w_{PCI}PCI + w_{RQI}RQI + w_{SRI}SRI \tag{3-18}$$

表 3-8　*PQI* 分项指标权重

权重	高速公路	一级公路	二级、三级及四级公路
w_{PCI}	0.35	0.35	0.60
w_{RQI}	0.40	0.40	0.40
w_{RDI}	0.15	0.15	0
w_{SRI}	0.10	0.10	0

沥青路面综合评价的评价标准应符合表 3-9 的规定。

表 3-9　沥青路面综合评价的评价标准

评价等级 评价指标	优	良	中	次	差
沥青路面综合评价指标 *PQI*	≥90	≥80 且<90	≥70 且<80	≥60 且<70	<60

（6）沥青路面强度。

沥青路面结构强度为抽样评定指标，单独计算与评定。沥青路面强度采用路面强度指数（*PSSI*）作为评价指标。路面强度指数 *PSSI* 按下式计算：

$$PSSI = \frac{100}{1 + a_0 e^{a_1 SSI}} \tag{3-19}$$

$$SSI = \frac{\text{路面设计弯沉}}{\text{路段代表弯沉值}} \tag{3-20}$$

沥青路面强度评价标准应符合表 3-10 的规定。

表 3-10　沥青路面强度评价标准

标 准	优	良	中	次	差
评价指标 *SSI*	≥90	≥80 且<90	≥70 且<80	≥60 且<70	<60

3.6.2　水泥混凝土路面调查与评价

水泥混凝土路面损坏状况调查与评价内容：

（1）旧混凝土路面的损坏状况应采用断板率和平均错台量两项指标评定。

（2）路面损坏状况分为 4 个等级，各个等级的断板率和平均错台量的标准应按表 3-11 分级。

表 3-11　路面损坏状况分级标准

等　　级	优良	中	次	差
断板率（%）	≤5	6～10	11～20	>20
平均错台量（mm）	≤5	6～10	11～15	>15

接缝传荷能力与板底脱空状况调查评定内容：

（1）旧混凝土面层板的接缝传荷能力和板底脱空状况应采用弯沉测试法调查评定。弯沉测试宜采用落锤式弯沉仪，也可采用梁式弯沉仪，其支点不得落在弯沉盆内。

（2）测定接缝传荷能力的试验荷载应接近于标准轴载的一侧轮载（50kN）。荷载应施加在邻近接缝的路面表面。接缝的传荷系数应按下式计算：

$$k_j = \frac{w_u}{w_l} \times 100\ (\%) \tag{3-21}$$

式中：k_j——接缝传荷系数；

w_u——未受荷板接缝边缘处的弯沉值；

w_l——受荷板接缝边缘处的弯沉值。

（3）旧混凝土面层的接缝传荷能力应按表 3-12 分为 4 个等级。

表 3-12　接缝传荷能力分级标准

等　级	优良	中	次	差
接缝传荷系数 k_j（%）	>80	56～80	31～55	<31

（4）板底脱空可根据面层板角隅处的多级荷载弯沉测试结果，并综合考虑唧泥和错台发展程度以及接缝传荷能力进行判别。

混凝土路面结构参数调查包括以下内容：

（1）旧混凝土面层厚度的标准值可根据钻孔芯样的量测高度按下式计算确定：

$$h_e = \bar{h}_e - 1.04 s_h \tag{3-22}$$

式中：h_e——旧混凝土面层量测厚度的标准值（mm）；

$\bar{h}_e$——旧混凝土面层量测厚度的均值（mm）；

s_h——旧混凝土面层厚度量测值标准差（mm）。

（2）旧混凝土面层弯拉强度的标准值可采用钻孔芯样的劈裂试验测定结果按下列公式计算确定：

$$f_r' = 0.621 f_{sp} + 2.64 \tag{3-23}$$

$$f_{sp} = \bar{f}_{sp} - 1.04 s_{sp} \tag{3-24}$$

式中：f_r'——旧混凝土弯拉强度标准值（MPa）；

f_{sp}——旧混凝土劈裂强度标准值（MPa）；

$\bar{f}_{sp}$——旧混凝土劈裂强度测定值的均值（MPa）；

s_{sp}——旧混凝土劈裂强度测定值的标准差（MPa）。

（3）旧混凝土的弯拉弹性模量标准值可按下式计算：

$$E_c' = \frac{10^4}{0.0915 + \dfrac{0.9634}{f_r'}} \tag{3-25}$$

式中：E_c'——旧混凝土的弯拉弹性模量标准值（MPa）。

（4）旧混凝土路面基层顶面的当量回弹模量标准值，宜采用标准荷载 100kN 和承载板半径 150mm 的落锤式弯沉仪量测板中荷载作用下的弯沉曲线，按下列公式确定：

$$E_t' = 100 e^{(3.60 + 24.03 w_0^{-0.057} - 15.63 SI^{0.222})} \tag{3-26}$$

$$SI=\frac{w_0+w_{300}+w_{600}+w_{900}}{w_0} \tag{3-27}$$

式中：　E_t'——基层顶面的当量回弹模量标准值（MPa）；

SI——路面结构的荷载扩散系数；

w_0——荷载中心处弯沉值（μm）；

w_{300}、w_{600}、w_{900}——距离荷载中心 300mm、600mm 和 900mm 处的弯沉值（μm）。

当采用落锤式弯沉仪的条件受到限制时，可选择在清除断裂混凝土板后的基层顶面进行梁式弯沉测量后按下式反算或根据基层钻芯的材料组成及性能情况依经验确定。

$$E_t=13739w_0^{-1.04} \tag{3-28}$$

式中：w_0——以后轴载 100kN 的车辆进行弯沉测定，经统计整理后得到的旧混凝土路面基层顶面的计算回弹弯沉值（0.01mm）。

3.7　桥梁、涵洞调查与评价

改扩建工程桥涵的调查与评价，主要是为了判定桥涵的技术状况，确定桥涵能否利用，同时为拟定桥涵改扩建设计方案提供必要的基础资料。

3.7.1　桥梁、涵洞调查

（1）桥梁调查应根据《公路桥梁技术状况评定标准》JTG H21—2011（以下简称《桥梁状况评定标准》）的规定进行定性和定量调查。

调查前的内业准备阶段需要收集设计资料、施工资料以及有关的养护、维修、加固资料。资料收集涉及的细节很多，如设计资料里面有计算书、设计图纸、修改图纸以及地质资料等；施工资料里面包括各个阶段的竣工图纸、竣工说明书、材料试验资料及施工记录、竣工验收资料等；其他养护、维修资料则包括历史上通过的车型、载重、交通量状况、维修的资料等。

桥梁调查可以根据桥型确定调查的要点，如梁桥的检查要点有：跨中区域的裂缝、挠度；端部的剪力缝；主梁连接部位的状况；构件的外观质量等。又比如拱的检查要点有：拱圈拱顶下缘与拱脚上缘裂缝；拱轴线的坐标；墩的沉降量及偏位等。而索结构则还有索体、锚固结构的质量状况等。

（2）根据《公路桥梁承载能力检测评定规程》JTG/T J21—2011 的要求，对需要检测评定的桥跨，应按照现行规范的有关定期检查的规定，对结构构件缺损状况逐一进行详细检查，检查应做到抓住重点，力求全面。检查中发现的缺损应进行现场标注，并作影像记录和病害状态说明。桥梁结构构件的内部缺陷如材质状况和状态参数，宜采用仪器设备进行现场检测。

（3）涵洞调查应根据《公路养护技术规范》JTG H10—2009（以下简称《公路养护规范》）的相关要求进行定性、定量调查。调查主要内容有：调查涵洞的过水能力，包括涵洞的位置是否适当，孔径是否足够，涵底纵坡是否合适。若过水能力明显不足，经常造成内涝及路基损毁的，应考虑改造；检查进、出水口的铺砌、挡水墙、翼墙等是否完整，排水是否顺畅；涵身顶部盖板或拱顶是否开裂、漏水、变形下挠、拱顶砌块是否松动脱落；调查涵洞顶路面是否开裂、下沉，是否影响行车安全；周围路基填土是否稳定和完整；涵洞结构是否有损坏等。

3.7.2　桥梁、涵洞评价

（1）桥梁评价按《桥梁状况评定标准》的规定进行，明确检查项目的缺损情况和性能状况，确定桥梁总体及主要部件技术状况评定等级。桥梁总体技术状况评定等级分为1类、2类、3类、4类、5类，具体详见表3-13。

表3-13　桥梁总体技术状况评定等级

技术状况评定等级	桥梁技术状况描述
1类	全新状态、功能良好
2类	有轻微缺损、对桥梁的使用功能无影响
3类	有中等破损，尚能维持正常使用功能
4类	主要构件有较大的缺损，严重影响桥梁使用功能；或影响承载能力，不能保证正常使用
5类	主要构件存在严重缺陷，不能正常使用，危及桥梁安全，桥梁处于危险状态

（2）涵洞评价按《公路桥涵养护规范》JTG/T H11—2014（以下简称《公路桥涵养护规范》）的规定进行，根据涵洞的技术状况及排水适应状况，参照桥梁技术状况评定标准相关结构类型，评价既有涵洞的过水能力、承载能力、涵身稳定、渗漏情况、细部完整等项目，对涵洞的技术状况综合做出好、较好、较差、差、危险五个级别的评定，并提出日常养护、维修、加固、改建等建议。

3.8　路线交叉调查与评价

3.8.1　路线交叉调查

在路线交叉改扩建方案拟定前应提供基础资料和数据支撑，保证建设方案具备一定的超前性。对原有互通式立体交叉、分离式立体交叉、通道、天桥等的设计和竣工资料进行收集。路线交叉调查内容包括：

（1）收集路网规划、沿线交通出行需求、交通量预测情况等资料。

（2）调查路线交叉范围内的建筑限界、路线交叉的线形、视距等技术指标情况。

（3）调查互通式立体交叉设置间距。

（4）既有路线交叉工程的设施状况、交通运营状况、事故状况等。

（5）收费站道口数量、设备配置和收费广场运行情况。

对于互通立体交叉改扩建工程，应收集社会经济发展、交通、自然条件、既有工程、现状交通运营和运行安全等相关资料。既有工程资料包括既有实体工程的平纵面线形、路基、路面、桥涵、隧道、收费站等相关资料，相交道路和匝道的平纵横面线形应在现场测量采点的基础上进行拟合。运行安全资料应包括改建前立体交叉范围内事故多发的路段或工点情况、事故状况等。现状交通资料应包括现状交通量分布、交通组成、交通运行现状及改扩建期间交通组织的相关资料等。立体交叉改扩建设计所采用的交通量应根据改扩建性质和规模确定，并应遵循下列原则：

（1）当因通行能力不足、运行安全问题突出等需要改扩建时，可在原公路立体交叉设计采用的交通量基础上，结合调查、收集的交通资料经修正后使用。当交叉公路有改扩建计划时，应采用交叉公路改扩建交通量预测年限的预测交通量。

（2）当因交叉公路改扩建或新增交叉公路等需要改扩建时，应采用改扩建或新建公路交通量预测年限的预测交通量。

3.8.2 路线交叉评价

根据调查收集的基础资料，应对拟改扩建工程的几何技术指标、交通适应性、路基、路面、桥梁、隧道和收费站等的服务现状等进行评价，应对既有路线交叉进行复合型验证和安全性检查分析，并应评估对总体改扩建方案的影响，评价结论应作为确定路线交叉改扩建重点和改扩建方案的主要依据。路线交叉评价内容包括：

（1）应评价互通式立体交叉、分离式立体交叉、通道、天桥等路线交叉范围内的各项技术指标的规范符合性，评价其运行状况，并提出利用和改建措施。

（2）对路线交叉范围内事故多发路段或事故黑点，应评价建筑限界、安全视距、车道平衡、平纵线形、车道宽度、超高加宽、变速车道、交通标志等各项技术指标的合理性。

（3）应评价相邻互通式立体交叉间距的合理性。

（4）应评价既有设施的使用状况，并提出利用和改进措施。

（5）应评价收费广场设施的可利用条件，并提出利用和改进措施。

对于互通立体交叉改扩建工程，评价包括几何技术指标评价、交通适应性评价、运行安全评价、其他评价。几何技术指标评价：包括各交叉道路和匝道设计速度与实际运行速度的一致性、运行速度的连续性以及技术指标与有关技术标准的符合性等。交通适应性评价：包括各交叉道路、匝道及匝道连接部实际服务水平与现状和预测交通量的适应性等。运行安全评价：应重点对立体交叉的位置、间距、形式、匝道及其出入口、视距、标志、标线、运行安全状况等进行全面分析，并应结合调查资料对交通事故成因进行分析，提出相应的改扩建对策。其他评价：包括路基、路面、桥梁、隧道和收费站等的使用现状、结构安全与稳定状态、病害及整治情况以及是否满足利用要求等。

3.9 交通安全设施调查与评价

高速公路改扩建交通安全设施的调查可采取资料收集、现场勘察、检测、问卷和座谈等形式。结合运营过程中存在的问题、运营管理部门及道路使用者的需求，采用定性和定量相结合的方法对其可利用性做出评价，如符合性评判、专家评议等方法。高速公路改扩建交通安全设施调查和评价的结果应满足设计要求。

3.9.1 交通安全设施调查

高速公路改扩建交通安全设施的调查应收集的资料主要包括以下方面：

（1）收集项目改扩建工程的可行性研究报告、项目改扩建工程的主体工程设计资料、既有公路的安全性评价报告等。

(2) 收集既有公路交通工程及沿线设施竣工文件、系统升级改造竣工文件、专项改造竣工文件、设备维护更新记录或其他相关资料，并应对相关内容进行现场核实。

(3) 交通运营数据是高速公路设计非常重要的基础数据，不仅直接影响交通工程及沿线设施的设计方案，也是主体工程设计方案的基础。改扩建项目由于经历了多年营运，一般都会有一定的数据积累。如果能够根据实际的交通流数据进行分析，将会大大提高方案和实际情况的吻合程度。所以应收集至少前 3 年的下列相关运营数据：

1) 交通量，包括互通式立体交叉之间的主线断面交通量、各收费站出入口交通量等。

2) 交通组成，包括主线断面及收费站出入口的交通组成。

3) 气象资料，包括对公路交通造成影响的气象数据。

4) 交通事故资料，包括事故位置，事故原因、事故人员伤亡和财产损失、事故处理、后期运营改善情况等相关记录。

5) 隧道环境数据，包括隧道洞外亮度、洞内照度、洞内能见度和一氧化碳实际浓度等信息。

6) 既有交通安全设施包括护栏、标志和标线、防眩设施、防落网、隔离设施等的建成年份、设置位置、功能状态、锈蚀、老化和损坏情况，更新维护及适用性等情况。

3.9.2　交通安全设施的评价

改扩建工程不同于新建工程最显著的特点之一就是在现有高速公路上进行，需要与现状结合，为充分利用资源，必然涉及现有设施系统的再利用。这就需要对既有沿线交通安全设施进行评价。评价应主要根据调查结果，评价护栏、标志、隔离栅、防眩设施、防落网等设施设置与现行标准规定的符合性和利用的必要性，应满足改扩建后运营需求，具体评价内容如下：

(1) 对于护栏，主要评价既有护栏的设置标准及性能是否满足现行规范《公路交通安全设施设计规范》JTG D81—2006（以下简称《公路交通安全设施规范》）及《公路护栏安全性能评价标准》JTG B05—01—2013（以下简称《公路护栏评价标准》）的规定，另外，还需评价护栏立柱和护栏板外观等情况（图 3-9）。

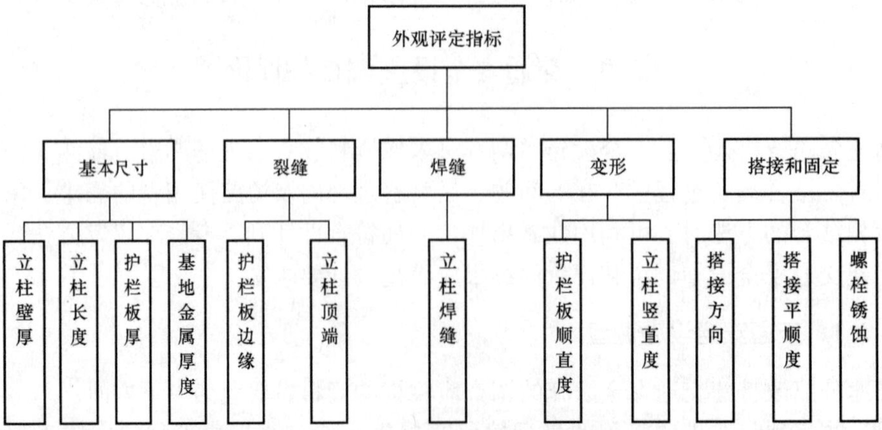

图 3-9　护栏外观评价指标

（2）对于标志，主要评价既有标志版面、字体大小、信息选择、结构形式、材料能否满足改扩建后的需求（图 3-10）；同时应对标志设置位置和版面信息是否满足改扩建的加宽方式和改扩建后的路网需求进行评价。

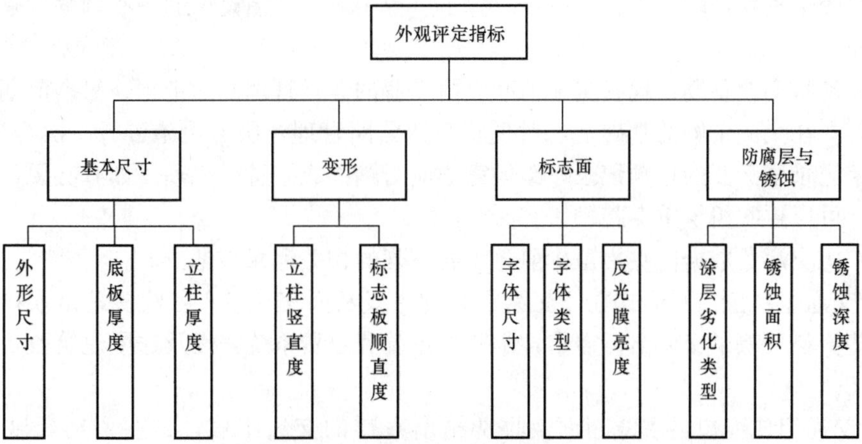

图 3-10　交通标志评价指标

（3）防眩设施主要评价路基加宽情况下是否满足防眩要求及可利用程度。

（4）隔离设施主要评价分离加宽情况下是否满足隔离要求及可利用程度。

（5）防落网主要评价其在桥梁护栏改造后的可利用程度。

另外，交通安全设施材料还应从再利用的角度进行评价，可通过材料回收价值、再利用翻新的费用、环保效益、投入产出比等各方面进行综合判定。不同的项目其判定标准是不同的，不能照搬。比如有的改扩建工程附近就有一条地方公路在施工，如果将既有安全设施拆除后，直接在另外一条地方公路上利用可能经济效益更佳，就没有必要在本项目中进行改造利用。

对既有交通安全设施的评价非常重要，不过目前全国还没有统一的评价方法及标准，在具体项目中还要依靠技术人员根据实际情况和经验综合判定。

3.10　管理及服务设施调查与评价

高速公路的管理及服务设施的改扩建设计，首先应对现状管理及服务设施进行调查，调查内容包括既有设施的资料收集、行业主管部门及运营管理部门需求、技术进步等，然后对既有设施的可用性做出合理的评价。

3.10.1　资料收集

资料收集的内容包括：设计文件、竣工资料、现状实地踏勘、管理设施统计表、历史运营数据。其中设计文件和竣工资料可以从档案管理部门获取，如果是原设计单位的，可以从原设计院档案室直接调取原设计资料。管理设施统计表和历史运营数据则可以从运营管理部门获取。

（1）设计文件：项目前期的可行性研究报告、初步设计文件、施工图设计文件，其中又以施工图设计文件为主（包括施工配合过程中的各类设计变更），施工图设计文件基本反映了现状管理及服务设施的基本情况，是改扩建设计的主要依据。

（2）竣工资料：竣工资料可以反映施工过程中对施工图设计的一些调整，是设计文件的补充。

（3）现状实地踏勘：现状实地踏勘应由专业的运营管理部门带领，根据前期收集的设计资料，在全面了解的基础上，对现状高速公路管理及服务设施进行一次全程踏勘，作好文字记录和必要的视频记录，踏勘完毕应对踏勘成果进行整理。如有必要，对存在疑问的，可以再次组织重点踏勘。

（4）历史运营数据应收集至少前 3 年的下列的相关运营数据：

1）交通量：包括互通式立体交叉之间的主线断面交通量、各收费站出入口交通量等，这些资料反映了交通出行需求，是监控系统和收费系统，以及房屋建筑改造规模的依据。

2）交通组成：包括主线断面及收费站出入口的交通组成，这些资料反映了交通断面中不同出行主体对交通出行的需求，是部分管理设施，如收费系统车道设置的依据。

3）气象资料：包括对公路交通造成影响的气象数据，这些资料反映了交通管理及服务设施所处的气象环境，也是管理及服务设施设计必须满足的条件，是应对各种突发气象环境的依据资料。

4）交通事故资料：包括事故位置、事故原因、事故人员伤亡和财产损失、事故处理、后期运营改善等相关记录，这些资料能反映常发性交通事故的位置以及具体的伤亡情况，同时反映出控制和诱导存在的问题，是监控及相关系统设置的依据。

5）监控设施：监控中心、分中心的整体布局，计算机系统的软件功能，闭路电视系统的传输、储存方式及容量，显示屏的规格、显示方式，场外设备供电方式、不间断电源的规格和配置容量以及已用容量情况，信息发布设备的位置和显示效果，场外设备的设置等。

6）收费设施：收费广场整体布局，包括出入口车道数量、复式收费车道、计重收费车道、ETC 收费车道、无人值守收费车道等；各收费站收费车道数量适用状况，各收费车道的设备配置等，计重收费设备的使用情况及复检的比例。

7）通信设施：光纤数字传输设备的规格、接口使用费情况、与相邻高速公路及上级联网中心的通信联网情况，语音交换设备的使用容量，紧急报警设施及广播系统的方式，视频会议系统的设置，光纤预留数量，通信管道的使用及租赁等情况。

8）供配电照明设施：变电所适用情况、柴油发电机等备用电源所带负荷及使用频率、电力监控系统配置、隧道运营电费及节能措施、照明光源配置及运营等情况。

9）隧道风机设置及运营、当地消防救援机构的设置、消防设备的配置及使用，以及隧道火灾等情况。

10）服务设施：服务区、停车区的整体布局；停车、加油、如厕、餐饮、汽车维修、购物、住宿等设施的使用情况。

11）房屋建筑：各站区房屋建筑的整体布局，既有建（构）筑物的建设规模，水、电、暖、环保等配套设备的使用情况。

（5）机电设施统计表：运营管理部门，一般会有专人负责管理设施的运营管理，并有管理设施的统计表。管理设施统计表可以帮助我们很好地掌握现有管理设施的规格型号、品牌、生产厂家、采购日期等，是现状调查的重要资料。

调研完成，应进行成果的整理，作为改扩建工程管理设施设计的基础资料。

现有主要管理设施一览表整理可参考如下：

表 3-14　现有主要管理设施一览表

序号	项　　目	品牌	型号	建成时间	备注
一	监控分中心设施				
1					
2					
	……				
二	监控外场设施				
1					
2					
	……				
三	收费分中心设施				
1					
2					
3					
	……				
四	收费站设施				
1					
2					
	……				
五	收费车道设施				
1					
2					
	……				
六	其他收费设施				
1					
2					
	……				
七	通信设施				
1					
2					
	……				

续表 3-14

序号	项　目	品牌	型号	建成时间	备注
八	供配电设施				
1					
2					
	……				
九	照明设施				
1					
2					
	……				

3.10.2 行业主管部门及运营管理部门需求

1. 行业主管部门要求

高速公路行业要求包括交通部和各省级高速公路行业管理部门。行业要求应注意信息收集的及时性和完整性。

如在2015年，上海市路政局印发了《上海市市属新改建道路配套建设交通监控系统并接入上海市路政行业专用通信网基本技术要求》。对高速公路监控系统中交通信息采集、视频图像采集、气象信息采集、信息发布、路段中心监控管理平台、管道沟通与光缆互联要求等均有详细的要求。上海高速公路项目改扩建时，应参照执行。

2. 运营管理部门需求

和新建项目不同，改扩建高速公路项目，其运营管理部门已成立多年，且经过多年的运营管理，积累了丰富的经验，对管理及服务设施有很多的意见或建议。因此，在前期充分征询运营管理部门的需求，可以更好地符合实际运营管理。

3.10.3 技术进步

管理设施，尤其是机电三大系统（监控、通信、收费），是信息化系统，随着科技的日新月异，技术进步飞速。及时了解高速公路技术发展的趋势，查明目前本地路网机电设施的使用情况，有助于改扩建方案符合实际，更好地满足管理使用需求。

如：视频监控，目前新建或改扩建项目，都已经采用了全高清视频技术；又如主线收费站ETC车道已采用双开式高速自动栏杆等。

当然，各地有各地管理部门的不同需求，实际在改扩建设计中，应符合本地实际情况。如浙江省交通运输厅文件，《关于加快推进高速公路不停车收费发展的实施意见》（浙交〔2016〕68号），有条件收费站，单方向大多设置2条或2条以上ETC车道，而不是1条ETC车道。

3.10.4 现状设施可利用性评价

通过对管理及服务设施的现状调查，并整理总结，可以获悉现状运营过程中的各类设施的使用现状、存在的问题，以及运营管理部门的迫切需求等，从而正确地评价现状管理及服务设施。现状设施可利用性评价可以采用基于使用时间来进行判断的方法，现状设施可利用性评价主要包括以下步骤：

1. 管理及服务设施建设时间整理

根据调查资料，将各类设施的建设时间进行整理。

2. 管理设施一般可使用年限整理

参考上海市公路管理处编制的《公路机电系统维护技术指南》，对各类管理服务设施的一般使用年限进行汇总整理。

表 3-15 管理设施可使用年限一览表

序 号	设备类型	规范值
1	一般计算机终端	大于5年
2	工控机	5年
3	PC服务器	5年左右
4	计算机网络设备	大于8年
5	外场弱电设备	6年
6	通信光缆	大于15年
7	数字交换机	大于10年
8	环形线圈车检器	8年
9	供电电缆	大于20年
	……	

3. 使用年限对比

将管理设施可使用年限与建设时间进行比较分析，得出结论，哪些设施已达到或超过了其正常使用年限，需要更新；哪些设施是可以继续使用的。

4. 可利用性评价

从技术水平、可靠性、扩容能力等方面对各类机电设施进行综合评价，并得出改扩建项目管理设施利旧方案。

第四章　高速公路改扩建总体设计

4.1　概　　述

改扩建是基于既有高速公路基础上进行的，一般情况下，其路线线形、结构物形式与配跨、交叉形式与位置等均应与既有高速公路相适应，但受改扩建需求变化、交叉关系、拼宽条件、施工条件以及营运等因素影响，并不能简单地“照搬”既有高速公路来进行设计，反而由于这些因素的存在，需要更细致的总体方案比选方能确定。

高速公路改扩建工程总体设计内容包括：确定改扩建启动时机、建设规模的确定、主要技术标准的选取、合理确定改扩建形式、总体布置等。

总体设计要点如下：

(1) 应坚持“统筹规划，兼顾长远，注重实效，指标合理，节约资源，绿色环保，科学组织，安全实施”的原则进行高速公路改扩建总体设计。

(2) 应根据经济发展水平、交通流量的增长、区域路网建设规划，适时启动高速公路改扩建项目。

(3) 总体设计应符合经济发展总体规划、高速公路网规划及区域路网规划的要求，满足设计年限内交通量增长的需要。

(4) 应根据既有高速公路的功能定位、改扩建条件、预期运行速度、土地利用性质等因素，合理确定设计速度。

(5) 应根据预测交通量、改扩建技术条件等因素，合理确定改扩建规模。

(6) 应根据高速公路用地，既有高速公路沿线的立交、桥梁及隧道的分布情况等因素，合理确定高速公路改扩建形式。

(7) 应综合考虑拟改扩建高速公路的功能定位、工程技术状况、既有高速公路利用、交通需求、建设实施、营运管理、经济性等因素，通过多方案比选，合理确定总体技术方案。总体设计方案包括工程总体布置方案及施工期交通总体组织方案。

(8) 在满足技术规范要求的前提下，应充分利用既有高速公路桥梁、隧道、路基、路面及沿线附属设施，研究既有路面材料的再生利用，严格控制污染，加强对废弃物处治的监管，满足环境协调与生态保护要求。

(9) 应维持施工期间交通运营，缩短建设工期；当施工对高速公路安全运营产生不可控的危险时，应采取局部封闭施工方式。

(10) 施工阶段应加强对隐蔽工程跟踪、检验、监测，应针对工程实际情况进行动态设计。

（11）应对路基、桥梁的沉降进行长期连续观测和分析，指导今后工程的设计和施工。

（12）高速公路改扩建应按相关规定进行交通安全评价、社会风险评估、环境影响评价等。

4.2　改扩建启动时机

高速公路改扩建是一项投资巨大的项目，确定改扩建的正确时机显得尤为重要，择优选择合适的开工时机是改扩建工程的一个显著特点，当高速公路改扩建时机过于超前时，就会出现交通量明显不足，高速公路的通行能力利用不充分，造成高速公路资源的闲置和浪费；当高速公路改扩建的时机滞后时，高速公路的车流量提前饱和，通行能力严重不足，服务水平急剧下降，将影响高速公路的行车安全，制约区域经济发展，增加改扩建工程实施和交通组织难度。因此，高速公路改扩建项目要根据项目所在区域经济发展水平、路网交通流量情况、交通组织保障条件、工程实施对区域交通运输的影响等因素合理确定开工时机。

4.2.1　改扩建时机决策的影响因素

1. 经济社会发展因素

经济社会发展因素包括经济发展水平、城镇布局、产业布局等几个方面。

需要改扩建的高速公路一般经过十年以上的运营，促进了区域经济的 GDP 增长、城市规模的扩张、产业发展和移动人口增长。经济的发展、城镇化水平的提高、产业的导入反过来又会带来交通量的持续增长，工业占比较大的地区公路货运交通会增长明显，第三产业占比较大的地区公路客运交通会增长明显。因此，应研究经济发展态势，城镇布局的变化以及产业结构的调整等因素对高速公路交通带来的变化。另外，改扩建需要大量的资金投入，每车道公里的投资达 1500 万～5000 万元，有时甚至更高，经济发展水平、货币政策及财政收入是高速公路进行改扩建的物质基础，是能否开工建设的重要前提条件。

2. 综合交通建设发展因素

综合交通发展因素包括综合交通布局、路网规划建设、路网服务水平等。

研究表明，区域的铁路的建成对在同一走廊带的高速公路客运和货运影响是有较大的分流作用，水运及航空运输对交通也会带来一定的影响，因此，应该全面评估综合交通建设发展对高速公路未来交通量的变化。

区域路网规划建设对高速公路的交通流量也会产生重大影响，可能存在三种情况：有些新增道路可能会分流高速公路的流量，有些新增道路可能会把其他道路的交通流量转移过来，还有些新增道路可能不会对高速公路的流量产生影响。因此，应结合区域路网规划建设情况、交通流量的产生及分布，进行改扩建高速公路的交通需求预测。

高速公路改扩建启动时机和路网服务水平有较大的关系，高速公路的改扩建是改善区域中长距离出行的交通服务水平的有效措施，路网的通行能力下降较大、运营速度降低明显、路网趋于饱和前，高速公路改扩建就应适时启动。

3. 高速公路自身因素

高速公路自身的运行服务水平及技术状况是高速公路改扩容时机确定的直接影响因素。

高速公路基本上为收费公路，在高速公路出现服务水平及通行能力下降，通行车辆流失前，需要进行改扩建。另外，快速、安全、高效、大容量是高速公路的特点，当高速公路服务水平下降，车辆拥堵，安全问题突出前，需要对高速公路进行改扩建。另外，高速公路自身设施的技术状况也是高速公路改扩建时机确定的影响因素，当技术状况（尤其是路面状况）明显下降，交通服务水平下降明显，具体实施时，可以把高速公路的大修和改扩建相结合，及时启动高速公路的改扩建工程。

从以上分析，可以发现，影响高速公路改扩建启动因素多，并且各影响因素之间相互关联。社会经济发展的影响是高速公路发展的推动力，是高速公路存在的社会环境，社会发展带来的资金环境是支持其建设、运营、维护的先决条件。但是，快速、安全、高效是高速公路的特点，当高速公路的运行条件出现较大衰减时，应适时启动改扩建工程。

4.2.2 改扩建时机的决策

1. 决策模型

触发点机制（Trigger Point Mechanism）是根据已有项目的现有生产条件，在未来年社会经济发展对该项目能力需求预测的基础上，求得项目建设启动点的原理和方法。高速公路改扩建触发点机制（图 4-1），在高速公路现有的历史交通流量基础上，结合路网规划建设，对改扩建的高速公路未来年交通量进行预测，并对相应的服务水平进行评价，进而求得高速公路改扩建启动点的原理和方法。

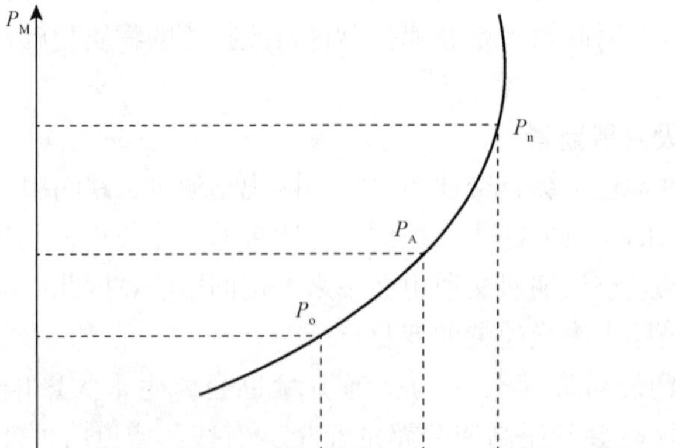

图 4-1 高速公路改扩建触发点机制图

横轴表示高速路的生命周期，纵轴表示高速公路的交通量；P_o 为基年的交通量，P_n 为通车 n 年后的交通需求预测值，P_A 为启动年的交通量，o 为基年，A 为启动点，n 为计划通车年。

高速公路的服务水平主要由四个指标来描述：运行速度（V）、车流密度（q）、交通负荷度（v/C）以及最大服务交通量（Q）。其中交通负荷度和车流密度是主要衡量指标，当交通负荷度小、车流密度低时，速度快、驾驶自由度大，但交通量低；当交通负荷度大、车流密度高时，交通量大，但速度低、驾驶自由度小、安全性低；当交通负荷度、车流密度适中时，不仅能保证较快的速度和合适的驾驶自由度，而且还能保持较高的安全性和较大的通行能力。因此，维持合适的交通负荷度是设计服务水平的重要指标，改扩建时机决策的模型为：

$$T=F\ (q,\ Q,\ V,\ v/C) \qquad (4\text{-}1)$$

2. 决策分析

根据现行《标准》3.4.1 条的规定，公路服务水平分为六级，各级服务水平描述如表 4-1 所示。一般情况下，高速公路的路段应采用三级服务水平，当长隧道及特长隧道的路段、互通立交的分合流区段及交织区，可采用四级服务水平。高速公路的设计速度分别为 120km/h、100km/h、80km/h，其对应的设计通行能力分别为 1650pcu/h、1600pcu/h、1500pcu/h。

高速公路改扩建的启动时机应综合考虑既有高速公路及路网交通服务水平、既有高速公路交通量的发展趋势、建设资金的筹措、改扩建的技术条件等因素。

高速公路改扩建设计应按照现行《细则》的要求，评价既有高速公路的服务水平，其启动时机宜安排在服务水平降低到三级服务水平下限之前实施。

表 4-1　高速公路各级服务水平

服务水平	技术描述	v/C 值	设计速度（km/h）		
			120	100	80
			最大服务交通量（pcu/h）		
一级	交通量很小，为自由车流，可自由地选择所期望的速度	$v/C\leqslant 0.35$	750	730	700
二级	交通量有所增加，处于稳定车流上部，选择车速基本没影响	$0.35<v/C\leqslant 0.55$	1200	1150	1100
三级	交通量继续增加，处在稳定车流的中间部分，选择车速受到一定的影响	$0.55<v/C\leqslant 0.75$	1650	1600	1500
四级	交通量进一步增大，近不稳定车流，选择车速受到较大影响	$0.75<v/C\leqslant 0.90$	1980	1850	1800
五级	交通量接近最大，处于不稳定车流，选择车速受到严重影响	$0.90<v/C\leqslant 1.00$	2200	2100	2000
六级	处于强制车流，交通量与速度同时由大变小，直到零为止，交通密度达到最大	$v/C>1.00$	0～2200	0～2100	0～2000

作出如此规定，主要考虑两方面考虑：①过早开工，浪费高速公路资源；②过晚则交通量更加饱和，增加改扩建工程实施和交通组织难度，并给沿线社会经济和人民出行都带来更大的影响。

对国内沈大高速、沪宁高速、沪杭高速、佛开高速等不同地区的 8 条典型的改扩建项目的开工时机进行了调研，其平均改扩建时间是新建通车 10～15 年，平均 v/C 值为 0.69。另外，部分省地方性技术标准中对改扩建时机也进行了规定：江苏省《高速公路扩建工程技术标准》规定高速公路扩建时机取 v/C 在 0.50～0.58 之间时；河南省规定改扩建时机原则上不宜大于 0.7。反映出东部相对发达和经济实力相对较强的地区，考虑到交通量增长速度快于预期，对高速公路改扩建的时机有进一步提前的需求；而在中部经济水平相对平均的地区，交通量增长较快，但其经济实力和交通量增长速率还达不到沿海地区的水平，高速公路改扩建时机相对较迟，但也未超过三级服务水平，属正常状态。

4.3 改扩建形式

4.3.1 改扩建的基本形式

进行高速公路工程的改扩建，需要解决的关键问题是改扩建形式的选择，到底选择何种形式，其影响因素主要有：土地规划和布局，不同运输体系规划和布局，道路路网规划和布局，行政区划，产业和经济布局，工程地质地貌条件等。对于具体工程而言，需要进行深入细致的研究，进行多方案多角度的比选。

研究国内外高速公路改扩建工程，扩建形式主要有新建和加宽两种类型。所谓新建类型就是重新选择高速公路走廊，形成新的一条高速公路分流既有高速公路的交通流量。对于新建高速公路类型的扩建形式其实就是新建一条高速公路，这方面已有成熟的研究成果，并且公路规范有明确的规定，本文不做探讨。

所谓加宽类型的就是在既有高速公路的基础上进行改扩建，充分利用既有路基、结构物进行加宽形成改扩建高速公路，来提高高速公路的交通通行能力。按照从加宽方式的空间的位置及新老高速公路的交通组织关系，可以区分为整体式扩建、分离式扩建和混合式扩建；整体式扩建又可区分为单侧拼宽、两侧拼宽及内侧拼宽，其中内侧拼宽适用于既有中央分隔带有预留车道的情况，拼宽按照结构形式可区分为路基拼宽和桥涵拼宽两种；分离式扩建可区分为在两侧分离扩建和单侧分离扩建，分离式扩建按照结构形式可区分为路基、桥涵及隧道三种形式。按照扩建适用范围，可区分为基本路段扩建和局部路段扩建。下面列出改扩建的基本形式（图 4-2）。

以上改扩建方式各有优缺点，分别适合不同的情况，具体分析如表 4-2 所示。

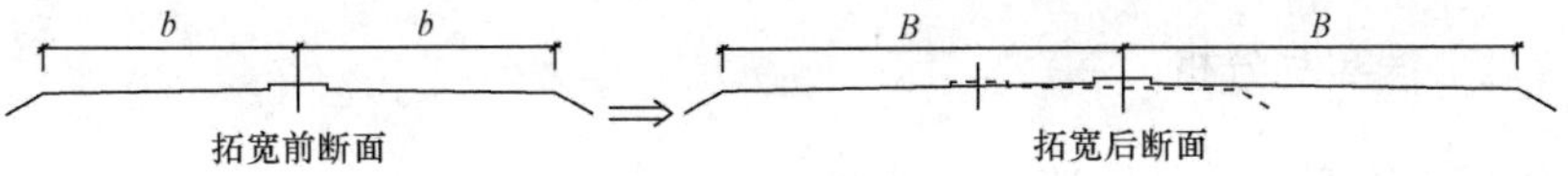

(a) 单侧拼宽

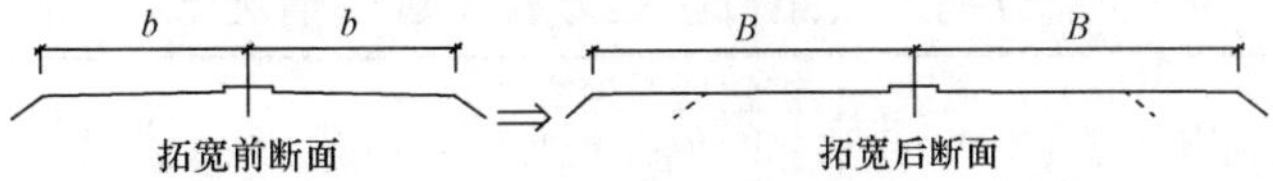

(b) 双侧拼宽

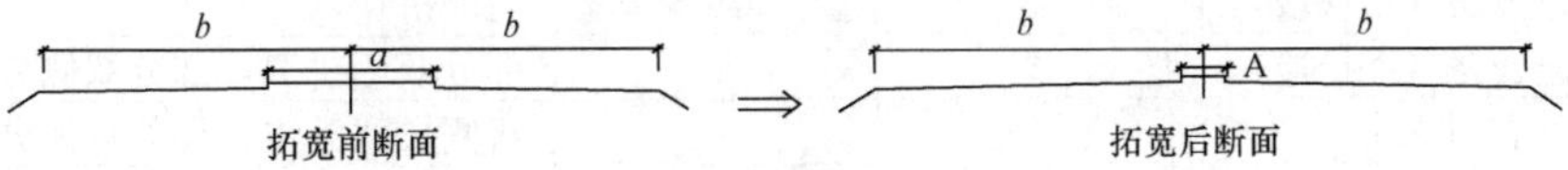

(c) 内侧拼宽

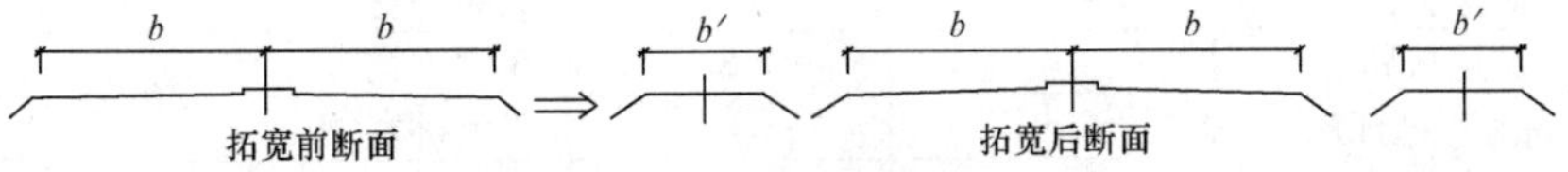

(d) 外侧分离扩建

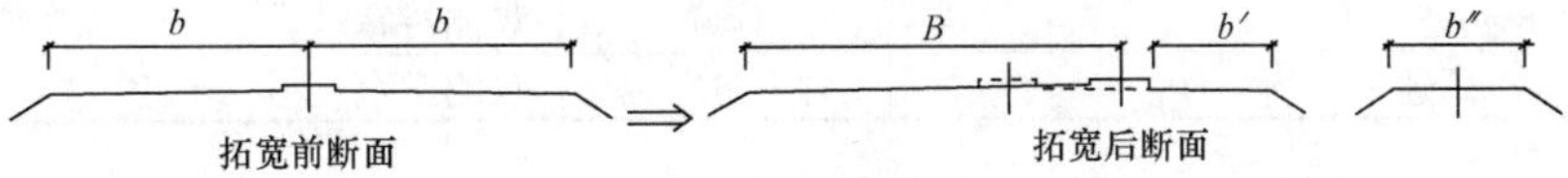

(e) 单侧分离扩建

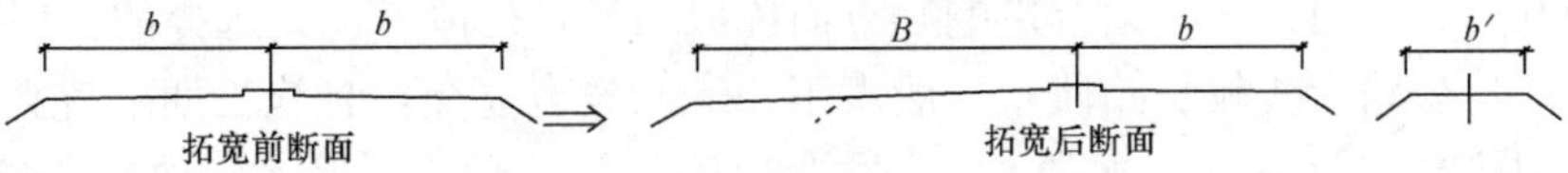

(f) 单侧拼宽、单侧分离扩建

图 4-2　改扩建基本形式

表 4-2　改扩建方式形式对比分析

改扩建形式		优　点	缺　点
整体式扩建	a：单侧拼宽	只需小幅调整平纵，加宽侧容易实施	既有公路双向横坡需要调整为单向横坡，构造物处难以处理；互通立交、服务设施改建难度大；新旧路基、构造物间存在不均匀沉降，拼接比较困难；横向下穿道路或通航河流可能存在通行（通航）净空不满足的情况
	b：双侧拼宽	只需小幅调平纵，交通组织无须改变	新旧路基、构造物间存在不均匀沉降，拼接比较困难；横向下穿道路或通航河流可能存在通行（通航）净空不满足的情况
	c：内侧拼宽	平纵几乎不用调整，最易实施，交通组织无须改变	中央分隔带必须事先预留足够的宽度，否则无法实施
分离式扩建	d：两侧分离扩建	既有公路平纵几乎不需调整，比较容易实施	单向形成两条路，交通组织需要改变；立交进出的交通组织很难处理；占地大
	e：单侧分离扩建	只需小幅调整平纵，加宽侧容易实施	既有公路双向横坡需要调整为单向横坡，构造物处难以处理；分离加宽侧的立交进出的交通组织很难处理；占地大
混合式扩建	f：单侧拼宽、单侧分离扩建	兼顾 a 和 e 的优点	具有 a 和 e 的不足

4.3.2 工程实例分析

考察实际工程案例，具体情况参见表 4-3。

表 4-3 部分高速公路改扩建方式及规模情况表

高速公路名称	既有车道数（个）	扩建后车道数（个）	改扩建形式
沪宁高速公路	4	8	双侧拼宽为主，局部双侧分离加宽
沪杭高速公路（松枫段）	4	6	内侧拼宽
沪杭高速公路（莘松段）	4	8	部分双侧拼宽，部分双侧分离加宽
沈大高速公路	4	8	双侧拼宽为主，局部双侧分离加宽
京津塘高速公路	4	8	双侧拼宽为主，局部双侧分离扩建
广佛高速公路	4	6、8	双侧拼宽
安新高速公路	4	8	双侧拼宽
沪杭甬高速（浙江段）	4	8	双侧拼宽
京港澳安新段	4	8	双侧拼宽
福厦漳高速	4	8	双侧拼宽
佛开高速	4	8	双侧拼宽
福厦漳高速	4	8	双侧拼宽

从表 4-3 看，目前已实施的改扩建工程大多采用两侧拼宽，两侧拼宽在土地节约、资源集约利用、交通组织、运营影响等方面优势明显，是值得优先选择的。但特殊情况下，既有高速公路沿线较长路段（一般大于 5km）没有立交，且施工期维持交通要求特别高，如沪杭高速公路（松枫段）；或受大型构造物、地形等限制，如沪宁高速公路（上海段）的沪杭铁路段；局部分离式扩建也是可以选择的。

既有高速公路中央分隔带有预留拓宽车道，采用内侧拼宽的方式是合适的。

4.3.3 改扩建形式的选择

改扩建形式的选择是改扩建设计的重要内容，涉及因素很多，需要判断哪些因素是更为重要的，甚至是制约性的，在此基础上全面分析、比较，进而抉择。利用既有高速公路两侧拼宽在交通功能、土地利用、资源集约利用、实施难度、使用的集中高效等方面优势明显，已有的工程实践证明：若无特殊制约因素，值得优先选择。对于既有高速公路预留拓宽条件的，可直接采用在内侧拼宽。对于大跨度连续梁或斜拉桥、拱桥等独立体系的特殊结构，由于其整体变形大、桥上建筑布置等特征，两侧拼宽在结构设计上存在困难，这些路段往往采用分离式扩建。对于地下高速公路，包括隧道和地道两种形式，地道一般为现浇混凝土箱式结构，施工工艺为顶推、明挖、暗埋方式，隧道多采用钻爆、盾构、沉管等施工工艺，涉及的地道或隧道结构形式均不适合利用既有结构改扩建，更适合采用分离式改扩建方式。另外，对于具有明显过境交通特点、中间不设置出入口的长路段，也可采用分离式扩建。

综上分析，高速公路改扩建形式选择的准则如下：

（1）宜采用既有高速公路两侧拼宽的整体式扩建，不宜采用单侧拼宽式扩建。

（2）既有高速公路中央分隔带内侧预留拼接条件，应采用内侧拼宽的整体式扩建。

(3) 当遇到下列情况，部分路段应采用分离式扩建。

1) 既有高速公路为拱桥、悬索桥、斜拉桥及大跨度连续梁桥的路段。

2) 既有高速公路为地道或隧道结构的路段。

3) 既有高速公路跨越铁路或航道，改扩建时要求净空标准提高，且既有桥梁结构路段不改造的路段。

4) 交通流具有明显的过境特点，中间不设立交并且长度大于5km的路段。

5) 其他采用拼接式困难的路段。

4.4　主要技术标准

改扩建的高速公路应按高速公路技术标准进行设计。

1. 技术等级

高速公路是专供汽车分向、分车道行驶并全部控制出入的多车道公路。确定改扩建高速公路等级及总体技术标准需要考虑既有公路的技术等级、公路网规划、交通量三方面的情况。具体而言：

(1) 既有公路为高速公路时，按高速公路技术等级要求进行改扩建；既有公路为一级公路等级时，必须对现有一级公路的局部路段线形实施改建，并对全路段实现全封闭，以满足高速公路技术标准的要求；既有公路为一级公路以下等级时，原则上需要重新选择高速公路路线走向；

(2) 改扩建高速公路需满足公路网规划的技术等级的要求，符合综合运输体系的要求；

(3) 改扩建高速公路的设计通行能力需适应20年预测交通流量。

2. 设计速度

国内已建高速公路的设计速度为120km/h、100km/h或80km/h，极少数山区的高速公路的部分路段或全线也有采用60km/h。设计速度是改扩建高速公路设计时需要首先确定的最关键的技术指标，是制定其他技术指标的前提，是影响工程造价最重要的因素之一。

高速公路改扩建时，设计速度原则上宜和既有高速公路保持一致。主要原因是提高设计速度，须采用更高的平纵线形设计标准，从而引起工程造价的较大上升，主要表现在两个方面：①如果最小纵坡长指标提高，会增加填土高度和桥梁结构的长度；②既有公路的部分路段的平面线形的指标不满足提高后的设计速度要求时，局部平面线位需要调整。

当既有高速公路采用60km/h设计速度时，因为不满足现行《标准》规定的高速公路的最小设计速度80km/h的要求，改扩建时应提高设计速度至80km/h。

为节约工程造价，经充分论证，改扩建工程也可分段采用不同的设计速度，但速度分段长度不宜小于15km，特殊困难路段经论证可适度减小分段长度。当根据需要增设互通立体交叉时，可能引起互通区主线的线形指标不能满足现行路线规范的要求，根据需要适当降低主线的设计速度则可避免大规模的改造。

为保证全线运行速度的均衡性，避免较大的速度变化，相邻段设计速度差不宜大于20km/h，并且变化点宜设置在互通立交节点以及地形地物明显变化处，并做好线形衔接及速度变化的交通标志提示。

3. 服务水平及通行能力

根据现行《标准》的第 3.4.1 条的规定，公路服务水平分为六级，高速公路应采用三级，在互通式立交的分合流区段以及交织区段、长隧道及特长隧道路段可采用四级。因此，改扩建高速公路项目也必须严格遵守这些规定。

改扩建高速公路服务水平，以 v/C 为主要控制指标，同时以小客车实际行驶速度与自由速度之差作为次要指标。设计服务水平的技术参数要求如表 4-1 所示。

从规划设计的角度，通行能力分为基本通行能力和设计通行能力；改扩建高速公路的设计通行能力以三级服务水平作为设计依据，每车道的基本通行能力与设计通行能力如表 4-4 所示。

根据现行《标准》第 3.3.1 条及第 3.3.3 条的规定，高速公路的设计交通量预测年限应为 20 年，其起算年应为计划通车年，宜采用年第 30 小时交通量，也可采用年第 20～40 小时交通量之间的取值。

表 4-4　改扩建高速公路的基本通行能力与设计通行能力

设计车速（km/h）	120	100	80
基本通行能力（pcu/h/ln）	2200	2100	2000
设计通行能力（pcu/h/ln）	1650	1600	1500

改扩建高速公路能适应的年平均日交通量，其值按下面的公式计算。

$$AADT = \frac{NC_D}{KD} \tag{4-2}$$

式中：$AADT$——年平均日交通量；

C_D——每车道设计通行能力；

N——单向车道数；

D——方向分布系数，取值范围为 0.5～0.55，具体工程可根据交通量观测资料确定；

K——设计小时交通量系数，一般取用 0.08～0.11，具体工程可根据交通量观测资料确定。

计算取整后，拼接式改扩建高速公路能适应的年平均日交通量见表 4-5，分离式改扩建高速公路能适应的年平均日交通量见表 4-6。

表 4-5　拼接式高速改扩建公路能适应的年平均日交通量

设计车速（km/h）	六车道（pcu/d）	八车道（pcu/d）	十车道（pcu/d）
120	80000～110000	110000～145000	135000～170000
100	70000～95000	100000～130000	125000～155000
80	60000～90000	90000～120000	105000～140000

表 4-6　分离式改扩建高速公路能适应的年平均日交通量

设计车速（km/h）	四车道＋四车道（pcu/d）	四车道＋六车道（pcu/d）
120	115000～160000	140000～185000
100	105000～140000	130000～165000
80	95000～120000	110000～145000

4. 建筑限界

高速公路建筑限界是为了保证高速公路上各种车辆的正常运行与安全，在一定宽度和高度范围内，不得有任何障碍物侵入的空间范围。

在改扩建高速公路横断面设计中，标志、护栏、照明灯柱、电杆、行道树以及跨线桥的桥台、桥墩等任何部分不得侵入公路建筑限界之内。中央分隔带和路肩上桥墩或门架支柱，不得紧靠建筑限界设置，应距离建筑限界后退 0.25m。

采用平拼接式或分离式改扩建的高速公路的建筑限界应符合图 4-3 的规定。

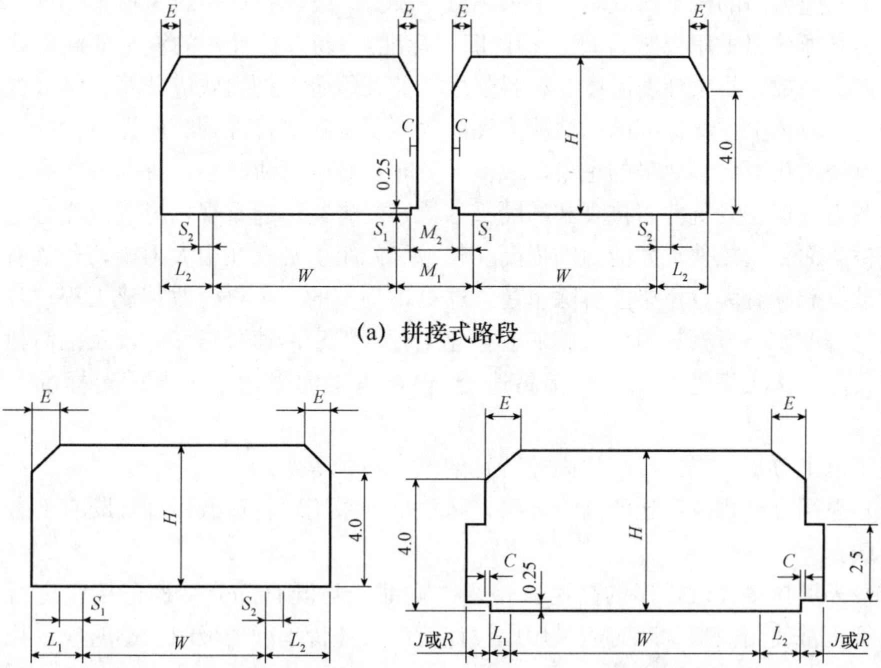

(a) 拼接式路段

(b) 分离式路段

(c) 隧道路段

图 4-3 改扩建高速公路建筑限界

W—行车道宽度；L_1—左侧硬路肩宽度；L_2—右侧硬路肩宽度；S_1—左侧路缘带宽度；S_2—右侧路缘带宽度；L—侧向宽度，高速公路公路的侧向宽度为硬路肩宽度（L_1 或 L_2），隧道的侧向宽度（L_1 或 L_2）；C—取用 0.5m；M_1—中间带宽度；M_2—中央分隔带宽度；J—检修道宽度；R—人行道宽度；E—建筑限界顶角宽度；当 $L \leqslant 1$m 时，$E=L$；当 $L>1$m 时，$E=1$m；隧道 $E=L$；H—净空高度

改扩建高速公路行车道应采用同一净高，净高 H 应为 5.00m，隧道检修道与行车道分开设置时，其净高应为 2.5m。

对于改扩建高速公路相交叉的下穿道路、铁路或河道的净空，可以按照以下原则来考虑：

（1）下穿道路的净空应满足原设计净空标准。

（2）采用分离式扩建的跨越铁路的高速公路，新建部分的桥下净空应符合现行铁路规划净空限界标准的规定，既有高速公路桥梁可待按铁路规划净空标准实施时进行改建。

（3）采用分离式扩建的跨越河道的高速公路，新建部分的桥下净空应符合河道规划净空限界标准的规定，既有高速公路桥梁可待按河道规划净空标准实施时进行改建。

5. 汽车荷载

汽车荷载由车道荷载和车辆荷载组成。车道荷载由均布荷载和集中荷载组成。桥梁结构整体计算应采用车道荷载；桥梁局部加载及涵洞、桥台台后汽车引起的土压力和挡土墙上汽车引起的土压力等的计算应采用车辆荷载。车辆荷载与车道荷载的作用不得叠加。

根据现行《标准》的规定，高速公路的汽车荷载采用公路-Ⅰ级。据调查，2003 年前修建的高速公路的汽车荷载基本上采用汽车-超 20 级，验算荷载为挂车-120，2003 年后修建的高速公路采用公路-Ⅰ级。相比旧《标准》，新《标准》的汽车荷载形式、加载方式、冲击系数、桥梁梯度温度、材料强度、荷载组合及抗力效应计算、耐久性要求等均有变化，总体上，新标准的承载能力和耐久性要求比老标准均有所提高。

既有桥梁拼宽后，原来的主梁荷载横向分布系数会有所减小，有利于既有桥梁主梁抗弯承载力，但主梁抗剪、抗裂和横隔板（梁）受力需引起重视，应进行充分论证。对改扩建桥梁而言，抗剪承载能力的提高在技术和施工上都存在很大困难，若既有桥梁采用新标准，意味着大量桥梁的拆除重建，这是不现实的，不符合改扩建工程“环保、充分利用”等原则。考察目前已实施的改扩建工程（沪宁高速公路江苏段及上海段、沪杭甬高速公路、沈大高速公路、广佛高速公路），基本均采用了“老桥老标准、新桥新标准”。

基于以上分析，提出改扩建高速公路的汽车荷载等级：

(1) 采用分离式改扩建的高速公路，新建部分采用现行荷载标准，既有部分维持原设计荷载。

(2) 采用拼接式改扩建的高速公路，拼宽部分与既有部分结构连接应进行整体验算，评价正常使用极限状态时应采用原设计荷载，评价承载力极限状态时应采用现行荷载标准。

6. 抗震设防

高速公路改扩建应按照现行《标准》的要求，按地震主管部门审批的地震动峰值加速度取值进行抗震设计。

7. 其他

改扩建高速公路的路线、路基路面、交通工程及沿线设施等必须满足现行《标准》相应的技术要求。

4.5 改扩建规模

高速公路的改扩建规模主要是确定改扩建后的车道数，主要考虑两个方面的因素：交通需求、技术条件。

1. 交通需求

确定的车道数理论上应满足未来交通量（20 年的预测交通量）的发展需求，根据现行《标准》的规定，要求高速公路的通行能力达到三级服务水平之上。

高速公路的设计小时交通量按单向每车道的考虑，可采用年第 20～40 小时之间的最为经济合理时位的小时交通量，满足表 4-5 的规定；年适应交通量需满足表 4-6 规定的数值。

单向车道规模计算公式如下：

$$N = Int\left(\frac{AADT \cdot K \cdot D}{C_D}\right) + 1 \tag{4-3}$$

式中：*Int*（　）为取整函数，其余参数如公式（4-2）的规定。

根据预测交通量，经过计算，双向车道数取值可参考以下规则：

（1）单向车道数计算值在（2，3）之间，改扩建后双向车道数宜采用 6 车道。

（2）单向车道数计算值在（3，4）之间，改扩建后双向车道数宜采用 8 车道。

（3）单向车道数计算值在（4，5）之间，改扩建后车道数宜采用 10 车道，并且宜采用分离式扩建。

（4）单向车道数计算值大于 5，宜考虑从路网规划层面，另选高速公路走廊分流交通量。

2. 技术条件

除考虑交通量需求外，确定的改扩建车道数必须考虑高速公路改扩建的技术条件，包括技术标准、沿线立交和横向道路、沿线设施、征地拆迁、交通安全等因素。原则上拓宽后拼接式单向车道数或分离式新建单向车道数上限为 5 车道。主要原因是：

（1）单向 5 车道以上高速公路在国内尚未有实例，现行规范中尚无对应的技术标准。

（2）如果参照现行规范单向车道断面标准，拼接式单向 6 车道路基总宽度为 53m 左右，较双向 4 车道增加 27m 左右，按 2%横坡计算，既有横向下穿道路净空减少 0.28m，可能导致横向下穿道路净空标准无法满足设计标准；同时由于路面横向宽度大，暴雨期间路面排水不能及时排掉，极大影响交通安全。

（3）单向车道数 5 条以上的高速公路交通组织问题更加突出，需要更长的交织长度，特别是在互通式立交区域，由于分流交通量较大，车辆进出转换车道较多，极易引发交通事故，同时由于既有互通立交匝道一般按照 1～2 车道来设计的，可能导致立交匝道数和分流交通量的不匹配。

综合以上分析，从地区经济发展、交通增长、现状高速公路、路网规划的情况来看，建议改扩建高速公路的规模可以参考以下原则：

（1）既有高速公路为双向 4 车道，改扩建后车道数为 6～8 车道，具备建设条件同时有交通需求，还可以改扩建为 10 车道。

（2）既有高速公路为双向 6 车道，改扩建后车道数为 8～10 车道或重新选择新的高速公路走廊。

（3）既有高速公路为双向 8 车道，改扩建后车道数为 10 车道或重新选择新的高速公路走廊。

4.6　总 体 布 置

高速公路改扩建的总体布置包括起点和终点位置的确定、设计速度分段位置的选择、整体式扩建的拼接布置、整体式扩建和分离式扩建的过渡段布置、新增互通立交布置等内容。总体布置应按照以下原则进行：

（1）改扩建高速公路起、终点应符合改扩建规划要求，并宜选择在互通立交、收费广场以及既有高速公路的起终点等处；当需要分段改扩建时，应考虑后期改扩建的预留条件。

（2）除局部特殊困难外，改扩建工程分段采用不同设计速度的路段长度不宜小于15km，其变化点宜设置于地形地物明显变化处或互通立交等节点处，并做好前后路段的线形衔接与交通安全设施设计。

（3）整体式扩建的拼接布置在同幅断面应采用相同的结构形式进行拼接：既有桥梁拼接新建桥梁、既有路基拼接新建路基。同幅断面内不宜采用桥梁与路基拼接的形式，不得不采用时，应尽量减少其路段长度，并采取必要的技术措施，减少或延缓纵向裂缝的产生。当高填、陡坡、深挖路段、地质条件复杂路段、加筋土、锚定板、板桩式挡土墙等特殊挡土墙路段，为避免路基失稳，可采用分离新建的形式。

（4）分离式扩建路段的新建部分与既有高速公路部分的距离应符合下列规定：

1）在桥梁路段，宜尽量靠近既有高速公路。

2）在隧道路段，应与既有隧道保持合适的安全距离。

3）在路基路段，应满足交通安全设施、管线和构造物的设置要求，同时应满足差异沉降控制要求，宜保证距离3倍以上的填土高度。

（5）整体式扩建路段和分离式扩建路段之间应设置过渡段，应符合下列规定：

1）过渡段应进行交通组织和交通安全设计。

2）过渡段宜设置于平纵面线形指标较好的路段，应与互通出入口、桥隧构筑物保持适当距离。

3）过渡段应满足车道数平衡、平纵面线形顺适、横断面过渡合理等要求。

（6）新增互通立交时，应对其间距的变化对主线通行能力和交通安全的影响进行分析，不满足规范规定间距不宜增设。当间距小于规范规定要求且需要新增互通立交时，应增加集散车道和采取交通工程措施的办法，或者建议结合路网改造将互通式立交合并设置等措施。

（7）交通工程及沿线设施的技术标准与规模应与主体工程协调，并同步实施。

第五章 路　　线

5.1 概　　述

高速公路改扩建的路线设计，应考虑沿线交通运输、地质条件、生态和人文环境等特点，充分利用公路现状的调查与评价成果，合理选用扩建路段的设计指标，提出总体设计方案；并根据总体改扩建方案，结合既有高速公路的利用与改造要求，合理选用路线线形设计指标。

改扩建工程应充分利用既有高速公路。整体式改扩建路段应进行线形拟合设计，使新设计的平纵线形最大限度与既有高速公路相吻合；分离式扩建路段路线设计应遵循现行《路线设计规范》关于新建工程设计指标的规定。

既有高速公路安全性评价及运行速度检验中确定的路线安全隐患，在改扩建工程路线设计时应采取措施予以消除。

5.2 横断面设计

5.2.1 路基横断面的基本组成

高速公路横断面包括中间带、行车道、路肩、边坡、护坡道、截水沟等。目前，国内高速公路改扩建路基横断面主要采用整体式扩建和分离式扩建两种类型。

整体式扩建的路基横断面应由中间带、行车道（包括既有车道、扩建车道）、路肩等部分组成（图 5-1）。分离式扩建的路基横断面由既有高速公路路基和新建高速公路路基组成（图 5-2）。

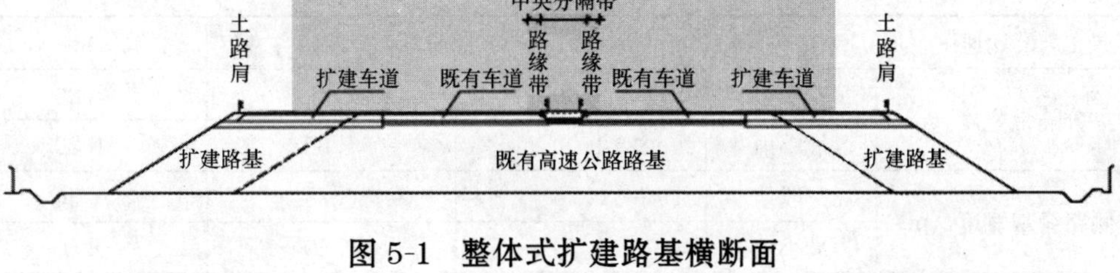

图 5-1　整体式扩建路基横断面

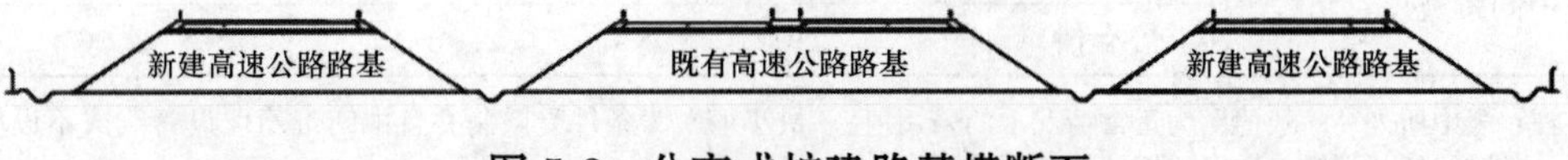

图 5-2　分离式扩建路基横断面

5.2.2 关键指标分析

5.2.2.1 路基横断面布置

1. 车道

高速公路的车道由若干条行车道组成。车道数应根据交通量与服务水平要求确定。改扩建后高速公路的车道总数为4车道以上，一般按双数增加。

一条行车道宽度取决于服务车辆的几何尺寸、行驶速度、交通量以及车辆之间、车辆与路肩之间的安全间距。在《标准》第4.0.2条中，关于一条车道的宽度给予了明确的规定：车速在60km/h（不含）以上的公路一条车道的宽度为3.75m；另外，单向4车道高速公路，当设置左侧硬路肩时，内侧车道的宽度可采用3.50m。考虑到交通安全、规范的规定以及高速公路的现状情况，高速公路改扩建后一条车道宽度可采用表5-1规定的取值。

表5-1 一条车道的宽度

设计速度（km/h）		120	100	80
车道宽度（m）	一般值	3.75	3.75	3.75
	极限值	3.50	3.50	3.50

注：1 改扩建为单向4车道高速公路，当设置左侧硬路肩时，内侧车道的宽度可采用3.50m。
2 改扩建高速公路在互通式立体交叉、服务区等与主线连接处，设置了加速车道、减速车道，其宽度应为每车道3.50m。

2. 中间带

（1）中间带宽度。

中间带由两条左侧路缘带和中央分隔带组成，中央分隔带在构造上起到分隔对向交通、设置防眩板、埋设管线以及设置横向跨线桥桥墩的作用。路缘带提供安全行车所需的侧向余宽，并能引导视线的作用，增加行车安全。根据《标准》第4.0.4条的规定：高速公路、一级公路整体式断面必须设置中间带。高速公路改扩建后中间带宽度规定如表5-2所示，如果有特殊需要，还可以增加其宽度。

表5-2 中间带宽度

设计速度（km/h）		120	100	80
中央分隔带宽度（m）	一般值	3.00	2.00	2.00
	最小值	1.00	1.00	1.00
左侧路缘带宽度（m）	一般值	0.75	0.75	0.50
	最小值	0.75	0.50	0.50
中间带宽度（m）	一般值	4.50	3.50	3.00
	最小值	2.50	2.00	2.00

注：表中所列“一般值”为正常情况下的采用值；“最小值”为条件受限制并且中间带不埋设管线或不设横向跨线桥的桥墩时，可采用的值。

(2) 中央分隔带宽度变化的过渡。

整体式扩建的路基的中央分隔带应在一定区间内保持相同的宽度。当中央分隔带宽度有变化时，中央分隔带的变宽过渡应保证线形顺畅平滑，应设置过渡段，过渡段的渐变率不应大于1/100。

(3) 中央分隔带开口。

中央分隔带开口的作用是使车辆在必要时可通过开口到反方向车道行驶，以供养护、维修或应急抢险时使用。根据《路线设计规范》第6.3.3条的规定：互通式立体交叉、隧道、特大桥、服务区设施前后，以及整体式路基、分离式路基的分离（汇合）处，应设置中央分隔带开口。另外，还规定：中央分隔带开口最小间距应不小于2km。

采用整体式扩建的高速公路，原则上不增加中央分隔带开口；如果不满足规范规定的路段，必须按《路线设计规范》第6.3.3条的规定增加中央分隔带开口。中央分隔带设计的具体要求如下：

1）中央分隔带开口应设在通视良好的路段，若开口位于曲线路段，其圆曲线半径的超高值不宜大于3%。

2）中央分隔带开口的最小长度宜大于25m，不宜大于40m；拓宽为八车道的中央分隔带开口长度不应大于50m。并且中央分隔带开口处应设置活动护栏。

3）中央分隔带开口端部形状，视中央分隔带宽度而定。当其宽度＜3.0m时可采用半圆形；当宽度≥3.0m时则采用弹头形。

对于分离式扩建的路段，应在适当位置设置横向连接道，以供养护、维修或抢险时使用，具体可参考中央分隔带开口的设置要求。

3. 路肩

路肩指行车道外缘与路基边缘之间的部分，高速公路的路肩主要用于紧急停车、保证侧向余宽和设置防撞设施。从构造上讲，分为硬路肩和土路肩。从行驶方向而言，分为左侧路肩和右侧路肩。当高速公路改扩建用地有限制时，在满足路肩功能最低需要的条件下，原则上尽量采用较窄的路肩。

(1) 右侧路肩。

根据《标准》第4.0.5条规定：高速公路右侧路肩宽度应符合表5-3的规定。在右侧硬路肩宽度内应设右侧路缘带，其宽度一般为0.50m。

表5-3 右侧路肩宽度

设计速度（km/h）		120	100	80
右侧硬路肩宽度（m）	一般值	3.00（2.50）	3.00（2.50）	3.00（2.50）
	最小值	1.50	1.50	1.50
土路肩宽度（m）	一般值	0.75	0.75	0.75
	最小值	0.75	0.75	0.75

注：表中所列“一般值”为正常情况下的采用值；“最小值”为条件受限制时可采用的值。
高速公路以通行小客车为主时，右侧硬路肩可采用括号内数值。

对于整体式扩建的高速公路，既有右侧硬路肩通过改造成为行车道，必须新建右侧硬路肩，其宽度应采用表 5-3 中规定的值。

对于分离式扩建的高速公路，既有高速公路的右侧硬路肩如果不满足表 5-3 的规定，有条件的可拓宽，否则不做拓宽处理；对于新建的拓宽部分的右侧硬路肩，应按表 5-3 的规定取用。

当条件受限制，右侧硬路肩宽度不能满足一般值的要求时，其宽度可适当压缩，但不应小于 1.5m，并且长度不宜大于 500m，右侧硬路肩的宽度变化处应设置过渡段和完善的交通安全设施，过渡段的渐变率不应大于 1∶50。

(2) 左侧路肩。

根据《标准》第 4.0.5 条的规定：高速公路采用分离式断面时，应设置左侧硬路肩，宽度规定如表 5-4 所示。左侧硬路肩宽度包含左侧路缘带宽度。

表 5-4　分离式断面左侧路肩宽度

设计速度（km/h）	120	100	80
左侧硬路肩宽度（m）	1.25	1.00	0.75
左侧土路肩宽度（m）	0.75	0.75	0.75

考虑到双向 8 车道高速公路车辆紧急停车的安全性，同时考虑双向 8 车道高速公路的内侧车道上行驶的车辆基本是小客车，《标准》第 4.0.5 条规定：双向 8 车道以上高速公路宜设置左侧硬路肩，其宽度应不小于 2.50m。

对于分离式扩建的高速公路，为节省投资和降低施工难度，既有高速公路的左侧硬路肩宽度维持不变，新建部分的左侧硬路肩宽度按照表 5-4 的规定执行。

对于整体式扩建的高速公路，拓宽规模为双向 8 车道的高速公路，在用地、投资等条件允许的前提下，可考虑设置 2.5m 宽的左侧硬路肩。

(3) 紧急停车带。

紧急停车带主要是为发生事故而需避让其他车辆驶离行车道，且不影响行车道上的车辆正常行驶，必须设立临时停放车辆的位置。高速公路右侧硬路肩的宽度小于 2.50m 时，应设紧急停车带。

对于整体式扩建的高速公路，紧急停车带的设置间距不宜大于 2km，宽度一般为 5.00m，有效长度一般为 50m，并设置 100m 和 150m 左右的过渡段。特长桥梁、隧道，可根据需要设置紧急停车带，其间距不宜大于 750m。

对于分离式扩建的高速公路，既有高速公路的紧急停车带一般维持现状不变。新建部分路基如设置紧急停车带，同整体式扩建高速公路的规定。

4. 路基宽度

改扩建高速公路的路基宽度是行车道、中央分隔带、紧急停车带、与路肩宽度之和，当设有中间带、加（减）速车道等时，应计入这些部分宽度。

根据《路线设计规范》第 6.1.2 条的规定，改扩建后整体式高速公路路基宽度应符合表 5-5 的规定；对于采用分离式改扩建的高速公路，既有高速公路维持现状路基宽度不变，新建路基宽度应符合表 5-6 的规定。

表 5-5 整体式扩建路基宽度

设计车速（km/h）		120		100		80
单向车道数		4	3	4	3	3
整体式路基宽度（m）	一般值	42.00	34.50	41.00	33.50	32.00
	最小值	40.00	—	38.50	—	—

注：“一般值”为正常情况下的采用值；“最小值”为条件受限制时，可采用的值。

表 5-6 分离式扩建新建路基宽度

设计车速（km/h）		120			100			80	
单向车道数		4	3	2	4	3	2	3	2
新建部分路基宽度（m）	一般值	22.00	17.00	13.75	21.75	16.75	13.00	16.00	12.25
	最小值	—	—	—	—	—	—	—	10.75

注：1 最内侧车道宽度如采用 3.50m，相应路基宽度可减 0.25m。
2 表中所列“一般值”为正常情况下的采用值；“最小值”为条件受限制时，可采用的值。

5.2.2.2 路拱坡度

路拱主要是利于路面横向排水以及超高段提供横向稳定性。拓宽高速公路的路拱坡度分正常路段、完全超高路段、超高过渡段。是否设置超高主要由圆曲线半径决定，根据《路线设计规范》第 7.4.1 条的规定，不设超高的半径规定如表 5-7 所示。路拱坡度的设置主要考虑行车道、硬路肩和土路肩三个部分。其中行车道的路拱的坡度是设计考虑的重点。

表 5-7 不设超高的圆曲线最小半径

设计速度（km/h）		120	100	80
不设超高的圆曲线最小半径（m）	路拱≤2%	5500	4000	2500
	路拱>2%	7500	5250	3350

1. 行车道

（1）正常路段。

采用分离式扩建的高速公路，既有高速公路的行车道横坡宜维持现状，若现状横坡小于 1.5%，应恢复到 1.75%～2.0%；新建部分的横断面坡度应按新建高速公路标准确定。根据《路线设计规范》第 6.5 节的规定，高速公路的行车道采用向外倾斜的横坡度，中等强度降雨地区宜采用 2%，降雨强度较大地区可适当加大，以利路面排水。因此，分离式扩建的高速公路，新建部分的高速公路的车行道横坡宜采用 2%的横坡，降雨强度较大地区可采用 2.5%。

采用整体式扩建的高速公路的行车道横坡如何设置？一般情况下，拼宽部分和既有部分的横坡宜采用单向 2.0%的横坡。若既有部分的横坡度小于 1.75%，行车道可以设置两个横坡，既有部分采用 1.75%，拼宽部分采用 2.0%、降雨强度较大地区可采用 2.5%。

（2）完全超高路段。

根据《路线设计规范》的 7.5.1 条的规定，一般地区，高速公路最大超高值为 8%

或10%，最小超高值应与正常横坡度一致。因此，高速公路最大（最小）超高值规定如表5-8所示：

表5-8 高速公路最大（最小）超高值的规定

设计速度（km/h）	120	100	80
最大超高值（%）	10	8	6
最小超高值（%）	2	2	2

《路线设计规范》的7.5.1条的还规定，具体超高的横坡度应根据设计速度、圆曲线半径、路面类型、自然条件和车辆组成等情况确定。

圆曲线部分超高值（横坡度）计算公式采用公式（5-1）。

$$i=\pm\left(\frac{V^2}{127R}-\mu\right) \tag{5-1}$$

式中：i——横坡度（%），当圆曲线内侧时取"+"，外侧取"−"；

V——设计车速（km/h）；

R——圆曲线半径（m）；

μ——横向力系数。

μ表征横向力大小的参数，关系到行车的安全与舒适性，其取值越小，安全性与舒适性越好。一般取值宜小于0.10；设计车速120km/h时，建议最大取值为0.10～0.12；设计车速80～100km/h时，建议最大取值为0.12～0.14。

采用分离式扩建的高速公路，既有高速公路的行车道超高横坡应按照公式（5-1）进行复核，不满足要求的，应加大超高，满足要求的超高横坡宜维持现状；新建部分的横断面坡度应按新建高速公路标准确定。

采用整体式扩建的高速公路，应按照公式（5-1）计算行车道超高值。超高旋转轴应和既有高速公路保持一致。

（3）超高过渡路段。

为了行车的舒适、路容的美观和排水的通畅，必须在正常路段和完全超高路段之间设置一定长度的超高过渡段，超高过渡段长度的计算如公式（5-2）计算，根据公式（5-2）求得过渡段长度，应凑整成5m的倍数，并不小于20m的长度。超高渐变率的取值，按超高旋转轴的位置不同需满足表5-9的规定。超高过渡段一般应在回旋线全长范围内进行。当回旋线较长时，可采取在回旋线的某一区段内设置，超高过渡段的纵向渐变率不得小于1/330。如果回旋线长度不足，必要时，可采取将部分超高过渡段插入圆曲线或直线。

$$L_C=\frac{B\Delta_i}{P} \tag{5-2}$$

式中：L_C——超高过渡段长度（m）；

B——旋转轴至行车道（设路缘带时为路缘带）外侧边缘的宽度（m）；

Δ_i——超高坡度与正常横坡度的代数差（%）；

P——超高渐变率，即旋转轴与行车道（设路缘带时为路缘带）外侧边缘线之间的相对坡度。

表 5-9　超高渐变率

设计速度（km/h）		120	100	80
超高旋转轴的位置	中线	1/250	1/225	1/200
	边线	1/200	1/175	1/150

超高过渡段任一断面点对应的超高值（横坡度）可以采用三种方式：线性、抛物线型、新抛物线型，其计算公式采用公式分别为：

$$\begin{cases} i_x = i_0 + K_x \cdot \Delta_i & \text{（线性过渡方式）} \\ i_x = i_0 + (4K_x^3 - 3K_x^4) \cdot \Delta_i & \text{（抛物线型过渡方式）} \\ i_x = i_0 + (3K_x^2 - 2K_x^3) \cdot \Delta_i & \text{（改进抛物线型过渡方式）} \end{cases} \tag{5-3}$$

式中：$K_x = \dfrac{L_x}{L_c}$；

i_x——过渡段任一断面点横坡度（%）；

i_0——超高渐变段起点横坡度（%）；

L_x——过渡段任一断面和超高起点断面的桩号距离（m）；

L_c——超高过渡段长度（m）；

Δ_i——超高段终点横坡度与起点横坡度的代数差（%）。

采用分离式扩建的高速公路，既有高速公路的行车道超高过渡段的设置应按照公式（5-2）进行复核，不满足要求的，应按现行规范的要求进行改建，满足要求的超高横坡宜维持现状；新建部分的行车道超高过渡段设置应按新建高速公路要求进行设计。

采用整体式扩建的高速公路，行车道超高过渡段设置分四个步骤：①拟合出既有高速公路的超高渐变率及超高过渡段长度；②维持超高过渡段长度不变，根据拼宽后行车道宽度，根据公式（5-2）反推超高渐变率；③如果超高渐变率符合表 5-9 的要求，外侧拼宽部分直接采用和既有行车道横坡保持一致即可；④如果超高渐变率不符合表 5-9 的要求，宜按照表 5-9 规定取用超高渐变率，计算相应的超高过渡段长度，或者采用双路拱线的方式进行超高过渡段的设计。

2. 硬路肩、土路肩的横坡

不管是采用分离式扩建还是整体式扩建的高速公路，硬路肩以及土路肩的横坡均应按《路线设计规范》的规定要求执行，具体如下：

（1）硬路肩一般应设置向外倾斜的横坡度，其坡度值可与车道横坡度相同；路线纵坡平缓（小于 0.3%），且设置拦水带时，其坡度值宜采用 3%～4%。

（2）土路肩一般应设置向外倾斜的横坡度，其坡度值宜采用 3%～4%。

（3）大中桥梁、隧道区段硬路肩的横坡度值，应与行车道相同。

5.3　平面设计

5.3.1　平面中心线设计思路

改扩建高速公路的拓宽形式分为整体式、分离式和混合式三种。

1. **整体式扩建**

对于采用整体式扩建的情况，平面中心线以既有高速公路原设计中心线为基准进行拟合，核查是否满足高速公路的技术规范的要求，如果不满足，一般而言，必须修改线位，使之符合规范的要求；如果有特别的困难，也可以考虑适当降低设计指标，但必须要进行充分的论证。

2. **分离式扩建**

对于分离式扩建的情况，平面中心线宜按既有高速公路和新建高速公路两种类型分别进行布设。既有高速公路平面中心线以既有高速公路原设计平面中心线为基准进行拟合，新建分离式高速公路平面中心线一般按新建高速公路平面中心线进行设计。既有高速公路部分的改建一般并不要求拓宽老路，而只是要求恢复路面功能，对于达不到规范要求的路段一般应充分考虑利用老路的可能性，可考虑降低部分设计指标，尽量不要完全放弃老路。对于新建部分，必须严格执行规范的要求。

3. **混合式扩建**

对于混合式扩建的情况，其中拼接段部分采用整体式扩建的要求进行，分离段部分采用分离式扩建的要求进行，拼接段和分离段间的过渡段设计采用中间过渡方式。分离式路段过渡到整体式路段，采用何种技术标准，现行规范没有明确的规定，需要研究过渡段的设计标准，在下节将进行论述。

改扩建高速公路的平面中心线设计应充分考虑改扩建形式、技术等级、既有高速公路的中心线线位及较大的人工构造物等因素，才能确定最终的平面设计线。设计要点如下：

（1）两侧拼宽路段左右两幅宜利用两侧的中央分隔带边缘点进行拟合，分别独立拟合出中心线的平面线形，拟合偏差控制点不宜大于 10cm，一般路基路段不宜大于 20cm，并进行评价。

（2）老路改造设计中，路线平面方案按以下原则进行设计：

1）平面线形技术指标必须与选用的计算行车速度标准相适应；

2）一般路段路中心线不变；

3）受上跨主线分离式立交桥净宽限制路段，中心线原则上不变；

4）受房屋、铁路、河流或其他大型构造物限制的路段，主线向不受限制或受限制较少的一段加宽。

（3）互通路段主线线位不宜改变，若需要移动，应向匝道改建工程量最小的一段偏移。

（4）在不大量增加工程量的情况下，尽可能采用较高的技术标准。

5.3.2 关键指标分析

总结三种改扩建方式下的平面中心线设计，有两个关键问题需要解决：①拼接段及分离段的平面设计标准；②过渡段的平面设计标准。

5.3.2.1 整体式和分离式平面设计标准

一般而言，分离式属新建高速公路，必须严格执行现行《路线设计规范》中规定的平面线形设计标准，应满足一般值的规定。

至于整体式，原则上也必须遵守技术标准的规定，如果确实有困难，可以考虑采用极限值，或者局部路段降低设计速度，具体原则如下：

（1）改扩建高速公路设计车速为 120km/h 时，当局部路段的设计参数不满足 120km/h 的极限值时，可以把该路段的设计速度降低到 100km/h，大于极限值的规定，同时在该路段的前后 2km 范围内设置必要的交通安全设施。

（2）改扩建高速公路设计车速为 120km/h 时，当局部路段的设计参数不满足 100km/h 的极限值时，必须进行改线设计。

（3）改扩建高速公路设计车速为 100km/h 或 80km/h 时，局部路段的设计参数必须分别满足 100km/h 或 80km/h 的极限值，否则，必须进行改线设计。

5.3.2.2 过渡段的平面设计标准

整体式扩建分流到分离式扩建或分离式扩建合流到整体式扩建，必须设置过渡段，由于整体式路段和分离式路段的设计车速是一致的，因此过渡段的设计标准应按照高速公路的标准进行设计，具体而言，整体式扩建到分离式扩建的过渡路段应按主线分岔设计；分离式扩建到整体式扩建的过渡路段应按主线合流设计。

1. 车道数平衡

主线的分岔和合流的过渡段的应保证车道数平衡，即图 5-3 所示的各部分的车道数应满足式：NC＝NF＋NE 的规定。

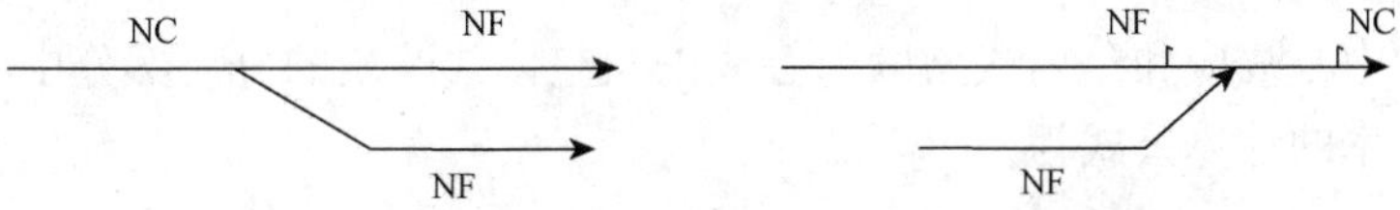

(a) 分岔　　(b) 合流

图 5-3 主线分岔和合流的车道数平衡

2. 过渡段的线形设计

一般而言，在完成分离式路段的中心线设计以及确定整体式路段的分离车道的中心线后，就可以进行过渡段的线形设计（图 5-4）。

过渡段线形首尾必须和整体式以及分离式圆顺的连接，才能保证汽车安全的行驶。主线分岔点和合流点，宜设置在圆曲线半径较大的路段或直线路段。另外，主线分岔鼻端之前，应满足现行《路线设计规范》规定的判断出口所需的识别视距；条件受限制时，识别视距应大于 1.25 倍的主线停车视距。

平面线形设计的关键是：过渡段的线形过渡方式及过渡段渐变率的取值。

（1）过渡段的过渡方式。

过渡段线形一般可采用两种方式。方式一：采用“中心线”过渡，所谓“中心线”，是由一系列直线、圆曲线、缓和曲线首尾相连而成的“串线”，设计指标应满足现行《路线设计规范》的要求。方式二：采用“变距曲线”过渡，所谓“变距曲线”指从整体式中心线每一点的法线方向偏移变化距离（偏距变化有一定的规律）的点相连形成的曲线。

道路中心线都是对于方式一，可以参考中心线线形的设计方法。在这里，主要对方式二展开研究。“变距曲线”关键是求出对应整体式中心线的偏距，一般渐变方式采用三种：

1）线性变距

$$h(S)=K_s(h_e-h_s)+h_s=K_s\cdot h_e+(1-K_s)\cdot h_s \tag{5-4}$$

2）高次抛物线变距

$$h(S)=(4K_s^3-3K_s^4)\cdot(h_e-h_s)+h_s \tag{5-5}$$

3）改进抛物线变距

$$h(S)=(3K_s^2-2K_s^3)\cdot(h_e-h_s)+h_s \tag{5-6}$$

式中：$h(S)$——过渡段任意点到既有公路中心线的垂直距离；

K_s——变距比例系数，$K_s=\dfrac{S}{L}$；

S——过渡段任意点和起点在对应的既有公路中心线的桩号长度差；

L——过渡段终点和起点在对应的既有公路中心线的桩号长度差；

h_e——过渡段终点到既有公路中心线的垂直距离；

h_s——过渡段起点到既有公路中心线的垂直距离。

对于线性变距和高次抛物线变距而言，有自己的特点和使用范围，但它们有一个共同的缺点，变化起点和终点曲率不连续，存在折点，不符合汽车行驶轨迹，在中心线为曲线时会造成偏距较大端横向道路宽度过大，偏距较小端横向道路宽度不够。

改进抛物线变距方式的显著特点是支距变化起点和终点无折点，曲率变化大→小→大，这种变化符合汽车行驶轨迹，边线线形流畅、圆滑，并且可以减少道路面积。

(2) 过渡段的渐变率。

过渡段的中心线应和分离式路段中心线以及整体式路段的分离部分中心线保持平缓的渐变，渐变率的计算公式为：

$$K=\frac{|h_e-h_s|}{L} \tag{5-7}$$

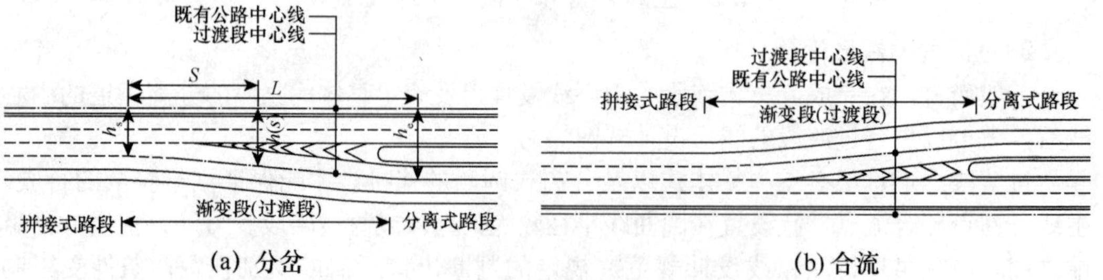

图 5-4 主线分岔和合流的过渡段的渐变设计

主线分岔和主线合流过渡段线形设计指标应满足现行《路线设计规范》第 11.5.3 条的要求，分岔过渡段、合流过渡段的渐变率应分别不小于 1∶40 和 1∶80。

5.4 纵断面设计

5.4.1 纵断面设计思路

研究国内外高速公路改扩建工程的纵断面设计经验，可以得出这样的启示：①高速公路的改扩建不同于新建，新建高速公路的纵断面设计一般采取“地形服从线形”的原则，而改扩建高速公路的路线设计必须充分利用既有道路，一般采取“线形服从地形”的原则；②改扩建高速公路的纵断面设计应力求消除既有高速公路的安全隐患，既有纵断面高程不能满足路基设计水位、内涝水位要求的路段，应抬高设计标高，路面凹凸不平且强度不足时需要采用加铺补强等方法恢复路面功能；③在不影响高速公路安全及舒适性的前提条件下，结合改扩建的特点，合理论证部分设计指标的取值。高速公路改扩建的纵断面设计可以分为四个步骤：

（1）对既有高速公路纵断面进行拟合。

（2）结合现行《路线设计规范》的要求以及历年交通事故分析的情况对纵断面线形指标进行分析评价。

（3）分析沿线现状及规划横向道路、立交、河流、铁路等净空的要求，提出改扩建工程的纵断面设计控制要求。

（4）综合考虑上述要求，结合总体设计布局、现行规范的要求、老路的路面状况及标高，进行纵断面设计。

对于分离式扩建的路段，纵断面设计线按既有高速公路和新建高速公路分别进行设计，既有高速公路分左、右两侧两条纵断面设计线，设计标高一般分别采用中央分隔带的左、右外侧边缘标高；新建高速公路亦分左右两侧两条纵断面设计线，设计标高可分别采用设计路中心线标高。既有高速公路部分：纵断面线形指标符合现行《路线设计规范》要求，标高满足一系列控制要求，并且路段交通运营安全性较好的，原则上纵断面设计应维持现状，仅做路面铺装的微小调整；如果仅线形指标不符合现行《路线设计规范》要求，但标高控制满足一系列控制要求，同时不是交通事故黑点区域，一般应充分考虑利用老路的可能性，可维持原有设计指标；如果标高不满足控制要求，应按新的控制标高的要求调整纵断面设计；如果由于纵坡过大或视距不满足要求，同时也是交通事故黑点区域，应按现行《路线设计规范》的要求进行改建。新建高速公路部分：必须严格执行现行《路线设计规范》的要求，按新建工程要求进行纵断面设计。

对于采用整体式扩建的路段，纵断面设计线应分左、右两侧两条纵断面设计线，设计标高一般分别采用中央分隔带的左、右外侧边缘标高。纵断面线形设计原则上应按新建工程的要求进行，如果有特别的困难并且工程造价影响很大的情况下，也可以考虑适当降低设计指标，但必须要进行充分的论证。

5.4.2 关键指标分析

改扩建高速公路的纵断面设计考虑的因素比较多，要根据改扩建形式、设计车速、现状高速公路情况（纵断面高程、横向净空控制、路基设计水位，路基排水要求、结构物荷载要求等）、既有道路的路面改建方案等，才能确定最终的纵断面设计线。软土地区高速公路改扩建的纵断面设计主要是解决不均匀沉降问题，重丘及山岭地区高速公路改扩建的纵断面设计主要是处理长大纵坡问题。

1. 软土地区高速公路

软土地区既有高速公路经过多年运营，大都存在比较明显的不均匀沉降现象，表现为桥梁等结构物路段以及低填土方路段沉降较小，桥头等填土高度大的路段沉降较大，形成了不同程度的凹凸不平；尽管路面经过多次加罩和补强，路面实际高程和原始设计高程一般还是有比较大的出入。深入分析原因，主要表现在两个方面：①整体沉降大，软土路基段工后整体沉降普遍在25cm以上，有些甚至达到50cm以上；②不均匀沉降，跨河桥梁、三孔等结构物的下部基础采用深层桩基，工后沉降较小，一般在8cm以下，涵洞等结构物一般采用浅层地基处理，工后沉降稍大，一般在15cm以下，而路基段平均沉降在25cm以上，这样在纵断面线形上表现为不均匀沉降。

在改扩建设计时，一方面，必须要消除或大幅减少既有高速公路的“凹凸不平现象”，提高其纵断面线形的舒适性；另一方面，设计的纵断面必须和拟合出的纵断面相近，保证填方尽可能的小，避免出现挖方。主要原因是：①如果路基二次填方大（一般不宜大于40cm），会引起已趋于稳定的既有路基继续沉降；如果桥梁结构物段填方大（一般不宜大于5cm），会导致结构物自重增加，影响结构物的安全。②如果路基段出现挖方，为保证足够的路面结构厚度，就需对既有高速公路该路段的路床及路面结构实施全面改造，增加了工程费和建设周期；如果桥梁结构物出现挖方，将无法保证桥梁结构物的黑色和白色的铺装厚度，如果改建桥梁结构，又有可能影响横向道路或三孔通道的净空。

在纵断面设计的时候，一方面，改扩建高速公路的纵断面设计不能简单地对照规范进行理想状态的设计；另一方面，又不能简单地完全利用既有高速公路的纵断面。比较切合实际的做法是：设计师必须最大限度的利用既有高速公路，使新设计的纵断面与既有工程的拟合纵断面相适应，同时，在基本遵照现行设计规范的前提下，提出适合高速公路拓宽工程的纵断面设计标准，使新设计的纵断面能满足这一标准。为保证路面拓宽后的使用性能，保证既有结构物的安全性，软土地区改扩建工程纵断面设计总的原则：①路基段只填不挖；②桥梁段少填不挖。

根据《路线设计规范》的要求，改扩建后的高速公路的纵断面设计应该满足相应的技术标准的要求。以上海市高速公路改扩建为例，这样比较困难，主要表现为很难满足最小纵坡长的要求。分析原因：上海市高速公路沿线的三孔、跨线桥梁、涵洞等结构物大都比较多［以沪宁高速公路（上海段）为例，沿线结构物的平均间距约250m，最小间距只有100m］，结构物基本采用桩基，工后沉降很小（一般在5cm以下），而结构物的台后填土比较高（调查显示大多在3.5m以上），工后沉降较大（一般在20cm以上）；为保证结构物的安全，一般结构物只能加铺很小的高度（通常在5cm以下），因此这样纵断面设计的最小纵坡长往往不能满足要求。

为减少改建高速公路路面铺装厚度的较大增加以及避免桥梁铺装厚度的增加，改建高速公路纵断面设计线原则上以贴近现状路面线为准，在保证安全的前提下，纵坡、坡长、竖曲线半径等设计参数取用可做适当调整。

（1）最小纵坡。

按照现行《路线设计规范》规定，纵坡不宜小于0.3%，横向排水不畅的路段，采用平坡（0%）或小于0.3%的纵坡时，其边沟应作纵向排水设计。因此，改建的高速公路纵断面的最小纵坡可以采用平坡，但必须做好边沟的纵向排水设计。

（2）最小坡长。

最小坡长主要是从汽车行驶的平顺性的要求考虑的。如果坡长过短，汽车行驶在连续起伏地段产生的增重（在凹形竖曲线上）与减重（在凸形竖曲线上）的变化频繁，会导致乘客感觉不舒适。另外，从相邻竖曲线的设置和视距的角度而言，也要求最小坡长应有规定。

现行《路线设计规范》，设计车速为 120、100、80km/h 的高速公路的最小坡长取值分别为 300、250、200m。

对于路基沉降已基本稳定路段，既有高速公路路面形成了不同程度的凹凸不平现象，在改建设计时，必须尽可能消除这种现象，可以采用的办法有两种：①依据既有高速公路的原设计方案，满足现行规范规定的最小坡长的要求进行纵断面设计；②根据拟合纵断面线形的实际情况，往往需要在原设计方案的变坡点间增设变坡点，而增加变坡点的转坡角（相邻纵坡坡差的绝对值）较小的前提下，可适当突破最小纵坡长的控制，进行纵断面设计。第一种办法会增加填方量，路面加罩比较厚，尤其在桥梁路段会增加结构负荷，不利于结构安全和稳定；第二种办法不满足现行设计规范的要求，需要研究在保证交通安全和行驶舒适性条件下最小坡长的控制值。

汽车在竖曲线上行驶，会产生离心加速度，过频繁的离心加速度的变化、过大离心加速度会引起乘客的不舒适感觉以及诱发交通安全事故，同时对汽车的悬挂系统也有不利影响。因此，控制因素是：变坡点间的行程时间、变坡点的离心加速度。下面进行分析：

1）行程时间因素。

汽车在两个竖曲线间的行程时间不宜过短，最短应满足 3s 的行程时间。通过分析，最小坡长计算推导公式为：

$$L_{\min} \geqslant \frac{V}{1.2} \tag{5-8}$$

式中：V——表示设计车速（km/h）。

经计算，满足最小行程时间的最小坡长取整后分别如表 5-10 所示：

表 5-10　满足行程时间控制条件下的最小坡长

设计速度（km/h）	120	100	80
最小坡长（m）	100	85	70

2）离心加速度因素。

汽车在竖曲线上行驶的离心加速度为：

$$a = \frac{V^2}{13R} \tag{5-9}$$

式中：a——表示离心加速度（m^2/s）；

R——表示竖曲线半径（m）。

根据试验，认为离心加速度控制在 0.2～0.4m/s^2 比较合适，我国现行设计规范中取用 0.278m/s^2，竖曲线切线长为：

$$T=\frac{R\omega}{2}=\frac{V^2\omega}{7.2} \tag{5-10}$$

式中：T——表示竖曲线切线长度（m）；

ω——表示转坡角（%）。

最小坡长必须大于等于相邻竖曲线切线长度之和。则最小坡长计算公式为：

$$L_{\min}\geqslant T_1+T_2=\frac{V^2}{7.2}(\omega_1+\omega_2) \tag{5-11}$$

根据现行规范的规定，转坡角的最大取值取决于相邻变坡线的最大设计纵坡取值，并且和设计车速有关。经计算，最大转坡角分别见表 5-11：

表 5-11　高速公路的最大转坡角

设计速度（km/h）	120	100	80
最大转坡角（%）	6	8	10

注：转坡角指相邻纵坡度的代数差的绝对值。

假定 ω_1 为原设计变坡点的转坡角，ω_2 为增加变坡点的转坡角，按最不利状况考虑：ω_1 取值取用上表所列的最大转坡角，经计算，ω_2 取值不同时，改扩建高速公路最小坡长可按表 5-12 的标准进行控制（考虑到安全因素，计算结果相应乘以安全系数，按 1.4 取用）：

表 5-12　满足离心加速度控制条件下的最小坡长

设计速度（km/h）		120	100	80
最小坡长（m）	转坡角 $\omega_2\leqslant0.4\%$	180	160	130
	$0.4\%<$转坡角 $\omega_2\leqslant0.6\%$	200	180	140

经过调研，沪宁高速公路（江苏段）的最小纵坡的坡长为 170m，沪宁高速公路（上海段）的最小纵坡的坡长为 210m，沈大高速公路的最小纵坡的坡长为 200m。

经过分析，提出满足汽车行驶舒适性、安全性，同时考虑到工程造价等因素的最小纵坡长（表 5-13）。

表 5-13　改扩建高速公路的最小坡长

设计速度（km/h）		120	100	80
最小坡长（m）	转坡角 $\omega_2\leqslant0.4\%$	180	160	130
	$0.4\%<$转坡角 $\omega_2\leqslant0.6\%$	200	180	140
	转坡角 $\omega_2>0.6\%$	300	250	200

另外，对于路基沉降未完全稳定的路段，桥头处存在纵坡差值时，可设置渐变段进行高程渐变，渐变段的渐变率应不大于 1∶1000，且最小长度应不小于 30m。

（3）竖曲线。

在纵断面的变坡点处，为了缓和车辆动能变化产生的冲击和保证视距，必须设置竖曲线，国内既有高速公路设计纵断面的竖曲线通常采用抛物线，因此，改扩建工程竖曲线建议仍然采用抛物线比较合适。确定竖曲线设计标准，主要是最小竖曲线半径以及最小竖曲线长度，主要考虑三个因素：缓和冲击、行程时间、视距要求。①缓和冲击，在竖曲线处，会产生离心力，离心加速度和竖曲线半径成反比，较大的离心力（较小的竖曲线半径）可能造成乘客产生不舒适感，因此必须确定合适的最小竖曲线半径；②行程时间，汽车在竖曲线上行驶时间过短，会造成乘客的不舒适感，最短应满足 3s 的行程时间；③视距要求，汽车在竖曲线上行驶，如果半径太小，会影响驾驶者的视线，从而带来安全隐患。根据以上三个条件，可以计算出各个设计车速下的凸（凹）竖曲线的最小半径和竖曲线长度。

根据调查，全国既有高速公路的竖曲线设计半径基本上都大于规范规定的一般最小值。因此，改建工程的竖曲线最小半径及最小长度按现行规范的规定执行，具体见表 5-14。

表 5-14 竖曲线半径及其最小长度

设计速度（km/h）		120	100	80
凸形竖曲线半径（m）	一般值	17000	10000	4500
	极限值	11000	6500	3000
凹形竖曲线半径（m）	一般值	6000	4500	3000
	极限值	4000	3000	2000
竖曲线长度（m）	一般值	250	210	170
	极限值	100	85	70

注：表中所列“一般值”为正常情况下采用值；“极限值”为条件受限制时可采用值。

在老路改扩建工程的纵坡设计中，有时为了设计出平滑、圆顺、经济的纵面线形，更好地与老路相适应，可采用不对称竖曲线来进行设计。不对称竖曲线即变坡点两侧切线水平投影长不相等，它由两条独立的、在结合点上具有相同坡度的抛物线构成。竖曲线的方程可描述为：

$$y = i \cdot x + \frac{x^2}{2R} \tag{5-12}$$

竖曲线上任一点的斜率为：

$$\frac{\mathrm{d}y}{\mathrm{d}x} = i + \frac{x}{R} \tag{5-13}$$

根据两条不对称的抛物线在连接点具有相同的高程和曲率，同时，竖曲线总长等于两抛物线的切线长之和，我们可以得出以下方程组：

$$\begin{cases} i_1 \cdot T_1 + \dfrac{T_1{}^2}{2R_1} = H - i_2 \cdot T_2 + \dfrac{T_2{}^2}{2R_2} \\ i_1 + \dfrac{T_1}{R_1} = i_2 + \dfrac{T_2}{R_2} \\ T = T_1 + T_2 \end{cases} \tag{5-14}$$

式中：i_1、i_2——前、后纵坡坡度，上坡为正，下坡为负；

R_1、R_2——前、后竖曲线半径，凹曲线为正，凸曲线为负；

T_1、T_2——前、后竖曲线的长度；

H——变坡点高程；

T——竖曲线的长度；

已知R_1、R_2、T_1、T_2四个变量中的一个，即可求出其他的三个，这样就可方便地求出不对称曲线了。

2. 重丘及山岭地区高速公路

早期建设的重丘及山岭地区高速公路，由于投资、地形、地貌及地质条件等因素的限制，在一些特殊困难路段采用了大纵坡、长坡长，甚至是连续长大纵坡，从目前已建的高速公路运营情况来看，长大纵坡对公路的设计通行能力、服务水平都有一定的影响，特别是高速长大纵坡路段货车事故较为集中，引起了各方面高度关注。随着重丘及山岭地区高速公路新建及改扩建的加快，长大纵坡路段交通安全问题将会越来越突出，改扩建工程时必须要有相应的技术标准及技术措施。主要指标是最大纵坡、最大纵坡长。

(1) 最大纵坡。

全国既有高速公路设计早期采用的标准为《公路路线设计规范》的1994版或1984版，1994版的平原微丘、重丘及山岭地区高速公路的最大纵坡取值分别为3%、4%、5%（特殊情况经论证可增加1%），现行《公路路线设计规范》2006版中没有区分地区特点，设计速度120、100、80km/h的最大纵坡分别为3%、4%、5%。改扩建工程的最大纵坡标准如表5-15所示：

表5-15　最大纵坡

设计速度（km/h）		120	100	80
最大纵坡（%）	一般值	3	4	5
	极限值	4	5	6

注：表中所列“一般值”为规范规定的采用值；“极限值”为特殊情况下，经技术经济论证，方可采用的值。

(2) 最大纵坡长。

最大纵坡长是指汽车在坡道上行驶，当车速下降到最低容许车速所行驶的长度，一般在山岭地区公路建设中采用较多。在《公路路线设计规范》的1994版中，平原微丘、重丘及山岭地区高速公路的最大纵坡长取值分别为300、250、200（150），现行《公路路线设计规范》2006版中没有区分地区特点，设计速度120、100、80km/h的最大纵坡长如表5-16所示。因此，改扩建工程的最大纵坡长按照现行规范的要求。

表5-16　不同纵坡最大坡长（m）

设计速度（km/h）		120	100	80
纵坡坡度（%）	3	900	1000	1100
	4	700	800	900
	5	—	600	700
	6	—	—	500

(3) 连续长大纵坡。

连续长大上坡路段，当货车比例较高，通行能力和运行安全受到较大影响，应设置爬坡车道。连续长大下坡是交通事故的元凶，高速公路的安全受到极大影响，根据现行《标准》第 4.0.20 条的规定，提出高速公路平均纵坡的原则性要求，同时强调对存在连续长、陡纵坡的路段应进行安全性评价，论证设置避险车道。目前关于长大纵坡的定义比较系统的表述如下：

1）平均纵坡 3%时，连续下坡坡长大于 5km；平均纵坡 4%时，连续下坡坡长大于 4km；平均纵坡 5%时，连续下坡坡长大于 3km，即为长大下坡路段，需对其安全性进行评价，并考虑增设相应的安全设施。

2）平均纵坡大于 3%时，若连续下坡路段预设刹车温度超过 260℃，即为长大下坡路段，需对其安全性进行评价，并考虑增设相应的安全设施。

因此，在对老路改扩建时，有必要在提高道路通行能力及服务水平的同时，一并解决既有高速公路的事故黑点。首先应对老路交通事故进行分析，结合设计数据具体确定事故多发的连续长大纵坡路段，根据现行《标准》的要求，合理控制路线平纵指标，提高行车安全性。目前，对于老路改扩建中连续长大纵坡的优化手段主要有以下三种：

1）结合扩建形式及扩建规模，考虑对下行方向进行改建；

2）结合地势及规范要求，对纵坡做合理优化，设置必要的长缓坡路段；

3）对于线形优化余地不大的，考虑结合增设避险车道、加水休息区及降温池等设施。

以福建漳龙高速公路改扩建工程为例来进行说明。既有高速公路（和溪互通一溪柄水库）路段，设计时速为 80km/h，路线长 9.46km，平均纵坡达 4.23%，且纵坡大于 5%的路段有 5 处，最大纵坡达到 5.8%，为规范规定“受地形条件或其他特殊情况限制时，经技术经济论证”条件下的纵坡最大取值。而该段老路因纵断面线形指标低，通行车辆以大、中货车居多，超载现象严重，是事故多发路段，被过路司机称为“魔鬼路段”。工程改扩建路线方案，在上述路段采用新建下行线，利用地形条件进行下坡展线。该段新建的下行线平均纵坡 1.8%，最大纵坡 2.9%，整体线形条件较好，有利于行车安全。除上述路段外，工程结合地形条件，还设置了 2 处加水休息区、2 处避险车道，为下行方向大、中型货车提供加水及避让空间，提高了运营安全性。

5.5　运行速度检验

所谓运行速度，是指当交通流处于自由流状态，且天气良好时，在路段特征点上测定的第 85 个百分位上的车速。其忽略了个别小客车所能达到的高速和某些大货车行驶的低速，保证了公路上绝大多数驾驶员的交通心理需求，是公路平纵线形指标顺畅与否、安全与否的最终目标。

改扩建高速公路在对既有高速公路平纵线形进行拟合的基础上，采用运行速度对路线进行安全性评价，可尽可能避免路线设计中，设计速度“一刀切”的做法，通过速度变化控制原则，保证各路段速度的一致性，从而保证线形的连续性。

改扩建高速公路应全线采用运行速度进行检验，以下路段应提出相应的交通安全管理措施：

（1）不同设计速度路段衔接处；

（2）平、纵线形指标变化大的路段；

（3）受条件限制，采用了平纵线形设计指标极限值的路段；

（4）平纵面线形组合不满足现行规范要求的路段；

（5）交通事故多发路段。

第六章　路　　基

6.1　概　　述

高速公路路基拓宽改建设计前，应搜集原有道路的设计、竣工图和养护等方面的资料，应对既有路基和拓宽场地进行调查、勘探和测试，查明既有路基的填料性质、含水率、密度、压实度、强度，以及路基的稳定情况，查明原有路堑边坡地质情况、现有防护排水措施及边坡稳定状态，查明拟拓宽场地的水文地质、工程地质条件。分析评价新拼接路基或增建路基对既有路基沉降变形和边坡稳定的影响程度。高速公路路基拓宽改建，应根据公路沿线的地形地貌和地质特点、既有路基现状及拓宽后的交通组成，综合比较确定既有路基的利用与拓宽拼接方案，采取合理的工程措施，保证拓宽改建路基的强度和稳定性。

对于整体式扩建的路基设计，应在既有路基调查和评价的基础上，合理处治既有路基病害，分析路基改扩建对既有路基变形、稳定性、防护和排水设施的影响，并采取合理的技术方案及工程措施，保证高速公路路基改扩建后的整体使用性能。应合理利用既有路基强度，并根据既有路基的回弹模量、含水率和密实状态，综合确定既有路基的处理措施。整体式扩建拼接部分的路基回弹模量应大于40MPa，且应不小于既有路基原设计回弹模量。整体式扩建应做好路基路面的协调设计，应采取合理的工程措施，保证拼宽路基与既有路基之间衔接良好，并采取必要的工程措施减小新老路基之间的差异沉降，防止产生纵向裂缝。应对既有路基的防护及排水设施充分利用，不满足要求的应按改扩建的要求进行修复或拆除重建。

对于分离式扩建路基设计应符合现行《公路路基设计规范》JTG D30—2015（以下简称《路基设计规范》）的相关规定，应合理控制分离增建路基的总沉降及工后沉降，避免对既有路基产生不利影响。既有路基可按现行《公路养护规范》的规定进行养护，对于既有路基的病害应进行处治。

鉴于我国高速公路路基改扩建在软土地区的经验比较多，高速公路的改扩建工程也主要位于软土地区，下面重点就软土地区的路基改扩建工程进行论述，也总结了其他地区的高速公路路基改扩建的要点。

6.2　既有路基利用与处治

路基是路面的支撑结构物，其性能状态对路面结构性能的优劣极为重要。由于施工过程中局部路基土压实度不够，或地下水位升高以及地表水的渗入导致的路基整体强度降低，从而导致路面结构出现不均匀沉降、沉陷和结构性车辙病害。一般而言，在高速公路拓宽工程中，考虑施工工期、经济成本以及对环境造成的不利影响，除对路基承载能力明显不足导致严重病害的路段外，通过刨除上部路面结构再处治路基是困难的，易造成极大的资源浪费。因此，应针对既有路基的实际状态和问题根源进行分析评估；应根据既有路基病害的类型、特征、成因及危害程度，结合气象、水文地质、工程地质等因素，选择合理、有效、经济的处治方案，避免路基的病害反映到改建后的路面结构上来。

既有路基结构物的利用及处理应符合下列规定：

(1) 既有结构物的处理及利用应满足路基改扩建的技术要求。

(2) 查明既有结构物无明显损害，且强度及稳定性满足改扩建要求时，应全部利用；若部分损坏或不满足改扩建要求时，可加固利用或拆除重建。

(3) 加固利用的既有结构物，新、旧混凝土或砌体结构应紧密连接，形成整体。

既有路基的利用应与既有路面的利用及加铺设计相结合，根据路基病害或拼宽结构的影响程度，采取针对性的处治措施，包括以下主要措施：

(1) 当既有路基回弹模量满足新建路基的要求，既有路面未出现破损，且拼宽后，通过加铺设计可满足路面设计要求时，宜充分利用既有路基。

(2) 当既有路基回弹模量不满足新建路基的要求，且路面出现严重破损时，可分别采取改善排水、补充碾压、换填处治等工程措施。

(3) 当条件受限不能翻挖既有路基时，可采取路基补强措施，如注浆等。注浆材料通过高压注入软弱土基进行加固，灌浆材料可长期与土发生化学反应，可使土体固结，逐渐达到土基稳定的目的。注浆加固技术对道路进行养护，不必进行开挖，具有节约资源、施工方便快速、对交通影响小的优点。

(4) 当既有路基处于中湿状态以下时，应增设排水垫层或布设地下排水设施等措施。

6.3 软土地基处理

6.2.1 总体要求

新建公路，对路面结构产生影响的变形主要是路面结构铺筑以后所产生的工后变形。因此，软土地基上高速公路一般路段的地基处理大多以提高稳定性和减小路基工后不均匀沉降为目标。

在路基拓宽工程中，为消除新、老路面的高程差，或对既有路面进行补强，一般需加铺一定厚度的结构层，但只要既有基层的结构强度尚可，仍作为拓宽后整体路面的主要承力层之一。高速公路拓宽工程中路面跟随路基变形的历时特征如图 6-1 所示。可见，对于老路路面结构，影响其结构性能的路基变形不仅包括拓宽公路引起的工后沉降，还包括既有路面结构在运营过程中产生的工后沉降和拓宽路基施工产生的瞬时沉降。另外，高速公路拓宽工程中老路一直承担交通荷载，拓宽公路引起的瞬时沉降必然会对老路面服务性能产生不利影响，严重时甚至影响交通的正常运营。

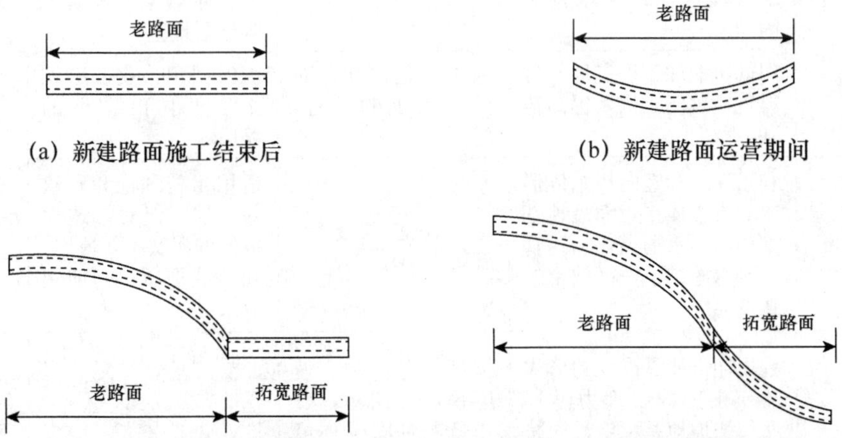

(a) 新建路面施工结束后　(b) 新建路面运营期间

(c) 拓宽路面施工结束后　(d) 拓宽路面运营期间

图 6-1　高速公路拓宽工程中路段跟随路基变形的历史过程示意图

因此，对于软土地区高速公路拓宽工程而言，不仅需要减小拓宽路基的工后沉降，还要尽量减小老路的附加沉降和新老路基的不均匀沉降。整体式扩建路基沉降控制宜满足下列要求：

（1）工后沉降计算年限宜不小于 15 年；

（2）拼宽部分路基总沉降应不大于 20cm，工后沉降桥头应不大于 5cm、通道及涵洞应不大于 10cm，其他一般路段应不大于 15cm，既有路基中央分隔带附加沉降不宜大于 3cm；

（3）既有路基的路拱横坡度增大值不应大于 0.5%，相邻路段路基差异沉降引起的纵坡变化不应大于 0.4%；

（4）施工期和运营期的路基整体稳定性应符合现行行业规范《路基设计规范》关于路基稳定的相关规定；

（5）路基填筑速率垂直位移宜小于 5mm/d、侧向位移宜小于 3mm/d；

（6）采用堆载预压时，预压卸载前，推算的工后沉降应小于设计容许值，且连续两个月沉降速率小于 3mm/月；

（7）路面铺筑应在沉降稳定后进行，要求根据观测沉降量推算的工后沉降量小于设计容许值，且连续两个月沉降速率应小于 2mm/月。

6.3.2　地基处理方法的选择

软土地基处理方法有堆载预压法、垫层与浅层处治、排水固结法、强夯法、复合桩基法、轻质路堤法等（表 6-1）。

表 6-1 常用软土地基处理方法

处理方案		作用机理	工程特性	适用范围	费用估算
堆载预压		利用土层固有排水通道，堆载加压促使地基排水固结	施工工艺简单，工期长	适用于淤泥质土、淤泥、冲填土、素填土等软弱地基	30～50元/m³
垫层及浅层处治		用低压缩性、稳定性好材料置换软弱土层，提高地基承载力	施工工艺简单，对浅层软土的处理，施工快	清淤回填，或表层软土厚度小于 3.0m 的路段	30～100元/m³
排水固结		利用横向和竖向排水体形成的排水体系，缩短地基土体的排水通道，加速软土排水固结，提高软土的强度	施工工艺较复杂，施工工期长	适用于处理饱和和软弱土层，但对渗透性极低的泥炭土要慎用。和堆载预压一起使用效果更好	80～150元/m²
强夯		利用冲击能量以波的形式改变土体的物理力学性质，增加地基稳定性，减少沉降，增强抗液化能力	施工工艺简单，速度快，工期短，费用低，对周围环境的影响大	加固碎石土、砂土、塑性指数小于10的黏性土、湿陷性黄土、杂填土以及粉性土等效果较好	50～100元/m²
复合桩基	水泥搅拌法	通过深层搅拌机械将水泥等固化剂与软土搅拌，利用两者间的物理化学反应改善软土物理力学性质，达到提高地基土承载力，减小沉降的目的	施工工艺复杂，造价较高，能一定程度提高地基承载能力，处理有效厚度一般在10～15m	适用于处理正常固结的淤泥质土、淤泥、粉性土、黏性土、素填土以及无流动地下水的饱和松散砂土等地基	20～40元/m
	碎（砂）石桩法	对砂土、粉土和碎石土（含风化土）具有挤密和置换作用；还有一定程度的排水作用	施工工艺复杂，能有效提高地基抗震液化能力，施工时对周围环境影响大	适用于砂土、粉性土、黏性土、人工填土等地基以及液化地基	40～60元/m
	管桩法	刚性复合地基，桩和桩间土共同承担路基荷，管桩可穿透软土层，以较硬土层作为持力层	施工工艺复杂，复合层变形小，地基稳定性好	适用于处理淤泥质土、粉性土、黏性土、素填土等地基	200～250元/m
轻质路堤	粉煤灰	通过减小路堤自重荷载，减小路堤总沉降，增强路基稳定	施工工艺简单，效果一般	工程沿线粉煤灰丰富的软土路基	60～100元/m³
	泡沫混凝土		施工工艺较复杂	适用于高填方路堤，地基软土深厚	300～400元/m³
	EPS		施工工艺复杂，材料供应有限	适用于高填方路堤，地基软土深厚	250～400元/m³

堆载预压法是把相当于或者超过设计的荷载增加作用于地基上，加速固结沉降，同时提高地基强度的方法。在压缩性大、透水性好的泥炭土地基上，最适用采用堆载预压法。在压缩性大、透水性差的软土地基上，单独采用堆载预压法一般需要有较长的预压时间，为缩短施工期，则需与排水固结法结合运用，以加速地基固结沉降。

垫层及浅层处理技术适用于处理拓宽路基地表下 0.5～3m 的含水量较高的软弱不

良土地基，且不良土易于挖出，拓宽路基填筑高度较低。垫层施工一般应分层铺填、分层压实、分层质量检验。施工时严格控制最优含水量、铺设与压实厚度、压实遍数等，具体控制指标应根据各类施工机具与设计要求通过现场试验确定。在垫层与浅层处理新老结合部的基底时，常用的换填材料主要有砂（砾）、石渣、石灰土等。

排水固结法是在软土地基中，设置一定数量竖向排水通道（砂井或塑料板），利用上部荷载的作用，加速软土的排水固结，从而提高地基整体强度。当软土层较厚、路堤较高，特别是当天然地基土层的水平排水性能较垂直向大，或软土层中有薄层粉细砂夹层时，采用排水固结法效果较好。一般软土均可使用该法，但次固结占很大比例土类，如泥炭土有机质黏土和高压缩黏土等，则不宜采用。

强夯是冲击能量以波的形式改变土体物理力学性质，施工速度快，工期短，无须添加特殊材料，费用低，但该处理方法对周围环境和既有路基影响大，同时加固深度受到限制。如果工程改扩建过程既有道路仍维持通行，该方法应慎用。

复合地基法是通过设置高强度竖向桩柱体，对深层软土起到置换或增强作用，加固的桩柱体与桩柱间土体组成复合地基，共同承受上部荷载的作用。根据桩柱体材料和施工工艺的不同，复合桩基加固机理和作用也不尽相同，典型案例主要有水泥搅拌桩、粒料桩、CFG 桩、预应力管桩等。

水泥搅拌桩法，一般适用于加固淤泥、淤泥质土、粉土和含水量较高的黏性土，加固深度一般不超过 18m。粒料桩法由于施工时使用震动沉管机或水振冲器，对周围环境影响较大，一般适用于对环境要求不高的情况。CFG 桩目前处理深度在 24m 以内，震动施工过程对周围环境影响较大，桩体在施工过程中容易出现断桩、缩颈现象，施工技术要求高，成桩质量不宜检查。预应力管桩属于刚性复合地基处理方法，一般适用于填土较高，处理深度较大的情况，其处理效果好，能有效提高地基承载力，但随着处理深度的增加，工程造价上升较多。

轻质路堤法是利用轻质材料作为路堤填料，减轻路堤重量，以减少路基对地基的压力，保证路基稳定性。轻质路堤法是近年国内新兴的处理方法，目前主要有 EPS 路堤（发泡聚苯乙烯）、SLS 路堤（土、砂、EPS 颗粒）、FCB（气泡轻质土）。轻质路堤法施工进度要求快，但市场供应量有限，工程造价较高，且质量不稳定。目前轻质路堤法多作为补救措施、施工条件受限路段或地质条件特别差的桥头路段，大规模运用的成功案例较少，这种路堤长期使用后其残余变形情况和使用寿命，以及对路面结构的协同作用还有待观测和研究。

改扩建工程的软土地基处理应符合以下要求：

（1）地基处理措施的选取和设计，应综合考虑软土层厚度和埋深、既有地基的固结度和剩余沉降情况、路基高度和拼接形式等因素，控制拓宽路基的沉降并尽量减小对既有路基的影响。

（2）浅层软土地基，可采用垫层和浅层处理措施减小拓宽路基的沉降。

（3）深厚软土地基，优先采用复合地基，其次采用轻质路堤等处理措施，不宜采用对既有路基产生严重影响的排水固结法或强夯法，轻质路堤宜采用现浇泡沫混凝土或 EPS。对于鱼（水）塘、河流、水库等路段，需要排水清淤时，应采取防渗和隔水措施后方可降水。

（4）新老路基分离设置，且距离小于 20m 时，可采用设置隔离措施或对新建路基地基予以处理，减小新建路基对既有路基的沉降影响。

6.3.3 桩承式路堤

桩承式路堤所采用的桩体主要是刚性桩（方桩、管桩等），不同于水泥搅拌桩、碎石桩等柔性桩，也不同于 CFG 等半刚性桩，但是和常规结构桩基础相比，桩承式路堤的桩基取消了桩顶承台，而以桩帽代替。同时水平加筋体和砂垫层共同工作，起到了调节路堤沉降、约束路堤侧向变形，将路堤荷载分配于桩及桩间土的作用。

1. 工作原理

桩承式加筋路基的荷载传递机理包括以下几个分量：路基的土拱效应、土工格栅的拉膜效应或加筋垫层的刚性垫层效应、桩土间刚度差异引起的应力集中。

（1）土拱效应。

路堤中桩间土和桩顶土体的差异沉降，会使桩顶一定范围内路堤填料产生应力重分布，大主应力方向发生偏转，大致平行于相邻两桩帽之间的圆拱形连线，从而将此拱形区域内的路堤填料压实，形成一个拱状的压密壳体，将一部分桩间土路堤荷载传递于桩帽之上。这一过程即是桩承式路堤土拱（soil arching）效应（见图 6-2）。

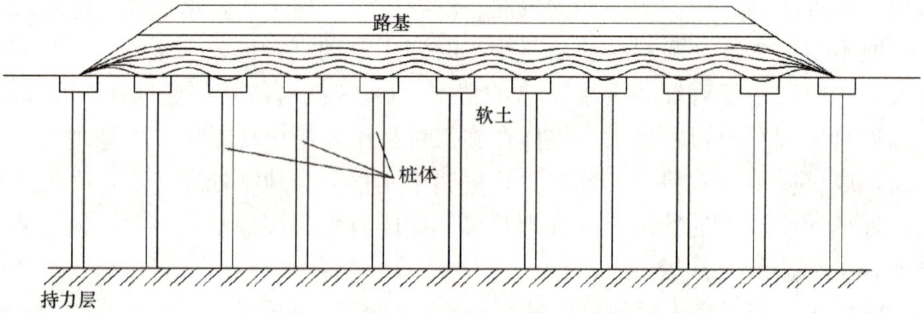

图 6-2 桩承式路堤的土拱效应图示

土拱形成后，路堤荷载向桩顶转移的大小，与路堤填料的性质、填料的高度、桩间距和桩帽的大小有关。桩间距过大，桩帽过小，土拱效应不足，桩间土承受荷载太大，桩顶和桩间土差异沉降超出允许范围，则达不到桩承式路堤应有的经济效果，路堤顶面产生“蘑菇”状突起，如图 6-3 所示。

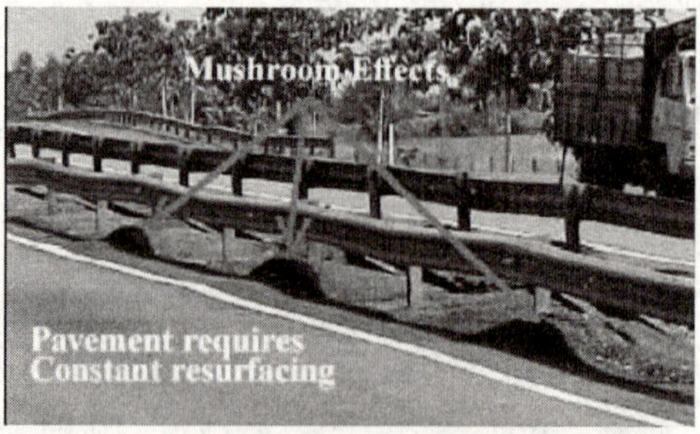

图 6-3 路面产生 “蘑菇” 状突起

（2）土工格栅拉膜效应。

在桩承式路堤系统中，高强度土工格栅出现以前，为了充分利用桩的承载能力，并防止由于桩间距过大而造成路堤顶面出现不均匀沉降，普遍做法是增大桩帽。学者 Rathmayer 通过对传统桩承式路堤使用性能的调研，提出桩置换率设计标准如图 6-4 所示。

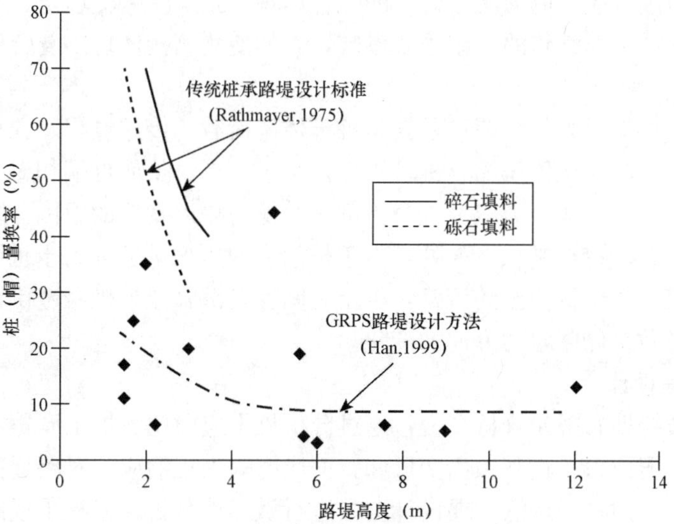

图 6-4　路堤高度与桩置换率的关系

可见，所需的置换率和路堤填料的性能有密切关系，当桩间土沉降较大时，桩帽下面容易形成空洞，大桩帽受力不均，产生倾斜，上部路堤填料下漏，造成路堤破坏。

高强度土工格栅出现后，可以在桩帽上铺设一层或多层土工格栅，对上部路堤填料起到提拉作用，由此可以采用较大的桩间距和较小的桩帽。在上部荷载作用下，加筋垫层发生弯曲，土工格栅变形后的形状近似于圆弧形或悬链线。随着土工格栅产生一定的拉伸变形，土工格栅呈现“拉膜效应”（图 6-5），即可以承受一定的法向荷载，一部分荷载通过土工格栅拉力的垂直分量传递到桩体上，减少了软土顶面沉降及传递到堤坝顶面的不均匀沉降。同时，土工格栅与碎石一起形成一个刚性垫层，起到一个横跨桩间软土的作用。Han 通过对 13 个 GRPS 路堤的设计置换率进行调研，其数据显示，采用土工格栅加筋后，所需置换率远低于 Rathmayer 所提出的传统桩承式设计标准，且多低于 20%。

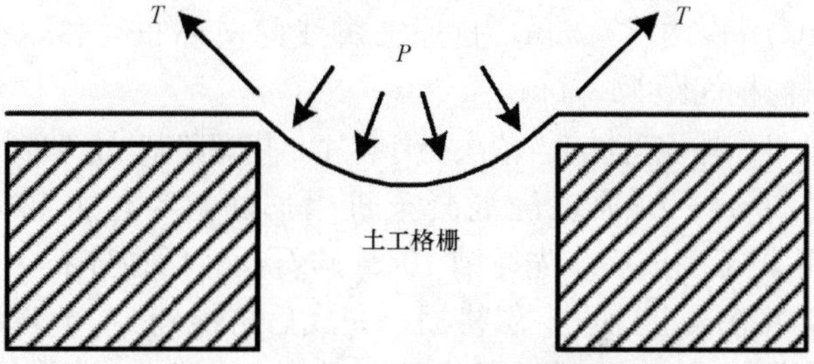

图 6-5　土工格栅的拉膜效应

（3）桩土应力集中。

在理想情况下，如果土工格栅加固层为绝对刚性，就不会产生不均匀沉降，加筋材料也不会有拉伸，这时候就没有土拱效应和拉膜效应，但这时候由于桩体材料和土体材料之间的刚度差异，仍然有荷载向桩头集中，即“应力集中效应”。

桩土应力比定义为桩头平均竖向应力与桩间软土表面平均竖向应力之比。桩土应力比是拱效应、拉膜效应、应力集中效应的综合体现，是反映路堤填土、土工格栅加筋垫层、桩、软土共同工作性状的一个重要参数，它的变化直接体现出复合地基承载力和变形的变化。

桩侧阻力与桩端阻力的发挥过程就是桩土体系荷载的传递过程。在桩端平面处，由于附加应力引起下卧层土体压缩，桩端土体发生了变形，从而桩端相对于地基产生刺入变形，该刺入变形是桩端阻力以及桩身下部正摩擦力得以发挥的原因。现场实测也证明了桩端刺入的存在。在桩帽顶平面处，由于桩间土的压缩量远远大于桩身的压缩量，因此，桩帽顶的沉降小于桩间土的沉降，桩土之间存在沉降差。桩身范围内，桩土相对沉降大小的变化导致桩侧摩阻力方向的变化。

2. 拓宽路堤设计

应用三维非线性有限元分析平台，通过分析桩土应力比、桩土摩擦、地基沉降、桩土差异沉降、格栅应力、路基顶面变形和路面应力等工程响应，对路堤高度、横断面布桩方式、桩长、纵向桩间距等主要设计参数进行敏感性分析，为桩承式路堤实体工程的设计提供依据。

（1）桩承式路堤模型建立。

桩长、桩间距、外排桩位置与长度的变参数分析桩承式加筋路堤是一个真三维问题，在三维分析中的拱效应显示为一个支撑在四个桩上的穹，而在轴对称分析中，拱效应会表现为支撑在一根桩上的伞状，轴对称分析并不能真实反映其受力特征。考虑到路堤拓宽荷载的非轴对称性，以及桩处理平面简化处理的局限性，应进行三维有限元分析。

1）几何模型及边界条件。

以沪宁高速公路（上海段）路基拓宽为例，三维有限元模型中（图 6-6），横断面上（xz 方向），以老路中心为对称面，取结构的一半；纵断面上（yz 方向），考虑桩（帽）中心两侧以及桩间土中心两侧的对称性，分别取桩帽中心和桩间土中心为对称面进行对称分析。由此，将桩处理地基的问题由三维群桩模型简化为三维单排桩模型，简化计算分析的工作量。

分析中桩径取 0.4m，桩长 25m，自原坡脚线起向外布 4 排，横向桩间距依次为 2.5、2.5、3.0，纵向桩间距为 3.0m。

最靠近老路堤的桩，标识为桩 1。依次往外排序，拓宽路基坡脚线处的桩则标识为桩 4。

桩顶低于地表 30cm，桩顶现浇混凝土桩帽，桩帽为正方形，尺寸为 100cm×100cm×30cm。桩帽施工完成后，先摊铺 10cm 碎石，然后在碎石上铺设一层格栅，再摊铺 20cm 厚碎石，并在其上铺设一层格栅，完成后再摊铺 10cm 厚碎石，碎石垫层总厚度 40cm。由于实际工程中需要进行老路坡脚的开挖，考虑加筋格栅埋入老路基内 2m。

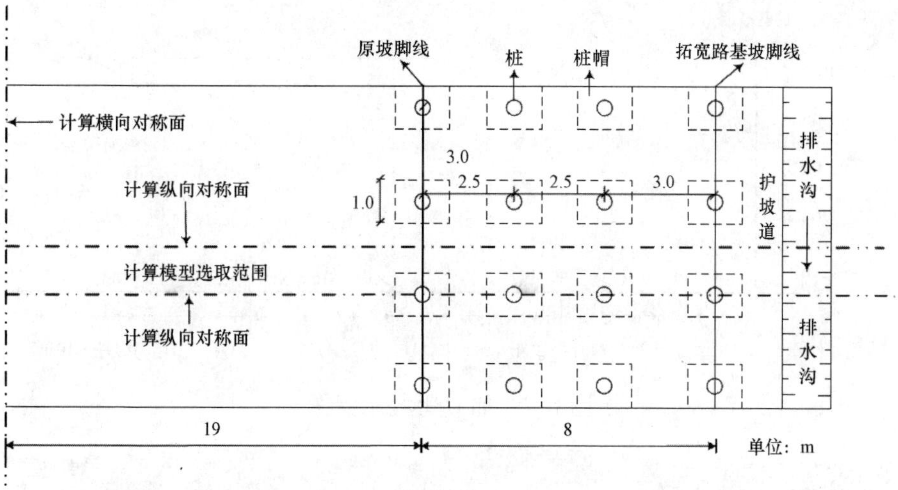

图 6-6 三维有限元模型计算范围的简化 （xy 平面）

2）材料模型及荷载模型。

考虑不同土质材料的特性和不同本构关系的适用性，对新老路基、硬壳层和灰色砂质粉土采用 Mohr-Coulomb 模型进行模拟，对灰色淤泥质粉质黏土、灰色淤泥质黏土采用修正剑桥模型（MCC）进行模拟。

另外，路面结构按线弹性模型考虑。各模型计算参数如表 6-2 所列。

表 6-2 材料计算参数

材料	密度 (kg. cm^{-3})	渗透系数（m/s）		弹性模型		Mohr-Coulomb			MCC		
		k_h	k_v	E(MPa)	μ	C(kPa)	φ	Ψ	K	λ	M
土层 1	1800	8.4e-7	8.4e-7	2.5	0.30	20	30	0	—	—	—
土层 2	1800	6.0e-9	4.0e-9	—	0.35	—	—	—	0.065	0.186	0.985
土层 3	1600	4.9e-9	2.9e-9	—	0.35	—	—	—	0.050	0.140	1.048
土层 4	2000	6.2e-7	6.2e-7	4.6	0.30	20	31.4	0	—	—	—
路堤	2000	—	—	15	0.30	30	28	0	—	—	—
垫层	2500	—	—	300	0.30	—	—	—	—	—	—
基层	2500	—	—	1400	0.30	—	—	—	—	—	—
面层	2500	—	—	1200	0.30	—	—	—	—	—	—
碎石垫层	2500	—	—	6	0.30	10	30	0	—	—	—
桩	2000	6.2e-12	6.2e-12	30000	0.20	—	—	—	—	—	—
格栅	2000	—	—	2000	0.15	—	—	—	—	—	—

该计算模型为典型的平面应变有限元模型，对地基采用流固耦合单元 CPE4P 进行模拟，对路堤及路面结构采用平面应变单元 CPE4 进行模拟。为了模拟实际的施工及运营过程，将整个计算过程分为 15 个荷载步（STEP）（图 6-7），分析中，自重荷载采用体力（在 ABAQUS 程序中为 BY）荷载的方式进行施加（图 6-8），施工历程应用程序提供的单元生死技术（ * MODEL CHANGE，REMOVE，TYPE＝ELEMENT 和 * MODEL CHANGE，ADD，TYPE＝ELEMENT）进行模拟。

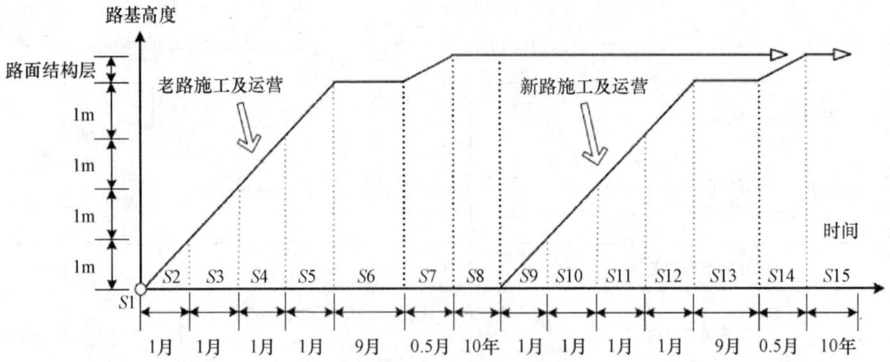

图 6-7　加载历程示意图

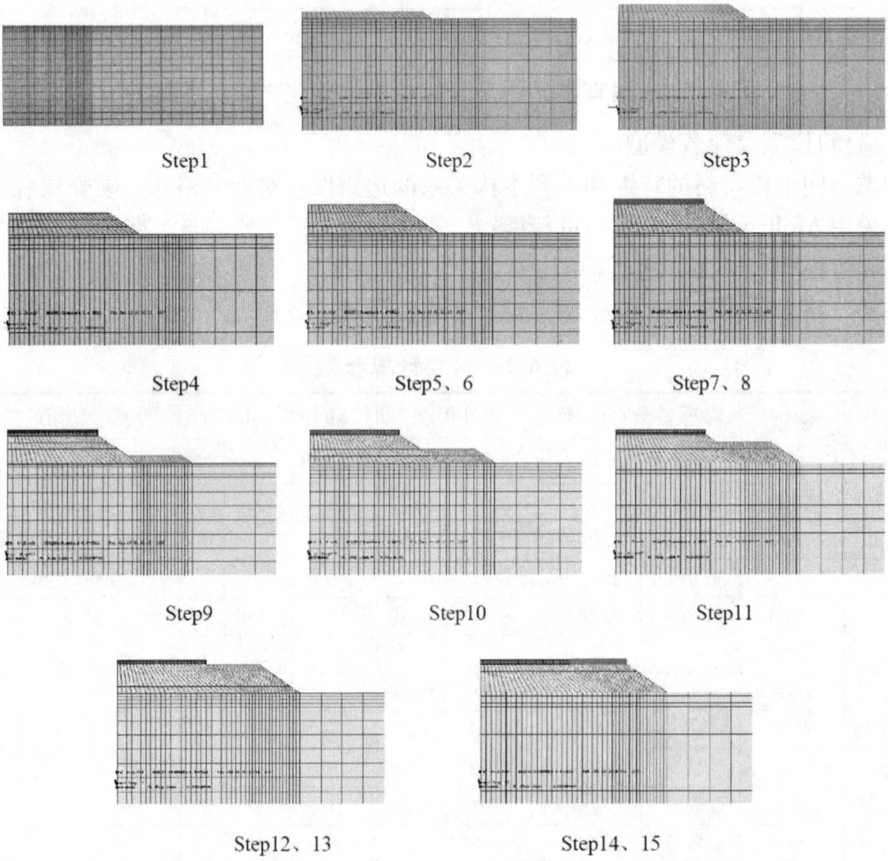

图 6-8　不同荷载步图示及单元网格布置

3）单元类型及网格划分。

由于分析中涉及接触问题，为确保求解收敛，模型均采用一次单元进行划分。其中，地基、桩及桩帽采用流固耦合单元 C3D8P 进行模拟，路堤及路面结构采用实体单元 C3D8 进行模拟，格栅采用三维薄膜单元 M3D4 进行模拟（图 6-9）。

整个模型共 27206 个节点，20974 个单元，其中用户定义单元为 20012 个，程序生成接触单元为 962 个。

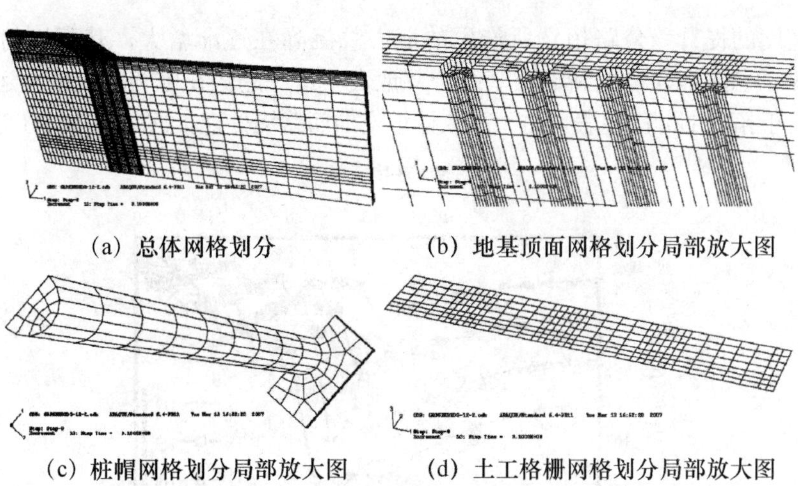

(a) 总体网格划分 (b) 地基顶面网格划分局部放大图

(c) 桩帽网格划分局部放大图 (d) 土工格栅网格划分局部放大图

图 6-9 三维有限元模型的网格划分

(2) 荷载（路基高度）。

桩顶荷载，可直观地认为路基填筑高度，是影响软土地基高速公路拓宽工程性状、决定处理措施力度最为重要的因素之一。结合沪宁高速公路（上海段）拓宽工程实际，取路基高度为 2.0、3.0、4.0、5.0m 等 4 种典型工况。

1）桩土应力比。

不同路基高度下桩土应力比绘于图 6-10 中。桩 1 应力比为 23.5～26.5，桩 2 应力比为 13.9～16.9，桩 3 应力比为 11.0～12.4，桩 4 应力比为 1.1～2.0。可见不同路堤高度下的横断面桩土应力比变化趋势基本相同，即内侧桩的桩土应力比最大，向外逐渐减小，至最外侧基本上趋近于 1。但是，对于路基拓宽这一特殊工程条件，上覆荷载并非均布荷载，且老路坡脚以内并未布桩，并未出现明显的桩土应力比随路基高度增加而增大的特征。说明内侧桩对于承担上覆荷载、减小地基沉降的贡献较大，而外侧桩的贡献较小，至拓宽路基坡脚桩时，其主要作用是限制侧向位移。因此，横断面布桩时，可考虑选择“内密外疏”的桩间距设计。

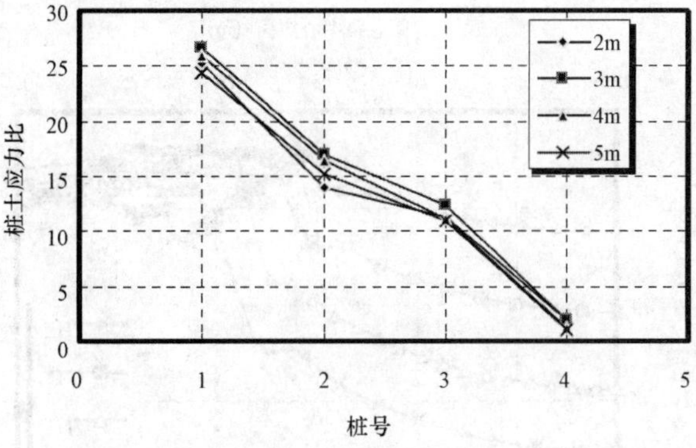

图 6-10 不同路基高度时的桩土应力比

2）地表沉降。

不同路基高度下拓宽引起的总沉降、施工沉降以及工后沉降绘于图 6-11 中。可见随着路堤高度的提升，公路拓宽所产生的地表总沉降在逐渐增大，其不均匀沉降也逐渐增大；对于老路地表以及新老路基结合部地表，这一趋势在施工阶段以及运营阶段均较明显；对于拓宽部分的地表，由于采取桩承式加筋路堤处理，这一趋势仅在施工阶段较

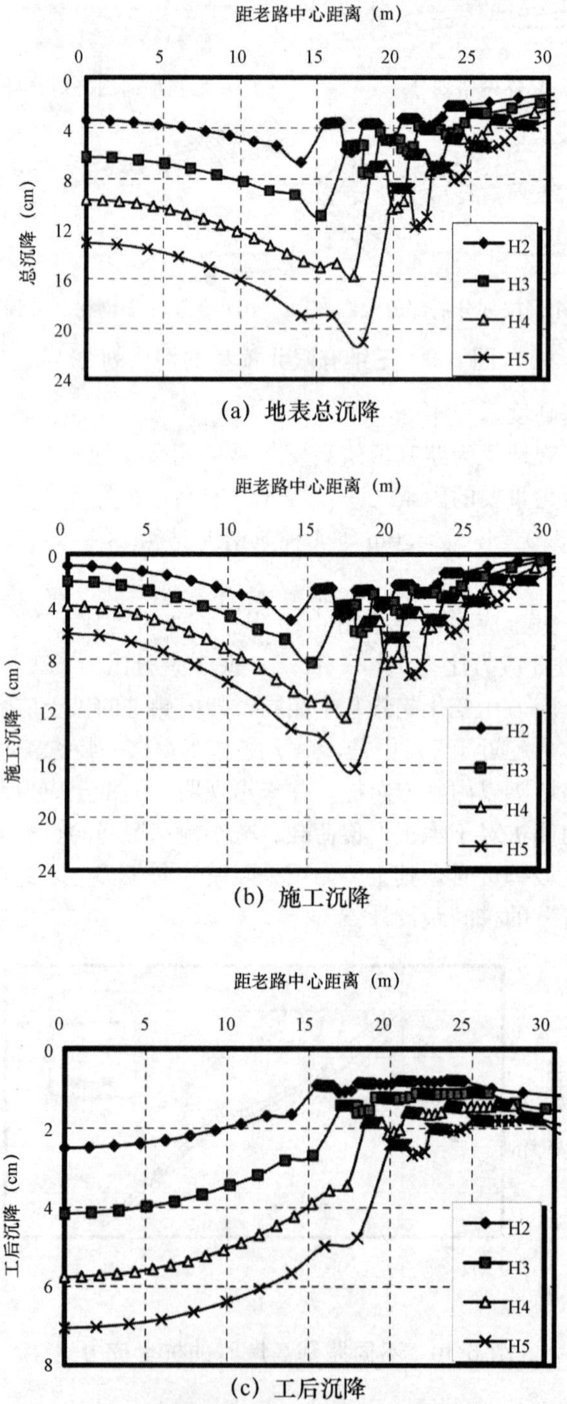

(a) 地表总沉降

(b) 施工沉降

(c) 工后沉降

图 6-11 不同拓宽高度引起的沉降

为明显，而运营阶段则不甚显著，其工后沉降大多控制在 2cm 以内，说明其沉降大多在施工期间完成。

3）路基顶面变形。

不同路堤高度下，桩体位置路基顶面纵向不均匀沉降如图 6-12 所示。可见不均匀沉降随着路基高度的增加而急剧减小，直至趋近于 0，这是由于随着路基高度的增加，桩顶以上的土拱效应逐渐增强。应用“等沉面”的概念，在进行桩承式路堤的设计时，应尽量保证等沉面在路基顶面以下。分析中仅考虑了路基路面自身荷载产生的不均匀沉降，尚未考虑行车荷载作用对不均匀沉降的进一步加剧。因此就案例中的桩间距、桩帽尺寸及填土材料而言，在设计中桩顶上覆路基高度不宜小于 2.0m。

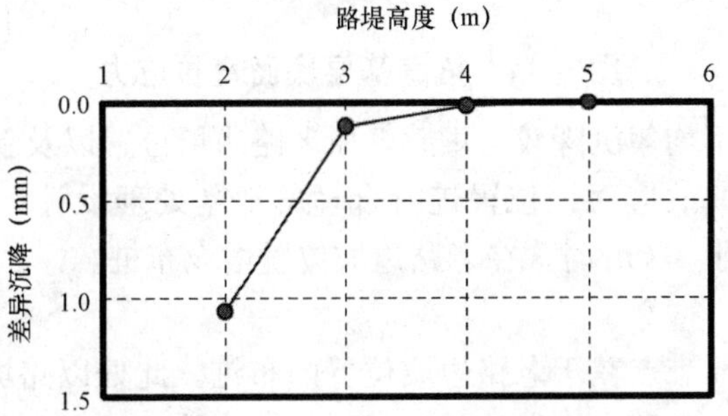

图 6-12 路堤顶面纵向差异沉降

不同路基高度下，以拓宽路面外侧边缘沉降为 0.0 计算不均匀沉降，拓宽路基顶面的不均匀沉降曲线汇总于图 6-13 中。可见，由于在老路边坡内侧位置未进行地基处理，随着路基高度的增加，老路边坡上的上覆拓宽荷载逐渐增加，故靠近老路边坡一侧的不均匀沉降逐渐增大。并且当路堤高度由 2.0m 增加到 3.0m 时，不均匀沉降的增幅最大；路堤高度 4.0m 和 5.0m 时的不均匀沉降量变化不大。

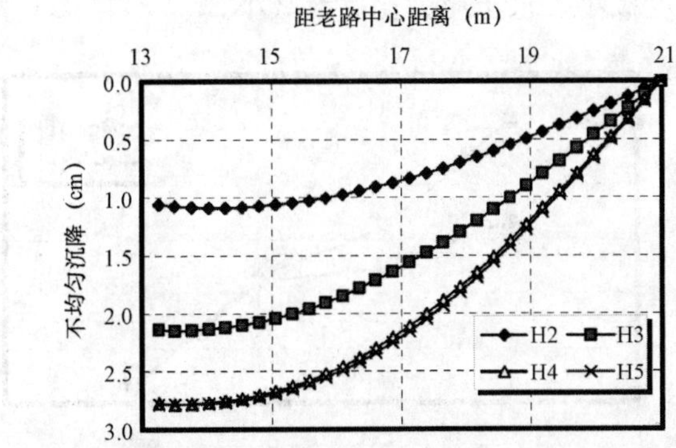

图 6-13 不同路基高度下拓宽路基顶面不均匀沉降曲线

4）路面应力。

对于桩承式加筋路堤处理拓宽工程而言，损坏模式为拓宽路面基层底面的弯拉开裂，故提取不同路基高度下拓宽基层底面的最大弯拉应力，如图 6-14 所示。可见当路基高度由 2.0m 增加到 4.0m 时，弯拉应力逐渐增大，达到 0.398MPa。基层结构在行车荷载作用下的底部弯拉应力为 0.1MPa 左右，因此当变形附加应力达到 0.4MPa 时，基层底面弯拉应力已超过结构的弯拉强度。

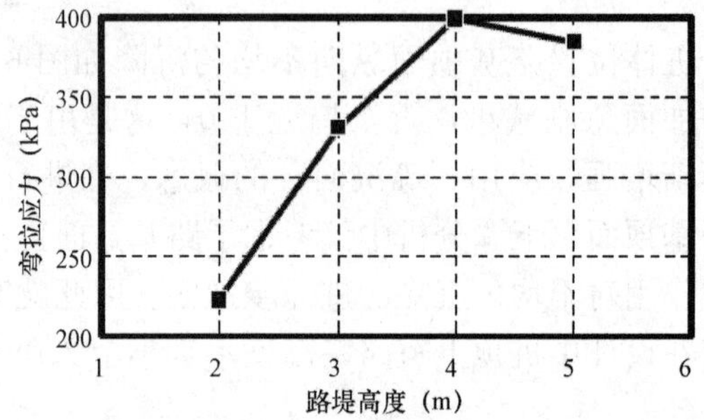

图 6-14 拓宽基层底面弯拉应力

由于拓宽路面对不均匀沉降较为敏感，而老路边坡位置以及新、老地基交接处易导致较大的不均匀变形，故应对该位置进行合理的地基处理设计。就桩承式加筋路堤而言，应在路堤高度大于 3.0m 时，在老路边坡位置增设布桩。

（3）横向布桩。

路基横向布桩主要难点在于老路边坡位置的布桩。此处以路堤高度 4.0m 为例，分析老路边坡位置进行处理和未进行处理的工程性状差异。以沪宁高速公路（上海段）路基拓宽为例，4 根桩为未进行处理的工况，5 根桩为进行处理的工况。

1）桩土应力比。

不同布桩方式的桩土应力比如图 6-15 所示。其中老路边坡位置增设的桩以 0 标识，由图可见老路边坡位置增设桩的桩土应力比最大，而坡脚桩相对于老路边坡未设桩时略有减小。故在路基拓宽工程中，对桩土应力比影响最显著的因素是桩的布设位置，最内侧桩由于承受较大范围内的上覆荷载，其贡献较大，而外侧各桩由于相邻桩的荷载分担作用，以及上覆路基高度减小，桩土应力比逐渐减小。

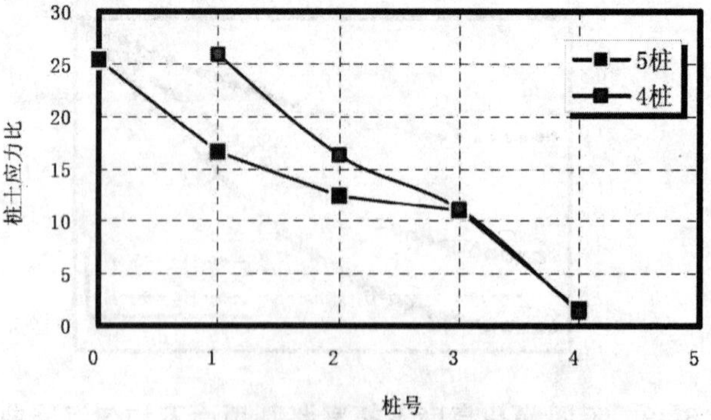

图 6-15 不同横向布桩方式的桩土应力比比较

2）地表沉降。

不同布桩方式时拓宽引起的总沉降、施工沉降以及工后沉降见图 6-16 中。在老路边坡位置增设桩体后，一方面显著减小了老路边坡位置的沉降，另一方面分担了部分传至老路地基的上覆荷载，从而减小了老路地基的二次沉降，故总体不均匀沉降大为减小。

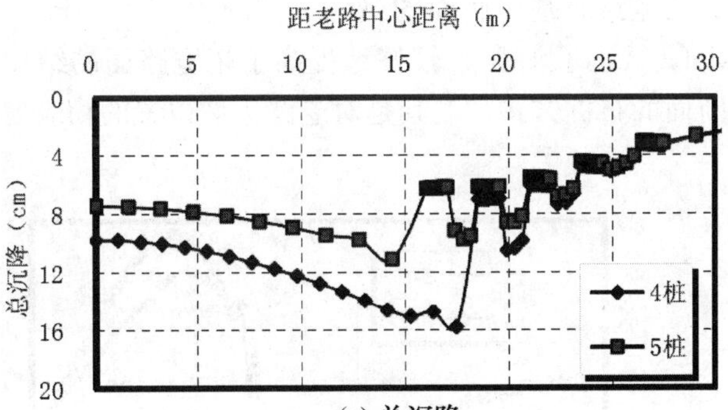

(a) 总沉降

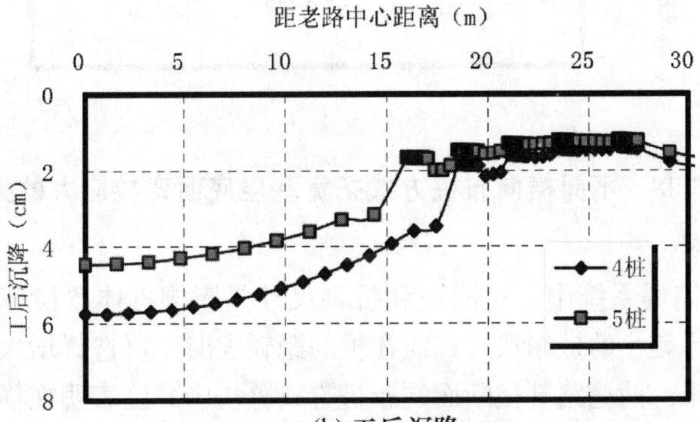

(b) 工后沉降

图 6-16 不同横向布桩方式时的地表沉降

3）格栅应力。

不同布桩方式格栅的横向拉应力分布如图 6-17 所示。由于在桩承式加筋拓宽路基工程中，格栅的应力发挥主要取决于两种类型的不均匀沉降，包括桩土之间的不均匀沉降和新老路基之间的不均匀沉降。当在老路边坡范围内布桩后，减小了该范围内的新老路基不均匀沉降，因此两层格栅横向的拉应力均大大减小，尤其是老路边坡开挖后而铺设于原老路边坡的部分（图中 0～2m 范围）。

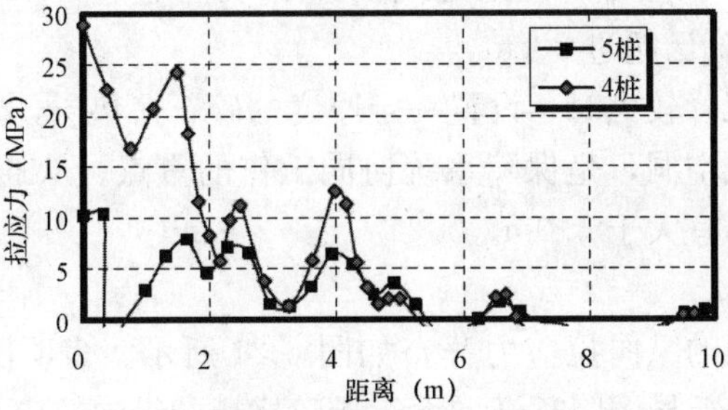

图 6-17 不同横向布桩方式时格栅横向拉应力

4）路面应力。

不同布桩方式拓宽基层底面弯拉应力分布如图 6-18 所示。可见当在老路边坡位置进行地基处理后，其拓宽路面基层底面的最大弯拉应力为 304kPa，相比于未进行处理时的弯拉应力 376kPa，减小了 19%，较好地提高了拓宽路面的结构性能。因此，拓宽工程中地基处理横断面的布桩方式，尤其是对老路边坡位置的相应处理，是保证拓宽工程成败的重要因素。

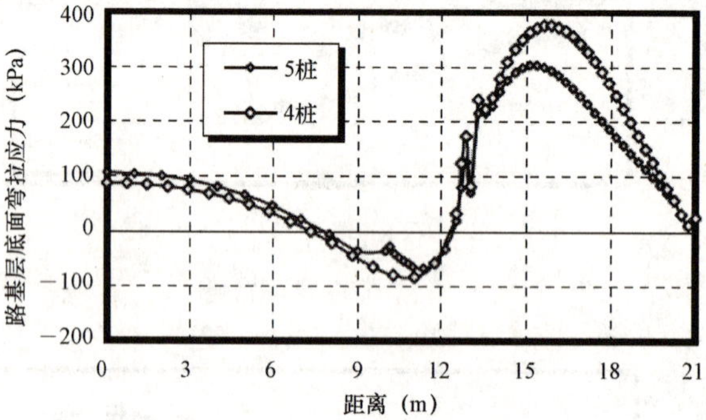

图 6-18　不同横向布桩方式拓宽基层底面弯拉应力的比较

（4）纵向桩间距。

在桩承式加筋路堤系统中，桩间距和桩帽尺寸是影响桩体置换率的两个因素。当桩间距较小时，可选择较小的桩帽尺寸；而在桩间距较大时，可选择增大桩帽尺寸的方法以达到相近的处理效果。前述路基横断面的布桩方式分析中，已表明在横断面设计中可考虑内密外疏的桩间距选择方法。故在分析桩间距的敏感性时，将桩帽尺寸设为定值、横向布桩方式同前，分析中仅考虑采纵向桩间距选取 2.0、3.0、4.0、5.0m 等几种情况。

1）地表沉降。

不同桩间距情况下，地表的总沉降、施工沉降以及工后沉降分别绘于图 6-19 中，三个沉降指标均随着桩间距的增大而增大。并且横向桩土之间的工后差异沉降对纵向桩间距的变化同样较为敏感。

考虑纵向桩间距的变化应对纵向的桩土差异沉降影响更为显著，故提取最内侧桩的纵向桩土沉降曲线如图 6-20 所示。可见当纵向桩间距为 2.0m 时，桩土之间的差异沉降仅为 5cm；桩间距为 3.0m 时，桩土之间的差异沉降超过 10cm；桩间距继续增加到 5.0m 时，桩土差异沉降已超过 20cm。

当桩土之间差异沉降较大时，设置一定厚度的碎石褥垫层，并充分发挥其流动补偿作用，防止桩帽下形成空洞，是保障系统协同工作的重点。从通常褥垫层厚度为 10cm 的角度而言，桩间距不宜大于 3.0m。

2）格栅应力。

不同桩间距时格栅的纵向拉应力分布如图 6-21 所示。表明随着桩间距的增大，桩土差异沉降和新老地基差异沉降逐渐增大，导致格栅的纵向拉应力均显著增大，最大值已达到 15MPa；但与此同时，格栅应力的增大也在一定程度上对差异沉降有一定的抑制作用。

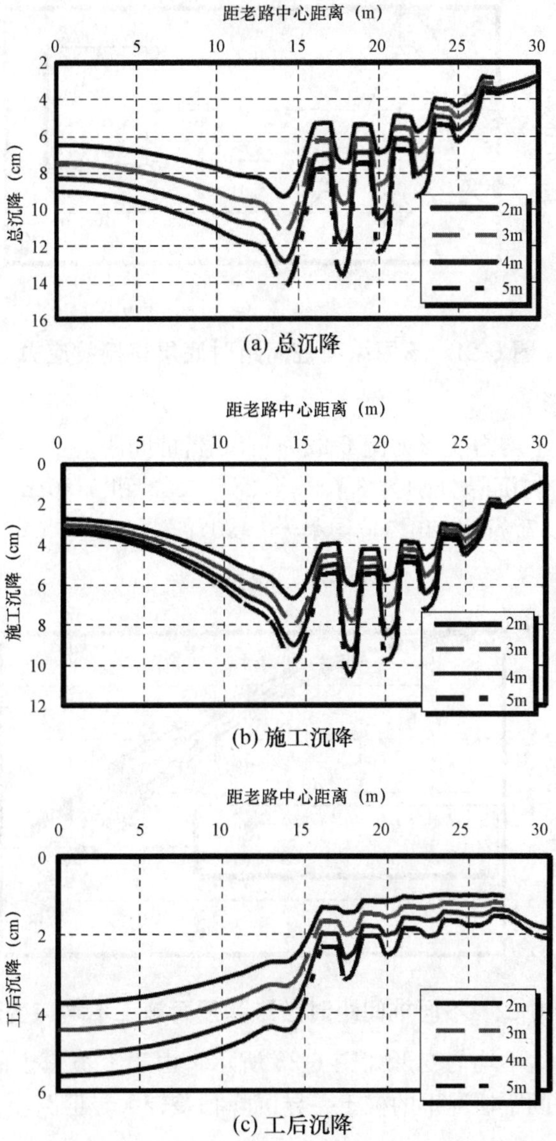

图 6-19　不同桩间距时的地表沉降

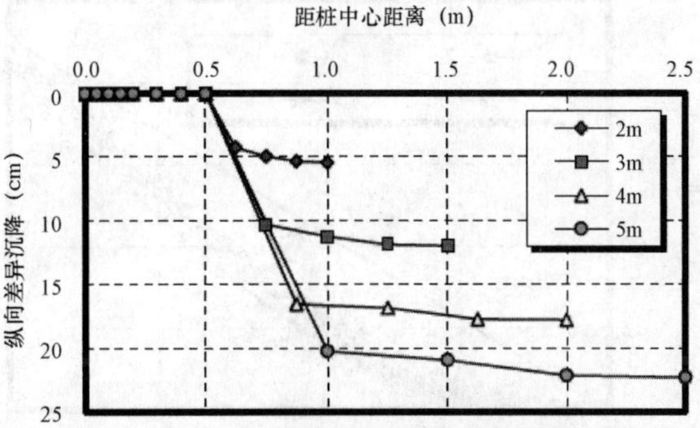

图 6-20　纵向桩土差异沉降

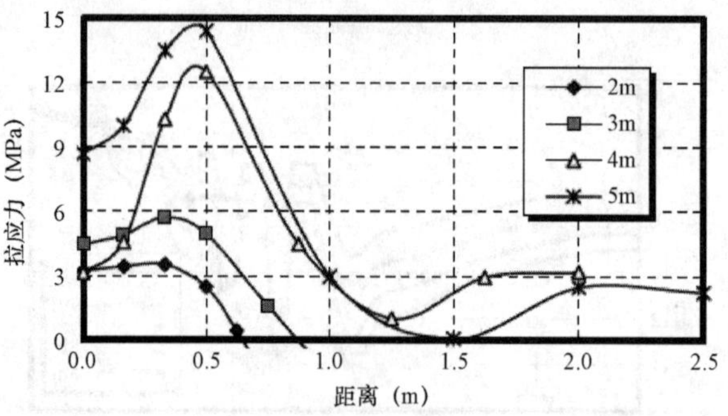

图 6-21　不同纵向桩间距时底层格栅拉应力

3）路基顶面变形。

老路基顶面施工不均匀变形如图 6-22 所示。当桩间距为 2.0、3.0、4.0m 和 5.0m 时，老路顶面的不均匀沉降分别为 3.63、4.28、4.83 和 5.30cm，横坡改变量分别为 0.28%、0.33%、0.37%和 0.40%，均小于 0.50%。

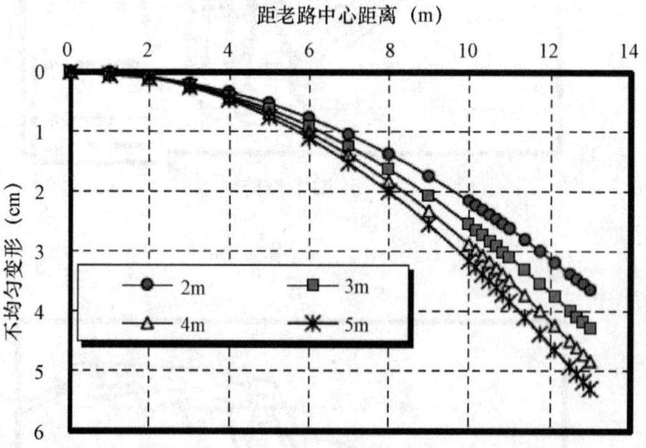

图 6-22　不同桩间距时老路基顶面施工不均匀变形

拓宽路基顶面工后不均匀变形如图 6-23 所示。由于上覆填土的土拱效应和格栅的拉膜效应，虽然几种间距情况下的桩土差异沉降相差较大，但路堤顶面工后的不均匀沉

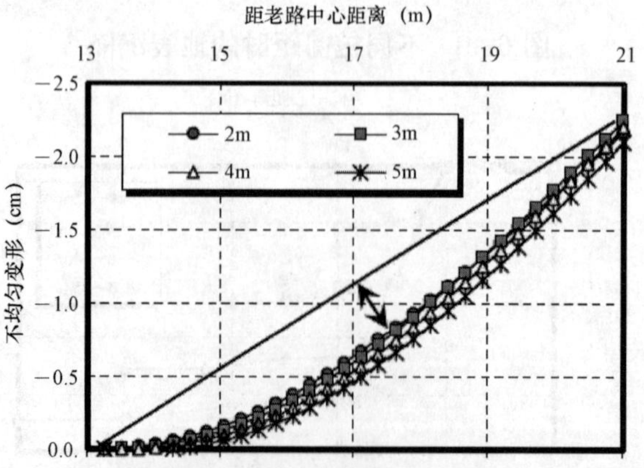

图 6-23　不同桩间距时拓宽路基顶面施工不均匀变形

降较为接近，均小于 2.5cm；在曲线形态方面，桩间距较小时曲线稍显平缓，而桩间距增大后的曲线“盆状”特征更为明显。

4）路面应力。

拓宽基层底面弯拉应力分布如图 6-24 所示。随着桩间距的增大，拓宽基层底面弯拉应力逐渐增大，当桩间距由 2m 增大到 3m 时尤为明显（弯拉应力由 291kPa 增大为 309kPa，增幅为 6.2%）。

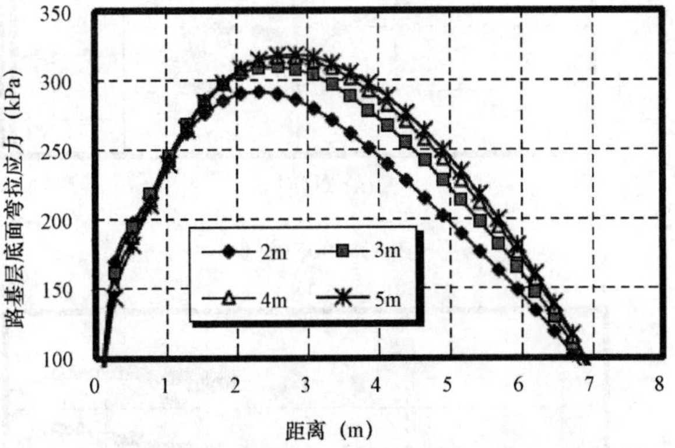

图 6-24 不同桩间距时拓宽基层的底面弯拉应力

(5) 桩长确定。

桩长是桩承式加筋路堤最重要的设计参数之一。桩体应尽量穿透软弱土层、支撑于承载能力较强的土层中，从而将上部荷载更好地向下传递，减小沉降及不均匀沉降。

考虑上海地区软土比较深厚，以沪宁高速公路（上海段）拓宽为例，就桩体未穿透软弱土层，分析桩长为 15、20、25m 三种情况下，桩承式加筋路堤的整体处理效果。

1）地表沉降。

如图 6-25 所示，地表的总沉降、施工沉降以及工后沉降均随着桩长的减小而增大，而桩土之间的差异沉降却随着桩长的减小而减小。随着桩长的减小、桩端下卧软土层厚度的增大，桩承式加筋路堤控制地基沉降的效果逐渐减小。当桩长为 15m 时，老路坡脚位置的地表工后沉降达到 5cm，老路中心的地表工后沉降接近 8cm，说明当桩长较小时，下卧软土层的工后固结沉降不可忽视，桩承式加筋路堤适应快速施工的优点也难以体现。

2）路面应力。

不同桩长时拓宽路面的弯拉应力分布如图 6-26 所示。当桩长为 15、20m 和 25m 时，拓宽基层底面的最大弯拉应力均出现在路面结构竣工时，其数值分别为 327、324kPa 和 309kPa。表明由于拓宽基层的弯拉应力主要是由于路面施工所产生的不均匀沉降所导致，故在正常的设计参数范围内，增加桩长对减小拓宽基层底面的弯拉应力贡献非常有限；另一方面，桩长为 25m 时桩基本上接近持力层，此时基层弯拉应力要较其他桩长时减小趋势明显，因此从工程可靠性的角度出发，桩长以穿透软土层为宜。

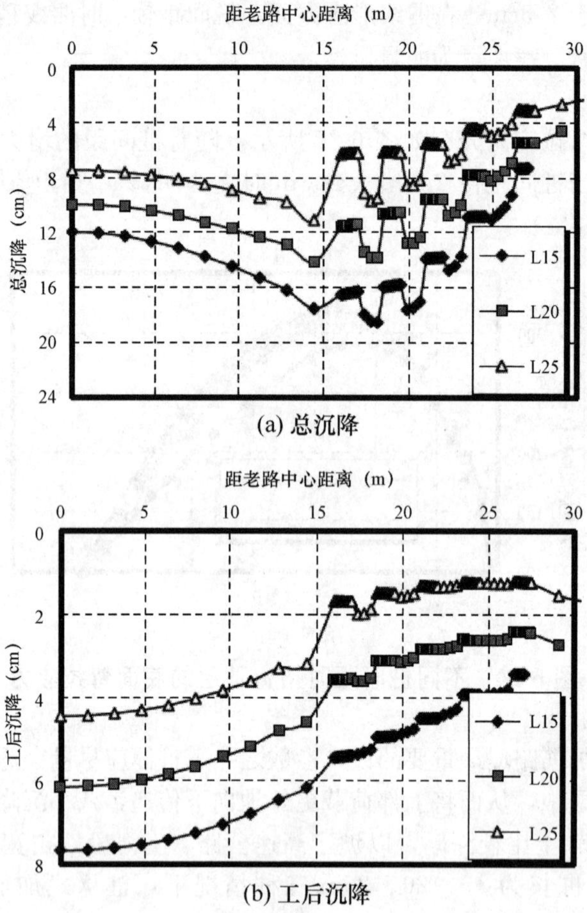

图 6-25 不同桩长时的地表沉降

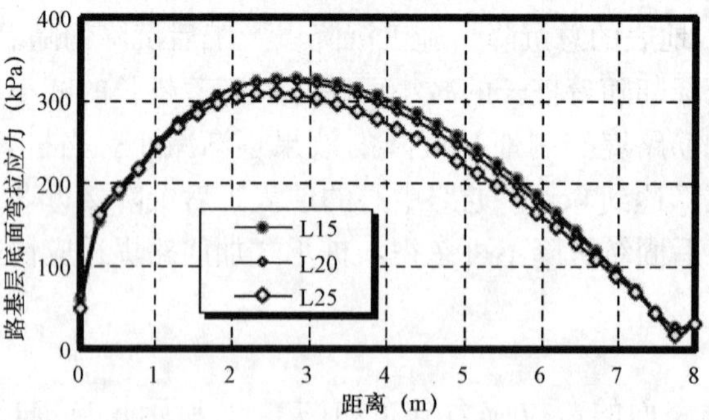

图 6-26 不同桩长时拓宽基层底面弯拉应力的比较

（6）设计参数。

通过数值模拟与参数敏感性分析，对桩承式加筋路堤设计提出以下要求：

1）路基横断面上，自老路坡脚桩至拓宽路基坡脚桩，对于承担上覆荷载、减小地基沉降的贡献逐渐减小，故横断面可采取“内密外疏”的布桩方式。

2）在路基拓宽工程中，土工格栅不仅能减小桩土之间的差异沉降，而且在抑制新老路基不均匀沉降方面发挥着一定功效，因此在桩承式加筋路堤的设计中，应结合老路台阶的开挖，尽量将土工格栅布设于老路边坡以内。

3）在路堤高度超过 3.0m 时，为避免老路边坡位置的地基产生显著的不均匀沉降，宜结合老路边坡台阶的开挖，在老路地基处布设桩基。

4）为减小下卧软土层工后沉降，适应快速施工的要求，并保障拓宽工程施工时既有公路的行车舒适及安全，应选择足够的桩长。桩长以穿透软土层为宜。

5）虽然高强度土工格栅可以发挥拉膜效应，对上部路堤填料起到提拉作用，防止桩帽下面形成空洞而产生破坏，但在桩间距较大时，桩土差异沉降仍较为显著，故需要设置一定厚度的碎石垫层，充分发挥其流动补偿作用。

6）桩间距对桩土差异沉降、老路基工后沉降、格栅应力、路面结构变形附加应力均具有显著影响。综合各因素的要求，在上海等深厚软土地区，桩间距以不大于 3.0m 为宜，可根据路基高度的增大而逐渐加密。

6.3.4 轻质路堤拓宽技术

如何减小新、老路基间的不协调变形是拓宽工程的技术难点。而在软土地区，不协调变形主要来源于拓宽公路的自重荷载。因此，采用轻质路堤以减小拓宽路基的自重，也已成为软土地区高速公路拓宽工程的一种处理途径。EPS 路堤、轻质泡沫混凝土作为典型的轻质路堤，在桥头引道、土方工程处理等方面已得到较为广泛的应用。

1. EPS 路堤

EPS（Expanded Polystyrene）是发泡聚苯乙烯的简称。它是采用聚苯乙烯树脂加入发泡剂，同时进行加热软化，产生气体的发泡树脂，故亦称泡沫塑料，属超轻质高分子材料。

（1）路堤设计。

EPS 路堤设计要点是做好坡面防护。应防止有害物质和明火侵入，遮断日光紫外线的直接照射，防止啮齿动物对 EPS 块体的损害；更应避免 EPS 块体在水中浸泡，防止块体受浮力作用而将路堤抬起，引起路面的破坏。一般用三种方法来进行防护：斜坡式 EPS 路堤、重力式挡土墙、板柱式支挡结构。

1）斜坡式 EPS 路堤。

斜坡式 EPS 轻质路堤，即在路堤的两侧进行覆土护坡（图 6-27）。阶梯状堆砌的 EPS 必须至少用 1.0m（垂直于斜坡面）厚的土层进行覆盖，在较陡坡度时，为防止土体的滑坡，可采用土工加筋土的形式来进行防护。

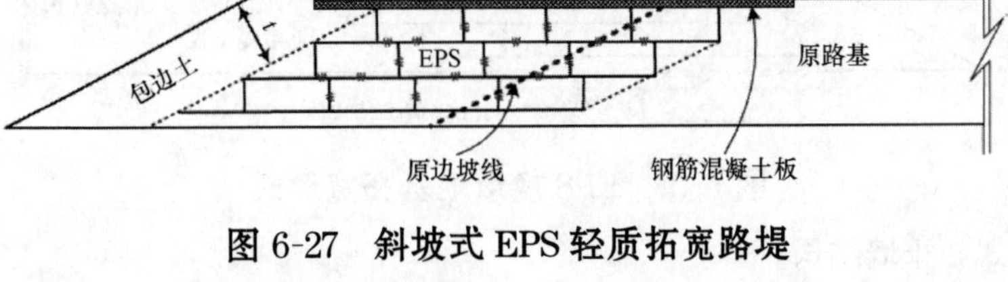

图 6-27 斜坡式 EPS 轻质拓宽路堤

斜坡式路堤特点是有利于道路绿化的进行，同时防撞护栏可选择柔性护栏进行设计。该种结构形式需要解决包边土的压实难题以及包边土与EPS的连接问题，这将直接影响到EPS路堤的使用质量，可通过将包边土拓宽，然后进行削坡的方法来进行包边土的碾压。

另外，包边土在拼接部分的荷载中，占有相当的重量，因此仍会有较大的地基压力，有一定的变形量，在包边土的形心处，相对于EPS块体部分，将产生较大的差异沉降量。不同厚度的包边土情况下，由于拓宽引起的地表沉降如图6-28所示。

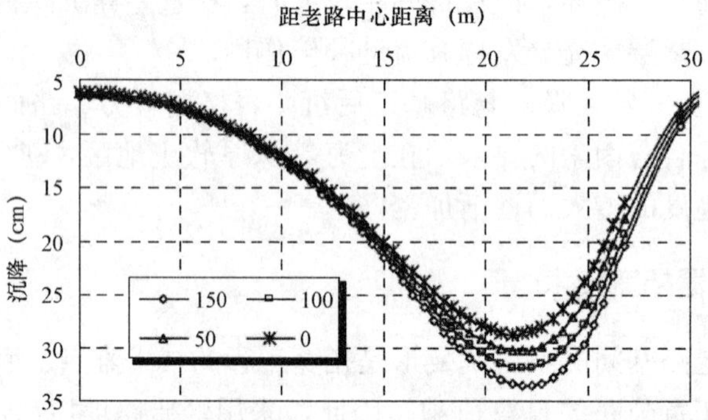

图6-28 不同包边土厚度时的地表沉降

可见，当包边土厚度由150cm减小到50cm时，地表沉降最大值由33.6cm减小为30.2cm，减小量达9.96%；出于比较目的，同时计算了包边土厚度为0的极端情况，其地表沉降最大值为28.6%，较150cm时减小了14.9%。说明两点：第一，适当减小包边土的厚度有利于控制沉降，缓解桥头跳车现象；第二，由于本算例中土质条件较为软弱，路面结构自重荷载所导致的沉降比重较大，其产生的地基沉降不可忽视，这一点在地质条件极差时应用EPS轻质路堤时尤为重要。

为进一步减小或消除路面结构层荷载对地基的附加应力，可采用在原地基向下、用EPS块体置换开挖的土体自重的方法，进一步减轻路面结合荷载的形式（图6-29）。若EPS块体已处于地下水位以下，则必须进行抗浮稳定性验算。抗浮验算的稳定系数等于路堤顶层上覆荷载总和与地下水位产生的EPS上浮力的比值。出于安全考虑，验算中可忽略车辆活载、包边土及EPS的自重。但在复核沉降时，应考虑EPS可能吸水引起的增重，密度可采用1.0kN/m³。

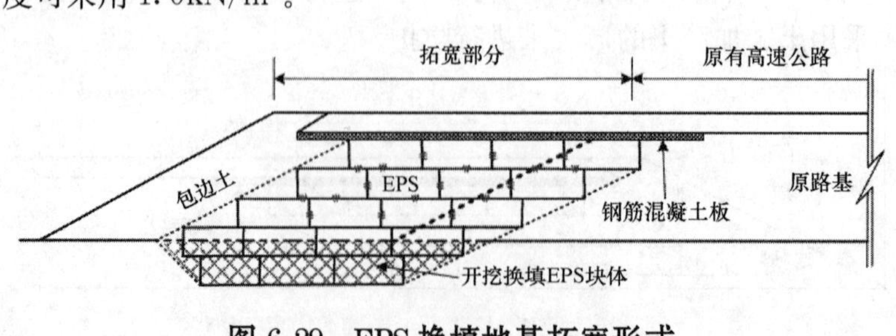

图6-29 EPS换填地基拓宽形式

2）重力式挡土墙结构。

为了解决包边土的压实度和自重问题，考虑采用直立重力式的挡土墙结构（图6-30）。

对于直立结构，虽可在 EPS 底部设置 20～30cm 的砂垫层与原路砂垫层接通以设置排水通道，但无法与外界连通，因此需要预埋 PVC 管或塑料盲沟来排水；为防止排水沟的雨水倒灌，其底部高程应在排水沟底面以上 10～20cm。

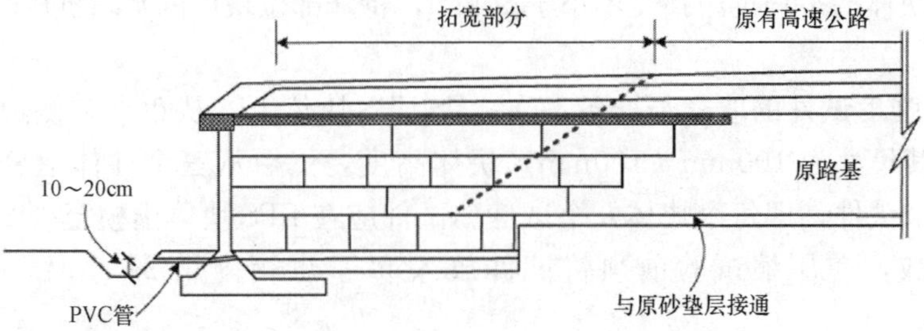

图 6-30 EPS 拓宽路基重力式挡土墙结构形式

重力式挡墙结构能最大限度地利用 EPS 块体来减小路堤的重量，并且一定程度上能减小 EPS 块体用量。但重力式挡土墙的荷载对于地基来说仍有相当大的比重，挡土墙还会受到 EPS 的侧压力和上部荷载传递的垂直压力，其断面除自重大外，还需要配置一定数量的钢筋；施工周期长，埋深大，施工较为不便。

3）柱板式支挡结构。

为了克服以上两种方案的弱点，简化施工，防止光的直接照射，加快施工进度，根据 EPS 块体在垂直荷载作用下，侧向变形和压力小的特点，宁沪高速江苏昆山段提出了一种预留间隙的柱板式结构（图 6-31）。即在 EPS 路堤的侧边采用预制板的方案，为了提高板的整体性能，在预制板块的中间设置加筋肋。通过现浇将预制板与 EPS 上部的钢筋混凝土板直接连接，基础专设立板支座。

柱板所承受的荷载主要有两个：一是路面结构层等上部结构分配的垂直力；二是 EPS 块体由于变形产生的侧压力。为了防止由于 EPS 的侧向变形，而使预制板产生较大的侧压力，因此必须在预制板与 EPS 间留有一定的间隙（5cm），使预制板处于不受或少受侧压力的状态，从而简化设计，消除隐患。为了能最大限度地使 EPS 在垂直荷载的作用下的垂直和水平向的变形充分发生，进一步减少垂直分配作用力，预制板和水平向的现浇混凝土板间的二次浇筑时间应尽量安排在路面结构层施工后期。另外，为防止雨水对 EPS 块体的损坏，以及由于 EPS 吸水而导致的增重，可在板与 EPS 块体之间铺设一层防渗土工布。

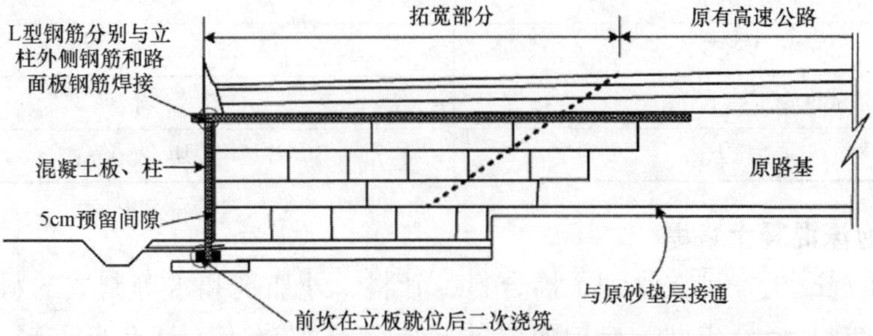

图 6-31 EPS 拓宽路基柱板结构型式

(2) 材料要求。

1) 抗压强度要求：技术指标为无侧限抗压强度，试件尺寸采用 50mm×50mm×50mm（容许误差±1mm），加载速度为 10mm/min。当试件压缩变形为 5%时，要求一般部位 EPS 块体的平均抗压强度不小于 80kPa，特殊部位块体的平均抗压强度不应小于 100kPa。

2) 抗压强度试件的取样与准备：在一个 EPS 块体上，从角隅和侧边上画线取出三个柱体，其尺寸为 100mm×100mm×块体高度，然后从三个柱体上分别在中部和端部各取一个试件，即每个块体 6 个试件。试件应在 EPS 块体出模至少 24h 以后用电热丝切割而成，在压缩试验前须将试件放入 60℃烘箱内烘 24 小时，以保证试件干燥。

3) 应对 EPS 块体的密度进行测定。试件尺寸为 100mm×100mm×50mm，密度测定前须放在 60℃烘箱内烘 24h，要求一般部位 EPS 块体密度不低于 25kg/m³，特殊部位 EPS 块体密度不低于 30kg/m³。

4) EPS 块体应具有一致的几何尺寸和平整的表面。用卷尺分别在长、宽、高测量 4 点、6 点、6 点，求其平均值。EPS 标准块体尺寸及容许误差如表 6-3 所示，且 EPS 块体平面上采用 3m 直尺测得的平整度应在 5mm 以内。

表 6-3 EPS 标准块体尺寸及容许误差

项目	单位	标准	容许误差	测量方法
长度	mm	3000	±10	卷尺法
宽度	mm	1270	±8	
厚度	mm	630	±3	

5) 从 EPS 标准块体上切割下来的零星块件，其尺寸测量的最大容许偏差为±1%；可用块体的最小尺寸（长、宽、高）为 0.5m（有特殊规定和要求除外）。

6) 施工过程中，对进场的 EPS 块体必须进行抽样检查，检查内容包括形状尺寸、密度、抗压强度、燃烧自灭性和平整度。抽样频率如表 6-4 所示。

表 6-4 EPS 块体材料质量检查抽样频率

EPS 施工用量 V（m³）	试验块体数量（块）
$V<2000$	2
$2000\leqslant V<5000$	3
$5000\leqslant V<10000$	4
10000 以上	1 块/2000m³

2. 轻质泡沫混凝土路堤

泡沫轻质混凝土，是在水泥、掺合料、骨料、外加剂和水等制成的料浆中引入气泡，经混合搅拌、浇筑成型、养护而成的轻质多孔混凝土，具有自重轻（400～1500 kN/m³ 之间）、性能稳定、自立性好、耐久性好、施工便捷、保温隔热等特性，其填筑工程以降低荷重或土压力为目的，能够缩短施工工期，节约土地资源，已经广泛应用于软基路堤、基础处理等实际工程中。

(1) 路堤设计。

路堤设计内容包括结构设计和附属工程设计；其中结构计算包括：强度验算，抗滑动、抗倾覆稳定性验算，抗浮稳定性验算。

1) 结构设计。

结构设计包括断面设计和衔接设计。断面设计包括填筑高度、填筑宽度，衔接设计包括衔接形式和细部尺寸（图 6-32），断面设计按表 6-5 确定。填筑体与路基或斜坡体间的衔接应该采用台阶形式，当填筑高度不超过 2m 时，可以不设置台阶。当填筑体顶面有坡度要求时，应该在填筑体顶层分级设置台阶。

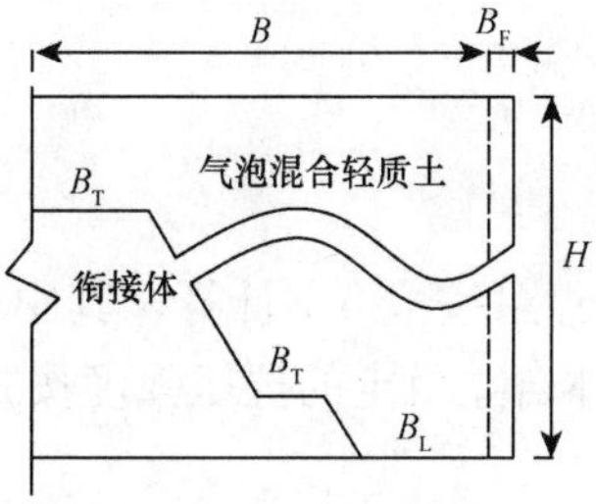

图 6-32　断面设计

表 6-5　断面尺寸要求

设计内容	范　围	备　注
填筑高度 H	0.5～15.0m	空洞填充、管线回填工程除外
底面宽度 B_L	≥2.0m	
台阶宽度 B_T	≥0.5m	填筑高度超过 2m 设置
预留宽度 B_F	0.3～0.8m	填筑高度超过 5m 或背面为陡坡体时设置

用于一般地区填筑时，填筑体顶部的荷载可以只计算永久荷载和基本可变荷载（表 6-6）。用于浸水地区、冻胀地区、地震动峰值加速度值为 0.2g 及以上的地区填筑时，还要计算其他可变荷载和偶然荷载。用于软土地基路段填筑时，需要进行沉降计算。

表 6-6　荷载分类

荷载类型	荷载名称
永久荷载	填筑体的自重
	填筑体上方的有效永久荷载
	填土侧压力
	计算水位的浮力及静水压力

续表 6-6

荷载类型		荷载名称
可变荷载	基本可变荷载	车辆荷载、车辆荷载引起的土侧压力
		人群荷载、人群荷载引起的土侧压力
	其他可变荷载	水位退落时的动水压力
		流水压力
		波浪压力
		冻胀压力和冰压力
	施工荷载	与施工有关的临时荷载
偶然荷载		地震作用力、作用于填筑体顶部护栏的车辆碰撞力

注：1　洪水与地震力不同时考虑。
2　冻胀力、冰压力与流水压力或波浪压力不同时考虑。
3　车辆荷载与地震力不同时考虑。

①强度验算。

用于路基填筑的抗压强度 q_{u1} 可按式 6-1 计算，其中 CBR 的取值可按现行《路基设计规范》规定取值确定；填筑体自立稳定的抗压强度按式 6-2 计算。填筑体的设计抗压强度不小于 q_{u1} 或 q_{u2}。

$$q_{u1}=\frac{F_s\ (100\times CBR)}{3.5} \tag{6-1}$$

$$q_{u2}=F_s(0.5\gamma H+W) \tag{6-2}$$

式中：q_{u1}——用于路基填筑的抗压强度（kPa）；

F_s——安全系数，取值为 3；

CBR——加州承载比；

q_{u2}——填筑体自立稳定的抗压强度（kPa）；

γ——湿容重（kN/m^3）；

H——填筑体高度（m）；

W——填筑体顶部的荷载（kPa）。

②稳定性验算。

稳定性验算包括填筑体的抗滑动稳定性验算、抗倾覆稳定性验算及包括地基在内的整体抗滑动稳定性验算，荷载组合见表 6-7。填筑体抗滑动稳定性、抗倾覆稳定性验算时，安全系数不应小于表 6-8 的规定值；包括地基在内的整体抗滑动稳定性验算的安全系数不应小于 1.25。土质地基的基底合力的偏心距不应大于 $B_L/6$（B_L 为填筑体底宽），岩石地基的基底合力的偏心距不应大于 $B_L/4$。基底压应力不应大于基底的容许承载力。

表 6-7　荷载组合

组合	荷　载
Ⅰ	填筑体自重、填筑体上方的有效永久荷载、填土侧压力及其他永久荷载组合
Ⅱ	组合Ⅰ与基本可变荷载相组合
Ⅲ	组合Ⅱ与其他可变荷载、偶然荷载相组合

表 6-8 抗滑动、抗倾覆安全系数

荷载情况	验算项目	安全系数
荷载组合Ⅰ、Ⅱ	抗滑动	1.3
	抗倾覆	1.5
荷载组合Ⅲ	抗滑动	1.3
	抗倾覆	1.3
施工阶段	抗滑动	1.2
	抗倾覆	1.2

③抗浮稳定性验算。

用于计算水位以下部位填筑时，按式 6-3 进行抗浮稳定性验算。验算时，抗浮安全系数 $F_s \geqslant 1.2$。

$$F_s = \frac{0.95\gamma V_1 + P}{\rho_w g V_2} \geqslant 1.2 \tag{6-3}$$

式中：γ——湿容重（kN/m^3）；

V_1——填筑体体积（m^3）；

V_2——计算水位以下的填筑体体积（m^3）；

P——填筑体顶部压力（kN）；

ρ_w——水的密度，$1000kg/m^3$；

g——常数，取 10N/kg。

2）附属工程设计。

当面板采用挡板砌筑时，面板由基础、挡板拉筋及立柱组成。挡板应满足安全、耐久和美观要求，宜采用水泥混凝土预制板，强度等级不低于 C20；挡板通过拉筋与立柱焊接固定，拉筋可以采用 HPB235 钢筋，直径不宜小于 6mm，立柱采用等边角钢，边宽不宜小于 50mm；面板基础采用水泥混凝土，强度等级不低于 C15；基础和挡板按 10～15m 间距设沉降缝，位置宜与填筑体沉降缝对应。

填筑体长度超过 15m 时，每隔 10～15m 设置一条沉降缝，缝宽不宜小于 10mm；填筑体底面有突变时，在突变位置增设沉降缝；沉降缝填缝材料采用 20～30mm 厚的聚苯乙烯板或 10～20mm 厚的夹板；

为增强填筑体与衔接体的联结，提高其抗滑动性能，填筑体高宽比（$H : B_L$）大于 2、衔接面坡率大于 1∶0.75 时，在衔接面设置锚固设施，锚固件可采用 HRB335 钢筋，钢筋直径宜为 25～32mm。为了抑制裂缝的产生，在填筑体底部、顶部及其他有补强要求的部位设置钢丝网补强。填筑体与相邻结构物间宜设置缓冲层，可采用 20～30mm 厚的聚苯乙烯板。

为排除路面以下渗水和减少地基不均匀沉降，在填筑体底层宜设置碎石垫层，厚度不宜小于 15cm。填筑体位于计算水位以下部位时，其接触面需要采取防水措施。

3）材料要求。

轻质泡沫混凝土的水泥以 42.5 级及以上的通用硅酸盐水泥或硫铝酸盐水泥为宜；通用硅酸盐水泥和硫铝酸盐水泥分别需要符合现行《通用硅酸盐水泥》GB 175—2007

和《硫铝酸盐水泥》GB 20472—2006 的规定。水应该符合现行《混凝土用水标准》JGJ 63—2006 的规定。发泡剂应对环境无影响，发泡剂性能试验需要符合《气泡混合轻质土填筑工程技术规程》CJJ/T 177—2012 的规定，经稀释发泡后产生的气泡群还需符合下列规定：①气泡群密度约为 50kg/m³ ± 2kg/m³；②标准气泡柱的沉降距小于 5mm；③标准气泡柱的泌水量小于 25mL。细集料、掺合料、外加剂等材料粒径以小于 4.75mm 为宜。

泡沫轻质混凝土性能等级可按湿容重大小划分，采用符号 W 与湿容重标准值表示（表 6-9）；也可按强度等级进行分级（表 6-10）。

表 6-9 容重等级

容重等级	湿容重 γ (kN/m³)	
	标准值	允许变化范围
W3	3.0	$2.5<\gamma\leqslant 3.5$
W4	4.0	$3.5<\gamma\leqslant 4.5$
W5	5.0	$4.5<\gamma\leqslant 5.5$
W6	6.0	$5.5<\gamma\leqslant 6.5$
W7	7.0	$6.5<\gamma\leqslant 7.5$
W8	8.0	$7.5<\gamma\leqslant 8.5$
W9	9.0	$8.5<\gamma\leqslant 9.5$
W10	10.0	$9.5<\gamma\leqslant 10.5$
W11	11.0	$10.5<\gamma\leqslant 11.5$
W12	12.0	$11.5<\gamma\leqslant 12.5$
W13	13.0	$12.5<\gamma\leqslant 13.5$
W14	14.0	$13.5<\gamma\leqslant 14.5$
W15	15.0	$14.5<\gamma\leqslant 15.5$

表 6-10 强度等级

强度等级	抗压强度 q_u (MPa)	
	每组平均值	单块最小值
CF0.3	0.30	0.26
CF0.4	0.40	0.34
CF0.5	0.50	0.42
CF0.6	0.60	0.51
CF0.7	0.70	0.59
CF0.8	0.80	0.68
CF0.9	0.90	0.76
CF1.0	1.00	0.85
CF1.2	1.20	1.02

续表 6-10

强 度 等 级	抗压强度 q_u（MPa）	
	每组平均值	单块最小值
CF1.5	1.50	1.27
CF2.5	2.50	2.12
CF5.0	5.00	4.25
CF7.5	7.50	6.37
CF10	10.00	8.50

用于路基填筑时，强度等级、容重等级需要根据填筑部位按表 6-11 确定。用于计算水位以下部位填筑时，容重等级、强度等级则按表 6-12 确定。

表 6-11　用于路基填筑的性能指标

<table>
<tr><th rowspan="2">路面底面以下深度（m）</th><th colspan="2">最小强度等级</th><th rowspan="2">最小容重等级</th></tr>
<tr><th>城市快速路、高速公路、一级公路、主干路</th><th>其他等级公路</th></tr>
<tr><td>0～0.8</td><td>CF0.8</td><td>CF0.6</td><td>W5</td></tr>
<tr><td>0.8～1.5</td><td>CF0.5</td><td rowspan="2">CF0.4</td><td rowspan="2">W3</td></tr>
<tr><td>>1.5</td><td>CF0.4</td></tr>
</table>

表 6-12　用于计算水位以下部位填筑的性能指标

计算水位以下（m）	最小容重等级	最小强度等级
≤3	W6	CF0.8
>3	W8	CF1.0

当冻融环境中填筑时，抗冻性指标可按现行国家标准《蒸压加气混凝土性能试验方法》GB/T 11969—2008 试验确定。弹性模量可按《蒸压加气混凝土性能试验方法》GB/T 11969—2008 试验确定。

6.4　路 基 拼 宽

路基改扩建设计必须是在既有路基调查和评价的基础上，合理处置既有路基病害，分析路基改扩建对既有路基变形、稳定性、防护和排水设施的影响。做好地基处理、路基填料、边坡稳定、防护排水设施的综合设计，并与交通工程、路面排水系统设计相协调。采取合理的技术方案及工程措施进行路基改扩建设计，以保证路基改扩建后的整体使用性能。

做好新老路基间的协调设计，采取合理的工程措施，保证拓宽路基与既有路基之间衔接良好，控制拓宽路基与既有路基之间的差异沉降。路基改扩建应控制拓宽部分路基的质量，防止因新老路基结合部不协调变形造成路面结构开裂、滑移等病害的发生。

6.4.1 填方路基拼宽

1. 设计要求

（1）拓宽路堤的填筑与压实应满足现行《路基设计规范》的技术要求，也可根据需要适当提高压实度标准。拓宽路堤的填料宜选用与既有路堤相同，且符合要求的填料或较既有路堤渗水性强的填料。对于高路堤也可采用轻质填料、同时提高材料的强度与刚度，能有效地减小沉降或变形。当采用细粒土填筑时，应做好新老路基之间排水设计；必要时可设置排水渗沟，排除路基内部积水。

（2）拓宽既有路堤时，清除旧路堤边坡一定深度的表层压实度不足的土，在既有路堤坡面开挖台阶，台阶宽度不应小于1.0m，台阶可采用竖倾式台阶；当加宽拼接宽度小于0.75m时，可采取超宽填筑或翻挖既有路堤等工程措施。

（3）拓宽路堤边坡形式和坡度应满足现行《路基设计规范》的技术要求。

（4）路基结合部位应增强补压，确保拼接密实。当受既有高速公路渗水影响，强度不足时，可采用换填、掺灰处治或改善排水等措施进行处理。

（5）当路堤高度超过3m时，可在新老路基间横向铺设土工合成材料（土工格栅或土工格室）等增强措施，提高路基的整体性，减小不均匀沉降。

（6）高路堤拓宽，应进行路堤堤身稳定性、路堤和地基的整体稳定性、路堤沿斜坡地基或软弱层滑动的稳定性进行验算，还应对沿新老路堤结合面滑动的稳定性进行验算，验算方法宜采用不平衡推力法，安全系数不应小于1.3。还应进行变形与稳定的动态监测，确保既有路基稳定，以及相邻构筑物的安全。

（7）原路肩式挡土墙路基拼接时，上部支挡结构物应予以拆除，拆除高度不宜小于路床底面以上，剩余未拆除的部分不应对新的路面结构层受力变形产生不利影响。陡斜坡路堤的既有坡脚支挡结构物不宜拆除，确保路基稳定。

（8）填砂路基、粉土路基、填石路基、粉煤灰路基、膨胀土路基拼接时，宜去除外包土再进行拼接，台阶法拼接困难时可采用单坡填筑拼接，并设置必要的防、排水措施。

（9）因抬高或降低路基、改移中线而引起既有构造物改动地段，当既有支挡建筑物使用良好时，宜保留。

2. 实施要求

（1）拼宽部分的地基需要处理的路段，应按要求进行地基处理。

（2）路基填筑前，应对边坡表面进行处理，应对路基拓宽范围内的地基进行处理和表面清理，清表后如果地面横坡陡于1∶5，原地面还应挖成台阶，台阶的宽度不小于1m，高度宜小于50cm，并用压实机具加以压实。

（3）当拓宽路堤受地下水影响时，应在新路基底部填以水稳定性优良、不易风化的砂、砂砾、碎石等材料或采用无机结合料（石灰、水泥等）进行加固处治，使基底形成水稳定性好、厚约30cm的稳定层，或设置隔离层。

（4）路基填筑时应遵循分层填筑、分层压实的原则，还应考虑老路基所挖台阶高度。填筑应由最低一层台阶填起，并分层夯实，然后逐台向上填筑。边坡及地表清理物不能作为路堤填料。

（5）为保证路基的压实度，当拓宽路基的宽度不足机械最小压实宽度时，应采用超宽填筑或翻挖原有路基等措施，在路基填筑、压实施工完毕后，进行削坡处理，形成最终的路基断面，严禁出现贴坡现象。

（6）填土路基的压实首先应分段确定路堤的其最佳含水量和最大干密度，然后按土质类别、压实度要求、压实机具功能、碾压遍数等经过试验确定每层的最大松铺厚度。经压实度检验合格后方可转入下道工序，不合格处应进行补压后再做检验，一直达到合格为止。对于于含水量过大的土，可进行掺石灰处理，以降低其含水量，达到最佳含水量，以取得最佳的压实效果。

（7）填石路堤的压实，应采用重量较大振动压实机分层碾压，碾压遍数按碾压下沉值等于零稳定不变时为止。对于块石路堤由于块石粒径较大，经振动压实机分层碾压至下沉值为零后，再用冲击压实机进行检验性补压 20 遍，如下沉量在 5～7cm，表明原来的碾压合格。

（8）桥台或挡土墙的砌体砂浆强度达 70％以上时，才可以回填墙背填料，优先选用渗水性较好的砂砾土填筑，严禁使用膨胀土和高塑性土，如有困难采用不透水土壤填筑时，应在土中掺加石灰、水泥进行处治。浸水挡墙背应全部用水稳定性和透水性较好的材料填筑。墙背回填要均匀摊铺平整，并设不小于 3％的横坡填筑，逐层夯实，不允许向着墙背斜坡填筑。每层压实厚度不宜超过 20cm，碾压机具和填料性质应进行压实试验，确定填料分层厚度及碾压遍数。压实时应注意勿使墙身受较大的冲击影响，应采用小型压实机具碾压。

（9）路堤与桥台、横向构筑造物（涵洞、通道）连接处应设置过渡段，路基压实度不应小于 96％，并注意填料强度、地基处理、台背防排系统等综合设计。过渡段长度宜按 2～3 倍路基填土高度确定。

（10）高路堤、陡坡路堤及不良地质、特殊岩土路段的路堤，应作为独立工点进行设计。首先应对既有高路堤或陡坡路堤进行分析评价，并在掌握场地水文地质条件、填料来源及其性质的基础上，进行地基处理、结构形式、排水设施、边坡防护等综合设计。路基拼接的施工过程中应根据实际情况变化，及时调整设计，保证新老路基的稳定。

6.4.2　挖方路基拼宽

对于改扩建路堑边坡，其拓宽方式主要有以下三种，如图 6-33 所示：

图 6-33（a）为大面积分级开挖、分级支护方式，采用这种方式对路基景观效果好，有利于边坡稳定和植物防护，减少防护的圬工数量，但同时占地数量大、土方数量大，如果原边坡有支护结构，还需要先对支护结构进行大面积拆除。

图 6-33（b）为小面积放坡开挖，避免了大面积开挖的不利因素，但需要在坡脚设置挡土墙结构来增强边坡的整体稳定性，如果坡度较陡时，还需在放坡部位增加锚杆（索）框格加固支护结构。

图 6-33（c）为在拓宽边线处先增加坡脚强支护措施，如抗滑桩、排架桩、预应力

锚索桩等，然后再开挖拓宽部位岩土体，这种方式占地数量小、开挖方量小，避免了大面积开挖对边坡的扰动，但路基效果景观较差、防护的圬工数量大，而且施工技术要求高，工程造价高。

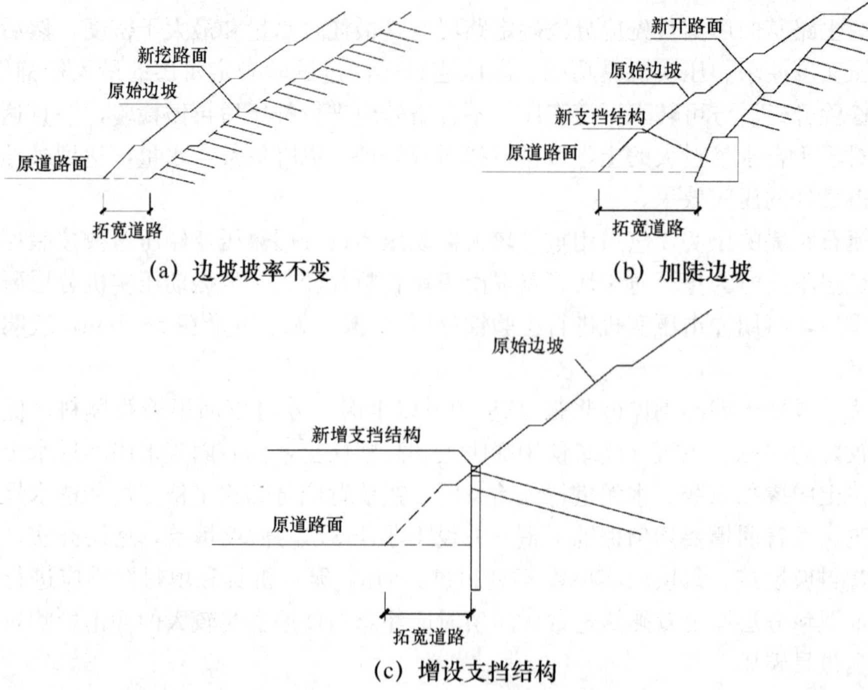

图 6-33 挖方路基拓宽方式

三种方案各有优缺点，具体采取哪种方案要在确保边坡稳定的前提下，根据沿线土方平衡、减少圬工防护、环保景观、施工难易程度、施工经济性等因素综合考虑。

1. 设计要求

(1) 挖方路基的挖方边坡形式和坡度应满足现行《路基设计规范》的技术要求，还应满足保证既有边坡稳定的要求，既有挖方边坡病害经整治已趋稳定的路段，改扩建时应减少拆除工程，不宜触动既有边坡。

(2) 应综合边坡地质条件、交通组织、运营与施工安全、施工机具、土方调运等因素，在满足边坡稳定及运营安全的前提下，合理确定边坡坡率、平台宽度及防护方案。

(3) 深挖路基及滑坡路基等应进行专项的开挖设计，分析计算各种工况条件下的边坡稳定及防护措施，并应配备合理的监测方案。

(4) 由于用地限制，可缩小缩小土路肩、碎落台等宽度，还可以调陡边坡坡率；为确保边坡稳定性和施工期间行车的安全，可采用加强支护、增设棚洞结构等技术措施。

(5) 对于挖方路堑，路床深度范围内的原地面土应予以换填，并按路床的填方要求施工。

(6) 对于采用静态爆破开挖的路段，爆破前后短时应采取封闭交通，迅速清理飞石及时恢复交通。

2. 实施要求

（1）放坡卸荷、分级开挖。为了保证边坡在施工过程中的稳定性，可以采用分级开挖的方法，将每级边坡按该地层中的稳定边坡坡率放坡，该方法适用于具备开挖地形、边坡高度不超过 30m 且放坡稳定的边坡，当坡表存一些浅层小块体或松散土层时，可以辅之一些坡面防护措施，如挂网、浆砌片石骨架护坡等。对于一些软岩边坡，还可以在坡脚采用类似挡土墙的加固措施。

（2）分级开挖、分级锚固。当边坡过高，且无较大的放坡条件时，可以采用分级设置预应力锚杆（索）方法。施工时可以待边坡全部分级开挖完成后再施工锚杆（索），也可以采用“开挖一级、支护一级”的方法，具体采用哪种情况示边坡稳定性及施工条件而定。这种方法适用于边坡较陡的情况，也可与一些坡面防护结合使用。

（3）坡脚支护桩预加固。对于一些地质条件较差的高边坡，坡脚会产生较大的应力集中，极易造成失稳，这时可以在坡脚采用支护桩预加固的方法，这种方法不会由于坡脚开挖时边坡应力释放而引起的过大变形。具体施工中可以在整体开挖前施工预应力支护桩，然后再进行大面积开挖；也可以在开挖边坡上部土体后，对坡脚进行预加固，待桩达到一定强度后，再开挖坡脚土体。对于地质条件极差的岩土体，也可采用预应力锚索桩结构。

（4）分级开挖、分级加固、坡脚预加固。对于软质岩土体边坡，或边坡体强度低、岩体有碎裂状节理裂隙发育，开挖造成了边坡原始应力状态发生改变，从而导致边坡局部出现应力集中，使其应力值大于土体自身强度，以上情况均需通过预加固支挡技术进行边坡防护。边坡开挖过程采用分级边开挖边加固、同时坡脚桩预加固的防护施工方法。

（5）分级稳定、坡脚桩预加固。边坡开挖顺序为由外向内分层开挖，刷坡过程，边坡坡度按照设计的稳定边坡坡率一次完成，不留陡坎；完成边坡开挖后，马上进行护墙或护坡施工，护墙或护坡施工前首先应去掉边坡松土、反滤层、伸缩缝沥青木板。坡脚桩预加固的施工时间为边坡开挖至桩顶标高后，停止土方开挖，进行施工锚固桩，最后进行桩间挡土墙、护面墙或挂板等工程的施工。

（6）在雨水较多的地区，为防止岩土体强度因水而降低，可以采用支撑渗沟疏干边坡内部渗入的水；对于一些风化严重的边坡，可以采用拱形骨架护坡对坡面进行防护，防止边坡土体浅层溜坍；有时为了增加边坡的整体稳定性，还可以在坡脚设片石混凝土挡土墙加固，坡面采用拱形骨架草皮护坡等。

（7）及时防护。对于开挖完成后的边坡，原则上应该及时作好坡面的防护工作，以防在边坡开挖后，气候变化及雨水作用下，长期暴露于干湿循环状态下，边坡土体强度减小，从而产生冲蚀、浅层坍滑等破坏现象。因此，为尽量减小外界因素对边坡产生的不利条件，就应及时做好坡面防护工程。

（8）临时排水措施。由于边坡在雨水冲刷下，坍滑、坡面冲蚀等边坡病害会随之出现，因此边坡开挖设计中应对临时排水系统给予重视，尽量减少雨水渗入边坡土体或冲刷边坡。

6.4.3 新老路基结合部设计

新老路基结合部是拓宽拼接工程中的薄弱环节，老路边坡开挖台阶的作用主要体现在三个方面：

（1）新老路基结合部始终是拼接工程中的薄弱环节，开挖台阶可以改善新老路基交界面的结合状况，使结合部有更大的接触面积，增强新老路基结合面的摩阻力和抗剪强度，保证新老路基之间结合的有效性和整体性。

（2）新老路交界的坡面由于长期暴露在大气中，受到干湿循环、水流冲刷等不利因素的影响，加之该处老路施工时压实机具无法压到，外侧没有侧限效应，路基压实度明显低于其他部位，所以应该挖除换填交界面一定范围内的路基土。老路在削坡和开挖台阶的同时，将去除边坡一定深度内的表层土和压实不足的填土，随后填筑新路堤并重新压实，这将起到提高路基整体抗变形能力的作用。

（3）在新老路基结合部铺设土工格栅可以利用筋材的抗拉特性，而开挖形成的横向台阶面正为土工格栅等加筋材料的布设提供一个锚固长度。

1. 结合面预处理

改扩建路基填筑前应对结合面内侧的老路基边坡坡面和部分地基表面进行预处理，主要内容包括：

（1）拓宽区域的原地面处理。要彻底清除拓宽范围内淤泥、腐殖土、树根及杂草等，当拓宽路基位于水塘、水沟等局部低洼积水地段，应先抽干积水，彻底清除淤泥，换填透水性好的砂砾、碎石等材料，换填深度应不小于 30cm，并予以分层碾压至基底标高，压实度不应低于 90%。

（2）拆除老路路缘石、边坡防护以及影响到的结构物（如部分挡土墙、标志牌基础等），挖除老路土路肩、边坡表土，硬路肩则根据具体情况酌情处理。

（3）填筑前应截断流向改扩建作业区的水源，并在设计边沟的位置上开挖临时排水沟，保证施工期间的排水。

（4）老路与新路交界的边坡坡面 0.3m 左右厚度内以及外侧路肩 0.5m 范围内应挖除换填，然后与新路基土一起碾压密实。

2. 结合部的台阶设计

既有高速公路边坡开挖台阶的基本形式包括标准式台阶、内倾式台阶、竖倾式台阶和内挖式台阶，如图 6-34 所示。从已有的一些公路拓宽工程来看，台阶开挖的高度、宽度、倾角等几何形状存在很大差异，如表 6-13。关于台阶面上的内倾角，国内高速公路扩建工程中大多采用 2%～4%的内倾角，出发点是利用内倾角的嵌锁作用增强新老路基的衔接，但是部分省市高速公路建议不设置内倾角，理由是内倾角的存在影响台阶面的压实效果，且不利于排水，故采用竖倾式台阶。

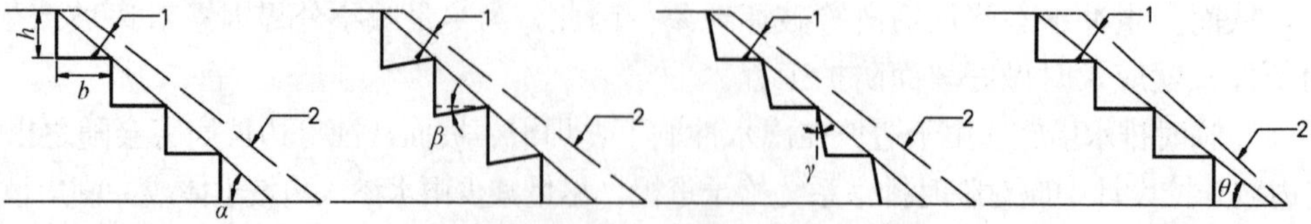

(a)标准式台阶　(b)内倾式台阶　(c)竖倾式台阶　(d)内挖式台阶

图 6-34　台阶的基本形式

1—削坡；2—原边坡

表 6-13　既有高速公路改扩建工程台阶拼接方案

扩建工程名称	台阶拼接设计方案
广佛高速	粉喷桩地基处理路段：第一阶段按 1∶0.8 坡率开挖，第二阶段按 1∶0.5 坡率开挖；旋喷桩地基处理路段：按 1∶0.5 坡率开挖
沪杭甬高速	按 1∶1.2 的坡度削坡，内倾式台阶，高度 0.9～1.0m，宽度不小于 1.0m，顶面内倾 2%～4%
沈大高速	按 1∶0.5 的坡度削坡，内倾式台阶，高度不大于 0.8m，顶面内倾 3%
沪宁高速江苏段	内倾式台阶，高 0.6～0.7m，宽大于 1.0m，顶部台阶尺寸为 1.0m×1.5m；粉煤灰、粉土等路基采用高度为 0.6m×0.9m 的竖倾式小台阶，坡比为 10∶1
武汉绕城与京珠公路拼接段	按 1∶1.75 的坡度削坡，内倾式＋竖倾式台阶，宽度 2.0m，顶面内倾 5%，台阶竖面向内倾斜
南京绕城高速	高度 80cm，宽度 100～200cm
沪宁—锡澄高速公路拼接段	内倾式台阶，高度 0.8m，宽度 1.2m，顶面内倾 2%
海南环岛东线高速	内倾式台阶，高度 1.0～1.5m，宽度 2.0～3.0m，顶面内倾 2%～4%
叶信高速东段	内倾式台阶，高度不小于 1.0m，宽度不小于 2.0m，顶面内倾 3%
石黄高速	内倾式台阶，高度 30～60cm
安阳至新乡高速	内倾式台阶，高度 100cm，宽度 150m，顶面内倾 3%

工程实际中常采用台阶进行新老路基拼接，这有利于结合紧密，减少差异沉降；开挖一般采用直接开挖形式，由下至上，开挖与拼宽填筑应相互交替进行；开挖台阶应保证路基稳定；鉴于既有路基存在边部压实施工不到位、行车荷载作用不到等工程情况，开挖台阶应消除相应隐患；台阶过小起不到拼接的作用。

当改扩建宽度小于压实机械最小施工宽度时，可采取超宽填筑或翻挖原有路基等工程措施。如果开挖后老路台阶上的路基土强度达不到要求时，需将表面强度不足的土层晾晒和掺灰后，再与新路基土一起碾压至规定的密实度。

对于拓宽路基的填土高度不到 2.0m 时，也可利用老路边坡直接铺筑新路基。即先用挖掘机放缓老路边坡，然后再进行新路基的填筑。

3. 结合部的加筋处治

为提高新老路基之间的结合强度，在沉降差异最明显的路基基底和拉应力最大的路床拼接部位，可采用路基加筋技术。加筋作用主要体现是增加新老路基的整体刚度，缓解不协调变形的程度，防范拓宽后新建路面结构在应力集中作用下开裂。

目前应用较多的加筋材料为土工格栅和土工格室。其加筋机理包括 3 个方面：①加筋材料的表面与被加固材料产生摩擦；②加筋材料肋条和结点产生被动抗阻作用；③由于加筋材料网孔的存在，网格上层的填料与下层的填料可以相互作用，对加固材料产生锁定作用。已建项目采用土工格栅加筋较多（表 6-14）。

土工格栅应水平铺至新老路基结合部两侧一定范围内，一端应伸入老路基整个台阶宽度，另一端在拓宽路基中的铺设长度应达到足够的嵌固长度。拓宽范围内，竖向应铺设在沉降差异最明显的路基基底和拉应力最大的路床拼接部位。土工隔栅应水平铺至新老路基结合部两侧一定范围，路基基底建议满铺布置；路基顶部路床拼接部加筋材料进入既有路基不应小于 2.5m，总宽应大于 5.0m。每个部位的加筋土工格栅设置竖向不宜少于 2 层（图 6-35）。为防止土工格栅产生蠕变，其设计应变（延伸率）应控制在 10%以下。

表 6-14 既有改扩建工程加筋处治方案

拓宽改建工程	加筋位置和层数
广佛高速拓宽	路基底部铺设 1 层土工布加 1 层土工格栅，间距 50cm，中间填砂和风化土；横向铺设，纵向搭接宽度大于 20cm
沈大高速拓宽，锡澄—沪宁拼接，宁连—雍六拼接	基底与每个台阶均铺设 1 层土工格栅
沪杭甬高速拓宽	路基顶面铺设 1 层土工格栅
马芜—芜宣高速拼接	路床顶铺设 25cm 土工格室装碎石，宽度 3m，新老路基交接两侧各 1.5m
庐铜—老合铜拼接	每隔 50cm 设置 1 层土工格栅；新老路基顶结合部铺设 1 层 6m 宽、15cm 厚的土工格室，新老路基拼接两侧各 3m
S362 沙湾至紫坭段	底面砂垫层以上铺设 1 层土工布和 2 层土工格栅，间距 20～50cm，并伸入老路基边坡不小于 1m
海南环岛东线高速拓宽	对于 4m 填方路基，在新老结合部设置土工格栅

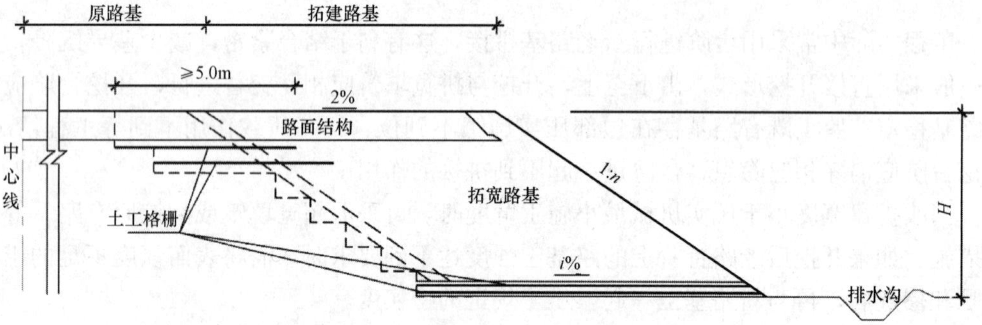

图 6-35 结合部加筋设计示意图

新老路基结合部的台阶加筋土工隔栅推荐采用节点强度高、整体性能较好的双向拉伸土工格栅，该类型隔栅的嵌锁作用可以有效地增大结合部的整体强度。基底部位的加筋土工隔栅推荐一般采用双向拉伸土工格栅和钢塑格栅，如果地基采用了刚性桩，为了发挥桩承式路堤的整体性能，则应采用强度更高的钢塑格栅。

路堤高度大于 2.0m 时，台阶设计采用横向铺设土工合成材料等增强措施，路堤高度低时，则不推荐使用，仅设置基底垫层的格栅即可。

4. 土工格栅铺设

当施工场地开阔平坦、坡脚无冲刷时，除清除地表杂草及植物根茎外，低洼积水地段还应进行排水清淤，然后整平老路坡脚地面。

土工格栅铺于垫层中，垫层应整平，土工格栅需紧贴垫层，并使土工格栅强度高的方向垂直于路基轴线方向，且应一次铺设足够的长度，减少缝接和搭接。土工格栅的铺设过程中不得使其出现扭曲、折皱、重叠，并要特别注意避免过量拉伸，以避免超过其强度和变形极限而产生破坏或撕裂、局部破顶等。

沿路基轴线方向，土工格栅之间采用搭接法时搭接宽度一般为0.3～0.5m，若周边用U形柱钉控制时，搭接长度可为0.1m；当采用尼龙线或涤纶线缝合时，一般采用工业缝纫机，缝接宽度应大于10cm，且缝线的强度不低于土工格栅的设计容许抗拉强度。

土工格栅必须埋置于拓宽路基填料中，为防止土工格栅的土层表面坚硬凸出物穿破土工格栅，在距土工格栅层8cm以内的路基填料，其最大粒径不得大于6cm，现场施工中发现土工格栅有损时必须立即修补好。

为防止土工格栅受阳光紫外线的照射而老化，材料铺设好后应立即用土料填盖，时间间隔不得超过两天。且土工格栅的存放以及铺设过程应尽量避免长时间曝晒或暴露。

6.4.4 路基拼宽结构设计方法

1. 设计状态

新老路基结合部常见的损坏模式及机理：

(1) 新老路基结合部剪切开裂。

其形成机理通常与各种原因引起的新老路基结合面滑移有关，其破坏受力状态为：结合面上的剪应力 > 结合面抗剪强度。对这类损坏主要涉及滑动稳定，需要在稳定性分析中考虑。

(2) 新老路面结合部弯拉开裂。

其形成机理为新老路基顶面不协调变形呈“～”形，在新老路面结合部产生不协调变形变坡率的变化，从而在新老路面结合部的基层顶面或底面产生附加弯拉应力，当附加应力超过基层弯拉强度时，即造成结合部基层顶面或底面的拉裂。与这类损坏模式相对应的受力状态为：不协调变形引起的结合部路面基层顶面结构附加应力>结合部路面基层弯拉强度（基层顶面受拉）；不协调变形引起的结构底面附加应力+结构底面荷载应力>基层弯拉强度（基层底面受拉）。

(3) 老路基层顶面开裂。

其形成机理为拓宽路基在老路基顶面形成上凸形不协调变形，从而在老路基层顶面产生附加弯拉应力，当附加应力超过基层弯拉强度时，即造成基层顶面的拉裂。与这类损坏模式相对应的受力状态为：路基变形引起的老路基层顶面结构附加应力>老路基层弯拉强度。

2. 分析方法

拓宽路基的损坏主要是新路基稳定性不足和新老路基不协调变形造成的。拓宽路基的稳定性问题采取与新建路基相似的方法分析，通过设计验算加以考虑。新老路基的不协调变形使得新、老路面结构在行车荷载作用下既承受荷载应力，同时还承受结构附加应力，新老路基不协调变形是路基拓宽工程产生病害最重要的、最根本的原因，有别于新建道路。因此，新老路基结合部各种处治技术的设计思想是基于控制不协调变形为设计理论的。

目前研究手段主要是采用有限元法（采用 Drucker-Prager 模型）对新老路堤的相互作用机理进行研究，分析老路边坡开挖和加宽部分路堤填筑对既有老路基的影响，以及不同地基处理方法下加宽部分路堤填筑对老路基沉降和侧向位移的影响，同时从路面功能性要求和结构性要求两方面分析拓宽工程中路基容许的不均匀沉降。

3. **控制标准**

路面结构附加应力是由新老路基不协调变形引起的，而表征这种不协调变形的指标则是新老路基顶面的“变坡率”，即指设计使用年限内，路基顶面单位宽度内的横向坡度改变量。变坡率可以通过不协调变形进行计算，而且控制了路基顶面的变坡率即控制了路面结构的附加应力，因此，可以选择“变坡率”作为路基拓宽设计的指标。

以基层开裂为控制状态时，路基顶面变坡率的控制标准与老路路面结构是否利用以及新老路面结合状态有关。既有路基的路拱横坡度增大值不应大于 0.5%，相邻路段路基差异沉降引起的纵坡变化不应大于 0.4%。

4. **设计方法**

（1）稳定性分析。

拓宽路基的稳定性分析与新建路基相同，设计和分析方法详见现行《路基设计规范》。在计算过程中，应注意在陡坡稳定性分析中必须考虑新路基沿新老路基结合面的滑移稳定性。

与新建路堤相同，在地面坡度较大时，除应保证路堤边坡稳定外，还要预防路堤沿地面陡坡下滑。新老路基结合最为特殊的情况是必须防止新路基沿结合面下滑，如图 6-36 所示。在稳定性不足时，需因地制宜地采取适当的加固措施。

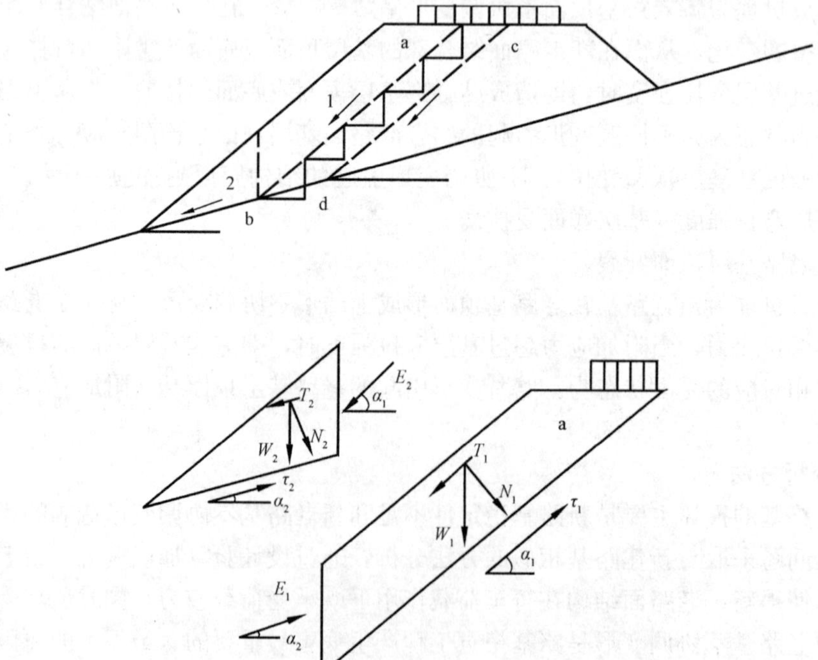

图 6-36 陡坡稳定性分析

验算前，应先判定滑动面的位置和形状，并通过调查分析或试验，取得较符合实际情况的可能下滑的计算参数（容重、单位黏聚力和内摩擦角）。若老路基抗剪强度比新路基高，则滑动面在路基内部为 ab，反之则为 cd。

将折线划分为几个直线段，路堤也按各直线段划分若干土体，从上侧边坡到下侧边坡，逐块计算每块土体沿直线滑动面的下滑力，按最后一块土体的剩余下滑力的正负值来判断路堤的稳定性。

第一块土体的下滑力可按式（6-4）算得：

$$E_1 = W_1\sin\alpha_1 - \frac{1}{K}(W_1\cos\alpha_1\tan\varphi + cl_1) \tag{6-4}$$

E_1 平行于第一段滑动面。

随后各块土体的下滑力可按式（6-5）算得：

$$\begin{aligned} E_n &= [T_n + E_{n-1}\cos(\alpha_{n-1}-\alpha_n)] - \frac{1}{K}\{[N_n + E_{n-1}\sin(\alpha_{n-1}-\alpha_n)]\tan\varphi + cl_n\} \\ &= W_n\sin\alpha_n + E_{n-1}\cos(\alpha_{n-1}-\alpha_n) - \frac{1}{K}[W_n\cos\alpha\tan\varphi + E_{n-1}\sin(\alpha_{n-1}-\alpha_n)\tan\varphi + cl_n] \end{aligned} \tag{6-5}$$

式中：角标（$n-1$）表示上一块土体。

若算得第 n 块土体的 E_n 为负值时，则可不列入下一块土体的计算。

E_n 平行于各相应土块的滑动面。最后一块土体的下滑力为正值时，路堤即不稳定，需采取相应的稳定措施。

（2）不协调变形和变坡率的计算。

路基计算模型必须综合考虑土体的非线性、固结以及施工的过程。在一般拓宽工程的设计中，也可以按照分层总和法计算出沉降极值，再对前面提出的“～”形曲线进行修正，近似地得出不协调变形。

路基的不协调导致的变形，将直接导致路面结构受力不均，通过路面计算模型计算路基不协调变形对路面结构产生的附加应力。采用基层的弯拉应力作为沥青路面的强度指标。

路面结构的承受能力判定标准为：不协调变形引起的路面结构附加应力（＋标准轴载荷载应力）≤半刚性基层设计弯拉强度，半刚性基层的抗弯拉强度按 0.45MPa 计。

老路路面不利用时，路面基层底面最大弯拉应力发生位置可能在拓宽路基部分，也可能在老路基部分。所以，在老路路面结构不利用的情况下，新老路基下凹形的不协调变形可导致老路基部分路面或者拓宽路基部分路面的基层底面弯拉开裂。

老路路面利用时，新老路基不协调变形使得路面结构在老路基层顶面、新路基层底面、新老路面结合部基层顶面或底面均会产生弯拉应力。所以该种情况下，路面结构的损坏模式包括老路路面基层顶面的拉裂和新路基层底面的拉裂，以及当新路基不协调变形的变坡率大于老路基不协调变形的变坡率时，新、老路面结构结合部位的基层顶面将产生弯拉应力；反之，新、老路面结构结合部位的基层底面将产生弯拉应力。

（3）设计流程图与步骤。

路基拓宽的设计流程见图 6-37，路基拓宽的设计步骤为：

1）交通量调查分析。通过交通量调查分析设计使用年限内年交通量平均增长和标准轴载作用次数。

2）地质水文调查分析。对旧路所经地段重新进行水文、地质调查，尤其是旧路上经常出现损坏的地段（如软基、水毁、滑坡、塌方等地段）。

3）旧路状况调查。调查旧路面的弯沉值、基层强度以及破损状况，对其剩余强度进行评估，并进行必要的补强。如果旧路面状况良好，可以继续使用旧路面。

4）在前几项工作的基础上，划分设计路段，并选定相应的路基拓宽方式和尺寸。

5）选定横断面形式，并确定拓宽路基的三要素：宽度、高度（设计标高）、边坡坡度。

6）进行结合部的处治设计，并对新填路基的稳定性与路基的整体稳定性进行验算。

7）对软弱等特殊地基应进行专项处理设计。

8）运用有限元方法进行路基顶面的不协调变形分析，确保新老路基顶面的变坡率控制在容许范围内。如果不协调变形满足变坡率要求，则在此基础上进行路面结构设计，并分析路面结构对不协调变形的力学响应。

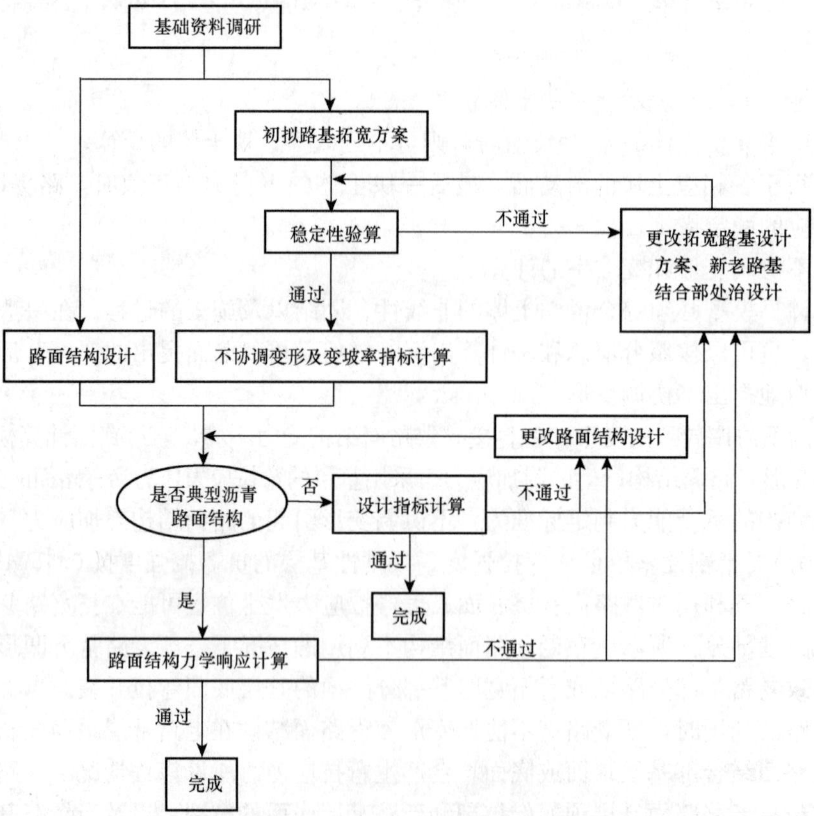

图 6-37　拓宽路基设计流程图

6.5　特殊路基改扩建

特殊路基包括特殊土（岩）路基、不良地质路基和特殊条件下路基。特殊路段路基拓宽前应采取综合地质勘查，查明特殊路基拟拓宽范围内的地质情况和既有路基的稳定状况。特殊路基拓宽设计所需要的物理力学参数，宜采用原位测试的数据，并结合室内试验资料综合分析确定。存在多种特殊土（岩）或特殊地质条件路基的工点应进行综合设计。

既有路基病害整治应遵循以防为主、防治结合、力求根治的原则，通过综合技术经济比较，因地制宜，采取合理的整治方案和有效的工程措施。

特殊路基路段改扩建工程应满足现行《路基设计规范》第 7 章特殊路基的相关要求；同时应保证既有路基和新老路基结合的整体稳定性。

1. 滑坡地段

滑坡地段路基改扩建设计前应查明滑坡性质及滑坡体附近的地形地貌、水文地质和工程地质条件，以及滑坡的成因类型与滑坡规模特征等，分析评价滑坡稳定状况、发展趋势和对路基的危害程度，及时采取有效措施，保证路基稳定。滑坡防治应根据滑坡类型、规模、稳定性，并结合滑坡区工程地质条件、施工条件及其他要求，采取排水、减载、反压与支挡工程的综合治理措施。高边坡、特殊岩土和存在不利结构面的边坡，应采取必要的预防措施，避免产生工程滑坡。

滑坡路段路基改扩建必须进行稳定性分析，评价标准和计算方法可遵循现行《路基设计规范》的相关规定。滑坡地段的主要防治措施有排水工程、减载与反压措施、抗滑支挡工程。

滑坡防治应进行滑坡监测与动态设计。滑坡防治监测包括施工安全监测、防治效果监测和营运期监测，应以施工安全监测和防治效果监测为主。在施工期间，监测结果应作为判断滑坡稳定状态、指导施工、反馈设计和防治效果检验的重要依据。防治效果监测应结合施工安全和营运期监测进行，防治效果监测时间应在整治工程完工后不少于一年，施工期监测数据采集时间宜为每天一次，营运期监测数据采集时间间隔宜为 7～15 天，在外界扰动较大时，如暴雨期间，应加密观测次数。应及时分析滑坡监测资料，预测滑坡位移、变形的发展趋势和整治工程的效果，适时调整滑坡整治工程设计和施工方案，保证工程施工安全和路基稳定。

2. 岩溶地区

岩溶地区路基改扩建设计，应采用遥感、物探、钻探及其他有效方法进行勘察，取得岩溶地貌、岩溶发育程度、发展规律、溶洞围岩分级以及地面水、地下水活动规律等方面的资料。位于岩溶地段路基，应结合工程实际判别岩溶对路基工程的危害程度，选择合理的方法进行处治。

当溶洞顶板岩层未被节理裂隙切割或虽被切割但胶结良好的完整顶板时，其溶洞顶板的安全厚度可按厚跨比法确定。当顶板的厚度与路基跨越溶洞的长度之比大于 0.8 时，溶洞的顶板岩层可不作处理。

当岩溶地貌位于既有路基两侧时，应判定岩溶对路基的影响。对于开口的岩溶地貌可参照自然边坡来判别其稳定性及其对路基的影响；对于地下溶洞可按坍塌时的扩散角计算其影响范围，计算方法见现行《路基设计规范》第 7.6.3 条的规定。

一般岩溶地区路基改扩建的主要防治措施有排水工程、干砌片石填塞或回填夯实、注浆加固、复合地基、构造物跨越等。

如果通过溶洞围岩分级判断或计算判断下伏溶洞有坍塌可能时，宜采用以下方法进行加固：

(1) 洞径大、洞内施工条件好的无充填溶洞，宜采用干砌片石、浆砌片石或钢筋混凝土的支撑垛、支撑墙、支撑柱进行加固。

(2) 深而小的溶洞不便于洞内加固时，宜采用石盖板或钢筋混凝土盖板跨越可能的破坏区。

(3) 对于顶板较薄的溶洞，当采取地表构造物跨越有困难或不经济时，可炸除顶板，按明洞的方式进行处理。

(4) 对于有充填物的溶洞，宜优先采用注浆法、旋喷法等进行加固，不能满足设计要求时宜采用构造物跨越。

(5) 如需保持洞内流水通畅时，应设置排水通道。

3. 膨胀土地区

膨胀土地区路基改扩建设计前应查明膨胀土分布范围、成因类型、土体的结构层次、地下水分布及埋藏条件和膨胀土的矿物成分、物理、力学性质及膨胀特性等资料。应综合考虑膨胀土类型、土体结构与工程特性、环境地质条件与风化深度等因素，避免大填、大挖，保证路基稳定，满足路用要求。路基设计应以防水、保湿、防风化为主，结合坡面防护，降低边坡高度，连续施工、及时封闭路床和坡面。

拓宽路基基底为膨胀土时，宜挖除地表 0.30～0.60m 的膨胀土，并将路床换填非膨胀土或掺灰处理。若为强膨胀土，挖除深度应达到大气影响深度。强膨胀土不应作为路堤填料。采用中等膨胀土作为路堤填料时应经改性处理后方可填筑。弱膨胀土作为路堤填料时，若胀缩总率不超过 0.7%，可直接填筑，并采用防水、保温、封闭、坡面防护等措施；否则，应按公路等级、气候、水文特点、填土层位等具体情况，结合实践经验采用不同的处置方法。

若采用弱膨胀土及中等膨胀土作为路床填料时应经改性处理后方可填筑，改性后的胀缩总率不得超过 0.7%，且其边坡坡率应根据路堤边坡的高度、填料重塑后的性质、区域气候特点，并参照既有路基的成熟经验综合确定。膨胀土填筑的路基，应及时碾压密实，在确定路堤填筑的最佳含水量和最大干密度时，宜采用湿土法重型击实试验。取土坑开挖深度宜控制在当地大气影响深度之内。大气影响深度可参照国家标准《膨胀土地区建筑技术规范》GB 50112—2013 规定办理。

膨胀土路堑边坡坡率应根据土质的性质、软弱层和裂隙的组合关系、气候特点、水文地质条件，以及自然山坡、人工边坡的稳定坡度等综合确定。边坡设计应遵循："缓坡率、宽平台、固坡脚"的原则。边坡坡率及平台宽度可参考现行《路基设计规范》7.9.6 的规定，边坡高度大于 10m 时应进行专题设计。边坡开挖后应及时防护封闭。边坡应设置完善排水系统，及时引排地面水（包括坡面积水）和地下水。

应对路堑路床 0.80m 范围内膨胀土进行超挖，换填为符合要求的填料，或者进行土质改良或采取其他适宜的加固措施。对强膨胀土、地下水发育、运营中处理困难的路堑，路床的换填深度应加深至 1.0～1.5m，并应采取地下排水措施。

4. 多年冻土地区

多年冻土地区路基改拓设计前应查明沿线多年冻土的分布、类型、冻土层上限及水文地质等情况。在冻土沼泽、冰丘、冰椎、热融湖（塘）地段修筑路基，应详细调查其范围、规模、发生原因及发展趋势等。按工程环境特点和工程建设不同阶段采用区段设计和场地设计相结合的原则。根据冻土的类型及年平均地温采用保护、一般保护和一般路基的设计原则。

路基填料设计应考虑冻结层上水的发育情况及填料的冻胀敏感性，有条件时应优先采用卵石土或碎石土做填料。严禁使用塑性指数大于12，液限大于32%的细粒土，富含腐殖质的土及冻土。保温护道填料，应就地取材，采用泥炭、草皮、塔头草或用细粒土。

路基位于少冰冻土、多冰冻土地段，可按一般路基设计；位于富冰冻土、饱冰冻土、含土冰层地段，以及冰丘、冰椎、多年冻土沼泽、热融湖（塘）、地下水路堑地段，应进行特殊设计。

路基改扩建设计应与路面结构设计综合考虑，减少其路基过大变形或不均沉降而引起路面结构性破坏。

应根据地下水类型、水量、积水和地层情况，采用冻结沟、积冰坑、挡冰堤、挡冰墙或渗沟等措施，排除路基有危害的地下水。采用渗沟排除地下水时，渗沟及检查井均应采取保温措施。出水口的位置应选在地势开阔、高差较大、纵坡较陡、向阳、避风处，并采用掩埋式椎体或其他形式的保温措施。路堑边坡有地下水出露时，必须将水引排，并应在边坡上采取保温措施。

取土坑（场）应符合多年冻土地区环境保护要求，适当远离改扩建后的路基，分段集中取土。取土坑（场）的设置应考虑减少取土后取土坑对周围地层的热平衡影响，避免造成天然上限下降，引起热融沉陷与滑坍等新的不良地质病害，影响路基稳定。

5. 滨海地区

滨海路基改扩建设计前应根据路基所处的地理环境及特点，考虑地形、地貌、地质、水文、气象等因素，结合施工条件及材料供应情况，复核既有路基设计高程。路基高程应不低于高潮水位频率的设计潮水位加波浪侵袭高，以及0.5m的安全高度。不能满足要求时，应设置防浪墙等。

选择适宜的路基改扩建总体方案及路基防护形式，保证路基的整体稳定性、耐久性、耐腐蚀性。路堤两侧有较大的水头差时，宜检查并接长既有过水构造物，经过验算可适当增设过水设施。当堤身或地基可能发生管涌潜蚀时，应在低水位一侧边坡下部设置排水设施、放缓边坡或设护坡道以及在路堤中心设置防渗墙等防渗加固措施。

路堤填料应选择渗水性好的材料，有困难时，可采用细粒土，并应采取适当的防护和加固措施。

滨海路基宜采用斜坡式，特殊情况下也可采用直墙式。滨海路堤边坡坡率应根据填料性质、路堤高度、浸水深度、防护形式及海洋水文条件等确定，边坡坡率不宜陡于

1∶1.5。

滨海路堤边坡坡面防护应根据水深、波浪特点、施工条件及材料情况等采用条石、块石、混凝土异型块体、土工合成材料等护坡；为减弱波浪对路堤的破坏作用，提高路堤边坡的稳定性，可在堤前采取防浪凌台、顺坝及潜坝等措施。各种防护工程应能抗海水及生物侵蚀，在寒冷地区还应具有耐冻和承受冰凌撞击的能力。外海侧护坡底部应设抛石棱体，其顶面高程应高于施工水位，顶宽不应小于1.0m。外海侧坡脚应根据最大冲刷深度、地形、基础形式等采取妥善的护底措施，护底石厚度不应小于1.0m，宽度不应小于5m。

6.6 路基排水

路基排水设施应与高速公路改扩建工程同步设计、同步实施。路基拼接设计中须拆除部分既有排水设施时，应设计相应的临时排水设施，并保证施工期间排水系统畅通。拼宽路基排水设计应采取排、疏、防相结合的原则，与路面排水系统、边坡防护、地基处理等其他措施相互协调，保证路基稳定，避免高速公路水损害。当采用细粒土填筑时，应注意新老路基间的排水设计，必要时可增设盲沟，以排除路基内部积水。

应验算既有高速公路超高路段排水设施功能，当不满足改扩建后的排水需求时，应进行改造或重建。对改扩建后仍需利用的既有排水设施，应进行全面修复。

结合部的排水主要包括下列几方面：①中央分隔带的排水；②结合部设分隔带的排水；③新老路基结合部内部排水；④路界表面排水。

各项排水设施的设计和施工应注意对老路基原有排水设施的衔接和改造。拓宽路基排水设施的设计步骤：

(1) 调查拓宽侧老路路基和路面原有排水设施的设置情况；

(2) 分析拓宽路基路堤的填筑或路堑的开挖对原地表水的流向、流速，地下水水位、流向以及出露位置和流量的影响，确定排水设施的设置位置；

(3) 选择合适的排水设施，通过水文和水力计算，确定各项排水设施所需的设计断面；

(4) 各项排水设施的材料选用和结构设计；

(5) 冲刷防护措施的设计；

(6) 中央分隔带的横向排水设施的加长设计。

6.6.1 中央分隔带排水

从路面的防水考虑，为防止中央分隔带中的绿化浇水、雨水渗入到路面中去，是改绿化带为表面用水泥混凝土或者沥青层封住，将水排到路面上去。但是为了景观的需要而要保留绿化时，则应考虑中央分隔带的排水设计，中央分隔带排水典型结构如图6-38所示。

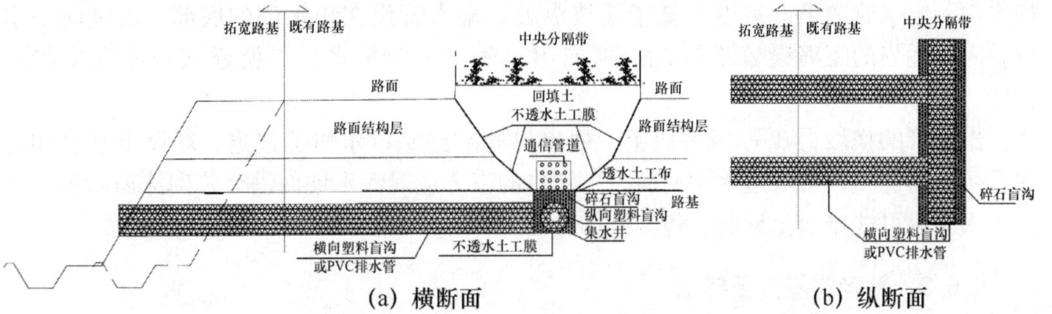

(a) 横断面　　(b) 纵断面

图 6-38　中央分隔带排水典型结构图

为排除中央分隔带填土内的积水，在通信管道下设置纵向碎石盲沟，盲沟设于路床顶面以下，采用梯形或者矩形尺寸。渗沟周围包裹反滤织物，反滤织物选用由聚酯类、尼龙或聚丙烯材料制成的具有渗滤功能的无纺织物，能透水，但细粒土不能随水一起透过，以免水携带的细粒将渗沟堵塞。渗沟上的回填料与路面结构的交界面处铺设涂双层沥青的土工织物隔渗层或者直接采用不透水土工膜，纵向盲沟顶面铺透水土工布。纵向集水管可采用软式透水管、PVC 管或者塑料渗沟，间隔 40～80m 设置横向排水管，横向排水管为 PVC 管时为避免被压碎，可包裹混凝土或者直接浇注在混凝土槽中设置，管伸出加宽的路基边坡，用涂沥青网布包裹以防堵塞，出水口下方铺设防冲刷混凝土垫板。

6.6.2　分隔带排水

新老路基结合部上方设置分隔带时，需在分隔带设置排水设施。分隔带由纵向集水沟和排水管组成，下方铺设不透水土工布。渗入分隔带的水分，先流入由透水性材料组成的纵向集水沟，并汇流入沟中的带孔（或槽口）排水管内，再由间隔一定距离布设的横向出水管排引出路界（图 6-39）。

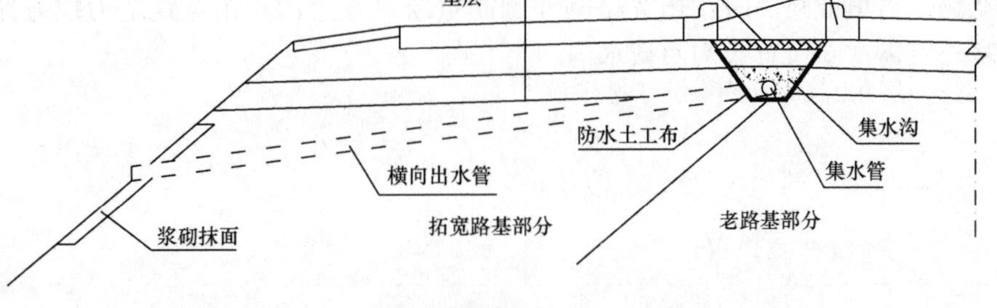

图 6-39　结合部设分隔带的排水结构示意图

集水沟的断面形状多设置成梯形或碟形，梯形坡度为 1∶1～1∶1.5，深度通常与垫层底面齐平或略低些，在冰冻地区，集水管应尽可能在冰冻深度以下。集水沟中的不透水材料可由不含细料的开级配碎石、砾石等组成，集水管两侧各有至少 10cm 宽的透水性填料。透水性填料的底面和外侧铺设防水土工布，集水沟的顶面以反滤织物覆盖。

集水沟和集水管的纵向坡度不低于路线纵坡。集水管设在集水沟的底部，沿纵向集水管，间隔适当的距离设置不带孔的横向出水管，纵向集水管上游起端与横向出水管相接。

出水管的横坡为3%～5%以上，视出口处的路基排水情况选定。埋设出水管和通气管所挖的沟须回填低透水性材料。出水口的下方应对泄水坡面进行浆砌抹面防护，且出水水流尽可能排引至涵洞、边沟或排水沟中。

6.6.3 新老路基内部排水

排除路基地下水的方法宜用拦截、汇集、隔离和导流等形式，在某些情况下，还需降低地下水位（图6-40）。

常用的方法有：①用土工布作隔离层排除路基地下水；②利用天然砂砾排除路基地下水；③用盲沟排除地下水；④暗沟排水；⑤渗沟排水；⑥深边沟排水等。

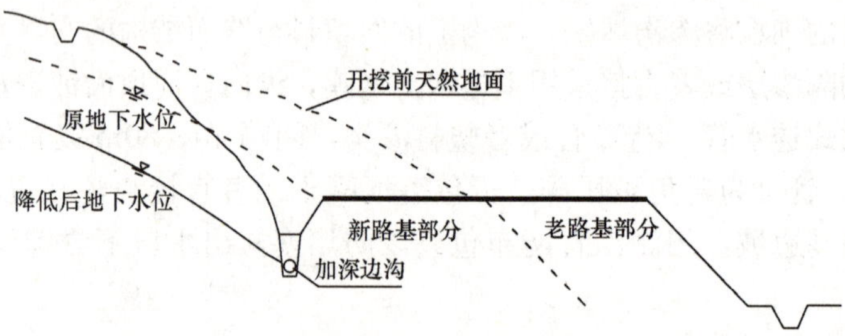

图6-40 拦截地下水的纵向地下排水沟

6.6.4 路界表面排水设施

在拓宽路基的外侧，往往需要重新设置路界表面的排水设施。首先应拆除清理老路原有的边沟、截水沟，急流槽等表面排水设施，然后换填砂、碎石等性能好的材料整平压实，再重新设置拓宽路基的地表排水设施，各地表排水设施的设计和施工与新建路界表面排水相同，其沟顶均应高出设计水位0.2m以上。

拓宽路基为填方路堤时，拓宽路基外侧需重新设置边沟；拓宽路基为挖方路堑时，拓宽路基外侧需重新设置边沟及截水沟。

第七章　路　　面

7.1　概　　述

高速公路改扩建工程的路面设计应结合改扩建后的交通量、交通组成、轴载分布特点和设计基准期等因素进行。整体式扩建路面设计应包括既有路面处治、加宽新建路面、路面拼接、旧料再生利用和路面防排水设计五个部分；分离式扩建路面设计包括分离扩建部分路面结构设计和既有路面处治。

整体式扩建沥青路面设计使用年限为15年，既有路面利用与处治后的设计年限宜同新建部分一致；分离式扩建新建沥青路面设计年限为15年，既有路面处治设计使用年限为6～10年。收费广场、服务区水泥混凝土路面设计使用年限为30年。

新老路面结构拼接部位是拓宽改建路面结构最薄弱的环节，不仅在行车荷载作用下处于最不利受力状态，而且施工拼接缝易导致严重的水损坏隐患。

高速公路的拓宽改建中路面拼接与协同设计，应从以下四个方面系统考虑：

（1）应考虑新老路面结构在刚度上的差异，以保证新老路面结构的协同性；

（2）应重视新老路面结合部位的拼接处理，以保证新老路面的整体性；

（3）不可忽视拼接处的防排水设计，以消除水损坏隐患；

（4）对路面结构与材料应进行系统设计并选择科学、合理的施工方案，以适应改扩建工程的需要。

另外，改扩建工程的路面设计还应考虑既有路面沥青混合料、半刚性基层材料的再生利用，积极推广再生技术。

7.2　既有路面处治

7.2.1　总体要求

既有沥青路面处治应分车道分路段进行，为保证新老路面结构共同满足拓宽后路用性能的要求，需要对结构承载能力不满足要求的路段应进行处治或新建，以达到设计承载能力要求；对结构承载能力满足要求路段内出现的结构性病害，采取有效的处治措施予以消除，以提高既有路面结构的稳定性和耐久性，防止和延缓既有病害对上承路面结构的不利影响，具体可按照以下要求进行处置：

（1）路面结构强度评定为“良”及以上等级，且路面损坏评定为“良”及以上等级，宜采用铣刨、加铺面层处治。

(2) 路面结构强度评定为“良”及以上等级，且路面损坏评定为“中”及以上等级，宜铣刨全部沥青面层，重铺沥青面层。

(3) 路面结构强度评定为“中”及以下等级，宜翻挖既有路面，新建路面结构。

7.2.2 土工加筋防裂技术

当既有路面铣刨后出现裂缝，需要对其进行相应处理：裂缝较轻时（缝宽≤5mm），采取热沥青（乳化沥青）灌缝；裂缝较重时（缝宽＞5mm），一般先要除去已松动的裂缝边缘，然后用热拌沥青混合料灌缝；对于裂缝边缘松动较为严重，传荷能力较低的严重裂缝，必要时采用局部开槽处治措施，以提高荷载传递能力。同时，为避免裂缝扩展影响加铺层的力学性能，需要采取土工加筋防裂技术。土工材料包括土工布夹层系统和土工格栅等，一般铺设在加铺层底部。一般认为铺设土工材料减小了柔性层和刚性层之间的结合力，可缓解接缝处的应力集中，扩散路面荷载应力。常用土工合成材料有土工布、土工格栅、条带聚合物等。

下面分析聚酯玻纤布和玻纤格栅两种最为常用加筋材料的效果。根据现场实施效果，聚酯玻纤布在喷洒沥青粘层后与上下层结构黏结紧密，分析时可假定其与上下层结构完全连续；而玻纤格栅在使用中难于固定服帖，黏结效果往往达不到理想状态，分析时假定其与上层结构完全连续，与下层结构存在部分滑移。计算模型如图7-1所示。

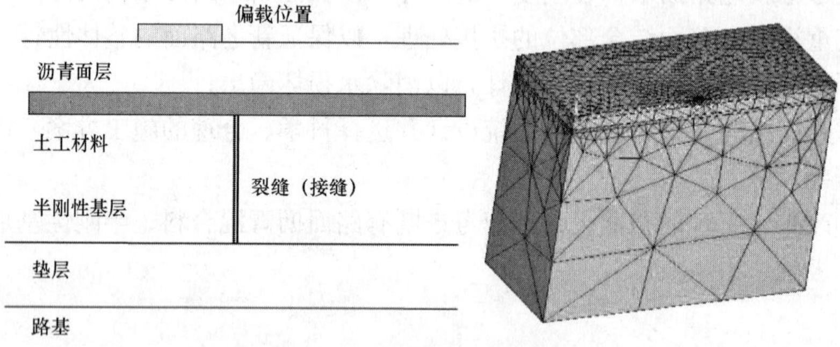

图 7-1 结构计算模型及网格划分

计算结果显示（图 7-2），接缝处沥青层竖向最大剪应力随材料宽度的增加而减少，但当材料宽度大于 2m 时，减小趋势变缓，未铺设夹层时，竖向剪应力最大，两种材料相比，铺设聚酯玻纤布时的竖向剪应力较小；可见铺设夹层可以降低接缝处沥青层的竖向最大剪应力，起到一定的防反效果，并且由于保证了结构层的粘结，聚酯玻纤布比玻纤格栅的处治效果更好；在综合考虑经济和防反效果的基础上，选择材料铺设宽度为 2m 较合理。

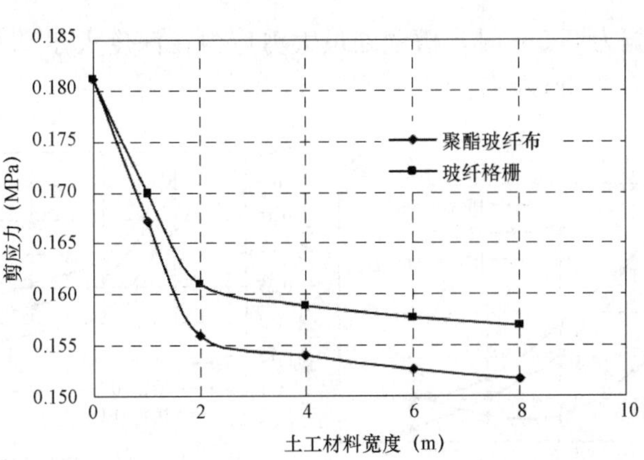

图 7-2　接缝处沥青层最大剪应力随夹层宽度变化趋势

7.2.3　重度裂缝开槽处治技术

对于横纵向裂缝破损程度较重的路段，采用在裂缝处局部开槽的方式进行处治，由于裂缝较严重，缝宽较大，水浸入更加便利，裂缝周围面层和基层材料老化严重，且有较大范围的松散，因此这种处理方式的处治力度较大，不同于普通沥青路面养护时的沥青层裂缝开槽处治，其开槽范围及填料选用也没有具体的参考依据。

重度裂缝开槽处治要求填料需具有一定的刚度和抗裂能力，常规沥青路面修复开槽所用的沥青或其他聚合物显然已不再适用，各种碎石结合料虽具有较高的刚度，但难于施工压实，也不宜选用。故推荐选用刚度大，且便于施工的素混凝土材料。分析模型如图 7-3 所示，重点关注素混凝土层底 BD、顺槽壁面以下三渣部分 BC、槽壁 AB、老三渣层底 CG 的应力情况，以考察开槽尺寸（深度和宽度）对处治效果的影响。

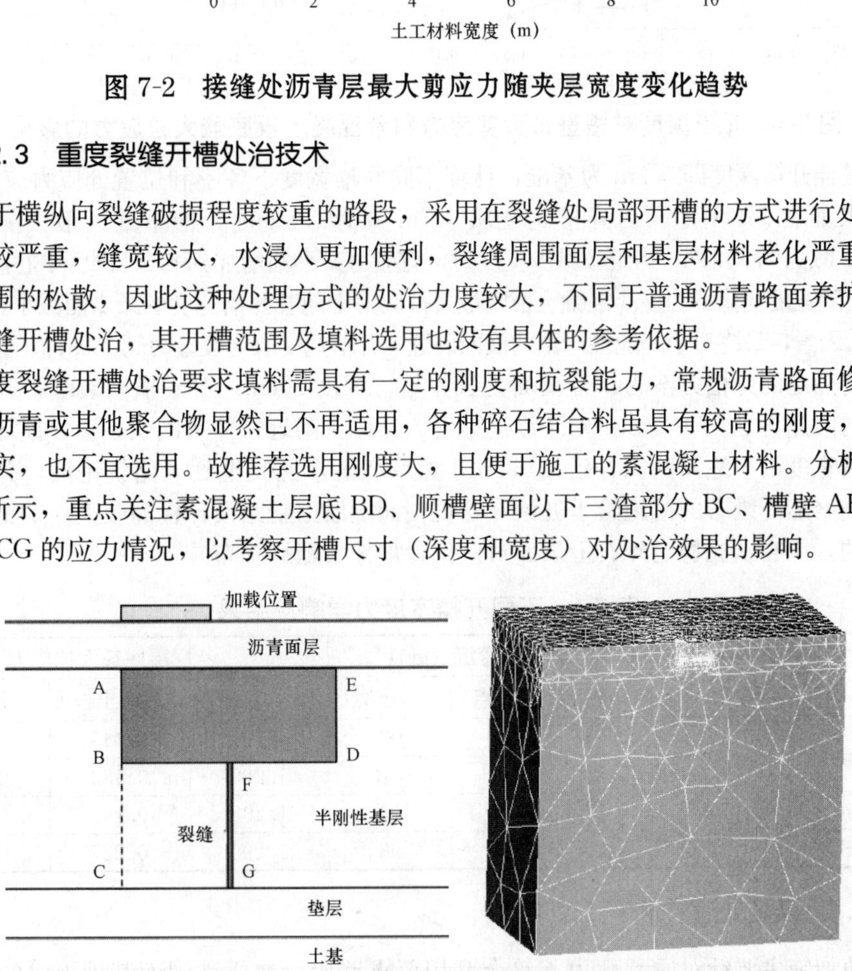

图 7-3　路面结构及有限元计算模型

比较严重的裂缝基本上是贯穿整个路面结构的，但新的填料要求有一定的抗裂能力，可以阻断裂缝的进一步扩展，因此开槽在深度方向无须贯穿整个裂缝，只需综合考虑合理选用即可。不同的开槽宽度对最佳开槽深度也会有一定的影响，计算时先假定开槽宽度分别为 0.5、0.7m 和 1.0m，深度变化范围取 0.1～0.3m。由图 7-4 可知，开槽深度越大，槽口边缘处最大剪应力及结构层层底最大拉应力越小，但到了 0.2m 之后减小趋势放缓，且槽宽为 0.5m 时，槽壁处最大剪应力在深度大于 0.2m 以后小幅增加，故建议开槽深度取为 0.2m 左右。

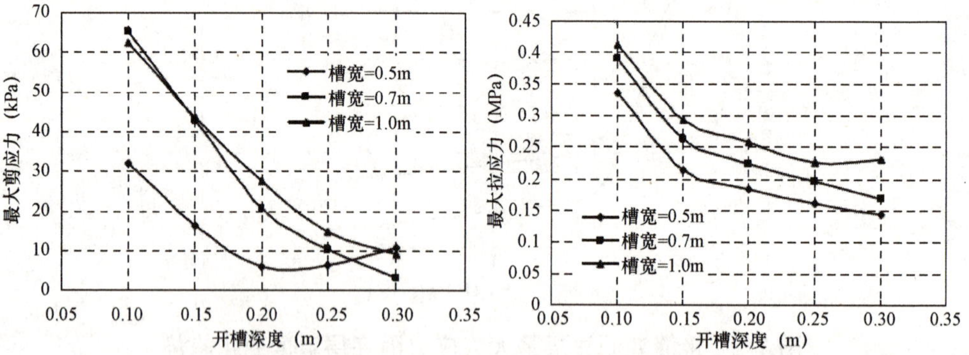

图 7-4 开槽深度对槽壁最大剪应力和素混凝土板底最大拉应力的影响

以最佳开槽深度即 0.2m 为基准，计算不同开槽宽度下各不利位置处应力应变情况，计算结果如表 7-1 所示。当开槽宽度从 0.7m 减为 0.5m 时，槽壁处的最大剪应力从 20.98kPa 减为 5.89kPa，当继续减少宽度时，剪应力又小幅增加到 6.88kPa。中心点弯沉及传荷能力随宽度变化不明显。混凝土板底最大拉应力则随着开槽宽度的减少而减小。综合考虑各方面因素，最终对于一般性严重的横向裂缝，开槽宽度取为裂缝两侧 25cm 范围为最佳。

最终确定的开槽方案为：开槽面为长方形，深度 20cm；对于横向裂缝，开槽宽度沿裂缝向两侧各延长 0.25m；对于纵向裂缝，考虑到附近常伴有网状裂缝、损坏更为严重，开槽宽度沿裂缝向两侧各延长 0.5m，然后浇筑素混凝土到老路铣刨面，并在接缝处以加铺聚酯纤维布的措施给予处治（若铣刨面上层因新路设计标高较大而加铺水泥稳定碎石的，应在水泥稳定碎石上表面对应位置加铺聚酯纤维布）。

表 7-1 不同开槽宽度力学响应结果

开槽宽度（m）	剪应力（kPa）		弯沉（μm）		传荷系数	层底最大拉应力（MPa）	
	xy	xz	中心点	20cm 处		混凝土板	老三渣
0.4	6.88	3.01	132	102	1.3	0.145	0.104
0.5	5.89	3.62	131	101	1.299	0.183	0.092
0.6	10.57	4.14	129	99	1.298	0.197	0.096
0.7	20.98	5.26	127	98	1.296	0.225	0.101

7.2.4 换填处治技术

换填加铺主要针对原承载力不符合利用要求路段，在原铣刨面基础上继续往下铣 20cm，然后浇注素混凝土至原铣刨面，以上部分按加铺方案进行。结合依托工程实际情况，探讨不同加铺厚度下换填处治所能达到的处治效果。

分析采用弯沉指标控制的模型，计算参数取值与前面的取值相同。根据不同的加铺方案分三种情况表示，最终分别得到换填加铺后道路使用寿命的计算公式如（7-1）～（7-3）所示，计算结果如图 7-5 所示。

$$N_f = 4.654 \times 10^{14} \times BB^{-5.1355} \times 1.0605^{\Delta h} \quad (\Delta h \leqslant 12) \tag{7-1}$$

$$N_f = 2.249 \times 10^{14} \times BB^{-5.0199} \times 1.0499^{\Delta h} \quad (12 < \Delta h \leqslant 20) \tag{7-2}$$

$$N_f = 1.711 \times 10^{14} \times BB^{-4.9289} \times 1.0368^{\Delta h} \quad (20 < \Delta h \leqslant 35) \tag{7-3}$$

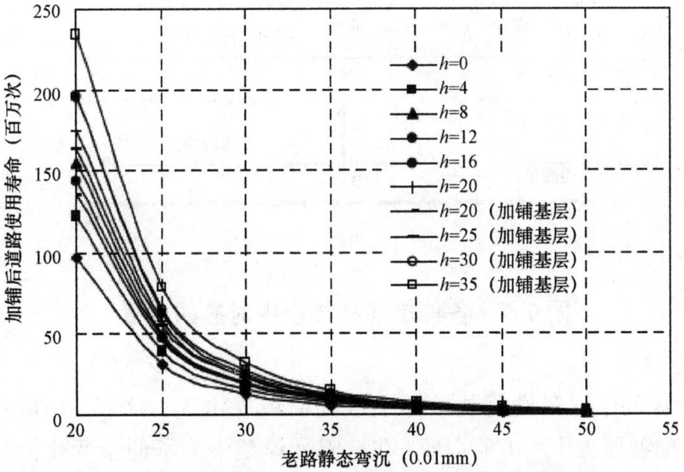

图 7-5 换填加铺方案路面使用寿命计算结果

可见，换填加铺对原路面结构性能的提高效果较为明显，即使在高差为 0 的情况下，也可以使老路弯沉为 31.43（0.01mm）的路段在加罩后寿命达到设计要求 24.3（0.01mm）。计算得到不同新老路面高差条件下，直接采用换填加铺处治技术老路所允许的最大弯沉值，如图 7-6 所示。当老路弯沉低于该值时，通过换填处治就可以使加铺后的路面结构承载能力达到设计要求；当老路弯沉高于该值时，换填处治也不能使加铺后的路面结构承载能力达到设计，要求工程中需将既有路面结构挖除，进行重建。

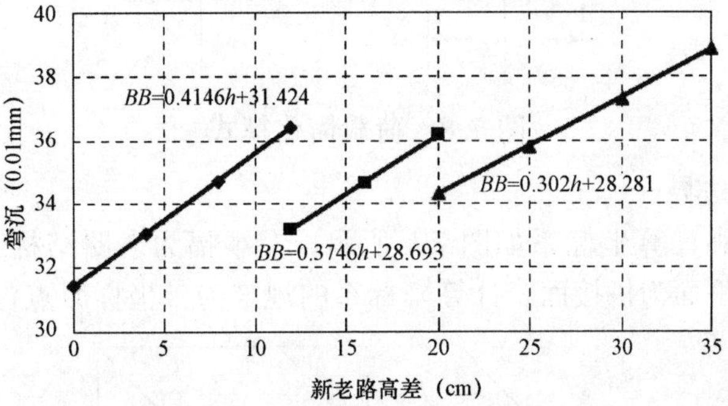

图 7-6 换填加铺预达到设计寿命时原路所允许的最大弯沉值

7.3 扩建路面结构设计

7.3.1 新老路面拼接结构力学分析模型

1. 拼接部位的单元模拟

新旧路面的拼接部位由新旧路面的面层、基层、垫层和地基以及这些结构的拼接界面组成，在有限元分析模型中，不同层位界面之间、拼接界面上采用不用的分析单元进行模拟。图 7-7 中给出了在拼接部位不同界面位置的模拟单元，各个结构层自身均以实体单元模拟。

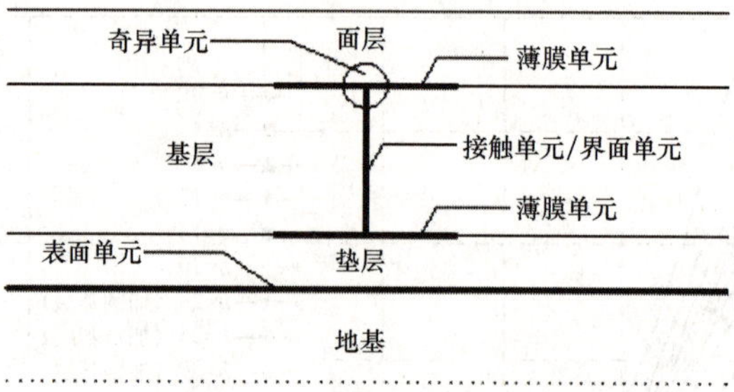

图 7-7 各种单元在模型中对应的位置

2. 荷载模型

在我国现行规范中，车辆荷载按标准双圆荷载规定为：半径 $\delta=0.1065$m，双圆中心间距 $d=3\delta$，接触压力 $P=0.7$MPa。在有限元模型中为了便于变化荷载位置及施加荷载步，根据作用面积等效原则，对上述双圆荷载进行简化处理。将双圆荷载简化为一组 16cm×22.28cm 的矩形，双轮间距保持不变，如图 7-8 所示。

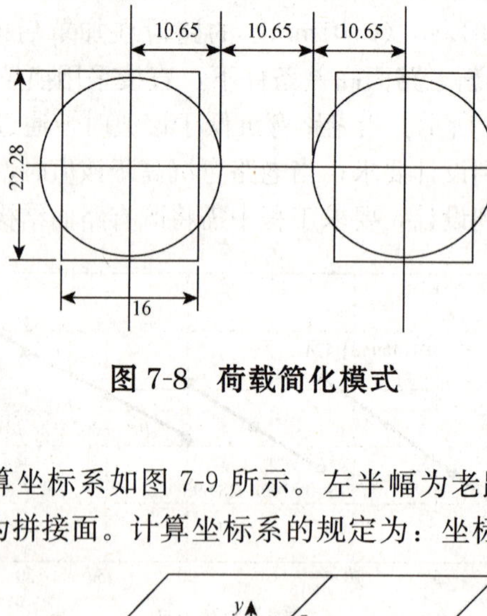

图 7-8 荷载简化模式

3. 几何模型与边界

三维模型结构和计算坐标系如图 7-9 所示。左半幅为老路结构，右半幅为新路结构，新老路衔接的平面为拼接面。计算坐标系的规定为：坐标原点位于路表拼接线上，

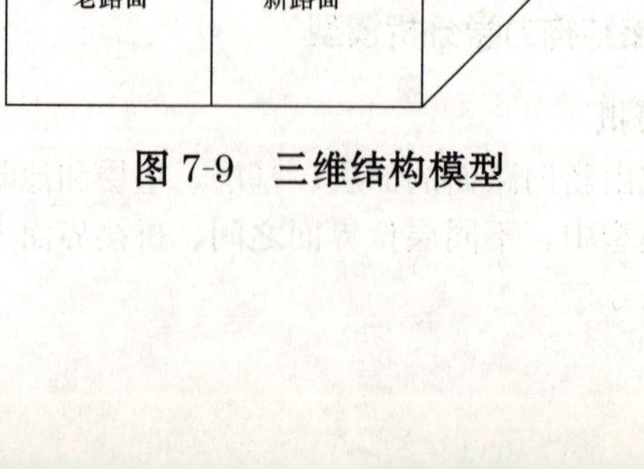

图 7-9 三维结构模型

x 坐标轴为道路横向方向，垂直于新老拼接面；z 坐标轴为道路纵向方向；y 坐标轴为道路深度方向，垂直于路面，正向向上。三维模型尺寸按道路横向、纵向各取 4m×4m，路面各层厚度按实际道路结构。

模型采用弹性层状体系理论建模，层与层之间应力、位移连续。模型约束条件为：侧向左、右、前、后四面法向约束，底面全约束。

4. 网格划分

有限元模型网格划分如图 7-10 所示。图中为路面拼接结构的二分之一模型，左侧为原有路面结构，右侧为新建路面结构，箭头为简化为矩形的双轮荷载区域。中间荷载作用区域网格划分加密。

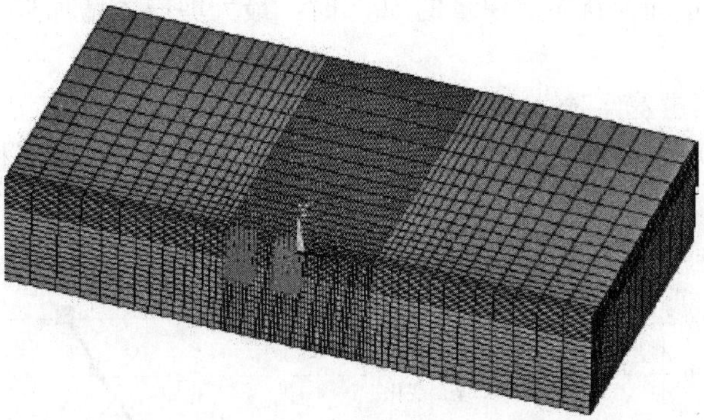

图 7-10 典型拼接路面结构的有限元模型

5. 材料参数

新建道路沥青面层的计算模量参照《沥青路面设计规范》中附录 E《材料设计参数参考资料》，取 20℃抗压模量值。在分析荷载作用时取两种路面模量组合形式，一种为基层模量大于面层模量，一种为基层模量小于面层模量。为便于比较，新基层模量统一取为 3000MPa，而在面层模量加以区别，新面层模量分别取 1200MPa 和 4000MPa，分别记为结构组合 1 和结构组合 2，见表 7-2。在分析结构模量差异对拼接结构受力特征影响时，老路各个结构层模量取值范围较大。在一般计算中，老路各个结构层模量按对应新路结构层的 75%折算。

表 7-2 各结构层材料基本计算参数

	新面层	新基层	新垫层	新地基
结构 1（MPa）	1200	3000	300	40
结构 2（MPa）	4000	3000	300	40
泊松比	0.35	0.25	0.35	0.40

7.3.2 新老路面拼接结构力学响应特征

1. 新老路面结构差异对拼接应力的影响

（1）基层拼接面连续。

以老路面层模量和基层模量相对于新路面层模量和基层模量变化（减小）的百分比

为横坐标，以拼接面上沥青层内剪应力变化（增大）的百分比为纵坐标，得到新老面层模量和基层模量变化对拼接结构受力影响的敏感性关系曲线，见图 7-11 和图 7-12。图中模量 1 即指结构 1，模量 2 指结构 2，下同。可见：

1）不同结构（结构 1 与结构 2）组合情况下，新老面层模量、基层模量差异对拼接结构的受力影响规律较为接近。

2）在应力的绝对数值上，面层模量较大（结构 2）时，沥青层中的最大剪应力和层底剪应力都较面层模量较小（结构 1）时为大。

3）对于每一种结构 1 和结构 2，当新老基层的拼接面连续时，新老面层模量差异对拼接面上沥青层内的最大剪应力有较大影响，而对拼接面上沥青层底的剪应力影响较小；当老路面层模量降为新面层模量的 50%时，最大剪应力增加近 20%，而层底剪应力减小约 10%。

4）新老基层模量差异对拼接面上沥青层内的最大剪应力没有显著影响，但对拼接面上沥青层底的剪应力有较大影响。当老路基层模量降低至新基层模量的 50%时，拼接面上沥青层内最大剪应力增加不到 10%，而沥青层底剪应力增加了约 20%。

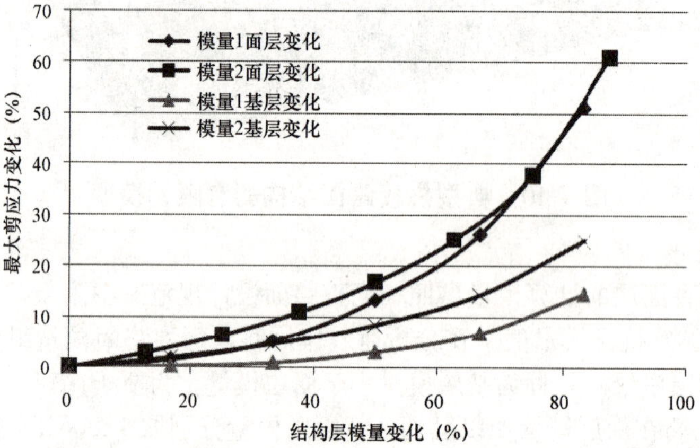

图 7-11　基层拼接面连续时影响面层最大剪应力的参数敏感性对比

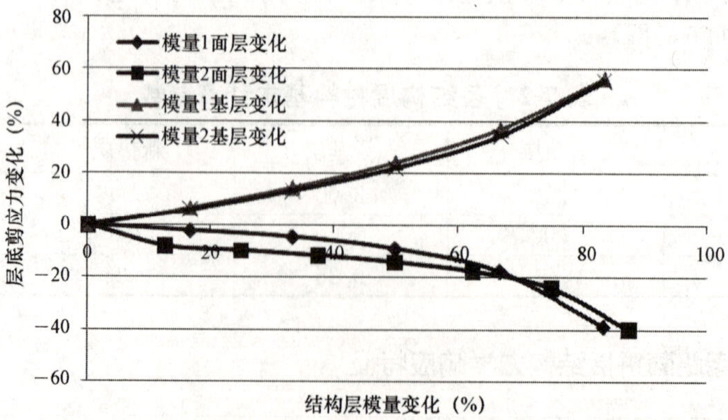

图 7-12　基层拼接面连续时影响面层层底剪应力的参数敏感性对比

（2）基层拼接面不连续。

以各结构层模量变化（新老路面模量差异）的百分比为横坐标，分别以面层最大剪应力和层底剪应力的变化百分比为纵坐标，对比各因素对拼接结构受力影响的大小，见图 7-13 和图 7-14。可见，基层拼接面不连续时与基层拼接面连续时拼接结构的受力影响有类似的规律：

1）新老面层模量差异对最大剪应力的影响最大；

2）新老基层模量差异对沥青面层底部的剪应力影响最大；

3）不同结构下，新老面层和基层模量差异对最大剪应力影响规律是比较接近；

4）当新-老路面面层及基层模量差异大于约 40％后，拼接面上沥青层内最大剪应力呈现迅速增长的趋势；

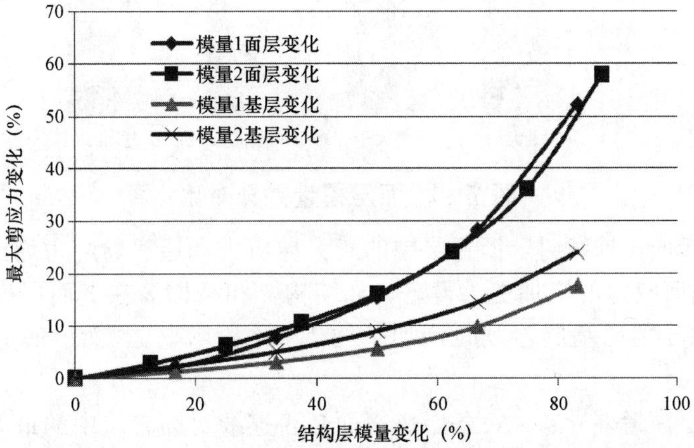

图 7-13　基层拼接面不连续时影响面层最大剪应力的参数敏感性对比

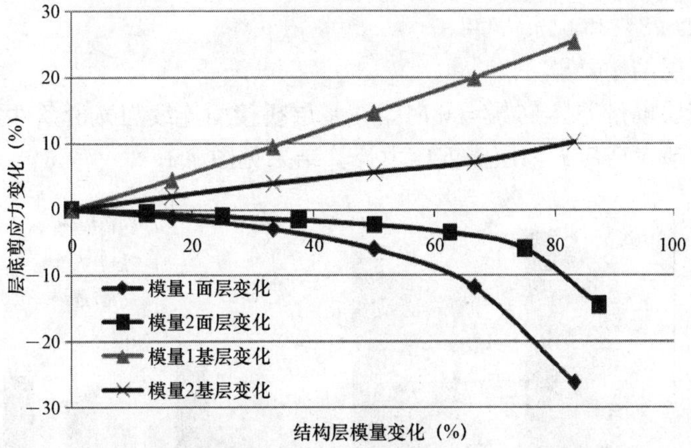

图 7-14　基层拼接面不连续时影响面层层底剪应力的参数敏感性对比

从以上分析可知，当面层模量差异或基层模量差异超过 50％（老路模量与新路模量的比值）时，沥青层中的最大剪应力迅速增加。因此，新老路面拼接应遵循协调设计的原则，面层模量或基层模量的差异应不超过 50％。

2. 新老路面拼接状态对拼接应力的影响

(1) 新老面层结构差异。

取新老面层模量差异 50%和 0 的情况进行分析。其中，模量差异 50%是指老路面层模量为新路面层模量的 50%，模量差异 0 是指老路面层模量与新路面层模量相同。在基层拼接面连续与光滑条件下，结构 1 与结构 2 中沥青层中最大剪应力与层底剪应力计算结果见图 7-15，图中的 50（最大）指模量差异 50%时的最大剪应力，其他类推。

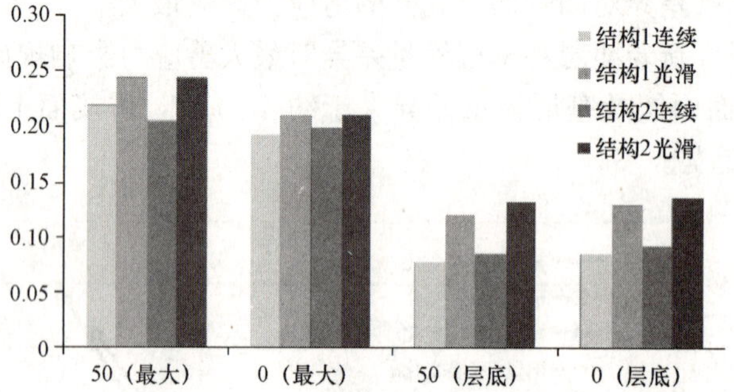

图 7-15 面层模量差异对比

1）基层拼接面不连续时，沥青层中的最大剪应力和层底剪应力均比基层拼接面连续时增大，层底剪应力的增加更为显著。如结构 1 和结构 2 在老面层模量为 1200MPa 时，最大剪应力分别比基层连续时增加了约 1.2%和 5.5%，而层底剪应力则增加了 50%和 46%。

2）新老面层模量差异越大，基层拼接面是否连续对沥青层中的最大剪应力的影响程度大些。如，基层拼接面连续时，结构 2 的最大剪应力约比结构 1 大约 4%，而层底剪应力比结构 1 约大 0.7%。基层拼接面不连续时，结构 2 的最大剪应力与层底剪应力，分别比结构 1 大约 8%和 6%。

(2) 新老基层结构差异。

新老路面基层模量差异 50%与 0 时，在基层拼接面连续与光滑条件下，结构 1 与结构 2 中沥青层中最大剪应力与层底剪应力计算结果见图 7-16。

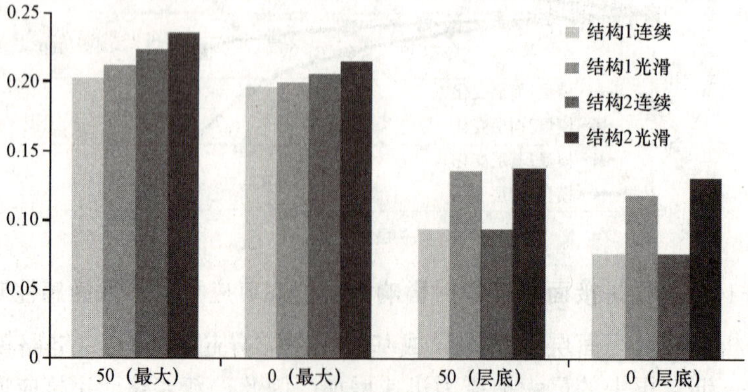

图 7-16 基层模量差异对比

1）基层拼接面是否连续，对沥青层中的最大剪应力的影响程度较小，即使新老基层模量差异较大时，这种影响也不大；

2）基层拼接面是否连续，对沥青层底剪应力的影响显著。当老路基层模量降为新基层模量的50%时，结构1的层底剪应力由0.1186MPa增加至0.1360MPa，增幅约16.6%；结构2的层底剪应力由0.1312MPa增加至0.1386MPa，增幅约6.7%。

从以上分析可知，基层拼接面是否连续对拼接结构受力状态有着显著的影响：基层拼接面由连续接触转为光滑接触时，沥青面层中最大剪应力和层底剪应力都将增大，层底剪应力增大的现象更加显著。因此，在实际工程中应保证新老路面基层的拼接面有一定的连续性，通过设置台阶或采用界面黏结剂等措施给予改善。

7.3.3　新老路面拼接部处治技术

路面结构拼接设计应考虑不同结构层的层间协调以及施工的方便、可行。加强新老路面连接，控制拼接部位的反射裂缝和渗水。

路面结构纵向拼缝应采用台阶搭接方式进行分层拼接，沥青面层纵向拼接缝宜避开轮迹带。路面结构横向拼缝应采用台阶搭接方式进行分层拼接。路面结构的拼接缝界面应采取措施，以加强新老路面结构的黏结。

新老路面结构拼接的结合部位是整个路面结构中的薄弱部位，应给予加强。项目采用有限元方法，分析在新老路面拼接部位设置台阶的必要性，以及台阶尺寸对拼接部位力学行为的影响；分析拼接界面黏结失效特征以及对拼接面界面黏结剂的强度要求；分析土工材料对拼接部位的加筋作用、对拼接面裂缝反射的阻断作用，探讨土工材料应具备的强度。为提出增强新老路面结构拼接部位的处治技术方案提供理论依据。

1. 拼接台阶

（1）拼接台阶工作机理。

在面层中设置台阶后使基层拼接面上方面层内的剪应力分布发生了变化。图7-17给出未设置台阶和设置台阶时，拼接路面结构中的剪应力云图，图中颜色越深，表示该部位的剪应力越大。可见，当不设置面层台阶时，y轴下方拼拼面上沥青面层内深色的分布范围，集中在从路表到老路面层之上的部分，最大剪应力达到了0.25MPa；而层底剪应力则相应很小。当设置台阶时，y轴下方近表面处为深色的高剪应力区域，向下为次深的区域，表明此时拼接面上面层内的剪应力分布较为均匀，最大剪应力明显降低，约为0.19MPa。

上述分析表明，在拼接部位，设置面层台阶是有必要的。设置拼接台阶的主要作用有两方面：

1）使新老面层的拼接面与新老基层拼接面位置错开，从而使基层拼接面上方面层内的剪应力均匀分布。

2）在基层拼接面上方面层底部的剪应力最大，通过设置面层台阶，使刚度较高的新下面层参与承担此剪应力。

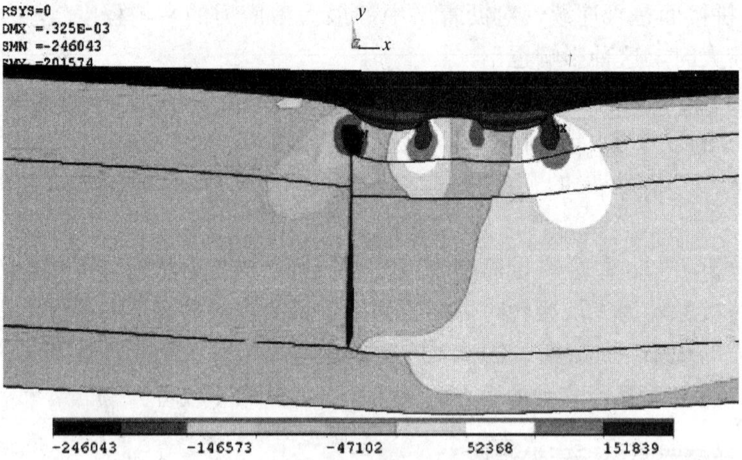

(a) 无台阶时拼接路面结构剪应力分布

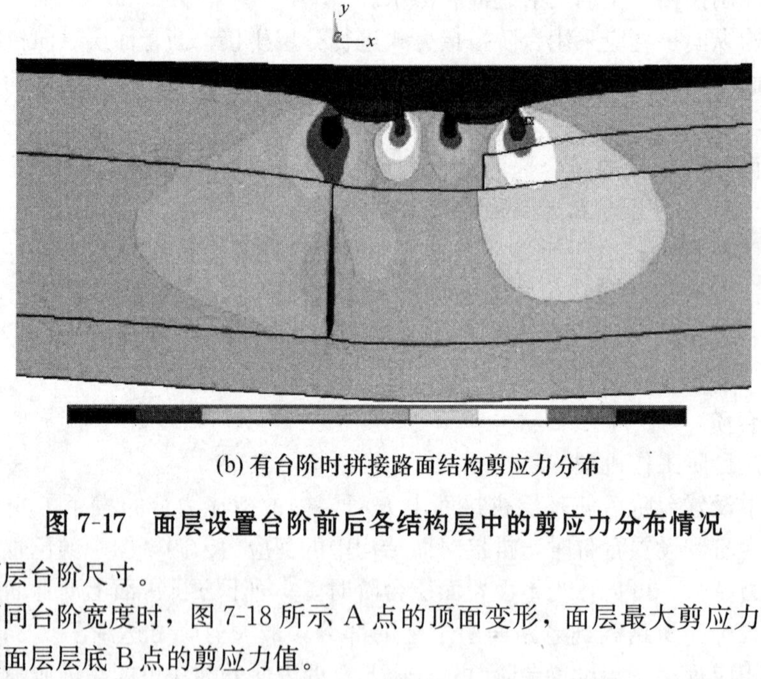

(b) 有台阶时拼接路面结构剪应力分布

图 7-17 面层设置台阶前后各结构层中的剪应力分布情况

(2) 面层台阶尺寸。

分析不同台阶宽度时，图 7-18 所示 A 点的顶面变形，面层最大剪应力（A 点附近靠下）以及面层层底 B 点的剪应力值。

由图 7-19 可见，在基层拼接面上方，顶面竖向变形随着面层台阶宽度的增加而降低；当台阶宽度较小时，台阶宽度的影响显著，当台阶宽度大于 20cm 时，台阶宽度对于降低顶面竖向变形的作用明显变小。由图 7-20 可见，设置一定宽度的台阶可以显著降低拼接面上面层内的最大剪应力；但是当台阶宽度大于 20cm 时，对于面层内剪应力的降低已经不起作用。由图 7-21 可见，当在面层中设置台阶时，拼接面上方面层底部（B 点）的剪应力随着台阶宽度的增加而增大；当台阶宽度大于 20cm 时，面层底部剪应力则几乎与台阶宽度无关。因此，建议面层台阶宽度大于 20cm。

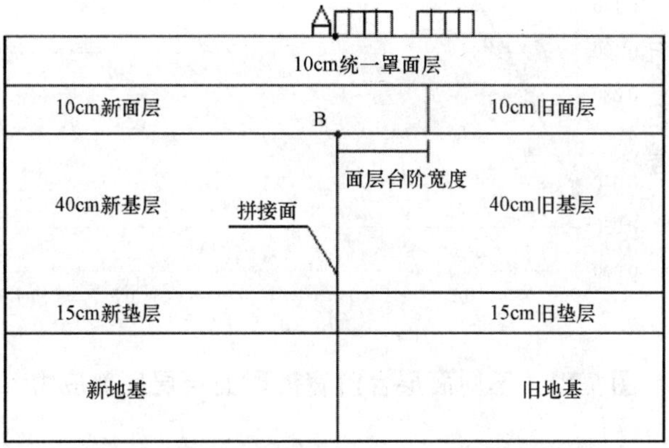

图 7-18 面层拼接台阶示意

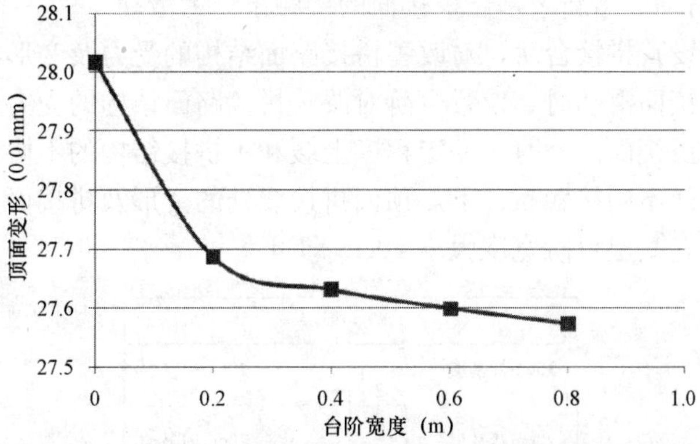

图 7-19 不同面层台阶宽度时路表拼接线处变形

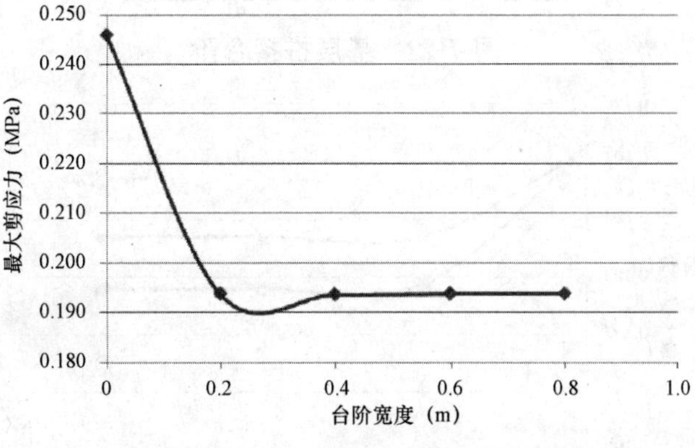

图 7-20 不同面层台阶宽度时面层最大剪应力

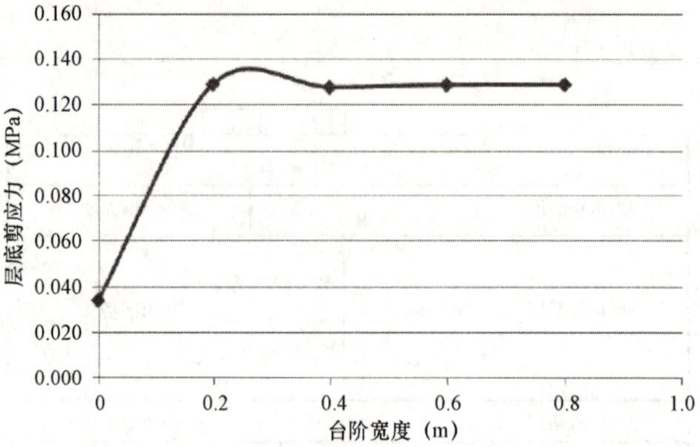

图 7-21　不同面层台阶宽度时面层层底剪应力

（3）基层台阶尺寸。

提取不同台阶宽度时，图 7-22 中的顶面变形，面层最大剪应力以及面层层底剪应力值。剪应力与基层台阶宽度的关系绘制成图 7-23 和图 7-24。图中“连续”指新老基层搭接面连续，“滑动”指新老基层搭接面的接触条件为滑动。

可见，在基层设置拼接台阶，对改善拼接路面结构的受力及变形状况是有利的，尤其是拼接部位的搭接面滑动时，设置台阶对改善拼接路面结构的受力及变形状况更为显著。这可能是因为搭接面滑动时，一定程度上缓和了拼接结构的不协调变形所致。综合考虑新老基层搭接面不同接触条件下，顶面拼接线处的变形及拼接面上面层内的最大剪应力和层底剪应力，基层台阶宽度大于 40cm 即可。

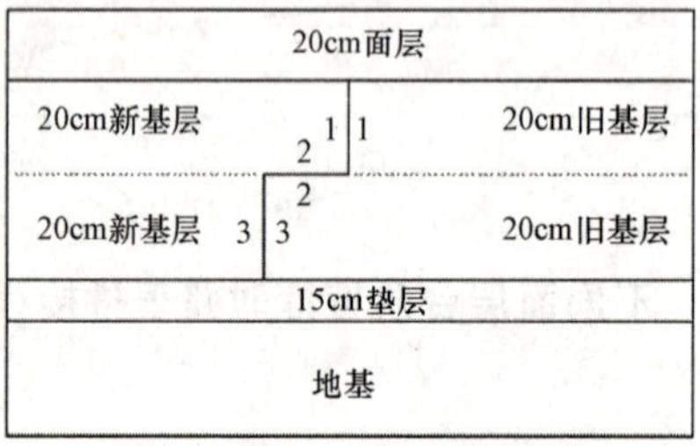

图 7-22　基层拼接台阶

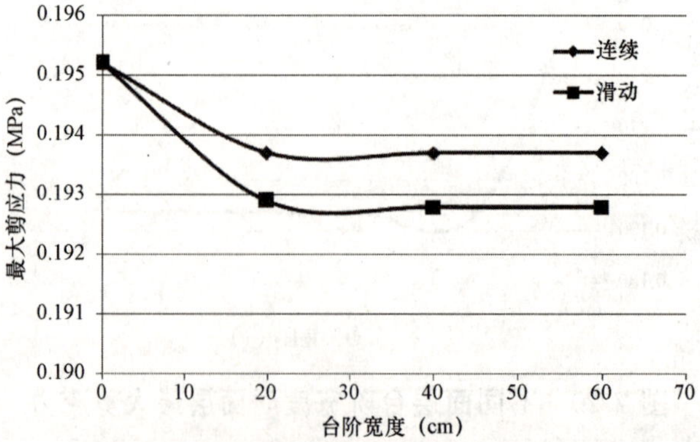

图 7-23　台阶宽度对拼接面上面层最大剪应力的影响

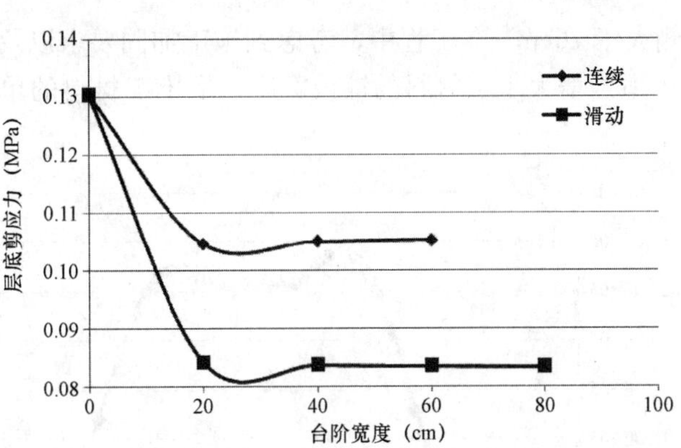

图 7-24 台阶宽度对拼接面上面层层底剪应力的影响

2. 拼接部加筋

(1) 面层底部加筋。

在面层底部加筋处治中将土工材料铺设在新老基层拼接缝的上方，如图 7-25 所示。计算对称荷载作用下土工材料的变形及应力状况，以确定土工材料的合适铺设宽度。路面结构计算参数选择结构 2 的计算模量组合，土工材料参数见表 7-3。

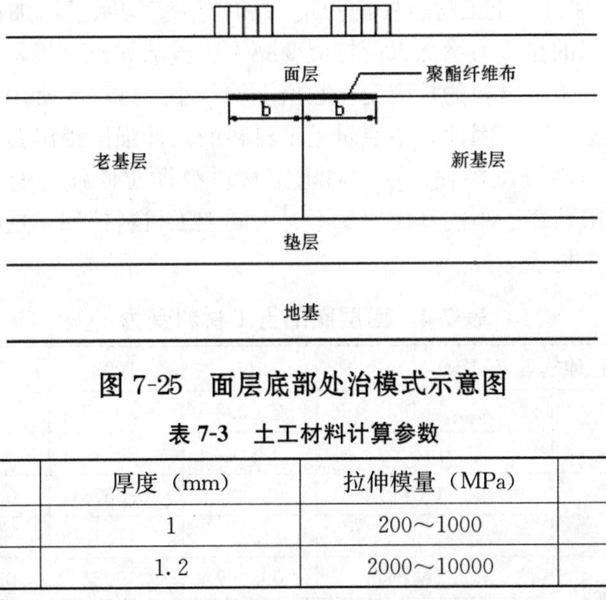

图 7-25 面层底部处治模式示意图

表 7-3 土工材料计算参数

处置部位	厚度（mm）	拉伸模量（MPa）	泊松比
面层底	1	200～1000	0.25
基层底	1.2	2000～10000	0.15

得到横向轮载对称轴下面层底土工材料上各点的拉应力值，其分布如图 7-26 所示。横坐标为面层底土工材料沿路面横断面方向上的位置，原点处为轮载的对称中心，双轮的横坐标值分别在－0.24～－0.08m 和 0.08～0.24m 范围。可见，在轮载双轮的中点下方（－0.16m 和＋0.16m），土工材料所受拉应力最大，土工材料的受力范围约为－0.34m～＋0.34m，约 0.7m，略大于轮载作用宽度（0.5m）。也就是说，面层底部土工材料内的受力范围主要分布在轮载作用区域。因此，面层底部土工材料的单侧铺设宽度不应小于 0.35m。考虑偏载作用，面层底部土工材料的单侧宽度应不小于轮载双轮宽

度，取铺设宽度单侧大于 70cm。在工程中，考虑到施工加固要求以及土工材料与路面结构层的结合要求，可适当增大土工材料的铺设宽度，取土工材料的单侧 70～100cm，总宽度 150～200cm。

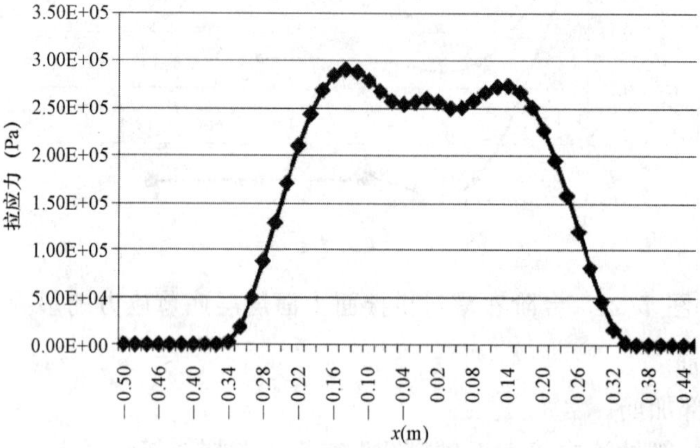

图 7-26 土工材料（聚酯纤布）上的拉应力分布

当基层模量不同时，面层底部土工材料中应力应变与土工材料自身模量的关系见表 7-4。当基层模量增加时，土工材料中的拉应力和拉应变均明显增加；当土工材料的模量增加时，土工材料的拉应力增加，而拉应变减小。虽然如此，当基层模量和土工材料的拉伸模量变化时，土工材料的拉应变在数值上均很小，远小于常用土工材料的拉伸破坏伸长率（如 3%或 8%）。因此，主要对土工材料的拉伸强度提出要求。

在《土工合成材料测试规程》中，对土工材料窄样拉伸强度的定义为：宽度 5cm 试样所能承受的极限荷载。不同基层模量下、不同土工材料拉伸模量时，土工材料应满足的拉伸强度，结果见表 7-5。

表 7-4 面层底部土工材料受力

土工材料拉伸模量（MPa）			100	1000	5000	10000
基层模量（MPa）	3000	σ_{max}（MPa）	0.0038	0.0367	0.1637	0.2908
		ε_{max}（10^{-6}）	31.4	29.7	25.2	21.7
	2000	σ_{max}（MPa）	0.006	0.0575	0.2567	0.4628
		ε_{max}（10^{-6}）	45.1	43.1	37.5	23.9
	1000	σ_{max}（MPa）	0.0097	0.0938	0.4177	0.7419
		ε_{max}（10^{-6}）	63.5	61.1	54	48.3

表 7-5 土工材料拉伸强度

土工材料拉伸模量（MPa）			100	1000	5000	10000
基层模量（MPa）	3000	T（kN）	0.38	3.67	16.37	29.08
	2000	T（kN）	0.6	5.75	25.67	46.28
	1000	T（kN）	0.97	9.38	41.77	74.19

(2) 基层底部加筋。

基层处治与面层处治的计算模型相似，如图 7-27。不同的是在基层底部铺设高强度土工材料，因为这样可以发挥其抗拉能力。另外，为方便计算，新老基层拼接面假定连续，不做接触处理。路面结构选择结构 1，因为其面层模量较小，基层底部的土工材料受拉作用较为明显。土工材料参数见表 7-3。

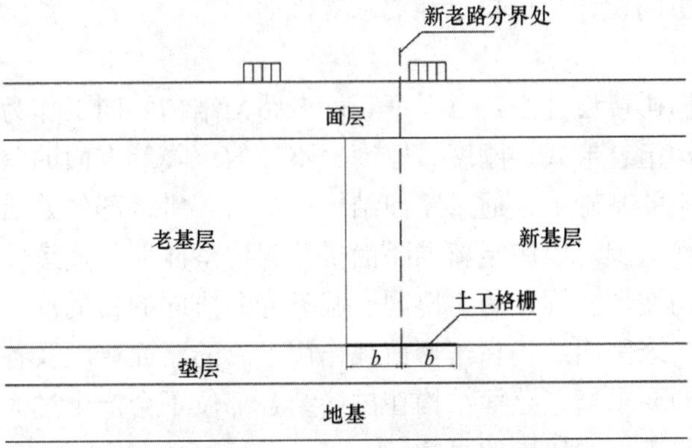

图 7-27　土工材料处治分析模型

图 7-28 是在基层底部铺设土工材料，单侧铺设宽度 1m 时，横向轮载对称轴下各点土工材料的拉应力分布。可见，土工格栅上轮载中心处的拉应力最大，向两侧迅速减少，向两侧 70cm 外趋于零。因此实际施工工铺设宽度大应大于单侧 70cm，可取单侧 100～200cm，总宽度 200～400cm。

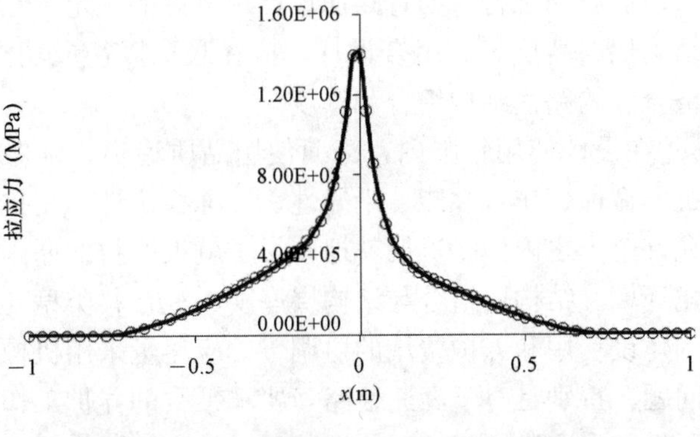

图 7-28　土工格栅上沿横向拉应力变化

同样得到不同基层模量及不同土工材料模量时土工材料的拉伸强度（5cm 宽试样）的要求值，见表 7-6。

表 7-6　土工材料拉伸强度

土工材料拉伸模量（MPa）			100	1000	5000	10000
基层模量（MPa）	3000	T（kN）	0.95	8.95	39.7	114.5
	2000	T（kN）	1.1	10.6	45.55	124
	1000	T（kN）	1.35	12.6	51.5	130

7.3.4 新老路面协同设计方法

新老路面结构在拼接部位变形协同、受力协同、服务寿命协同是新老路面结构协同设计的目标。依据前述各节的理论分析结果，提出新老路面结构的协同设计概念、设计原则和设计方法，包括新老路面结构拼接原则和要求、新老路面结构拼接部位的特殊设计，新老路面结构协同设计验证指标和要求等。

1. 协同设计内容

在新老路面结构拼接设计中，以保证新—老路面结构协同工作为原则，在充分考虑新路、老路路面结构组合形式、刚度、厚度、不均匀沉降等方面的差异及其对拼接结构变形和受力状态影响的基础上，通过路面结构、材料、拼接部位处治措施的设计，使这种影响控制在可接受范围。以满足新老路面拼接部位整体性与连续性的要求，在服务期间达到新老路面结构变形协同、受力协同、服务寿命协同的目的。

变形协同要求新老路面结构在车辆荷载作用下总的路面弯沉及各结构层的变形规律尽量接近，受力协同要求新老路面结构在拼接结合部位不会产生过大的应力，由此最终实现新老路面结构服务寿命协同的目的。

新老路面结构协同设计是通过理论计算和分析，结合其他类似工程的设计方法与使用效果，涉及新路路面设计、老路路面调整设计，和新老路面结构拼接部位处治设计等方面的内容。

（1）新路路面设计。

新建道路路面设计包括新路路面结构组合设计和路面材料设计。新建道路路面设计设计指标和技术要求遵循我国现行《沥青路面设计规范》的规定。在沥青路面的组合设计过程中，路面各结构层材料确定和组合设计，应在吸取以往成功建设经验的基础上，选择技术可靠、经济合理的路面结构组合和厚度。

1）设计要求：①在设计使用年限内，路面使用品质稳定，确保路面的强度、平整度、表面抗滑性、抗车辙性、排水性能、干燥性、冰冻稳定性、耐抗水冲刷能力等各项功能指标都稳定在允许范围之内。②贯彻就地取材、就近取材的原则，减少运距，并考虑环境保护，以美化环境。结构层组合与结构层厚度、混合料类型与最大公称粒径、层间结合条件等。得到建设费用和养护费用的协调。③应尽量采用机械化施工，并考虑建成后通车后的养护问题。特别是对于高速公路，要求平常的养护工作量越少越好，以免形成大范围交通量不畅。④在进行路面结构设计时，将土基、垫层、底基层、基层和面层看作一个整体。要求土基稳定、基层坚实、面层耐久、使路面结构层在整体上满足强度和稳定性的要求。

2）设计方法：①充分考虑老路路面结构形式，参考沥青路面成功建设经验，确定新建沥青路面的结构组合形式。②在既有老路路面各结构层厚度的基础上，根据规范中新建路面结构的设计方法，拟定新建路面各结构层的厚度。③验证新建道路路面与改建、调整后的老路路面之间的结构差异系数应满足协同设计要求。

（2）老路路面结构设计。

老路路面结构设计涉及老路路面结构基层的保留问题。如果原有老路路面基层或者面层被全部挖除，则相应的老路路面结构将按照新建道路的路面进行重建或改建设计。若老路基层保留，老路路面设计包括老路路面结构补强、结构厚度调整方案设计、补强层或调整层材料设计。

老路路面结构是否保留，取决于老路路面结构的剩余承载能力、老路路面结构补强厚度、新老路路面顶面标高差异程度以及新老路面结构组合差异、层位差异和材料组成上的协调等。

1）老路路面结构剩余承载能力评价。

可从路面结构强度评价指数 SSI 和路面结构模量衰减程度两个方面进行评价。

沥青路面的承载力是指路面达到预定的损害状况之前，能够承受行车荷载的作用次数或还能使用的年数。沥青路面的承载力通常用弯沉来评价，根据《沥青路面养护规范》，老路路面结构剩余承载能力以路面结构强度评价指数 SSI 作为评价指标。拓宽改建时，根据道路使用要求，确定允许的老路结构强度系数 SSI，当老路路面结构强度系数 SSI 满足要求时，原则上应保留老路路面结构。但是应对这些路段中存在的病害以充分处治，力求消除老路病害，以提高加铺改造后既有老路结构的整体稳定性和耐久性。路面结构强度评价指标 SSI，是以路面结构实测最大弯沉值与设计弯沉值的比作为评价依据，并认为路面破坏是由于路面结构过大变形所引起的，路面结构的总变形量达到一定程度后路面即出现破坏，然而路面是一种多层结构，各层结构具有不同的材料和力学属性，路面结构的损坏既可能是由于某一层结构或整个结构的过量变形所引起，也可能起因于结构层内部某处的应力或应变量超出了该处材料的疲劳强度或疲劳应变值。同时，大量既有工程实践表明，路面损坏往往不是由于结构强度不足造成，而是某一结构层次强度不足的结果，代表整体强度的弯沉指标显然无法控制某一层次的强度。所以在公路改扩建工程中，单纯采用 SSI 作为评价指标，不能准确地判断各个结构层次强度的衰减情况、为旧路结构利用与处治设计提供充分的理论依据。鉴于 FWD 测试技术在对旧路当前结构性能状态评价和反算路面结构各层的动态模量方面的应用，可用于分析老路各个结构层模量的衰减程度。

2）老路路面结构的重建原则。

原则上，为节约工程造价，减小施工期间对交通的干扰，应尽量利用原有路面。在以下情况下，应考虑老路路面结构的重建。

①老路路面结构的剩余承载力不足。当路面结构强度评价指标 SSI 在“中”以下，应给予补强，当由于设计厚度的限制而无法进行老路结构补强时，应挖除老路路面结构。

②新老路面结构模量差异过大。当老路路面结构模量衰减至对应的新路路面结构模量 50%以下时，应挖除老路路面结构，进行重建。

③新老路面结构厚度差异过大。由于新老路面结构高程与结构厚度的差异，存在新老路面结构层错位的情况。此时，即使是在老路路面结构强度满足优良标准的路段，而结构各层厚度不满足原厚度设计要求时，尤其是基层厚度不满足原设计要求时，视同路面结构强度不满足要求，应翻挖重建。具体情况以现场铣刨旧路路面结构拼接台阶时，场地验证的结构层厚度为准。

3）老路路面结构厚度的调整方案。

老路路面结构调整设计的目的，是在满足老路承载能力要求的前提下，使新老路面结构在铺筑统一面层结构之前达到高差调平。

①新老路面高差协调。由于老路面需要调坡罩面，各区段罩面的厚度不一，新老路面的拼接兼顾原路面修补罩面以接顺道路横坡为原则。新拼路面的纵向、横向标高在中面层及以下各层逐步调整到位。面层拼接采用老路就新路的原则。新路铺筑采用设计标高，在接缝处和老路顺接。具体方法为：对老路标高全面详细测量，根据测量结果核实原设计高程并作调整。调整原则是新路面与老路面接缝两侧同高，保证路面排水畅顺。对高差在 3cm 以内的路段暂不调整纵断面设计，但新路面内缘标高与老路面接顺。高差大于 3cm 的路段修正设计，重新拉坡。若老路面严重不规则变形，新路面标高和横坡无法迁就调顺时，就按设计高程局部修整老路面，新路高程不变。全线路面标高和横坡的最终调整留待老路翻修罩面时一次调坡成型。

②老路铣刨厚度与补强厚度。当保留原有老路路面基层结构或面层结构时，则涉及老路路面各个结构层的铣刨厚度和保留问题。由于老路超车道和行车道的路面结构强度有着较大的差异，在改建时，对超车道和行车道沥青面层采用不同的改建方案。基本原则是：在老路超车道上，至少保证加铺一层新的上面层；在老路行车道上，至少保证加铺 2 层新面层（上面层和中面层）；当新老路面顶部的设计高差小于中上面层（新路路面，下同）厚度时，老路铣刨至下面层（中面层底），保证加铺 2 层新面层（中面层和上面层）；当新老路面顶部的设计高差大于中上面层厚度而小于面层总厚度时，老路铣刨至基层（下面层底），保证加铺 3 层新面层（下面层、中面层和上面层）；当新老路面顶部的设计高差大于面层总厚时，老路需先加铺一层结构，再加铺 3 层新面层（下面层、中面层和上面层）。老路铣刨深度根据面层以下需加铺结构层的厚度确定；改建、调整后老路面层结构总厚度不小于老路面层原设计厚度；经过铣刨后，各个沥青层的剩余厚度不小于 3cm，否则，应该将剩余部分全部铣刨。在施工现场，在铣刨后，还应观察剩余部分的整体性，当剩余厚度大于上述最小厚度但结构层已出现松动和松散现象时，应将剩余部分全部铣刨。

老路路面厚度的调整方案，其实质在于根据既有路基路面结构的性能状况、新老路面结构的高差，采取不同的拼接方式。

（3）拼接部位加强处治设计。

新老路面结构在拼接部位通过拼接台阶衔接、接顺，另外使用界面剂、土工材料等进行加强处治。因此，在新老路面结构的拼接部位由拼接台阶、界面黏结剂、土工材料组成，新老路面结构拼接结合部位组成如图 7-29 所示。

1）拼接台阶设计。

新老路面结构在结合部位应该以台阶的形式进行衔接。台阶设置的一般要求规定如下：

①台阶厚度。当路面结构厚度在 20cm 以内时，台阶厚度以路面的每结构层为一级台阶；若路面结构层厚度超过 20cm，则酌情以 20cm 左右厚度为一层，设置多级台阶。

②台阶宽度：原则上面层台阶宽度应大于 20cm、基层台阶宽度在 20～60cm。若

在拼接尺寸有限（如开放交通）时，可按实际情况减小台阶宽度，但不得小于 20cm。

③台阶拼接面位置：面层拼接面位置至少应与基层拼接面位置错开一个台阶宽度以上。

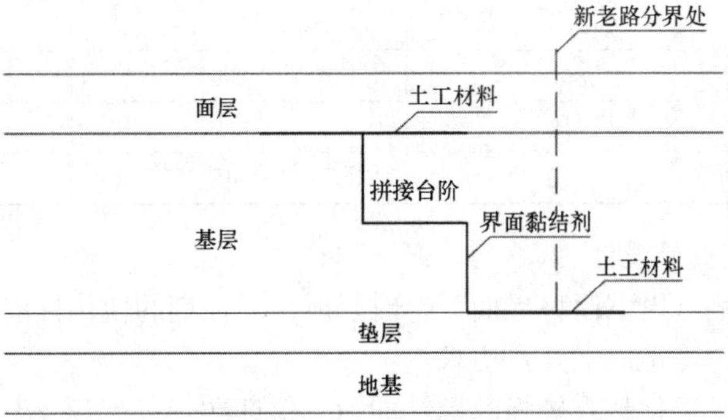

图 7-29 新老路面结构拼接部位组成示意图

2）拼接部加筋设计。

在以下三种情况下，应该在拼接部位设置土工材料，以加强拼接部位的横向连接或者减缓基层拼接面裂缝向上扩展：

①新老路面结构刚度差异较大。如果新老路面结构差异系数虽满足要求、但偏向于不安全。土工材料的铺设位置为基层结构拼接部位的底部与路基顶面间。土工材料的铺设宽度为：单侧宽度 100～200cm；总宽度为 200～400cm。

②新老路面高差较大。老路面经调整后总厚度较大，可将老路路面铣刨至新路基层底面高，然后使用土工材料进行加筋处治。土工材料铺设位置和尺寸要求同前。

③在新老路面拼接结合部面层结构底部使用适宜的土工材料，以延缓基层拼接面反射裂缝的形成发展。此时，土工材料的铺设位置为面层结构底部与基层拼接面顶部。土工材料的铺设宽度为：单侧宽度 50～100cm；总宽度为 100～200cm。

加筋材料应满足以下技术要求：

①用于基层底部、拼接面下方与路基顶面间的土工材料应该具有拉伸模量高、强度高的特征，如高强度土工格栅、土工网等。该类土工材料的抗拉强度应根据基层模量进行选择，并满足表 7-7 中的要求。

②用于面层结构底部与基层顶面间的土工材料应具备强度高、柔韧性好、延伸率低、无长期蠕变等特性，并且应与沥青及沥青混合料具有良好相容性，在沥青混合料热铺施工的高温条件（170℃左右）下具有稳定的物理性能和化学性能。该类土工材料的抗拉强度应根据基层模量进行选择，并满足表 7-8 中的要求。

表 7-7 基层底处治土工材料抗拉强度要求

基层模量（MPa）	对土工材料在下列拉伸模量（MPa）时的拉伸强度（N）要求			
	1000	5000	10000	20000
3000	＞10	＞40	＞70	＞110
2000	＞10	＞45	＞80	＞125
1000	＞15	＞50	＞85	＞130

表 7-8 面层底处治土工材料抗拉强度

基层模量（MPa）	对土工材料在下列拉伸模量（MPa）时的拉伸强度（N）要求		
	1000	5000	10000
3000	>5	>20	>30
2000	>10	>30	>50
1000	>10	>45	>75

3）界面黏结剂选择设计。

选择界面黏结剂（以下简称界面剂）时，应从界面剂的使用性能、耐久性和经济性等多方面进行考虑，满足以下几点要求：

①界面剂应与基层材料有较强的黏结能力，保证在行车荷载及温缩应力作用下不会脱开。应具有一定的抗拉强度，保持自身的完整性。

②界面剂应具有防水密封性，界面剂本身应不溶于水，也不吸收水，并能防止水分渗入。

③界面剂应有一定的变形能力和弹性恢复能力，保证不会在变形条件下被拉断。应具有一定的低温柔韧性，保证不会在冬季气温较低时发生硬化、脆裂。

④界面剂应有良好的耐久性，在路面结构的设计使用年限内保持足够的使用性能，不会过早产生老化。

⑤界面剂应有良好的施工操作性，便于施工。

4）拼接部防排水设计。

新老路面结合部的防、排水处理，可采取以下 3 种方法：

①在新老基层结合部刷涂防水黏结剂。

②在基层顶部设置稀浆封层。

③面层底土工材料与粘层油形成防水层。

2. 新老路面结构协同设计验证

（1）协同验证指标。

由于原有老路面结构与新路面设计结构有所不同，加之因高差调整，使得老路面结构与新路面结构在结构形式、结构厚度、层位对应以及结构材料强度上均存在差异，见图 7-30。图中 E_{n1} 和 H_{0i} 分别为新路面结构第 i 层的模量与厚度，E_{n1} 和 H_{0i} 分别为老路面结构第 i 层的模量与厚度。

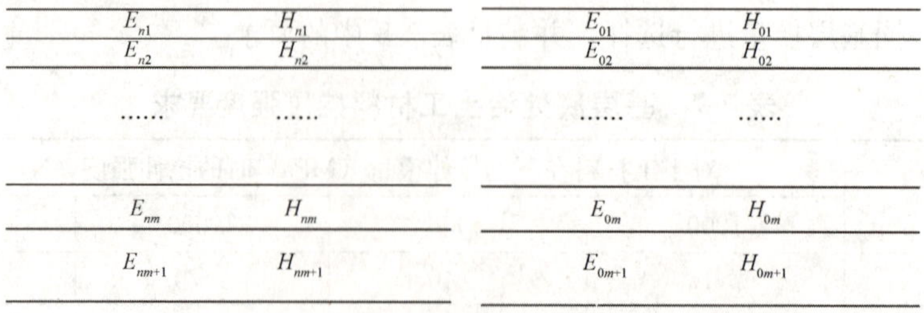

图 7-30 新老路路面结构组合示意图

在进行新老路面结构协同设计时，采用结构刚度与结构厚度当量换算的方法，将新老路面结构差异转换成相同结构形式的刚度差异，即模量差异。如此，综合考虑新老路面结构各结构层在厚度与刚度（模量）上的差异，统一以新老路面结构差异系数表示。新老路面结构差异系数 a 用公式（7-4）计算。根据前述研究成果，新老路面结构面层、基层的模量差异不宜超过50%。因此，新老路面结构差异系数要求不大于0.5。

$$a=\left|\frac{E_{n1}\times H_{n1}+E_{n2}\times H_{n2}+\cdots+E_{nm}\times H_{nm}}{E_{01}\times H_{01}+E_{02}\times H_{02}+\cdots+E_{0m}\times H_{0m}}-1\right| \tag{7-4}$$

以沪宁高速公路（上海段）为例，新路路面结构由下至上依次包括：垫层、基层和面层。老路路面结构除了由原老路垫层、基层、面层组成外，还包括调整厚度的加铺层（水泥稳定碎石）以及与新路面层统一铺筑的面层。老路各结构层模量取值以新路各结构层模量为基准，按一定比例进行折减，折减系数 r 取1、0.75、0.5和、0.25四个水平。厚度调整加铺层模量取值同新路基层。新老路面各个结构层的模量取值情况见表7-9。

表7-9　新老路面结构层模量取值

路面类型	面层模量（MPa）	基层模量（MPa）	垫层模量（MPa）
新路	1200	3000	300
老路	1200r	3000r	300r

根据前述老路结构厚度的调整方案，以0、12、20、35cm高差取7种代表工况进行分析，见表7-10。在各种工况下，新路路面结构统一取20cm沥青面层＋40cm水稳碎石基层＋15cm垫层。采用式（7-4）计算计算不同典型拼接方案、不同折减系数（r 取1、0.75、0.5和0.25）下，新老路面结构差异系数 a。可见：

1）当新老路面高差不超过20cm时，随着新老路面高差的增大以及新老路面结构模量差异的增大（r 的减小），结构差异系数 a 呈现增加的趋势。在新老路面模量差异最大的 $r=0.25$ 时，新老路面结构差异系数出现了较大值。

2）当新老路面高差在20cm以上时，新老路面结构差异系数仍然随着新老路面高差的增加而增大，但却出现随着新老路面结构模量差异的增大（r 的减小）而减小的趋势。分析原因，当新老路面高差超过20cm时，新老路面对应结构层之间将发生两层或者三层错位的情况。此时，老路上方要加铺水泥稳定碎石层，再加上原有老路结构层，老路的整体路面刚度将大于新路路面的整体刚度。在此种情况下，老路模量衰减程度越大，即 r 越小，则由式7-4所计算的新老路面结构差异系数越小，这显然是不合理的。因此，式（7-4）并不适合于计算新老路面高差过大时的结构差异系数，其适用条件为：老路上方不需要加铺新的基层材料，一般为新老路面高差不超过20cm。

表7-10　不同高差时的新老路面结构差异系数 a

新老路面高差（cm）	老路路面结构	新老路面结构差异系数 a			
		$r=1.00$	$r=0.75$	$r=0.50$	$r=0.25$
0	12cm新面层＋4cm老面层＋43cm老基层＋15cm老垫层	0.0283	0.2045	0.4374	0.6702

续表 7-10

新老路面高差(cm)	老路路面结构	新老路面结构差异系数 a			
		r=1.00	r=0.75	r=0.50	r=0.25
12−	12cm 新面层＋16cm 老面层＋43cm 老基层＋15cm 老垫层	0.1253	0.1318	0.3889	0.646
12＋	20cm 新面层＋8cm 老面层＋43cm 老基层＋15cm 老垫层	0.1253	0.1157	0.3566	0.5975
20−	20cm 新面层＋16cm 老面层＋43cm 老基层＋15cm 老垫层	0.1899	0.0672	0.3242	0.5813
20＋	20cm 新面层＋15cm 新水稳＋43cm 老基层＋15cm 老垫层	0.3636	0.1389	0.0859	0.3106
35−	20cm 新面层＋15cm 新水稳＋16cm 老面层＋43cm 老基层＋15cm 老垫层	0.4929	0.2359	0.0212	0.2783
35＋	20cm 新面层＋30cm 新水稳＋43cm 老基层＋15cm 老垫层	0.6667	0.4419	0.2172	0.007

对沪宁高速公路（上海段）老路路面结构模量进行反演，得到老路基层模范围为：500～6200MPa。根据动态模量与静态模量相关关系的研究结论，认为动态模量约为静态模量的2.5倍，按照这个关系对沪宁高速公路（上海段）老路基层的动态模量进行折减，得到老路基层静态模量约为1400～2500MPa。与新路基层模量3000MPa相比，老路路面模量折减系数为0.5～0.8。在表7-10中，查"新老路面结构差异系数 a"中新老路面高差不超过20cm时的数据，得到：当"r=0.75"时，新老路面的结构差异系数为0.0672～0.2042；当"r=0.5"时，新老路面的结构差异系数为0.0859～0.4374。这个分析结果表明，当老路模量的衰减程度小于50%时，能够满足新老路面结构差异系数小于0.5的设计要求。

(2) 协同设计步骤如图7-31所示。

1）确定新老路面拼接施工的条件，即是指在开放交通条件下进行新老路面结构的拼接施工，还是在封闭交通条件下进行新老路面结构的拼接施工。

2）根据既有老路路面结构的宽度确定拼接的基准线及拼接尺寸。

3）根据新老路面高差情况确定老路的调整方案。

4）验证新老路面结构刚度差异（路面结构差异系数）是否满足设计要求。

5）确定新老路面结构的拼接的各级台阶的衔接方案与铣刨程序。若是在开放交通条件下进行拼接施工，则存在两阶段的拼接，即存在反向老拼新的情况。

6）开放交通条件下，由于要为车辆通行留出车道，拼接尺寸也会有限，需要调整各级台阶的尺寸。验证台阶宽度是否满足最小台阶宽度要求。

7）根据新老路面结构的功能要求，选择适当的结合部处治措施，并确定相应的材料要求与施工标准。

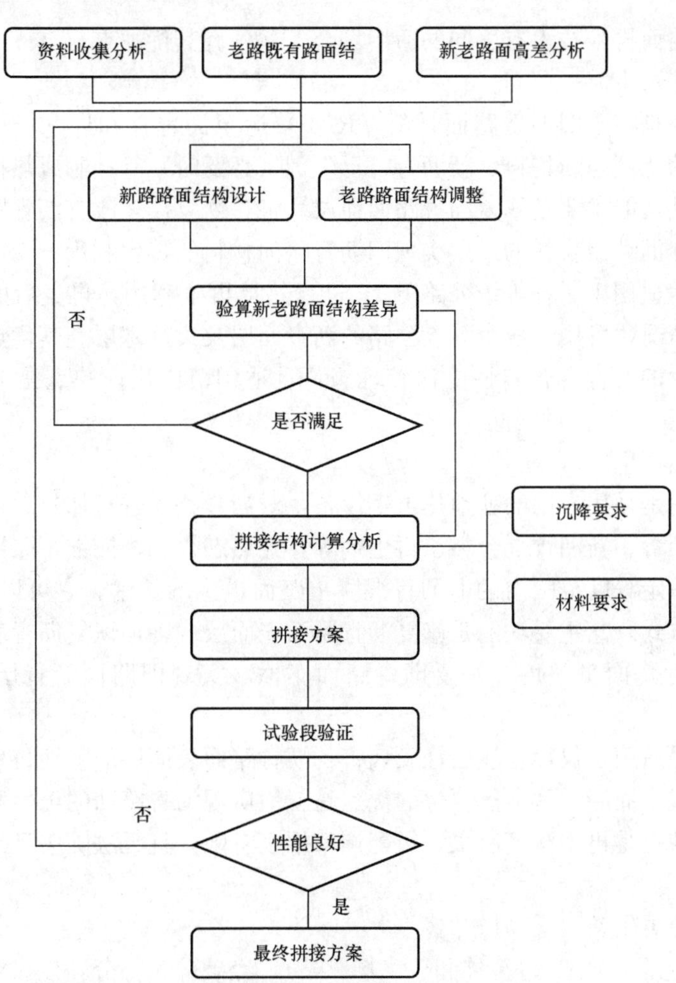

图 7-31 新老路面拼接协同设计流程

7.4 既有沥青路面材料再生利用

7.4.1 沥青路面再生方式的选择

沥青路面再生技术不是单一技术，而是一类技术的总称。美国沥青路面再生协会(ARRA) 将沥青路面再生技术分为冷铣刨、热再生、就地热再生、冷再生、全深式再生 5 类。其中就地热再生又按照工艺不同划分为表面再生、复拌再生、加铺再生；冷再生划分为就地冷再生、厂拌冷再生；全深式再生又进一步分为破碎、机械稳定、沥青稳定、化学稳定 4 种类型。

《公路沥青路面再生技术规范》JTG F41—2008（以下简称《沥青路面再生技术规范》）根据我国的实际情况，将沥青路面再生技术分为厂拌热再生、就地热再生、厂拌冷再生、就地冷再生 4 类，其中就地热再生又根据再生工艺的不同分为复拌再生和加铺再生，就地冷再生根据再生深度的不同分为沥青层就地冷再生和全深式就地冷再生。

各种沥青路面再生技术有不同的适用场合，并各有其优缺点：

（1）厂拌热再生。

厂拌热再生是将废旧沥青路面材料（RAP）运至沥青拌和厂（场、站），经破碎、筛分，以一定的比例与新集料、新沥青、再生剂（必要时）等拌制成热再生混合料铺装路面的技术。其功能主要是修复沥青路面面层病害，恢复甚至改善沥青路面混合料的使用性能，以热拌沥青混合料的形式实现旧沥青路面材料的再生利用。

厂拌热再生适用于对各等级公路 RAP 进行热拌再生利用，再生后的沥青混合料根据性能和工程情况，可用于各个等级公路的沥青面层及柔性基层。其优点是再生工艺易于控制，再生后的沥青混合料性能比较理想，且适用范围广；缺点是 RAP 需要运输，而且 RAP 的掺配比例相对较低。

（2）就地热再生。

就地热再生是采用专用的就地热再生设备，对沥青路面进行加热、铣刨，就地掺入一定数量的新沥青、新沥青混合料、再生剂等，经热态拌和、摊铺、碾压等工序，一次性实现对表面一定深度范围内的旧沥青混凝土路面再生的技术。它可以分为复拌再生、加铺再生两种方式。其主要功能是修复沥青路面表面层病害，恢复沥青表面层物理力学性能，恢复沥青路面平整度，修复沥青路面车辙，实现旧路面沥青层材料的就地再利用。

就地热再生适用于仅存在浅层轻微病害的沥青路面表面层的就地再生利用，再生层可用作上面层或中面层。就地热再生的优点是就地实现沥青路面的再生利用，节省了材料转运费用；缺点是再生深度有限，级配调整幅度有限，且无法除去已经不适合进行再生的旧混合料。

（3）厂拌冷再生。

厂拌冷再生是将 RAP 运至拌和厂（场、站），经破碎、筛分，以一定的比例与新集料、沥青类再生结合料、活性填料（水泥、石灰等）、水进行常温拌和，常温铺筑形成路面结构层的沥青路面再生技术。其主要功能是以冷拌沥青混合料的形式实现旧路面沥青层材料的再生利用，恢复和改善旧沥青混合料的路用性能。

厂拌冷再生适用于对各等级公路的 RAP 进行再生利用，再生后的沥青混合料根据其性能和工程情况，可用于快速路和主干路新建工程沥青下面层及基层、底基层，次干路、支路新建工程中沥青路面面层。当用于次干路、支路的表面层时，应做上封层。厂拌冷再生的优点是再生工艺易于控制，再生混合料性能较好，适用范围广，能耗低，污染小；缺点是 RAP 需要运输，再生混合料强度的形成需要较长的时间，且一般需要加铺一定厚度的罩面层。

（4）就地冷再生。

就地冷再生是采用专用的就地冷再生设备，对沥青路面进行现场冷铣刨、破碎和筛分（必要时），掺入一定数量的新集料、再生结合料、活性填料（水泥、石灰等）、水，经过常温拌和、摊铺、碾压等工序，一次性实现旧沥青路面再生的技术。它包括沥青层就地冷再生和全深式就地冷再生两种方式。其主要功能是实现旧沥青路面层的翻修、重建，实现旧路面沥青层材料的常温拌和及就地利用。

就地冷再生的优点是就地实现再生利用，节省了材料转运费用，施工过程能耗低、污染小，适用范围广；缺点是施工质量控制的难度相对较大，一般需要加铺沥青罩面层。

随着技术发展，温拌技术与再生结合，因此沥青路面再生是采用专用机械设备对旧沥青材料进行处理，并掺加一定比例的新集料、新沥青、再生剂（必要时）、温拌剂（必要时）等形成路面结构层的技术。按照再生沥青混合料施工温度的不同，沥青路面再生可分为热再生、温再生与冷再生；按照施工场合和工艺的不同，沥青路面再生可分为厂拌再生和就地再生。

各种不同形式的沥青路面再生方式，各有其优缺点，各有其适用场合，是互补的关系，而不是一种技术淘汰另外一种技术。使用时应进行充分论证和科学决策，选择最适合的沥青路面再生技术。沥青路面再生技术的选择，技术性、环境性和经济性。

（1）技术性原则。

技术性原则指沥青路面的再生利用不应该是单纯的废旧沥青路面材料（RAP）的消耗，而是充分开发和利用RAP的价值。在RAP的再生利用中，应首先对RAP的成分、性质等进行详细的研究，提出RAP可能利用的方法和途径。其次，针对RAP的性质，有针对性地开发再生利用方法，提出废物材料的处理和再生材料的生产工艺，提出再生材料的技术性能和技术标准。RAP的再生利用不能降低材料和产品的技术性能，而是针对再生材料的性能，开发和提出有效的利用途径，或开发、生产的再生材料和产品具有更优良的性能。

技术性原则是选择旧沥青混合料再生利用方式最重要的原则，选择再生利用方案首先要全面进行技术分析和探讨，结合道路交通条件、旧有路面条件、技术和设备条件，选择满足施工技术要求和施工质量要求的再生利用方案。

（2）环境性原则。

环境性原则是指废物的利用要保证环境的安全性。废物利用绝对不能以产生新的污染为代价，应保证再生材料和产品符合有关环境质量标准的规定。应保证作业人员和公众的安全，公开再生材料和产品的安全性能数据，保证产品使用中的安全。

（3）经济性原则。

经济性原则是指废物的再生利用应该具有一定的经济效益才能实施。由于废物的收集、处理，设备的购置、改造等附加工程，再生材料的成本可能高于天然材料或非再生材料。因此，应该从设备能力、技术条件、政策影响等方面综合考虑，选择最佳的再生利用方法。废物的再生利用还要考虑社会效益，其社会效益应以某种方式纳入经济分析之中。国家要制定相应的政策协调废物产出者、再生材料使用者之间的利益关系，从政策上扶持和鼓励废物的处理和再生利用。

在旧沥青混合料的再生利用中，经济性和技术性是一对矛盾体，往往技术性好的再生方式其经济效益差，而单独追求经济效益有时不能达到技术要求。在我国现有法律和管理体系下，统一考虑技术性和经济性是沥青混合料再生利用的必由之路。应根据自身的技术和设备条件考虑再生利用方式，还要对各种再生利用方案进行经济技术分析，综合考虑各方案的社会和经济效益，选择最佳的再生利用方式。

7.4.2 热再生沥青混合料组成设计

1. 旧料与新料配合比例的确定

热再生混合料包括厂热拌再生混合料和就地热再生混合料。

对于现场热再生，基本上全部利用旧料，即使需要应用新拌混合料，一般采取将新料加铺在旧料上面，然后一起碾压。如果要添加新拌混合料与旧料混合，一般新拌混合料掺加的比例比较低，约为10%。

对于厂拌热再生，新料与旧料的比例可以根据材料的品质和路用性能的需要进行调整，变化的幅度较大，具体掺配比例可根据因素加以考虑，这些因素主要有以下几个方面：

（1）旧路面材料的品质。

（2）再生沥青混合料的用途及其质量要求。

再生沥青混合料直接用于路面面层、道路的交通量较大时，要求再生沥青混合料具有很好的品质，旧料的比例应取较低值，如占20%～30%；如再生沥青混合料用于路面面层，但道路的交通量不大，则旧料的比例可取较高值，如占40%～50%。

（3）施工条件。

采用间歇式拌和机拌制热再生沥青混合料时，新集料在干燥筒内过热，温度高达250℃，然后进入拌缸，加入旧料，旧料通过热传导吸收细集料的热量而升温。为保证再生混合料出料温度不致过低，必须限制旧料的掺配比例，一般不超过30%。

2. 新沥青标号与用量预估

与普通沥青混合料相比，厂拌热再生混合料设计增加了RAP、再生剂两个变量，因此更为复杂。

（1）估计再生沥青混合料的沥青总用量。

RAP掺量不超过20%时，热再生沥青混合料的总沥青用量与没有掺加RAP的沥青混合料基本一致，可以根据工程材料特性、气候特点、交通量等条件，结合当地的工程经验进行估计，也可按式（7-5）估计沥青总用量。

$$P_b = 0.035a + 0.045b + K_c + F \tag{7-5}$$

式中：P_b——估计的混合料中的总沥青用量（%）；

K_c——当0.075mm筛孔通过率为6%～10%时，取0.18；当0.075mm筛孔通过率等于或小于5%时，取0.20；

a——通过2.36mm筛孔以上集料的比例（%）；

b——通过2.36mm筛孔且留在0.075mm筛孔上集料的比例（%）；

c——通过0.075mm筛孔矿料的比例（%）；

F——取0～2.0，取决于集料的吸水率，缺乏资料时采用0.7。

（2）估算新沥青用量P_{nb}。

按照式7-6计算再生混合料的新沥青用量P_{nb}：

$$P_{nb} = P_b - P_{ob} \times n/100 \tag{7-6}$$

式中：P_b——再生混合料中的总沥青用量（%）；

P_{ob}——RAP中的沥青含量（%）；

n——RAP 掺配比例（%）。

（3）确定新沥青标号和再生剂用量。

对于厂拌热再生混合料，再生沥青的目标标号根据公路等级、混合料使用的层位、工程的气候条件、交通量、设计速度等条件，选取与当地同等条件的道路沥青标号作为目标标号，废旧沥青路面材料（RAP）掺配比例较大时，也可以根据实际情况，适当降低沥青目标标号一个等级。

新沥青标号的选择，可参照表 7-11，也可根据新旧沥青混合调和法则按照式（7-7）确定。厂拌热再生混合料应尽可能不用或少用再生剂。如需新沥青和再生剂配合使用的，新沥青与再生剂的掺配比例可按照式（7-7）计算。

表 7-11 再生沥青混合料新沥青选择指南

RAP 含量 / 建议新沥青等级	回收沥青等级		
	$P \geqslant 30$	$P=20\sim30$	$P=10\sim20$
沥青选择不需要变化	<20%	<15%	<10%
选择新沥青标号比正常高半个等级，即针入度 10（0.1mm）	20%～30%	15%～25%	10%～15%
根据新旧沥青混合调和法则确定	>30%	>25%	>15%

注：表中的 P 代表 25℃的针入度。

$$\lg\eta_{mix}=(1-\alpha)\lg\eta_{old}+\alpha\cdot\lg\eta_{new} \tag{7-7}$$

式中：η_{mix}——混合后沥青的 60℃黏度（Pa·s）；

η_{old}——混合前旧沥青的 60℃黏度（Pa·s）；

η_{new}——混合前新沥青或再生剂的 60℃黏度（Pa·s）；

α——新沥青的比例，$\alpha=\dfrac{P_{nb}}{P_b}$。

对于就地热再生混合料，应充分考虑再生路面的气候、交通特点、层位、纵横坡、超高等因素，确定旧沥青再生的目标标号。根据目标再生标号，用试配法进行旧沥青再生试验，即将再生剂按一定间隔的等差数列比例掺入旧沥青，测定再生沥青的三大指标，绘制变化曲线，用内插法初步确定再生剂用量。

在满足再生沥青技术指标的前提下，宜少用再生剂。一般情况下，掺加的新沥青的标号可选择《公路沥青路面施工技术规范》JTG F40—2004（以下简称《沥青路面施工技术规范》）中规定该地区的新沥青标号；当选择掺加高标号的新沥青时，可适当减少再生剂的用量。

3. RAP 掺配比例与矿料级配

RAP 掺配比例一般为 10%～35%。根据 RAP 掺配比例、新集料筛分结果、RAP 抽提筛分结果，不断改变各材料比例，直至获得满意的级配曲线。热再生混合料矿料级配范围与相应的普通热拌沥青混合料相同。

4. 马歇尔试件制备方法

制备马歇尔试样时，RAP 加热温度一般不超过 120℃，加热时间不宜超过 2h，避免 RAP 进一步老化。据新沥青的粘温曲线确定混合料的拌和与成型温度，新集料加热温度宜高出拌和温度 10～15℃。

再生混合料拌和时的投料顺序是将 RAP、粗细集料倒入预热的拌和机预拌，然后加入再生剂和新沥青，最后加入单独加热的矿粉，继续拌和至均匀为止，总拌和时间一般为 3min。马歇尔试验成型涉及的其他内容与热拌沥青混合料相同。

5. 确定最佳新沥青用量

以估算新沥青用量 P_{nb} 为中值，用 P_{nb}、$P_{nb}\pm0.5$、$P_{nb}\pm1.0$ 这 5 个沥青用量水平，按照《公路工程沥青路面施工技术规范》的马歇尔方法确定最佳新沥青用量 OAC。

6. 配合比设计检验

对于厂拌热再生，按照现行《沥青路面施工技术规范》热拌沥青混合料配合比设计方法的有关规定进行。

就地热再生沥青混合料的性能必须经试验路检验。试验路检验项目主要有：现场再生沥青的技术指标、马歇尔稳定度、再生混合料的级配、动稳定度、浸水马歇尔残留稳定度、冻融劈裂强度比等。

7.4.3 温再生沥青混合料组成设计

温拌沥青技术作为一种保证路面压实、延长施工窗口期的手段，其设计目的是为了在不降低路面施工质量的情况下降低施工过程中的温度，因此在进行温拌沥青混合料配比设计过程中，应以热拌沥青混合料的技术性能为标准进行设计，当配合比设计结束后，在采用温拌技术手段，在降低混合料生产、拌和、压实过程的温度后，仍然能够使混合料达到预定的热拌混合料技术要求。因此温拌再生沥青混合料配比设计应以热拌再生配比设计为依据。

在进行温拌再生沥青混合料的组成设计之前，应根据沥青混凝土旧料的老化程度、再生设备生产能力，以及道路等级情况，确定一个旧料的掺配范围。在此基础上确定温拌剂用量和新沥青用量，步骤如下：

（1）根据设计混合料类型，在不添加旧料情况确定一个目标沥青用量 P_b。

（2）选定一个旧料掺配比例 r，计算再生剂的添加量 P_{ra}。

$$P_{ra}=r\times r_{ra}\times P_{rb} \tag{7-8}$$

式中：r_{ra}——为再生剂的最佳掺量；

P_{rb}——为旧料的沥青含量。

（3）根据旧集料和新集料的级配，进行级配组成设计。可以采用试算法确定各档新集料的比例。

（4）确定最佳沥青用量。再生沥青混合料的最佳沥青用量，就是保证混合料具有最好路用性能的沥青用量。这些性能主要包括有：混合料具有较高的强度和稳定性，良好的高温和低温性能，良好水稳性，施工时有良好的施工和易性，并有利于压实。其最佳用量可以先按以下公式进行计算确定新沥青的估计用量 P_{nb}。

$$P_{nb}=P_b-r\times P_{rb}-r\times r_{ra}\times P_{rb} \tag{7-9}$$

（5）成型马歇尔试件，测定再生沥青混合料的马歇尔稳定度、流值，以及混合料的空隙率、矿料间隙率、沥青饱和度等体积指标。再通过车辙试验和冻融劈裂试验，检验再生沥青混合料的高温稳定性和抗水损害性能。

（6）根据新加沥青用量计算温拌剂的掺量：室内试验一般采用新增沥青质量的 5% 作为温拌剂添加质量。

（7）对不同旧料掺配比例的再生沥青混合料进行力学性能、经济指标的比较分析，确定最经济、性能最好、生产效率最高的再生沥青混合料组成。

再生沥青混合料的设计流程图如图 7-32。

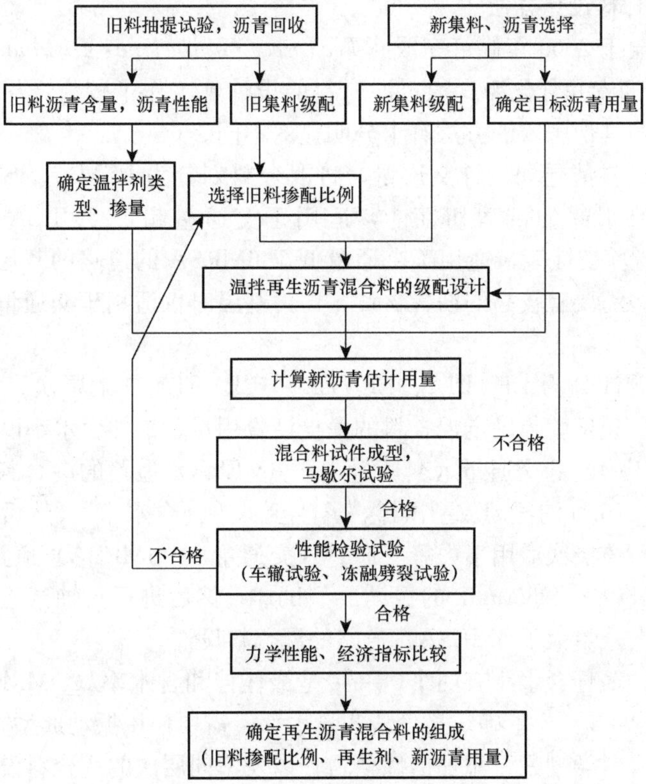

图 7-32 温拌再生沥青混合料组成设计流程图

7.4.4 冷再生沥青混合料组成设计

乳化沥青和泡沫沥青的冷再生技术，是在 20 世纪 80 年代末期才真正开始发展起来的，在较长的一段时间内，冷再生混合料缺少规范的设计方法。随着对混合料工程性能的要求不断提高，很多国家和地区都提出了冷再生混合料设计方法，但是目前还没有全球普遍认可的设计方法，即便在美国，各个州的冷再生混合料设计方法也各不相同。

1. 美国各州的混合料设计步骤方法

（1）AASHTO 修正的马歇尔法。该方法建议使用铣刨的材料进行试验，如果使用钻芯破碎试样，则 RAP 的级配需要在施工第一天进行确认。材料评价包括含水率、

RAP级配。混合料的总用水量以3%为准。乳化沥青用量以0.5%递增，每个乳化沥青用量制作3个试样。试样双面各击实50下，在试模中以60℃养生6h，然后在室温下养生12h。然后对试样进行毛体积密度、最大密度、60℃的稳定度和流值的检测，从而确定最佳乳化沥青用量。保持乳化沥青用量不变，改变总水量为2.0%、2.5%、3.0%、3.5%、4.0%等制作试样，要求得到的空隙率在9%～14%之间。

（2）ARRA方法。美国再生沥青路面协会（ARRA）在其《沥青路面再生技术手册》中提出了可以采用马歇尔、维姆法、俄勒冈估计法三种设计冷再生混合料。

2. 南非的混合料设计方法

南非沥青协会于2009年修订完成《*Technical Guide line：Bitumen Stabilized Materials*》，对泡沫沥青和乳化沥青稳定混合料的设计施工作了较为详尽的规定。其中的混合料设计方法与其他国家的方法有十分明显的不同。

（1）根据原材料情况和设计交通量，将混合料划分为BSM1、BSM2、BSM3三个级别。BSM1具有很好的抗剪切性能，适用于交通量超过6MESA的道路的基层；BSM2有较好的抗剪切性能，适用于交通量低于6MESA的道路的基层；BSM3一般含有大量的土或砂，需要有较高的沥青含量，作为基层时仅适用于交通量低于1MESA的道路。

（2）混合料设计分为LEVEL1、LEVEL2、LEVEL3三个层次。LEVEL1的主要设计内容是通过劈裂试验等确定混合料的最佳沥青用量、最佳含水率以及是否需要添加填料等，它适用于确定低交通量（交通量小于3MESA）道路的混合料设计。LEVEL2采用ϕ150mm×127mm的振动成型试样，养生至“平衡含水率”，然后通过劈裂强度制备优化沥青含量，该层次适用于中等交通量（交通量3～6MESA）道路的混合料设计。LEVEL3采用ϕ150mm×300mm的振动成型试样，然后进行三轴试验，该层次设计适用于大交通量（交通量大于6MESA）道路的混合料设计。

（3）混合料的最佳含水率有两个，一个是最佳拌和含水率（OMMC），一个是最佳击实含水率（OCMC）。为了确定最价击实含水率，需要使用振动成型方法。

（4）不同结合料类型是否添加活性填料，以及不同层次的混合料设计，采用不同的混合料养生方法。LEVEL1设计：无论是乳化沥青还是泡沫沥青混合料，均采用无密封、40℃养生72h，养生完成时混合料的含水率一般低于0.5%；LEVEL2和LEVEL3设计中使用的ϕ150mm试样，首先是无密封、在30℃烘箱中养生20h（泡沫沥青混合料）或者26h（乳化沥青混合料），然后用塑料袋分开密封，在40℃烘箱中养生48h，且每24h更换一次塑料袋。试样测试前需要冷却至常温并放入新的塑料袋中密封保存，避免水分的散失。

（5）增加了抗水损坏性能试验，南非规范中将残余黏聚力作为判断混合料类型的重要指标之一：BSM1型混合料的残余黏聚力应大于75%；BSM2型混合料的残余黏聚力在60%～75%范围内；BSM3型混合料的残余黏聚力为50%～60%。

3. 我国冷再生沥青混合料组成设计

（1）材料技术要求。

1）道路石油沥青。再生混合料使用的道路石油沥青，以及制作乳化沥青、泡沫沥青使用的道路石油沥青应符合现行施工规范的规定。

2）乳化沥青。厂拌冷再生、就地冷再生用乳化沥青的技术要求见表7-12。通常情况下，厂拌冷再生由于需要运输，宜采用慢裂型乳化沥青，以便有充足的可施工时间；就地冷再生宜采用中裂型或慢裂型乳化沥青。为了避免乳化沥青过快破乳影响使用，乳化沥青应在常温下使用，使用温度不宜高于60℃。

表7-12 冷再生用乳化沥青质量要求

试验项目		单位	质量要求	试验方法
破乳速度		—	慢裂或中裂	T 0658
离子电荷		—	阳离子（+）	T 0653
筛上残留物（1.18mm），不大于		%	0.1	T 0652
黏度	恩格拉黏度计 E_{25}	—	2～30	T 0622
	道路标准黏度计 $C_{25,3}$	s	7～100	T 0621
蒸发残留物	残留分含量，不小于	%	62	T 0651
	溶解度，不小于	—	97.5	T 0607
	针入度（100g，25℃，5s）	0.1mm	50～300	T 0604
	延度（15℃），不小于	cm	40	T 0605
与粗集料的黏附性，裹覆面积，不小于		—	2/3	T 0654
与粗、细粒式集料拌和试验		—	均匀	T 0659
常温贮存稳定性	1d，不大于	%	1	T 0655
	5d，不大于		5	

3）泡沫沥青。厂拌冷再生、就地冷再生用泡沫沥青的技术要求见表7-13。

表7-13 泡沫沥青技术要求

试验项目	技术要求	试验方法
膨胀率（倍），不小于	10	JTG F41—2008附录E
半衰期（s），不小于	8	JTG F41—2008附录E

4）集料。冷再生用粗细集料质量应满足现行《沥青路面施工技术规范》的要求。单一粗细集料质量不能满足要求，但集料混合料性能满足要求的，可以使用。

5）水泥、石灰、矿粉。水泥作为再生结合料或者活性添加剂时，可以采用普通硅酸盐水泥、矿渣硅酸盐水泥、火山灰硅酸盐水泥。水泥的初凝时间应在3h以上，终凝时间宜在6h以上，不应使用快硬水泥、早强水泥。水泥强度等级宜为32.5或42.5。

6）水。制作乳化沥青、泡沫沥青用水，以及冷再生用水应为可饮用水。使用非饮用水，应经试验验证，不影响产品和工程质量时方可使用。

7）废旧沥青路面材料（RAP）厂拌再生时，RAP必须经过预处理后方可使用。厂拌再生时经过预处理的RAP以及就地再生时RAP样品，应按表7-14的各项技术指标进行检测。

表 7-14 厂拌冷再生和沥青层就地冷再生时 RAP 的检测项目与质量要求

<table>
<tr><th>材　料</th><th>检测项目</th><th>技术要求</th><th>试验方法</th></tr>
<tr><td rowspan="4">RAP</td><td>含水率</td><td>实测</td><td rowspan="4">JTG F41—2008 附录 A</td></tr>
<tr><td>RAP 级配</td><td>实测</td></tr>
<tr><td>沥青含量</td><td>实测</td></tr>
<tr><td>砂当量（%）</td><td>>50</td></tr>
<tr><td rowspan="4">RAP 中的沥青</td><td>针入度</td><td>实测</td><td rowspan="4">抽提，《公路工程沥青及沥青混合料试验规程》JTG F052—2000</td></tr>
<tr><td>60℃黏度</td><td>实测</td></tr>
<tr><td>软化点</td><td>实测</td></tr>
<tr><td>15℃延度</td><td>实测</td></tr>
<tr><td>RAP 中的粗集料</td><td>针片状颗粒含量、压碎值</td><td>实测</td><td rowspan="2">抽提，《公路工程集料试验规程》JTG E42—2005</td></tr>
<tr><td>RAP 中的细集料</td><td>棱角性</td><td>实测</td></tr>
</table>

注：冷再生层用于公路等级低或者是所处层位较低时，RAP 中的沥青性能指标和粗细集料指标可有选择地检测。

（2）冷再生混合料的技术要求。

乳化沥青冷再生混合料设计指标应满足表 7-15 的要求，泡沫沥青冷再生混合料设计指标应满足表 7-16 的要求，无机结合料稳定冷再生混合料性能应满足表 7-17 的要求。

表 7-15 乳化沥青冷再生混合料设计技术要求

<table>
<tr><th colspan="2">试验项目</th><th>技术要求</th></tr>
<tr><td colspan="2">空隙率</td><td>9%～14%</td></tr>
<tr><td rowspan="2">劈裂试验（15℃）</td><td>劈裂强度（MPa），不小于</td><td>0.40（基层、底基层）
0.50（下面层）</td></tr>
<tr><td>干湿劈裂强度比（%），不小于</td><td>75</td></tr>
<tr><td rowspan="2">马歇尔稳定度试验（40℃）</td><td>马歇尔稳定度（kN），不小于</td><td>5.0（基层、底基层）
6.0（下面层）</td></tr>
<tr><td>浸水马歇尔稳定度（kN），不小于</td><td>75</td></tr>
<tr><td colspan="2">冻融劈裂强度比 TSR（%），不小于</td><td>70</td></tr>
</table>

注：1　任选劈裂试验和马歇尔稳定度试验之一作为设计要求，推荐使用劈裂试验。
　　2　空隙率宜控制在 12%以内。

表 7-16 泡沫沥青冷再生混合料设计技术要求

<table>
<tr><th colspan="2">试验项目</th><th>技术要求</th></tr>
<tr><td rowspan="2">劈裂试验（15℃）</td><td>劈裂强度（MPa），不小于</td><td>0.40（基层、底基层）
0.50（下面层）</td></tr>
<tr><td>干湿劈裂强度比（%），不小于</td><td>75</td></tr>
<tr><td rowspan="2">马歇尔稳定度试验（40℃）</td><td>马歇尔稳定度（kN），不小于</td><td>5.0（基层、底基层）
6.0（下面层）</td></tr>
<tr><td>浸水马歇尔稳定度（kN），不小于</td><td>75</td></tr>
<tr><td colspan="2">冻融劈裂强度比 TSR（%），不小于</td><td>70</td></tr>
</table>

注：任选劈裂试验和马歇尔稳定度试验之一作为设计要求，推荐使用劈裂试验。

表 7-17 无机结合料稳定冷再生混合料技术要求

检测项目		再生结合料类型			
		水泥		石灰	
		快速路、主干路	其他等级道路	快速路、主干路	其他等级道路
无侧限抗压强度（MPa）	基层，不小于	3～5	2.5～3	—	0.8
	底基层，不小于	1.5～2.5	1.5～2.0	0.8	0.5～0.7

1）劈裂强度。

在路面结构中，乳化沥青（泡沫沥青）稳定的冷再生混合料材料层可能会在车辆荷载作用下产生拉应力，因此设计指标提出了劈裂强度的要求。将干湿劈裂强度比、TSR作为设计指标，主要是为了控制冷再生混合料的水稳定性。

2）空隙率。

如果乳化沥青（泡沫沥青）冷再生混合料的空隙率过高，混合料性能特别是强度和抗水损害能力会较差。因此，在冷再生混合料的设计中，应充分重视混合料的空隙率。美国 AASHTO 提出的设计方法要求冷再生混合料的空隙率是 9%～14%。

尽管乳化沥青（泡沫沥青）冷再生混合料的空隙率远高于热拌沥青混合料（通常设计空隙率为 4%左右），但是空隙率在 9%～14%的冷再生混合料仍然是十分致密的，主要原因是冷再生混合料中空隙率的分布特征与热拌沥青混合料是完全不同的。J. P. Serfassl，J. P. Henrat，X. Carbonneau 采用紫外线照相技术对乳化沥青冷拌混合料和热拌沥青混合料试样中的空隙分布进行了对比分析：热拌混合料采用闪长岩和 70/100 针入度级沥青，沥青用量为 4.8%；冷拌混合料采用相同的石料、沥青和沥青用量（沥青制成 65%含量的乳化沥青，乳化沥青用量 7.2%，折合纯沥青同样为 4.8%）。分析认为，同样空隙率的混合料，乳化沥青冷拌混合料中的空隙小且数量多，而热拌沥青混合料的空隙大而数量少。在所测的试样中，冷拌混合料中空隙为 7200 个，而热拌混合料试样的空隙为 332 个，差异明显。研究认为，冷拌混合料的高空隙率是不可避免的，但是并不会是有害的。

（3）沥青发泡试验。

如果选择使用泡沫沥青，必须采用室内沥青发泡装置对沥青进行发泡试验，确定发泡条件（发泡温度、发泡水量、发泡压力等）以及发泡特征是否满足规范要求。

（4）矿料级配设计与级配范围。

冷再生混合料级配设计的基本原则是降低混合料 VMA，减小空隙率，形成连续密实性级配。因此，宜将级配曲线靠近由 Fuller 公式（7-10）得到的最大密度线附近。

$$P=\left(\frac{d}{D}\right)^n \tag{7-10}$$

式中：P——筛孔的通过率（%）；

d——某筛孔的粒径（mm）；

D——最大粒径（mm）；

n——常数，通常可以取 0.45。

采用连续密实性级配，可以降低冷再生混合料的空隙率，提高混合料的抗剪强度、抗拉强度、抗水损害性能，从而显著改善混合料的路用效果。

1）抗剪强度。冷再生混合料的强度普遍采用 Mohr-Conlumb 理论描述，其抗剪强度主要来源于集料颗粒间的内摩擦力（内摩擦角）和胶结料的黏结力（黏聚力 c）。空隙率越大，混合料受剪时的有效厚度越小，抗剪强度越低。

2）抗拉强度。冷再生混合料的抗拉强度主要来源于胶结料的黏结作用。混合料的空隙率越大，石料间的有效黏结越少，抗拉强度越低。

3）抗水损害性能。冷再生混合料的空隙率越大，水分越容易进入并滞留在冷再生结构层内部，造成混合料抗水损害性能的下降。

我国交通运输部现行《沥青路面再生技术规范》根据上述级配设计理论，参照国外标准并结合我国工程实践情况，提出了冷再生混合料矿料级配范围，见表 7-18、表 7-19 和表 7-20。与热拌混合料相比，冷再生混合料的矿料级配范围比较宽，这也从另外一个侧面说明了冷再生混合料的性能对矿料级配的变化相对不敏感，这对工程应用是有益的。

表 7-18 乳化沥青冷再生混合料工程设计级配范围

筛孔（mm）	各筛孔的通过率（%）			
	粗粒式	中粒式	细粒式 A	细粒式 B
37.5	100	—	—	—
26.5	80～100	100	—	—
19	—	90～100	100	—
16	60～80	—	90～100	100
13.2	—	60～80	60～80	90～100
9.5	25～60	35～65	45～75	60～80
2.75	15～45	20～50	25～55	35～65
0.3	3～20	3～21	6～25	6～25
0.075	1～7	2～8	2～9	2～10

表 7-19 泡沫沥青冷再生混合料工程设计级配范围

筛孔（mm）	各筛孔的通过率（%）		
	粗粒式	中粒式	细粒式
37.5	100	—	—
26.5	85～100	100	—
19	—	90～100	100
16	60～85	—	90～100
13.2	—	60～85	—
9.5	45～55	45～55	45～55
2.75	30～45	30～45	30～45
0.3	10～25	10～25	10～25
0.075	5～10	5～10	5～10

表 7-20 无机结合料稳定冷再生混合料级配范围

筛孔（mm）	各筛孔的通过率（%）		
	1	2	3
37.5	—	—	90～100
31.5	100	—	—
26.5	90～100	—	66～100
19	72～89	—	54～100
9.5	47～67	—	39～100
4.75	29～49	50～100	28～84
2.36	17～35	—	20～70
1.18	—	—	14～57
0.6	8～22	17～100	8～47
0.075	0～7	0～30	0～30

（5）最佳含水率的确定。

参照《公路土工试验规程》JTG F40—2007 T 0131 的方法，对合成矿料进行击实试验，确定最佳含水率。规范中的最佳含水率是获得最大干密度时冷再生混合料所需要的水量，这与有些国家或机构标准中采用获得最佳拌和状态时的含水率是不同的。

（6）最佳沥青用量的确定和混合料性能检验。

1）以预估的沥青用量为中值，按照一定间隔变化形成 5 个乳化沥青（泡沫沥青）用量，保持最佳含水率不变，制备马歇尔试件。

2）测定试件的毛体积相对密度。

3）对乳化沥青混合料，在成型马歇尔试件的同时，按照《公路工程沥青及沥青混合料试验规程》中的 T 0711 真空法实测各组再生混合料的最大理论相对密度。

4）将各组油石比试件进行 15℃劈裂试验、浸水 24h 劈裂试验（或马歇尔稳定度和浸水马歇尔稳定度试验）。

5）根据劈裂强度试验和浸水劈裂强度试验结果（或马歇尔稳定度和浸水马歇尔稳定度试验结果），结合工程经验，综合确定最佳乳化沥青用量 OEC 或最佳泡沫沥青用量 OAC。

通常情况下，可以以油石比或沥青用量为横坐标，以劈裂强度（或马歇尔试验结果）为纵坐标，将试验结果点入图中，连成圆滑曲线，求取相映于劈裂强度（或马歇尔稳定度）最大值、浸水劈裂强度（或浸水马歇尔残留稳定度）最大值、干湿劈裂强度比（残留马歇尔稳定度）最大值的沥青用量（a_1、a_2、a_3），以三者的平均值作为最佳化沥青用量 OEC 或最佳泡沫沥青用量 OAC。

按照《公路工程沥青及沥青混合料试验规程》中的 T 0716 冻融劈裂试验方法对混合料性能进行检验，试验结果应该满足技术要求。

7.5 路面防排水

改扩建路面设计应考虑路面防排水，遵循“以防为主、防排结合”。路面排水设计应在既有路面排水系统的基础上进行改造优化设计，重新验算排水能力，设计排水出路。路面拼接缝部位应喷涂黏结沥青。路面排水设计时应兼顾施工期间的排水，以保证施工期间不积水。桥面沥青铺装整体铣刨重铺时，应重新设置防水层。

重点做好路面内部系统的排水，路面内部排水系统可由路面边缘排水系统、排水基层或排水垫层单独或组合构成。遇有下列情况之一时，宜设置路面内部排水系统：

(1) 年降水量为 600mm 以上的湿润多雨地区，路床由渗透系数不大于 10^{-4}mm/s 的细粒土填筑的高速公路。

(2) 路基两侧有滞水，可能渗入路面结构内。

(3) 重冰冻地区，路床为粉性土的潮湿路段。

(4) 需排除积滞在路面结构内的水。

路面内部排水系统中各种排水设施的设计排泄量均应不小于路面表面水渗入量的 2 倍。

1. 路面边缘排水系统

改扩建高速公路工程，需重新构建的路面边缘排水系统，路面内部边缘排水系统由透水性填料集水沟、纵向排水管、横向出水管和过滤织物组成（图 7-33）。

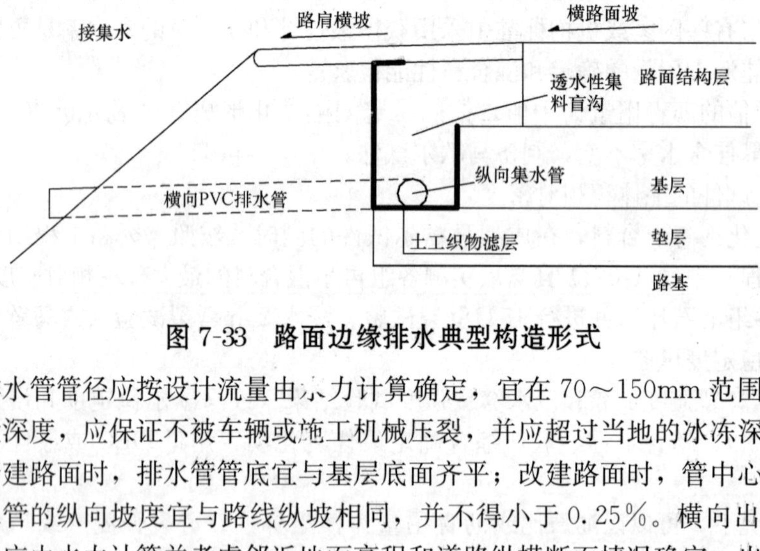

图 7-33　路面边缘排水典型构造形式

纵向排水管管径应按设计流量由水力计算确定，宜在 70～150mm 范围内选用。排水管的埋设深度，应保证不被车辆或施工机械压裂，并应超过当地的冰冻深度。在非冰冻地区，新建路面时，排水管管底宜与基层底面齐平；改建路面时，管中心应低于基层顶面。排水管的纵向坡度宜与路线纵坡相同，并不得小于 0.25%。横向出水管径间距和安设位置应由水力计算并考虑邻近地面高程和道路纵横断面情况确定。出水管的横向坡度不宜小于 5%。

集水沟底面的最小宽度，对新建路面，不应小于 300mm；对改建路面，应保证排水管两侧各有至少 50mm 宽的透水填料。

2. 排水基层或排水垫层

路表面渗入路面结构的水量大，仅设置路面边缘排水系统难以迅速排除时，可在面层下设置排水基层，地下水丰富的低填和挖方路段的路基顶面应设置排水垫层。路面内部设置专门排水层，排水层的主要功能是聚集渗透进路面的水，在允许时限内，将水排至路面边缘排水系统。排水层的材料可采用开级配沥青稳定碎石、开级配水泥稳定碎石或级配碎石。

排水基层厚度 H_b 应根据所需排放的水量和基层材料的渗透系数，通过式（7-11）计算确定，并满足最小厚度的要求。采用沥青处治碎石时，最小厚度不得小于 60mm；采用水泥处治碎石时，最小厚度不得小于 80mm；采用级配碎石时，最小厚度不得小于 120mm。排水基层的宽度应根据面层施工需要确定，宜超出面层宽度 300～900mm 。

$$H_b = \frac{Q_{cb}}{k_b i_h} \tag{7-11}$$

式中：Q_{cb}——纵向每延米排水基层的泄水能力 [$m^3/(d \cdot m)$]；

k_b——排水基层设计渗透系数（m/d）；

i_h——基层横坡。

渗入水在路面结构内的最大渗流时间，冰冻地区不应超过 1h，其他地区不应超过 2h。渗入水在排水基层内的渗流时间可按式（7-12）计算确定：

$$T \approx 0.69 \frac{n_e L_t}{k_b J_0} \tag{7-12}$$

$$L_t = B\sqrt{1+\frac{i_z^2}{i_h^2}} \tag{7-13}$$

式中：T——渗流时间（h）；

n_e——排水基层的有效空隙率；

L_t——渗流路径长（m）；

k_b——排水基层的渗透系数（m/s）；

J_0——路面合成坡度；

i_z——基层纵坡。

美国 AASHTO 对排水基层的排水能力进行分级，见表 7-21，建议 2h 内排出 50% 的可排水。

表 7-21 排水层的排水能力

排 水 能 力	排 水 时 间
优	2h
良	1d
中	7d
差	1月
很差	无法排水

确定排水能力需要路面设计要素、材料特性。例如道路几何要素（横坡、纵坡、车道宽度）、排水基层厚度、排水集料的孔隙率和有效孔隙率。使用这些参数，就可以计算出排水时间参数。在这些信息的基础上，选择最终设计方案。美国 AASHTO2002 排水层设计方法如下：

（1）假定一个期望排水度 U，对于标准高速公路，$U=0.5$。

（2）选择排水基层的厚度 H。

（3）根据实验室试验确定拟用基层材料的渗透系数 k。

（4）根据已知道路的纵坡 S、横坡 S_X、透水性基层宽度 W，计算综合长度 L_R 和综合坡度 S_R。

$$L_R=W\left[1+\left(\frac{S}{S_X}\right)^2\right]^{1/2} \tag{7-14}$$

$$S_R=(S_X^2+S^2)^{1/2} \tag{7-15}$$

（5）根据已知的毛体积比重 G_{sb}、容重 γ_d、失水系数 W_L，计算出基层材料的孔隙率 N 和有效孔隙率 N_e。

$$N=\left(1-\frac{\gamma_d}{9.81\times G_{sb}}\right) \tag{7-16}$$

$$N_e=N\times W_L \tag{7-17}$$

（6）使用式（7-18）计算从饱和透水性基层（$U=0.5$）中排出 50%可排水，所需要的排水时间。将这个值与期望值相比较，如果不满足，改变参数重新计算，直到得到期望值为止。

$$t_{50}=\frac{N_e+L_R^2}{2k(S_RL_R+H)} \tag{7-18}$$

路基与排水层之间要设置隔离层，形成一道不透水的屏障，使水分沿排水基层水平排至路面边缘排水系统。

第八章 桥 涵

8.1 概 述

桥涵是高速公路线路的组成部分，改扩建桥涵包括既有构筑物的处治和构筑物拓宽设计，一般需遵循以下原则：

（1）最大限度利用既有结构，以便最大限度节省投资，且安全可靠、适用耐久、经济合理、新老桥兼顾。

（2）桥涵改扩建施工应尽量做到对原有交通的影响最小。

（3）桥梁上部结构宜采用同结构、同跨径的梁或板进行拼接，下部结构形式也宜与老桥相似。

（4）新旧结构的外部尺寸应考虑景观一致性，横向拼接后的受力及变形应协调一致，其结构应保持整体使用功能。

（5）应对既有桥涵结构病害进行综合调查评估，并采用修复、加固等处治措施。

改扩建的新旧部分采用的技术规范有可能不一样，但是扩建部分是在现有的技术规范要求下进行，因此需要按照现有的技术规范和标准进行设计和施工。主要的技术规范如下：

（1）《公路桥涵设计通用规范》JTG D60—2015

（2）《公路桥梁技术状况评定标准》JTG/T H21—2011

（3）《公路养护技术规范》JTG H10—2009

（4）《高速公路改扩建设计细则》JTG/T L11—2014

（5）《公路桥梁加固设计规范》JTG/T J22—2008

（6）《公路桥梁加固施工技术规范》JTG/T J23—2008

（7）《公路桥涵施工技术规范》JTG/T F50—2011

8.2 既有桥梁、涵洞处治

8.2.1 既有结构的检测与评估

改扩建实施前，应按《桥梁状况评定标准》和《公路养护规范》对既有桥梁、涵洞等结构进行检测评估，判断是否需要维修加固，并确定维修和加固的内容和方案，使之满足改扩建后的使用要求。

1. 检测与评估的目的

检测是通过仪器检查、测量、试验来掌握桥梁结构在试验荷载作用下实际工作状态，判定结构的承载能力和使用性能，检验设计和施工质量。通过对既有结构的检测与评价，可为其使用安全可靠性及维修加固提供必要依据。检测评估目的为：

（1）检测桥梁各部位出现裂缝、错位等缺陷的严重程度，判断对实际承载力的影响。

（2）评估既有桥梁的使用性能和承载能力。桥梁因施工措施不当、在运营期间遭受如洪水等灾害的损害、交通荷载大量增长等情况，就有必要进行检测和评价。

（3）原来按旧标准荷载等级建设的桥梁，经过多年的使用，有些是长期超负荷服役，对其继续使用的安全性能，需要通过检测进行评价。

2. 既有桥梁结构的检测

按照检测的范围、深度、方式和检查结果的用途等不同，桥梁检测大致可归纳为经常性检测、定期检测和特殊性检测三类。经常性检测以直接目测为主，配合简单的工具量测，对所需检查的桥梁技术状况和主要存在问题形成一个总体印象，以便能对它们进行初步排序，并为进一步的检查做技术准备。定期检测以目测结合仪器检查为主，对桥梁各部位进行详细检查，通过对结构物进行彻底的、视觉的和系统的检查，建立结构管理和养护档案，对结构缺损状况作出评估，评定结构构件和整体结构技术状况，确定改进工作和特别检查之需求，并确定结构维修、加固或更换的优先排序。特殊性检测是采用仪器设备等特殊手段和科学分析方法分析桥梁病害的确切原因和程度，确定桥梁技术状态，以采取相应的加固和改造措施。

高速公路桥梁进行改扩建前，除需进行一般的外观检查外，亦要进行结构材料的物理、力学性能检测（如强度、弹性模量），病害严重时应进行结构静动载试验。此外，还需开展针对桥梁结构及附属设施的特殊性检测，即分别对桥面系、支座、上部结构和下部结构进行系统性检查。

（1）桥面系检查。

具体检查内容包括：桥面铺装层裂缝与损坏程度、桥头跳车、防水层漏水以及其他病害，人行道及铺装破损情况；伸缩缝损坏、变形、脱落、填料变形、淤塞、漏水程度；人行道、栏杆和护栏有无断裂、错位和锈蚀等；桥面横坡、纵坡舒适度，积水情况和排水设施是否完好。

（2）支座检查。

检查支座功能是否完好，组件是否完整、清洁，有无断裂、错位和脱空现象。

（3）上部结构检查。

首先观测有无异常变形、裂缝、振动或摆动，然后检查各部件的技术状况和异常原因。简支梁桥重点检查部位：支座截面处、1/4截面处、跨中截面处；连续梁、悬臂梁重点检查部位：支座截面处、跨中截面处、反弯点，最大负弯矩截面处。

高速公路应用较多的钢筋混凝土和预应力混凝土桥梁上部结构检查重点内容为：混凝土有无大于0.2mm的裂缝，是否存在腐蚀、渗水、表面风化、剥落、露筋和钢筋锈蚀等现象，有无整体龟裂和强度降低的现象；预应力钢束锚固区混凝土有无开裂，混凝土纵向有无裂缝和水侵害。

（4）下部墩台和基础检查。

墩台基础是否滑动、倾斜和下沉；台背填土有无沉降裂缝或隆起；混凝土墩台及盖梁有无冻胀、风化、开裂、露筋等；石砌墩台有无砌块断裂、脱开、变形，泄水孔是否堵塞，防水层是否破坏；横系梁连接处是否开裂、破损；墩台防震设施是否有效；基础下是否发生冲刷和掏空现象。

3. 桥梁、涵洞结构检测的综合评定

根据《桥梁状况评定标准》明确检查项目的缺损情况和性能状况，进行桥梁总体及主要部件技术状况评定等级，总体技术状况评定等级共分为5类。根据综合评估结果，既有桥梁技术状况评价等级为1类、2类的可原位利用，3类的经维修、加固达到1类或2类的可以利用，4类的宜拆除重建，5类的应拆除重建。

涵洞检测综合评定可根据《公路桥涵养护规范》进行总体技术状况及排水适应状况评定等级，评价既有涵洞的过水能力、承载能力、涵身稳定、渗漏情况、细部完整等项目，对涵洞的技术状况综合做出好、较好、较差、差、危险等五个级别的评定，并提出日常养护、维修、加固、改建等建议。既有涵洞技术状况评价等级为1类的可原位利用，2类的经维修后可利用，3类宜拆除重建。

8.2.2 桥面系病害处治

1. 护栏、栏杆

钢筋混凝土防撞护栏普遍存在竖向开裂、剥落露筋、混凝土破损等现象（图8-1、图8-2），轻者可灌注环氧树脂，重者应凿除破损部分，重新修补完整。栏杆扶手、立柱存在松动缺失、断裂、生锈起皮等病害的应按原样修复。

图8-1 防撞护栏混凝土破损

图8-2 防撞护栏竖向裂缝

2. 桥面铺装

高速公路桥梁桥面铺装的常见病害为纵横向裂缝、沥青铺装层在车辆荷载反复作用下产生的车辙、波浪和鼓包等破坏形式（图8-3、图8-4）。铺装层的开裂破坏，为雨水侵蚀桥面板提供了途径，钢筋的锈蚀会直接影响桥梁功能，应及时进行修复。如果出现表面车辙、波浪、碎裂等表面破坏，应将破损部分凿除，及时修复。损坏面较大者，应将整孔凿除，重新铺设铺装。

桥面防水层如有损坏，修补后其防水性能、整体强度与下层黏结强度和耐久性等指标应满足原设计要求。

图 8-3 桥面铺装横向裂缝

图 8-4 桥面铺装剥落

3. 伸缩缝

伸缩缝处治要视其病害的程度而采取不同的措施：对于橡胶条拉裂、老化或脱落，但其他部位完好的伸缩缝，仅需更换跨缝材料（图 8-5）；对于锚固混凝土的破碎或出现粗长裂缝，但型钢及伸缩缝钢筋完好、使用功能未受损害的伸缩缝，则酌情对锚固混凝土重新浇筑（图 8-6）；对于型钢或钢筋裸露、变形，而致使使用功能明显受损的伸缩缝，则需要更换整个伸缩缝装置，包括跨缝材料和锚固件。

图 8-5 伸缩缝橡胶条破损

图 8-6 缩缝安装混凝土破损

4. 排水系统

排水系统的常见病害为因泄水管产生局部破裂、损伤，出现了洞穴或裂纹而产生漏水现象；泄水管体脱落，主要由于接头连接不牢或接口损坏而产生掉落，失去排水作用。为了确保桥梁的正常运营，损坏的排水系统应进行更换。对于泄水管道内被泥石杂物堵塞引起的排水不畅，水流不通等应及时疏通。

8.2.3 混凝土病害处治

1. 混凝土裂缝

混凝土桥梁上部结构最主要病害是裂缝（图 8-7、图 8-8），主要发生的位置在梁的跨中、支座两侧、梁侧面以及梁底。混凝土结构裂缝是由材料内部的初始缺陷、微裂缝的扩张引起的。引起裂缝的原因很多，可以归纳为结构性裂缝和非结构性裂缝。

结构性裂缝主要由外荷载引起，其分布与宽度都与外荷载密切相关。对结构性裂缝，应根据裂缝等级的不同，分别采取下列措施：

（1）当裂缝宽度大于允许最大裂缝宽度时，应查明开裂原因，进行裂缝危险评估，确定处理措施；

（2）预应力混凝土构件受压区，一旦发现裂缝，应立即封闭交通，严禁车辆和行人在桥上、下通行，并委托有资质的检测部门进行结构承载力评估，判别裂缝的危害程度，并提出相应的处治措施；

（3）预应力混凝土构件受拉区出现结构性裂缝，应进行裂缝危害性评估，确定处理措施。

非结构性裂缝主要由温度、收缩引起。结构变形受到限制时，在结构内部就会产生自应力，当自应力达到混凝土的抗拉极限时，就会引起混凝土裂缝。对于非结构性裂缝，应封闭处理。当裂缝宽度小于或等于规定值时，应采用化学灌浆方法进行处理；如果大于规定值，应采用压力灌浆法灌注环氧树脂胶。

图 8-7 空心板梁底板横向裂缝

图 8-8 空心板梁外侧腹板竖向裂缝

2. 混凝土碳化、剥蚀及钢筋锈蚀

钢筋混凝土结构桥梁受所处地理位置的环境影响，再加上其本身材料容易受到环境侵蚀，易发生混凝土碳化和氯离子侵蚀和钢筋锈蚀等病害（图 8-9、图 8-10）。

混凝土碳化是指混凝土中的氢氧化钙与渗透进混凝土中的二氧化碳或其他酸性气体发生化学反应的过程。碳化作用的实质是商品混凝土失去碱性的现象，当钢筋表面的 pH 值降到 10 以下时，钢筋的钝化膜被破坏，混凝土也就失去了对钢筋的保护作用，在水与空气存在的条件下，钢筋开始锈蚀，锈蚀引起体积膨胀使混凝土保护层遭到破坏，从而发生界面出现裂缝及保护层剥落等现象。

混凝土桥梁的另一种腐蚀破坏是氯离子的侵蚀。钢筋混凝土结构受外界环境中的氯离子侵蚀，出现了开裂、钢筋锈胀等大量病害，将影响结构的安全使用。

对于已经发生混凝土碳化、剥蚀的混凝土应凿去已经松动的保护层，直至露出完好的混凝土，并清除钢筋锈迹，涂刷防锈剂，采用环氧树脂或聚合物类修补材料进行修补。修补材料必须与原混凝土结合良好，成为一体。凿除混凝土不得明显降低结构承载力，必要时分批修补。

图 8-9 梁内侧翼板剥落露筋图

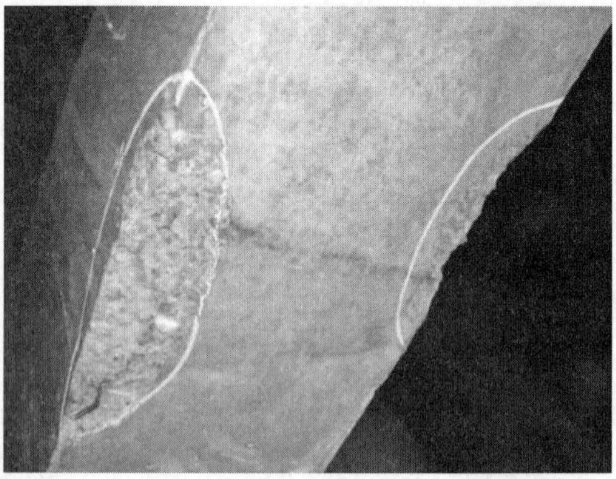

图 8-10 主梁底面混凝土剥落

8.2.4 下部结构病害处治

1. 支座

板式橡胶支座的常见病害是脱空、剪切变形、老化失效等缺陷，盆式橡胶支座的主要病害是固定螺栓剪断、螺母松动等；部分支座出现钢垫板锈蚀、垫块开裂破损等现象（图 8-11、图 8-12）。对于出现病害的支座应进行整修或更换，更换支座时可进行桥梁顶升。

图 8-11 支座剪切变形

图 8-12 支座老化开裂

2. 墩台、基础

墩台、基础的混凝土裂缝及钢筋锈蚀等病害的处置方法同 8.2.3 混凝土病害处置方法。墩台发生水平位移和倾斜，应分析原因，制订合理的加固方案进行加固；墩台基础沉降和位移超过容许限值时，应采取相应措施予以纠偏及加固。

8.3 桥梁拼宽

8.3.1 拼宽方式

对于高速公路的桥梁拼宽连接，控制新老桥间的沉降差是必要条件。根据沈阳大连、沪宁、沪杭甬等国内外高速公路改扩建的设计经验，并结合桥梁上、下部结构形式，新老桥之间，从上部结构、墩台盖梁等下部结构，有相互连接和不连接的不同方案。目前高速公路桥拼宽拼接方式主要有三种，即：

1. 上部结构、下部结构均连接（简称“上、下均连”）

为使拓宽新桥与老桥形成完整的整体，减小各种荷载（包括基础不均匀沉降、汽车活载、温度荷载等）作用下新老桥连接处产生的变形，减小上、下结构某些部位的内力，将拓宽桥梁的上部结构与老桥对应部位横向通过植筋、浇注湿接缝等方式连接起来，既有桥梁下部结构的桥墩、桥台帽梁及系梁也通过植筋技术将钢筋和拓宽部分新桥相应部位钢筋连接，然后浇筑混凝土，将新老桥梁连为一体。

该连接方式优点是将拓宽桥、既有桥梁之间联系成整体，拼接后桥梁整体性较好。但也存在如下不足：拓宽桥基础沉降大于老桥，由此产生的附加内力较大，易造成下部构造的盖梁、墩台连接处产生裂缝；上部构造连接处也可能出现裂缝，增加维护工作量，甚至影响结构安全。另外，下部结构连接必须采用植筋技术，工程成本相应增高，施工也较复杂。

上部主梁新老结构连接方式有两种方式，即仅通过翼缘板连接和通过翼缘板及横隔梁连接。下部结构拓宽时，拓宽墩台结构应尽量与旧墩台外形保持协调一致。下部结构的连接方式有植筋连接、设置角钢连接等，如图 8-13 所示。采用植筋连接工艺较复杂，但连接后外观比较协调美观。设置角钢连接施工工艺较简单，适应性强，且当盖梁高程不等时，仍可以实现下部结构的连接，但结构的外观较差，连接刚度也较弱。

图 8-13　下部结构设置角钢连接

2. 上部结构、下部结构均不连接（简称“上、下均不连”）

为使拓宽桥与老桥各自受力明确、互不影响，减小连接的施工难度，桥梁拓宽部分与原桥的上部结构和下部结构均不连接，新、老结构之间留工作缝，桥面沥青混凝土铺装层连续摊铺。图 8-14 为新旧桥梁分离式结构示意图。对于高速公路桥梁普遍采用的空心板梁，分离式纵向拼缝的构造如图 8-15 所示。

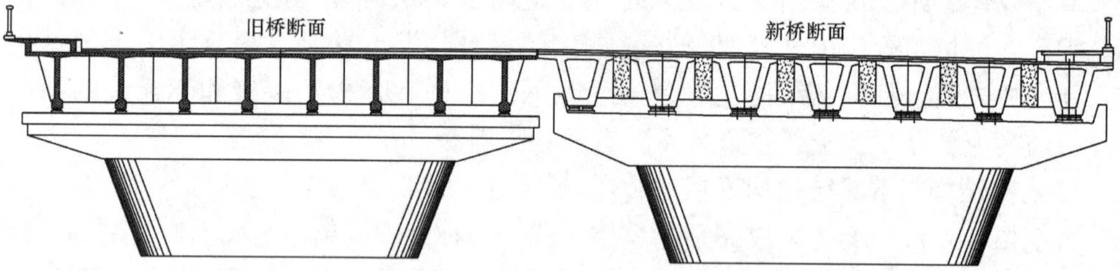

图 8-14 分离式结构示意图

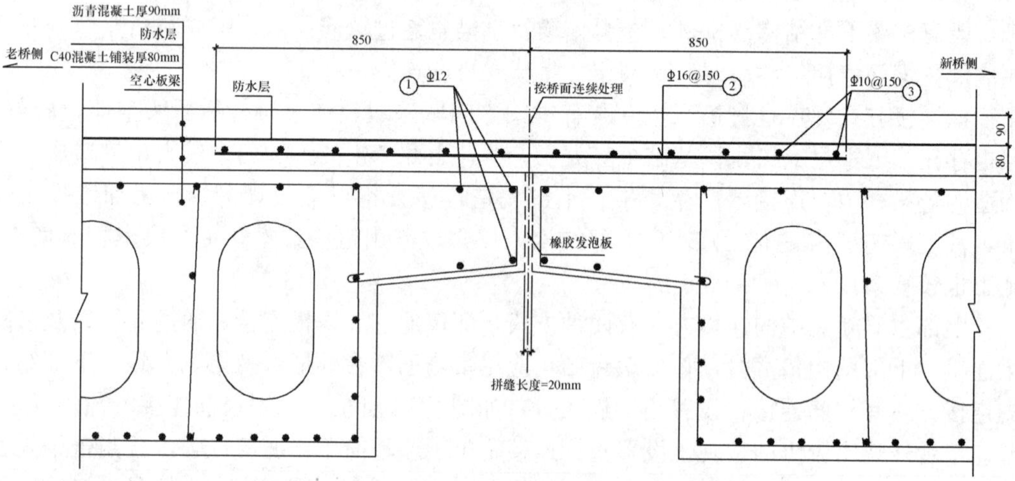

图 8-15 空心板分离式纵向拼缝横断面布置

采用纵向伸缩缝是一种比较好的桥梁拓宽连接方式。这种拼宽方式是在新旧结构之间留一条纵缝，即新老桥和桥面铺装均不连，纵向伸缩缝能够很好地适应新旧桥主梁之间的纵向和竖向变形差，使得新旧桥变形平顺过渡，优化行车条件。该连接方式的优点是拼宽新桥与老桥各自受力明确，互不影响，简化了施工程序，减小了连接部的施工难度，改扩建施工时基本不影响原高速公路交通。但是其不足也是显而易见的，如在汽车活载作用下新老桥主梁产生不均衡挠度以及桥梁拼宽部分的后期变形大于老桥，将会造成铺装层纵向破碎及错台现象，对高速公路运营带来安全隐患，且往往需要封交进行修复。为了避免由桥面铺装到伸缩缝过渡时出现刚度突变，导致运营过程中的铺装破坏，一般纵向伸缩缝两侧要求采用刚性桥面铺装。近年来，也有采用弹性沥青技术解决拼缝的变形问题。即在拼缝顶面铺设弹性沥青，既满足行车平稳舒适性要求，又能适应结构变形，但弹性沥青的使用寿命是仍需重点研究的问题。

3. 上部结构连接、下部结构不连接（简称“上连、下不连”）

综合上述两个连接方式的优缺点，形成第三种横向拼接形式，即上部结构连接，下部结构不连接。该桥梁拼宽方式的优点是拼宽新建桥与老桥上部形成整体，有利于上部结构的受力、行车舒适性及路容美观；下部结构不连接、各自受力相互不影响，可以减少新旧桥间由于基础不均匀沉降而产生的附加内力。其不足之处在于新老桥基础间的沉降差会对老桥上部结构产生附加内力，并使新桥支座有脱空的可能性。为了减小拓宽桥梁的基础差异沉降，新建桥梁尽可能通过合理的桩基布置形式、增加桩长、桩底后注浆及堆载预压工艺、控制上部结构拼接时间等措施减小基础差异沉降。此外，加强运营期间中的检测，一旦沉降差超过限定值，须及时采取措施，以防支座脱空。

从国内高速公路桥梁的改扩建实践效果来看，第三种加宽拼接方式最为可靠，也较容易实施，沪宁高速、河南境内高速公路改扩建中较多推荐采用“上部构造相互连接、下部构造不连接”的方式进行加宽拼接。根据通车几年后的检测结果观察，采用该法施工的桥面使用情况良好，并未出现明显的纵向裂缝。

根据连接刚度的不同，新旧桥上部结构连接又可分成以下三种方式：主梁柔性连接、半刚性连接、主梁刚性连接。

柔性连接是新旧桥之间的一种弱连接。该连接方式削弱了新旧桥之间的连接刚度，后期运营中的收缩、徐变和基础沉降差，以及行车引起的挠度差均以差异变形的方式在铰接构造处释放。

半刚性性连接不仅能传递剪力，还能够传递部分弯矩，既能够较好地解决收缩、徐变和基础不均匀沉降引起的开裂，同时具有相当的刚度，确保运营中接缝位置不出现挠度差，桥面平顺，行车安全。

刚性连接是在新、老桥之间通过湿接横隔板和桥面板实现结构性连接，在运营阶段整体受力。该种连接方式既避免了设置柔性或半刚性的复杂构造，又可以确保桥面平顺、行车安全。新老箱梁间的刚性连接方式如图 8-16、图 8-17 所示。

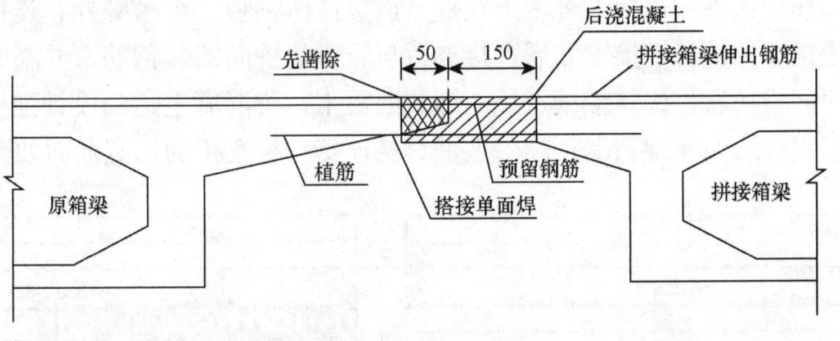

图 8-16 箱梁间的植筋连接方式示意图 （尺寸单位： cm）

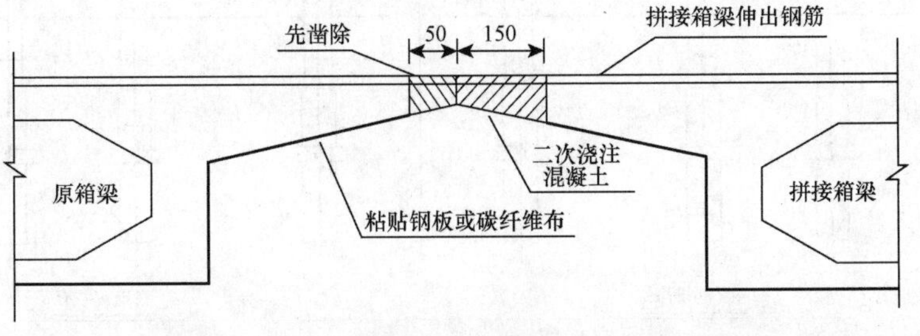

图 8-17 箱梁间的粘钢连接方式示意图 （尺寸单位： cm）

8.3.2 拼宽技术要求

（1）对老桥结构进行切割、凿除时，应严格按结构不被破坏、不降低结构承载能力的原则进行。设计要求尽量采用切割的拆除方式，对混凝土切割面须按施工缝处理，以保证新老混凝土的可靠连接。

（2）拼接部分在拼接之前应尽量减小拓宽部分桥梁的沉降量，并调整跨中上拱度。加大拓宽部分梁板的安装龄期，拼接时间宜控制在上部结构施工完成2～3个月后。对于连续箱梁结构，为减小收缩徐变的影响，建议主体结构完成之后延迟3～5个月再进行拼接连接。

（3）当原桥上部为预应力结构时，考虑到预应力引起的徐变影响，新拼宽桥部分的上部梁板宜按部分预应力混凝土B类构件设计。

（4）为减小新老桥基础沉降差异，在不影响老桥基础承载力的条件下，宜适当加大新桥基础的桩长和桩数。

（5）为控制架设梁、板后的顶面高程与老桥梁、板的顶面高程一致，设计应依据外业实测数据校核新、老桥结构在拼接处的高程。

（6）新老桥上部结构连接宜采用补偿收缩混凝土，并加强养护，尽量避免出现裂缝。

8.3.3 拼宽技术方案实施案例

在整体式路基上的桥梁加宽，在布置原则上要求拼宽桥梁配跨、结构形式与老桥保持一致。桥梁拼宽应尽量减少拆除工程量，并应正确处理好新老梁板间的横向连接，减少半幅封闭施工的时间。

新加宽部分的梁板尺寸与老桥的结构形式基本相同。其拼接加宽步骤为：拆除老桥外侧墙式护栏，在老桥外侧边板上种植连接件（连接件由钢板、种植螺栓、连接钢筋组成），连接件与新板预埋件进行搭接，然后连接老桥与新桥的桥面铺装钢筋，并临时用型钢沿纵向接缝加固两侧梁板后，浇筑接缝及桥面铺装混凝土，待混凝土达到设计强度后，拆除加固用的临时型钢，从而实现新老桥间的上部直接连接。板梁桥的加宽断面如图8-18所示。

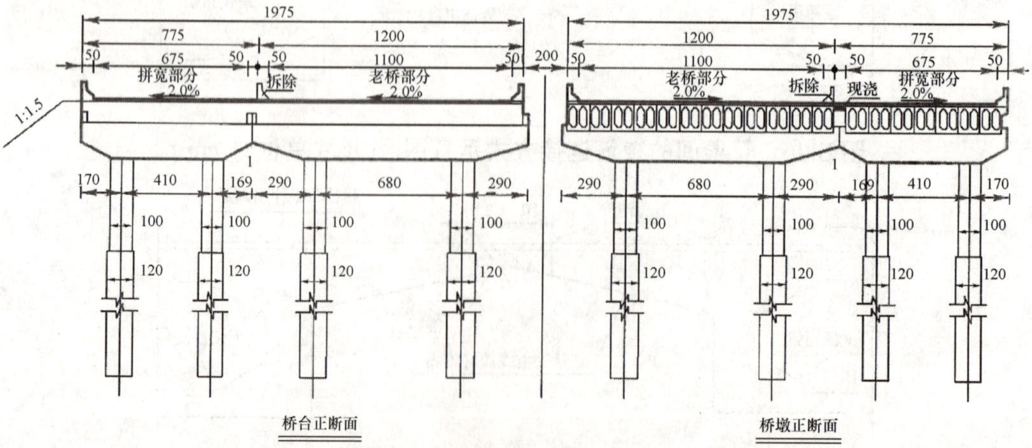

图8-18 空心板桥的加宽断面图（尺寸单位：cm）

以沪宁高速公路（上海段）改扩建为例，主线桥梁以空心板为主，采取在老桥的两侧拼宽桥梁方式进行，新桥为两侧单幅加宽，新老桥梁采取上部结构连接、下部结构不连接的方式，上部新老空心板间通过钢筋混凝土现浇段连接，新老盖梁间不连接，如图8-19所示。形成整体桥后，上部构造间相互传力，而下部构造间各自受力、互不影响。从目前运营接近十几年来看，收到了不错的效果。总之，在桥梁构造物方面，在连接前尽可能释放因变形产生的不均匀内力是防止和减少新老构造物出现纵向裂缝的关键所在。

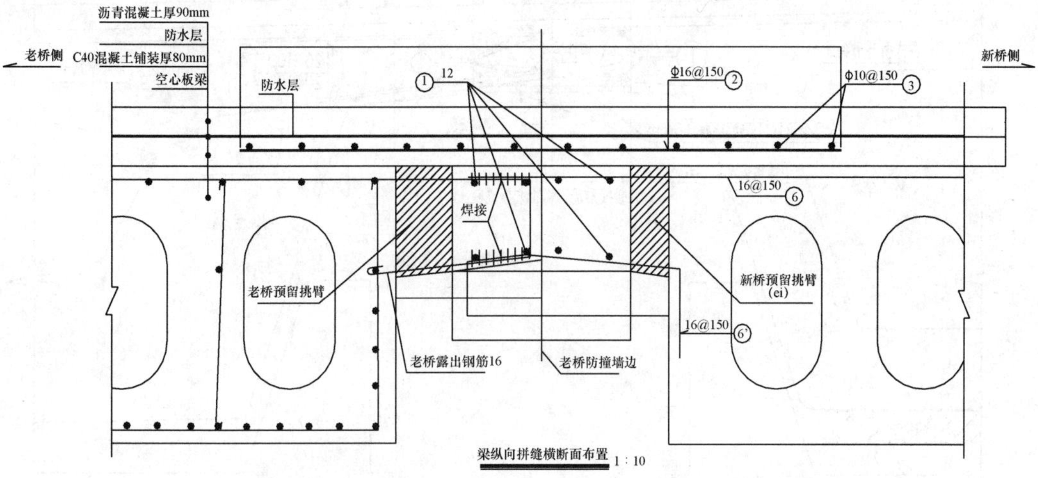

图 8-19 沪宁高速公路（上海段）改扩建的空心板梁刚接纵向拼缝

宁波市福明路立交改扩建项目中，根据拼接箱梁所处的位置不同，采用了不同的上部结构连接方案。对于常规的主线箱梁桥拼宽，上部结构采用刚性连接使新旧桥之间形成整体，共同受力。对于处在分、合流位置处的桥梁拼宽，桥梁整联范围内只有并板处才实现新老桥的合并，即一联内拼宽跨数与老桥跨数不一致，新老桥之间受力相对复杂，为了减小新旧桥拼宽后的互相影响，同时保持桥面平顺，采用了半刚性连接方式。半刚性连接的具体构造措施是：凿除旧桥部分翼缘，新旧桥翼缘通过搭接钢筋形成铰构造，浇筑连接带混凝土后，在其上下缘开 1cm×1cm 槽口，并使用嵌缝胶填充。主梁连接后，在桥面铺装上通过加密铺装层钢筋实现半刚性连接，其构造如图8-20所示。

沈大高速公路桥梁加宽设计采用桥梁单侧拼宽 7.75m 方案，连接方式为上、下部均互相连接，拼宽后单幅桥横断面如图 8-21 所示。

上部结构全部更新为预应力空心板梁。对下部结构盖梁进行加高、加强，在旧盖梁加高部分与新盖梁顶面设置通长主筋，提高刚度及强度；盖梁加高部分及新旧盖梁连接处采用聚丙烯纤维混凝土，提高盖梁抗拉及抗裂性能。但考虑到不均匀沉降易造成新老结合部裂缝，所以在下部连接处以外 0.5～1.0m 处设置两道假缝。

桥梁改扩建形式除整体式拼宽以外，还可通过分离式新建桥梁进行改扩建，因与新建工程类似，在此不做赘述。

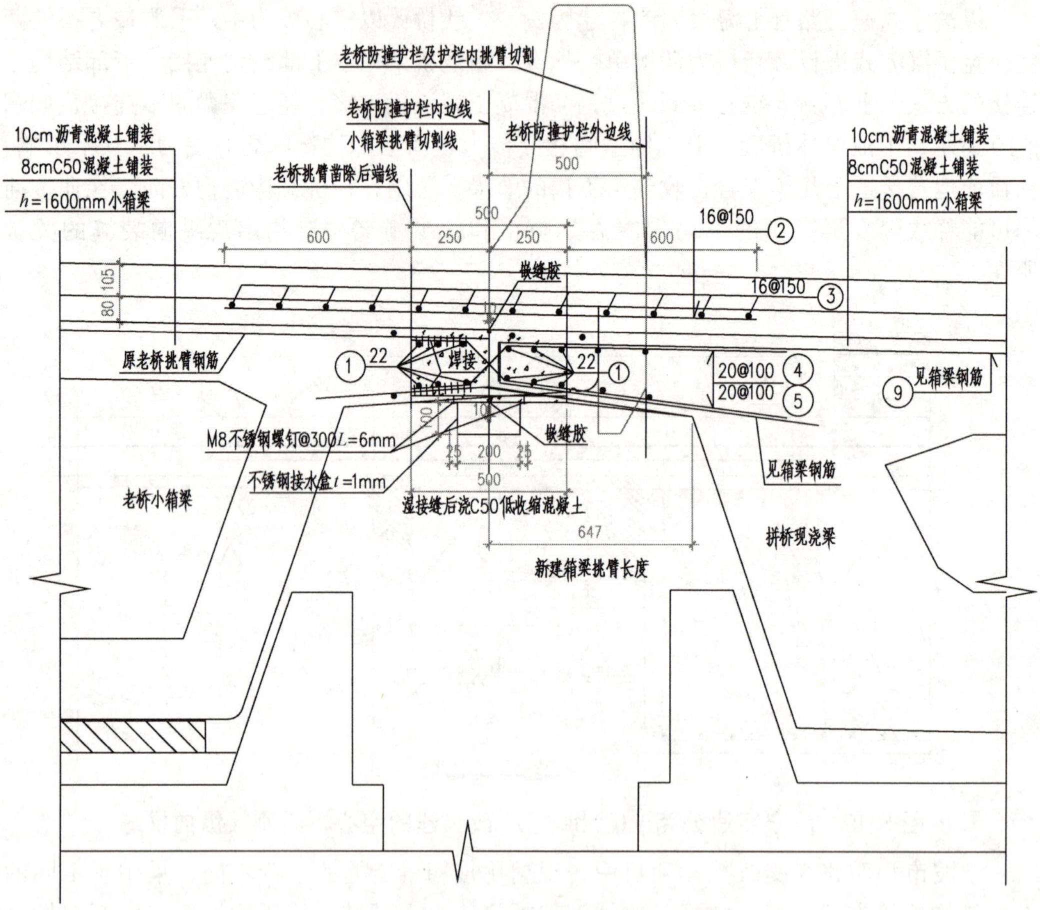

图 8-20 福明路立交桥梁半刚性纵向拼缝

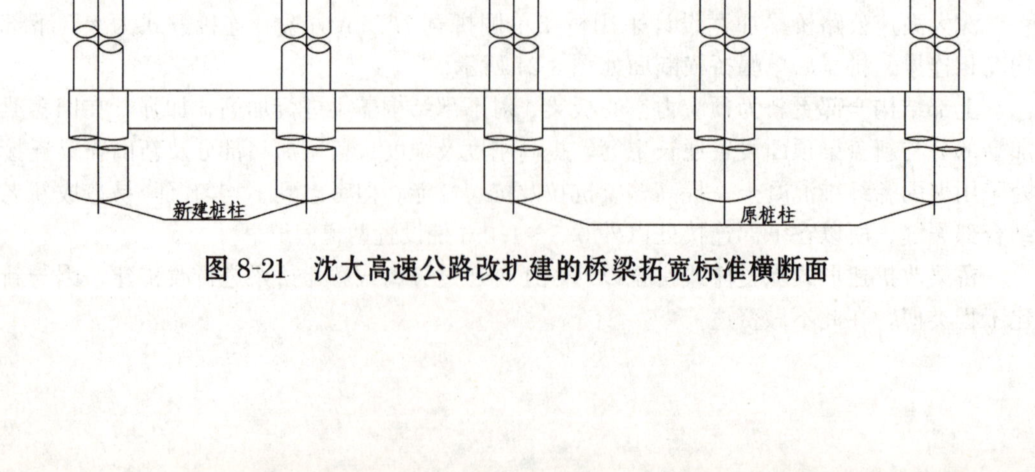

图 8-21 沈大高速公路改扩建的桥梁拓宽标准横断面

8.3.4 拼宽施工技术

拼接施工前，根据老桥设计资料和设计提供的维修加固标准，对老桥检查评估、修复和补强加固后，方可实施拼接。

施工过程中对差异沉降进行控制，除对桩基基底沉渣厚度、上部结构延缓拼接时间严格控制外，施工过程中的沉降观测极其重要。在新桥施工结束、整体化桥面混凝土浇筑完成后，新旧桥拼接前测定新桥沉降状况，当沉降差大于 5mm 时要分析其原因。拼接施工完成后，待湿接缝达到强度后需 2 次观测新桥的沉降，并检查拼接部位有无异常情况，如是否出现裂缝等。对先行实施拼接的桥梁所取得的经验及时总结，在工程后续进行的拼接桥梁中推广。为避免由于新旧桥差异沉降对加宽工程带来的不利影响，新桥架梁完成后，应使新桥有一定的自然沉降时间，该时间以 30～50 天为宜，并通过合理施工组织，尽可能延长新旧结构拼接时间，必要时可以采用桩底后注浆工艺减少沉降。

桥梁拼宽施工技术涵盖拼接部位旧桥混凝土的切割、凿除施工、植筋施工、新旧混凝土湿接缝施工等关键工序，相应施工技术要求及工序要求均应满足加固施工技术规范相应要求，质量验收应满足相应验收规范标准。

8.4 涵 洞 接 长

8.4.1 涵洞接长与拼接

涵洞接长方案根据高速公路加宽方式的不同而有所区别。对于整体式路基路段，涵洞按原有结构形式、交角、洞身几何尺寸接长，并设置沉降缝。对于分离式路基段落新建涵洞主要根据实际地形，以不破坏原有自然排水系统为原则，按路基排水、耕地灌溉需要相应布置。

对于整体式路基路段，基础及地基处理应根据地质条件考虑新老结构物之间的差异沉降等因素。为减少新旧基础的差异沉降，结合原有路基边坡的处理措施和地质情况，加宽涵洞可采用素混凝土桩、PTC 管桩、灰土桩或碎石垫层等方案处理。加宽涵洞一定范围内可采用碎石土或石灰土回填以减少路基沉降。

8.4.2 原有涵洞加固

在对原有涵洞加宽拼接前首先要对其病害进行处理。针对不同的病害原因，分别采取相应的处理措施。

1. 常见混凝土缺陷及处理措施

(1) 混凝土碱化处理。

对混凝土泛碱部位用干刷子用力刷除，再用水和刷子清洗（对不溶于水的泛碱物质可以用稀释后的弱酸清洗），然后灌注环氧树脂浆液封闭裂缝，用水泥基灌浆材料修复混凝土破损表面。同时完善排水系统等排除积水方法切断碱集料反应的发生条件。

(2) 混凝土碳化处理。

具体处理措施是：先将松散部分清除，再用水泥基灌浆材料进行修补。已出现露筋、保护层剥落时，先将松动的保护层凿去，清除锈迹，用水泥基灌浆材料修复，恢复保护层。

(3) 混凝土裂缝处理。

裂缝宽度大于或等于0.1mm的裂缝采用压浆法进行修补，裂缝宽度小于0.1mm的裂缝采用封闭法进行修补。

2. 八字翼墙处理

由于施工原因或涵身与八字翼墙之间发生不均匀沉降，造成八字翼墙与涵身间填缝料脱落。处理方法：用干燥麻絮浸透沥青后填实。对于需要双侧加宽的涵洞、通道，由于原八字翼墙需进行拆除，因此其范围内不再进行处理。

3. 沉降缝处理

去掉缝内杂物，塞满沥青麻丝，安装止水带，并用机械高压喷砂清除伸缩缝两侧混凝土表层碳化物，用环氧树脂粘贴好3层玻璃丝布，使其表面无浪边，无气泡，坚实牢固。

4. 边坡处理

由于路基边坡被水冲刷，造成边坡出现大面积塌陷。处理方法：对于边坡的塌陷，在边坡上挖台阶重新填土冲击碾压后，恢复原有的护坡。

5. 铰缝脱落、涵顶铺装处理

加固时首先将涵顶铺装全部凿除，将铰缝的细石混凝土清理干净；然后在铰缝两侧的行车道板顶植筋，将植筋向企口缝处扳倒与相邻板块的植筋相互焊接；再向铰缝处喷注高强抗拉复合砂浆，在板底加焊连接钢板；最后加铺涵顶铺装。涵顶铺装按照新的结构进行施工。双侧拼宽新涵洞通道的涵顶铺装同改造后的涵顶铺装，板顶不植筋。

6. 盖板处理

由于施工质量或钢筋锈蚀较为严重等各方面原因，已影响到暗涵盖板正常的使用功能的情况，需对盖板进行处理，可采用原位铆粘钢板修复。

7. 洞口、洞内淤积，排水不畅

由于水中的杂物、土逐步沉积，造成洞口、洞内淤积，排水不畅，影响涵洞的使用性能，因此应该对淤积物进行及时清理，保持通畅。

8.5 桥涵拆除

高速公路改扩建工程中常遇到桥梁需要拆除，包括分离式桥梁、主线桥及主线桥中的局部（护栏等）。如何拆除这些结构物也是改扩建工程特有的关键技术问题。

8.5.1 桥涵拆除原则

1. 一般原则

坚持安全、适用和经济的原则，并满足文明施工和环境要求。

2. 技术原则

拆除程序应坚持“平衡对称、化整为零”的原则。先上部，后下部；先水上，后水下；先附属，后主体；先吊运，后破碎。可以简单地认为是“倒装”。

8.5.2 桥涵拆除施工工艺

在高速公路改扩建工程中，拆除上跨分离式立交既要考虑结构自身安全，还要保证主线行车安全，针对不同桥型可以考虑不同的拆除方案。目前，这些施工方法中主要包括连续刚构的整体切割、分段切割方案，简支结构分块拆除吊运，也有全部和局部封闭交通的切割法。这些方法在工程中均有采用，目前应用最为广泛的是凿除法。对于大跨径的连续主线桥梁，一般采用逆序拆除（逐节切割吊运）法、浮吊切割吊运法、浮船支架法等进行拆除。下面介绍几种常用的桥涵拆除施工工艺。

1. 爆破法

爆破法是利用介质激发的能量，破坏其周围的结构物，达到拆除目标的技术手段。一般分为控制爆破法、静态爆破法和水压爆破法 3 种。

（1）控制爆破拆除法。

控制爆破拆除法主要是以可控制雷管或炸药为媒介，通过对结构进行爆破设计，对结构实施有目的拆除的一种方法。此方法需要满足以下要求：要能控制被爆体的破碎程度、爆破破坏范围、被爆体的倒塌方向和碎渣堆积范围以及控制爆破所产生的有害效应。

该拆除方法的优点：速度快、效果明显，倒塌方向、破坏范围等参数可以通过爆破设计进行控制。

缺点：噪声大、爆破容易产生许多飞溅的碎渣，有时可能对周围的结构物、机械或人员产生破坏，一次爆破不能完全分离结构，还需后续大面积的清理工作，所需场地大。控制爆破拆除法需设置防护网，爆破产生的空气冲击波、振动、飞散物、粉尘、噪声也会对周围的相邻结构造成伤害。

（2）静态爆破拆除法。

静态爆破法就是采用无声膨胀材料，利用其产生的膨胀压力实现对结构物的破碎。这种方法已经大量用于桥梁拆除工程，各种新型膨胀材料也不断出现。

优点：无噪声、无振动、无飞石等，公害少。特别适宜构筑物的解体，如在邻近高速公路、城市周围的土木工程、原子能发电炉等在破碎拆除诸方面的应用。爆破材料非易燃、易爆危险品，运输、保管、使用安全；爆破操作简单，不需堵炮孔，不用雷管，不需点炮等操作，不需专业工种；另外经过适当设计可进行定向破碎，特别是对大体积脆性材料的破碎及切割效果良好。

缺点：使用的膨胀材料，水上作业时会造成水质污染，并且可能对施工人员造成伤害。

（3）水压爆破法。

在结构物中充水，然后埋置炸药，以水为介质，利用爆炸时产生的水冲击波和高压气团膨胀形成的水压作用，传递给结构物达到拆除的目的。这种方法多用于拆除能够充水的建筑物，近年来在桥梁拆除中逐步运用。

该方法的优点是拆除效率高，爆破材料使用较少，相对比较经济。

缺点是水压爆破法的使用条件相对比较苛刻，只能限于可盛水结构。

2. 机械法

采用人工机械进行拆除的方法。一般分为切割法、热熔法和预裂法。机械法主要在于机具的性能，常用的机具有以下几种：风镐、风钻、炮头机、高温喷枪、劈裂机以及切割设备等。该拆除方法的优点是施工时无环境污染，施工较为简单。缺点是人工施工需要搭设防护网，需要将桥梁结构就地破碎，工作量大，工期较长。

3. 综合拆除法

综合拆除法就是综合利用以上两种拆除方法进行有机结合的一种方法，兼顾各种方法的优点进行优化。目前桥梁拆除多采用综合拆除法。

8.5.3 桥涵拆除新型机具

爆破法虽然具有速度快、效果明显等优点，但是需要一定的施爆条件和场地，并且爆破容易对环境产生污染，很大程度上限制了其在工程上的应用。目前国外已经有国家明文禁止了爆破法的使用。机械法最大的缺点就是效率较低。随着科技的发展，能耗低、无噪声、无粉尘、体积小、重量轻、速度快、振动小、操作灵活、故障率低、使用寿命长等特点的工具大量出现。

目前国内外正在尝试使用的新型机具有超高压水枪、高效钻孔设备、金刚石圆盘锯、金刚石绳锯、液压劈裂机以及激光切割工具等。

（1）超高压水枪。利用高速喷射水流，其压力可高达 300MPa，其中超高压喷射和空腔水流喷射潜力较大。该法用于开槽仅限于薄壁部位，切割速度较慢，成本相对高。

（2）高效钻孔设备。金刚石孕镶取芯钻机具有轻便、高效、噪声小、水冷降温且无粉尘。动力有电气、油压、压缩空气等三种。钻切深度可随钻头钢管长度不同任意变化。特点是扭矩大、体积小、钻速快、振动小，工作效率是风钻 5～10 倍。

（3）金刚石圆盘锯、绳锯。金刚石圆盘锯适用于板、桥面以及其他薄型构件的开槽，可精确切割、无振动、无尘埃。金刚石绳锯是由一根钢丝绳完成的，钢丝绳上有一些含金刚石的节点（串珠），用这种金刚石锯绳围住切割部分形成一个连续环，在动力驱动下环绕切割部分高速旋转。

（4）液压劈裂机。液压劈裂机由液压泵和分裂器组成，分裂器质量 2kg 左右。使用时将分裂器插入预先钻好的孔中，油泵供给高达 60MPa 左右的压力，分裂器扩张力可达数百吨，从而使混凝土分裂。液压劈裂机构造简单，搬运和操作方便、作业效率高，成本低、安全、节能、性能稳定。该法目前多用于材料切割，日后将大范围地使用于桥梁拆除工程。

（5）激光切割工具。激光切割工具可以实现远距离非接触切割，容易实现遥控切割，切割时的烟尘量很小，产生的切割渣极少、耗能少，是一种很有发展前途的新技术。这种方法由于成本较高，使用受到了较大限制，亟待进一步的研究和开发。

8.6 桥梁顶升

8.6.1 概述

目前，在我国的大部分公路桥梁改建项目中，经常遇到由于桥梁沉降、通航等级提高、下穿道路等级提高、路线改造等引起桥下净空不足，桥梁使用功能不能满足要求，需拆除重建或对旧桥进行顶升。前者施工工期长、交通影响大、成本高，社会影响较大；后者施工快速、对交通影响小、节省资金且环保。此外，桥梁支座的更换也需要采用顶升技术。

虽然使用顶升技术有很多优点，但是并非所有的桥梁都能采用这种方法。由于旧桥已使用了几十年，其自身结构在顶升中是否安全存在很大不确定因素，所以在顶升之前及顶升后必须进行桥梁状态检查和荷载试验。

1. 桥梁状态检查

（1）外观检查：需查明主体结构裂缝的分布情况、伸缩缝工作状态以及外露钢筋的锈蚀等。

（2）混凝土强度、混凝土碳化深度测量：测量旧桥混凝土强度、混凝土碳化深度，继而评定混凝土桥梁结构的耐久性。

2. 荷载试验

（1）静力荷载试验主要针对桥梁的控制截面，即最大正弯矩和最大负弯矩面，进行等效弯矩加载，测试控制界面的应力和挠度，评定桥梁的承载能力。

（2）动力荷载试验在于了解桥梁结构的动力性能，确定结构的动力系数，为桥梁顶升前后桥梁的结构状态是否出现变化做到客观真实的反映。

8.6.2 桥梁顶升技术分类

桥梁顶升技术是指通过千斤顶及其他辅助设备，在不改变原桥梁形态的前提下，将桥梁安全地顶起升高至所需高度的一种新型桥梁纠偏技术。桥梁加宽中对旧桥支座的更换、桥面标高的抬升，均可采用桥梁顶升技术。

桥梁顶升技术按顶升方式的不同，可分为分段顶升和整体顶升两种。分段顶升主要针对简支梁桥，或者桥型不一致，需要不同顶升高度的结构，此法可以降低顶升难度，有利于快速、稳定地完成顶升过程；而整体顶升法主要针对连续梁桥，或顶升高度较大，跨度较长的结构，此法对顶升的技术、设备及工人素质要求相对较高，但目前液压同步技术得以支撑其取得迅速发展。

按反力作用位置不同，可分为直接顶升和断墩顶升两种。直接顶升主要以承台、自然地面或者盖梁等作为反力基础，直接进行顶升一种方法；断墩顶升则是托住梁体，在中部截断桥墩，顶升到位后浇筑桥墩连接部混凝土连成整体。

8.6.3 桥梁顶升系统

桥梁顶升系统大致由以下几部分组成：千斤顶系统、顶升限位系统、顶升临时支撑系统、顶升反力系统、顶升监控系统。

1. 千斤顶

千斤顶是一种起重高度小（小于1m）的最简单的起重设备，它有机械式和液压式两种（图8-22）。机械式起重质量小，操作费力，一般只用于机械维修。而液压式结构紧凑，工作平稳，有自锁作用，故适用于顶升工程。

图8-22 千斤顶系统

2. 顶升限位系统

在顶升过程中，桥梁处于一种飘浮不定的状态，结构很脆弱，只要有一点“扰动”，整个上部结构可能瞬间坍塌。因此应分别在桥梁纵、横两个方向安装顶升限位装置（图8-23、图8-24）。限位装置自身应具有足够的强度，并应在限位方向也有足够的刚度，以保证安全。

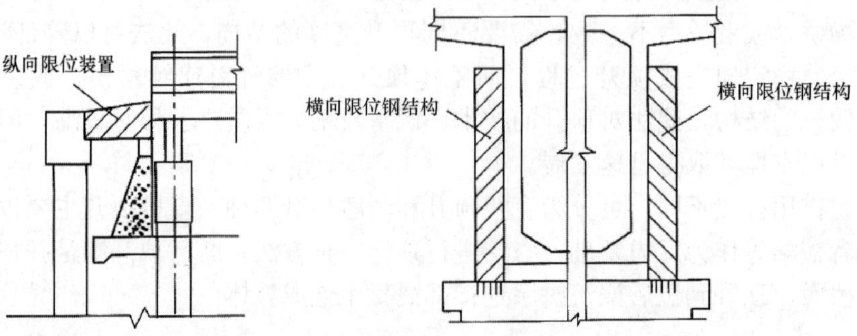

(a) 纵向限位装置 (b) 横向限位装置

图8-23 顶升限位装置示意

(a) 纵向限位装置 (b) 横向限位装置

图 8-24 顶升限位装置

3. 顶升临时支撑系统

在桥梁顶升过程中，为了使顶升顺利完成，需在千斤顶液压缸周围布设临时钢支撑，如图 8-25 所示。

图 8-25 顶升临时钢支撑系统

顶升过程通常不是一次到位的，往往要分开几次来完成。临时钢支撑除了可以保证顶升装备的顶升安全外，还可以方便桥梁结构在分级顶升时，检测结构的顶升精度，以便对偏差随时做出调整，避免施工过程出现意外。

4. 顶升反力系统

顶升时承担顶升千斤顶、支撑体系部分称为顶升反力系统。由三部分组成。

(1) 顶升基础。

对于浅埋基础，可在原基础上植筋浇注混凝土，作为顶升反力基础；对于深埋基础或没有承台的，应考虑采用抱柱梁、牛腿或临时地基处理作为顶升反力基础。

(2) 抱柱梁。

抱柱梁是依附在柱四周的梁系（图 8-26）。顶升时，千斤顶通过抱柱梁把力传递给柱，再传递给基础。抱柱梁与柱之间通过摩擦传递剪力。抱柱梁设计采用的是托换理论，设计时不仅要考虑正截面承载能力、局部抗压强度及抗剪切强度，而且还要考虑抱柱梁与柱结合的可靠度。

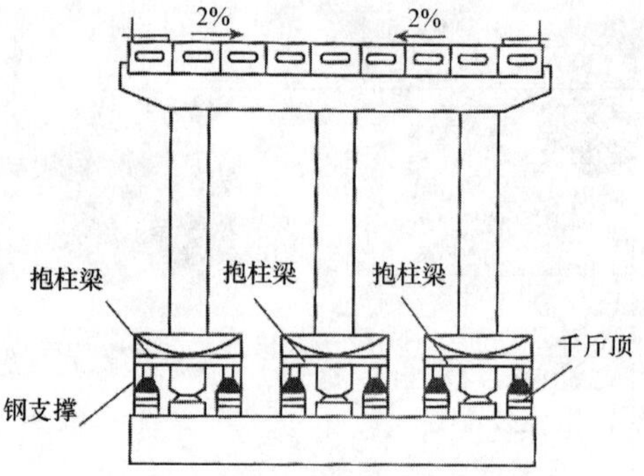

图 8-26 顶升系统抱柱梁示意

(3) 顶升托架体系。

当采用实体墩台或者选用直径较大的千斤顶时，应采用钢板焊接成纵横向分配梁组成顶升托架体系，对顶升力进行转换，使其均匀地作用于上部结构。分配梁需根据各桥结构情况进行设计，一般有型钢和钢板箱梁两种形式。

5. 顶升监控系统

桥梁顶升过程是一个动态的过程，一般都是分级顶升，逐步到位。随着上部结构的提升，桥面纵向偏差、立柱倾斜率、伸缩缝梁间间隙等均会发生变化，为此要设置一套监控系统保证桥梁整体姿态处于受控状态。监控包括结构平动、转动和倾斜，主要有以下几方面：

(1) 反力基础沉降观测：设置反力沉降观测体系来观测承台沉降，及时采取相应措施。

(2) 桥面高程观测：在桥面设置高程观测点来推算每个桥墩实际顶升高度，设置桥面高程观测点来验证实际顶升高度值，使顶升到位后桥面高程得到有效控制。

(3) 桥底面高程测量：作为桥面高程控制和测量补充，辅助顶升作业。

(4) 梁纵向位移观测：重点观测桥梁纵向位移及对立柱垂直度进行控制。

(5) 支撑体系的观测：及时掌握支撑体系的受力和变形情况，以采取措施控制支撑体系的变形量，从而使施工在安全可控的环境下进行。

8.6.4 顶升技术的施工步骤

顶升施工的关键步骤包括施工准备、顶升设备安装、试顶升、顶升阶段监测。顶升施工一般步骤见图 8-27。

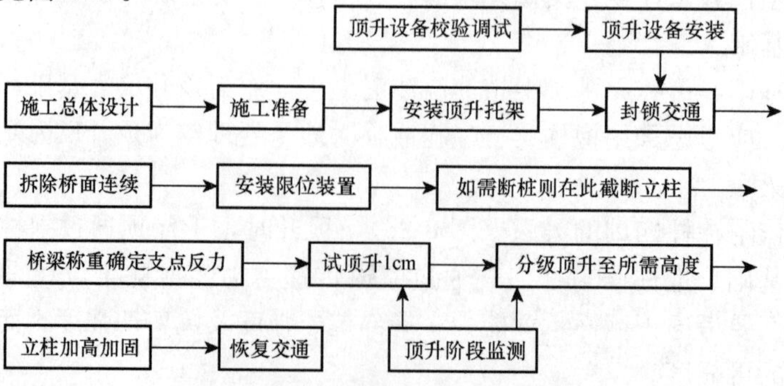

图 8-27 顶升施工一般步骤

8.6.5 空心板顶升

空心板桥顶升的步骤如下：

（1）铣刨桥面沥青混凝土铺装层；

（2）拆除桥台处桥面连续和伸缩装置（图 8-28），安装顶升装置，图 8-29 为千斤顶安放示意图；

（3）移去原来的垫石和砂浆垫层，按照新的厚度要求重新浇注砂浆垫层，放入新预制垫石，更换支座（图 8-30）；

（4）落梁；

（5）实施空心板更换、铰缝、裂缝处理等其他病害处治工作。

图 8-28 桥面联系和伸缩缝的拆除

图 8-29 液压千斤顶的安放

图 8-30 更换后的垫石和橡胶支座

8.6.6 交替式顶升

交替式顶升在顶升过程中，梁体处于两组千斤顶交替支撑状态，两组千斤顶交替支撑时，梁体位移均处于受控状态，在每一组支撑状态下，支撑体系压缩量几乎不产生变化，因而梁体内力也几乎不产生变化。在这种作业方式下，梁体位移自顶升开始到顶升结束均连续处于受控状态。每个千斤顶压力也均连续监控，包括梁体在内的整个支撑体系也处于监控状态中。整个桥梁顶升系统处于安全可控状态。

桥梁结构顶升系统和顶升方法通过在桥梁结构底部设置两组可主动施加顶升力的千斤顶，并由控制台控制液压泵站驱动两组千斤顶进行反复交替顶升，同时在一组千斤顶顶升的过程中，在另一组千斤顶的底部垫设钢支撑垫块，起到消除各支撑点之间的高差问题，从而有效保证桥梁结构顶升过程中的结构安全。

第九章　路线交叉

9.1 概　　述

随着经济的发展、交通量的增长和区域路网的完善，作为高速公路交通转换的互通式立交，其担负的交通量逐渐增大，交通组成也发生了较大变化，有些互通的交通量呈现跳跃性增加，立交需要进行改扩建。一般而言，立交改扩建有四种情况：①由于立交交通量增大，导致立交服务水平下降，通过改扩建提高其通行能力和服务水平；②由于高速公路主线的改扩建引起立交的改扩建；③由于路网规划调整，需增加立交或对既有立交的改扩建；④由于既有立交运行安全问题突出，需对立交进行改扩建。

立交的改扩建与新建工程的侧重点不同，相比于高速公路主线改扩建而言更加复杂，立交的改扩建是高速公路建设的重点、热点和难点。立交改扩建设计应结合工程现状、新增交通条件等对拟改扩建方案的工程规模、技术标准、建设条件、交通组织、功能、安全、环境和投资效益等进行综合论证后，确定改扩建总体方案，同时还应解决立交的细部设计如匝道、跨线构造物等。

立交的改扩建设计应遵循的一般原则：

(1) 应满足设计目标年的交通需求，并应预留远期发展空间，合理论证立交功能定位，结合全线的总体布置及既有立交的评价，根据周围环境等因素，论证改扩建的目的是提高通行能力还是提高安全服务水平，在此基础上合理确定立交形式和规模。

(2) 应充分利用原有工程和用地，废弃部分应予拆除。

(3) 应考虑改扩建方案的可行性，有利于施工期间现有交通的通行、运行安全及施工安全。

(4) 应合理论证立交设计的技术标准，应满足现行规范要求。

(5) 需要增、减互通式立交或改变互通式立交时，除了应考虑与其他设施的间距外，还应考虑增加后对主线的影响，应进行多方案论证比选，原则上不应降低主线的通行能力和服务水平。

立交的改扩建设计的重点内容：

(1) 结合主线改扩建方案，遵循立交改扩建的一般原则，分析影响立交改扩建的各种因素，深入探讨立交改扩建总体方案，并就细节设计提出建议。

(2) 通过探讨立交改扩建设计标准，对互通区主线和匝道平、纵线形设计进行分析，并提出相应的设计要点和技术方案。

(3) 分析立交改扩建作业区交通特性，提出立交作业区交通组织实施方案和施工作业时的安全对策。

9.2 总体方案

9.2.1 互通立体交叉改扩建

对高速公路互通式立交改扩建，应遵循“面—线—点”的思路。“面”即区域经济发展和路网规划的统筹考虑，“线”是考虑整条高速公路互通出口的一致性、间距和车道数平衡等，最后结合“点”（高速公路互通式立交）的实际情况对其进行方案设计。

当互通式立体交叉的改扩建重点为提高通行能力时，应根据交通适应性评价结论提出针对性的改扩建方案。改扩建方案设计应符合下列规定：

（1）当匝道通行能力不足时，宜采用加宽匝道增加车道数的方案；当原有匝道形式不能适应交通需求时，应按匝道整体重建方案设计。

（2）当交织区通行能力不足时，应根据交通量大小加长交织长度或增加交织车道数。当加长交织长度或增加交织车道数仍不能满足通行能力要求时，可加设立体交叉匝道减少交织交通量、分离交织区或消除交织区。

（3）当原立体交叉缺省某方向匝道而该方向实际交通需求明显时，应新建该方向匝道。

（4）当变速车道通行能力不足时，应根据通行能力验算结果增加变速车道长度。当匝道为双车道但变速车道为单车道时，可改建为双车道变速车道。

（5）当匝道端部平面交叉通行能力不足时，应根据交通量大小、组成及分布，完善几何形式、提高渠化水平、改善交通管理方式、增加立体交叉匝道或改建为完全立体交叉型等方案。

当互通式立体交叉的改扩建重点为提高运行安全水平时，应根据运行安全评价结论提出针对性的改扩建方案。改扩建方案设计应符合下列规定：

（1）当出入口设置方式不当时，应按一致性设计要求调整匝道，从主线右侧统一出入，困难时也可采用连续出入，但应控制连续出入的间距。

（2）当视距不良时，应通过清除障碍物、调整线形或降低运行速度等改善路段视距。

（3）当连接部车道数不平衡时，应通过改善连接部的几何构成、调整车道布局等措施保证车道平衡及主车道的连续性。

（4）当运行速度不连续时，应对该路段的平纵面线形进行优化调整。

（5）当相邻鼻端间距不符合有关规范规定时，应对鼻端位置进行调整。

（6）当匝道端部平面交叉交通事故频发时，应改建平面交叉或增设交通设施等。当因出口信息不清等导致错路运行事故频发时，应强化重要信息并清除冗余信息。

采用对于在两侧直接拼接、局部分离加宽的高速公路改扩建，互通式立交的改扩建主要有以下几种方案可供选择。

1. 互通形式不变

高速公路改扩建时，应首先考虑利用既有立交的可能性。既有互通式立体交叉匝道运行状况良好，能满足主线改扩建后运行安全及设计年限内的交通需求，经论证后应充分利用，可维持互通形式不变，仅需结合主线的拓宽方式。当主线既有立交段的主线采用直接拼接，只需进行匝道出入口的改造［图 9-1(a)］；当主线既有立交段的主线采用分离新建，只需改建主线分离式起终点的分合流部分，无须改建匝道出入口［图 9-1(b)］。应重点检查匝道出入口、主线分离式起终点的技术指标和运行过渡的合理性，立交匝道与主线相连接的加速车道、减速车道、分流端部、合流端部应作相应调整。

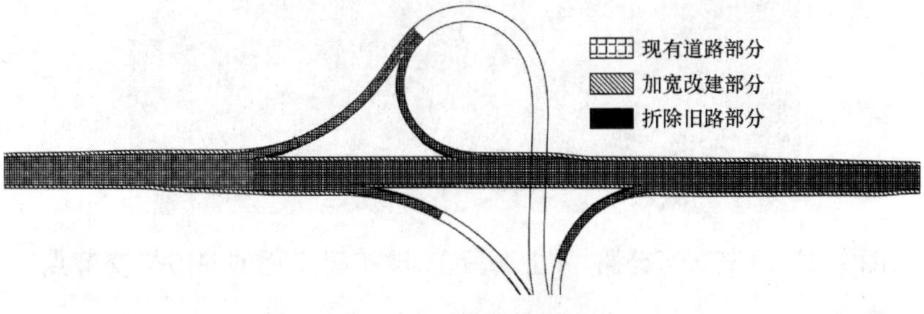

(a) 主线直接拼接时

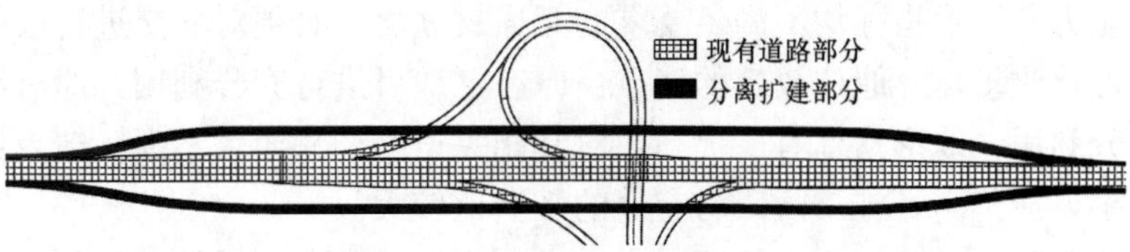

(b) 主线分离式新建时

图 9-1　互通立交形式不变改扩建方案设计

该方法的优点：新增用地少，工程规模小。缺点：施工期的交通干扰较大，需要配合一定的交通组织措施，另外受制于主线改扩建情况，匝道的平纵面设计指标难以提高，甚至会低于现状水平，特别是在环形匝道内侧加宽时，需适当减小环形匝道曲线半径或长度，对日益增加的交通量是不利的。

确定总体方案后，结合规范要求，依据主线加宽后的路基宽度调整连接变速车道的匝道曲线半径、回旋线参数和进、出口渐变率，使匝道、变速车道与主线顺适连接。在满足规范要求的条件下，减少匝道线位改移，避免大范围线形调整，并保证匝道最小半径，以满足要求。原匝道宽度不足时，按规范标准予以加宽。变速车道长度及渐变段长度均按主线行车时速规范规定长度设置。

对需要提高通行能力的互通式立交，可以保持互通立交形式不变，充分利用既有匝道，仅增加匝道车道数。

根据既有互通式立交现状的调查和评价，局部线形指标较低的事故多发路段，应结合交通事故调查情况，应抓住主线改扩建的时机对既有匝道线形指标较低且易发生交通事故的部分路段一并改造。当既有独立匝道不满足现有标准且改建难度较大，经论证后如满足交通需求和安全性要求，匝道部分的技术标准可维持老标准不变。

沪宁高速公路（上海段）改扩建工程中的G15 立交节点（嘉金高速立交），主线采用拼接式拓宽，该节点立交形态不变，仅高速公路的进出口匝道的线形采用局部调整，和改扩建的主线顺接（图 9-2）。

图 9-2　沪宁高速公路（上海段）改扩建工程的 G15 立交节点

2. 原位扩建

当通行能力和线形指标均不满足要求的互通式立交，必须对立交进行改扩建时，可考虑在原位进行改扩建。原位改建的优点：原有征地可进行充分利用，原有路基、桥梁工程等可部分利用，线形指标有所提高，对其相关道路调整要求不大。缺点：对原有工程的利用率小，造价高，施工阶段对交通的影响比较大。

沈大高速公路改扩建工程中的下王家立交，该互通立交交通量大，原互通形式为 A 型单喇叭，交叉方式为匝道下穿主线，内环匝道的平曲半径为 40m，通行能力和线形指标均不能满足改扩建后的需求。该项目主线在该路段采用直接拼宽，立交改扩建时，维持立交形态不变，加大环平曲线半径，并且调整其他匝道和主线连接部分的线形：匝道曲线半径、回旋线参数和进、出口渐变率，使匝道、变速车道与主线顺适连接，在基本满足规范要求的条件下，减少匝道线位移动量，尽量做到局部顺适，避免大范围调整线形。具体方案见图 9-3。

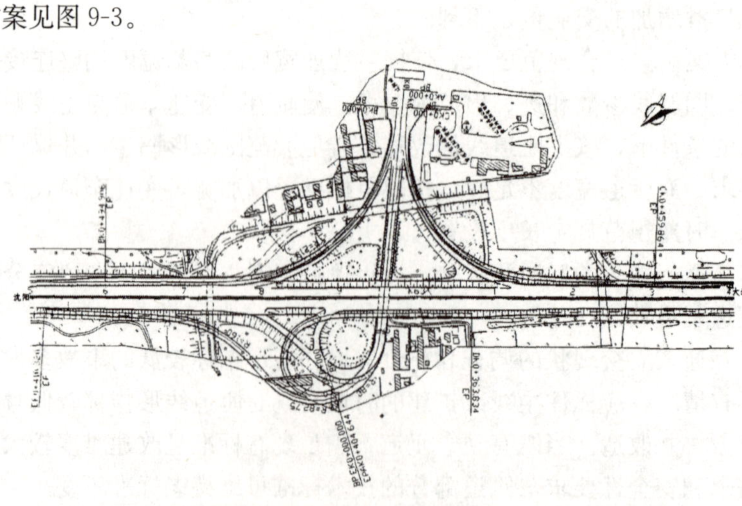

图 9-3　沈大高速公路改扩建工程的下王家立交节点

3. 移位重建

根据路网规划，对已建及正在规划中的互通立交应结合路网规划，或是功能相近的立交可以进行合理的归并。随着社会及经济的发展，已建立交的定位可能已经发生了改变，可以利用高速路改扩建项目进行适当的改造，这样反而有助于路网的优化。

移位重建方案的优点：不受既有立交的影响，可采用较高的技术标准，施工期间可利用原有立交，不中断交通。缺点：原有用地利用率低，新增占地多，造价高，投资规模大。

苏州新区互通原为三路交叉的单喇叭互通，连接线为千禧路，随着苏虞张一级公路的介入，千禧路延伸与苏虞张公路连接。该互通处形成四路交叉，因此将原有单喇叭互通拆除，在合适位置新建双喇叭互通（图 9-4）。

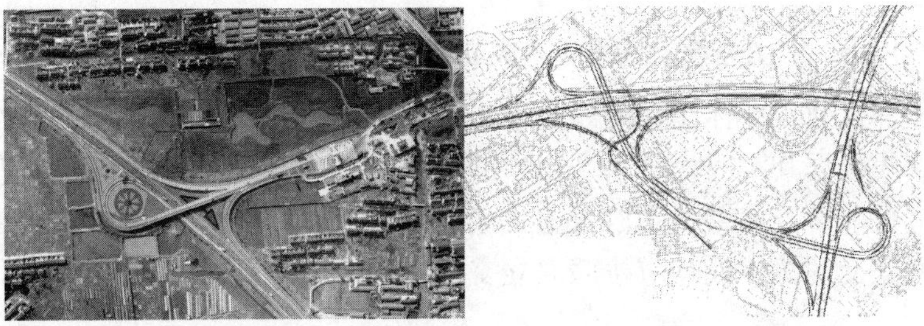

(a) 改扩建前　　(b) 改扩建方案

图 9-4 沪宁高速公路 （江苏段） 改扩建的苏州新区互通立交节点

9.2.2 新增互通立体交叉

由于规划路网的调整，需要在既有高速公路增设互通立交的情况时，首先应考虑增设互通立交，导致高速公路上互通立交设置间距发生变化。互通立交的间距对高速路的运营性和安全性有着重要的影响。根据《立交设计细则》，在高速公路沿线增、减互通式立体交叉，应满足下列规定：

（1）大城市或大型工业区附近，平均间距宜为 5～10km，其他地区平均间距宜为 15～25km。

（2）一般互通式立体交叉与枢纽互通式立体交叉之间的最小间距为 4.5km，一般互通式立体交叉之间、互通立体交叉与服务区、停车区之间的最小间距为 4.0km。

（3）当最小间距不满足上述规定时，经论证间距可适当减小，但应不小于表 9-1 的规定值（图 9-5）。

表 9-1 互通式立体交叉及其他设施的最小净距

主线设计速度（km/h）		120	100	80	60
互通式立体交叉之间最小净距（m）	主线单向双车道	800	700	650	600
	主线单向 3 车道	1000	900	800	700
	主线单向 4 车道	1200	1100	1000	900

续表 9-1

主线设计速度（km/h）		120	100	80	60
互通式立体交叉与服务区、停车区之间最小净距（m）	主线单向双车道	700	650	600	600
	主线单向 3 车道	900	850	800	700
	主线单向 4 车道	1100	1000	900	800

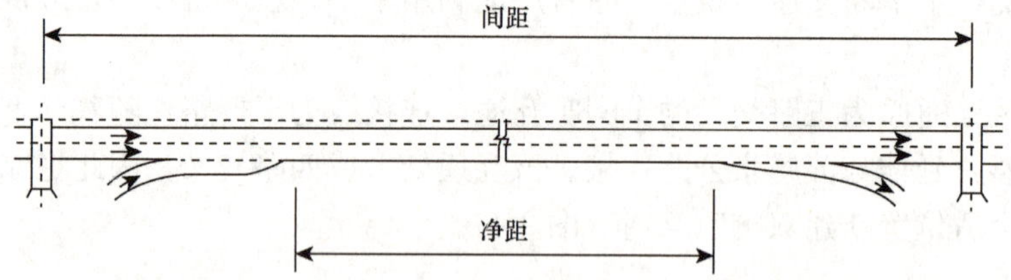

图 9-5 相邻互通式立体交叉的净距示意图

（4）当相邻互通式立体交叉的净距小于表 9-1 的规定值，且经多方案比选论证两者必须设置时，应根据其距离大小，利用辅助车道、集散道或匝道连接形成复合式互通式立体交叉。应提前设置完善的下游互通式立体交叉或其他设施的出口预告等指路标志。

新增互通立交的总体设计应按照《立交设计细则》的要求执行。

9.2.3 分离式立体交叉、通道、天桥

分离式立体交叉、通道、天桥的改建方案应满足社会经济发展需求，并与预测交通量相适应。

当高速公路主线改扩建采用外侧拼宽的方式，且现有横向跨线桥跨径不足时，应对跨线桥重新布孔并予重建。当现有横向跨线桥跨径满足改扩建的高速公路需要时，应对原有桥梁进行状况评估，技术状况满足运营要求的可以继续使用，不满足要求的应拆除重建。

新建上跨结构物宜一跨跨过改扩建后的高速公路主线。布设于中央分隔带的新增桥墩基础，易造成改扩建高速公路内侧车道发生不均匀沉降，临近部分的路面横坡及纵坡的突然变化会成为交通事故的隐患，或者带来行驶的舒适性降低，故不宜在改扩建高速公路中央分隔带内增设桥墩基础。经论证，当需在高速公路中央分隔带设墩时，应符合下列规定：

（1）桥墩基础宜布置于中央分隔带范围内，并适当增加承台的覆土厚度。

（2）桥墩两侧应设置相应等级的防撞护栏，并预留护栏变形的空间。

（3）应满足管线、排水设施布置要求。

（4）跨线桥部分应设置相应的安全设施。

（5）上跨结构物应设置防落网，桥面排水不得直接排至桥下的改扩建后的高速公路路面。

当横向道路下穿既有高速公路时，高速公路改扩建工程应保证既有下穿横向通道的建筑限界不低于原设计标准。高速公路桥梁新增或扩建横向通道时，应对既有基础、桥墩、桥台等采取保护措施，确保结构安全。路基段不宜新增或扩建下穿通道，经充分论证，无法避免时，应采取必要的工程措施，确保路基的稳定和安全。

9.2.4　铁路及管线交叉

改扩建高速公路与铁路及管线交叉的处理，原则上应与新建工程一致。与既有铁路、管线等交叉时，高速公路改扩建设计应满足铁路与管线相关的技术要求，保证既有铁路、管线的安全。在改扩建工程中，主要是做好调查、核查和验证的工作，确保已建管线的安全。对既有管线存在安全隐患的，应抓住改扩建的时机一并整改。

新增的各种跨越公路的管线，不得侵入高速公路建筑限界，不得妨碍高速公路的交通安全，也不得对改扩建后的高速公路及其设施存在或有潜在威胁。

新建铁路的上跨结构应一跨跨过改扩建后的高速公路主线，跨径和净高必须符合高速公路建筑限界的规定。铁路跨线桥应设置防落网，桥面雨水不得直接排至高速公路建筑限界范围内。

9.3　改扩建互通立交线形设计

9.3.1　主要技术标准的采用

互通立交需要进行改扩建的原因有两个方面：①高速路主线或相交横向道路要改扩建；②既有立交可能由于早期建设条件及经验不足的限制，线形指标和通行能力不能满足现状交通的需要，车流的安全性得不到保障。这就需要以现状交通为基础，采用现行规范规定的技术标准进行改扩建，以确保横坡、加宽、曲线半径、视距技术指标等满足要求，也应该考虑各种结构的标高控制，施工工序和成本。采用主要技术指标的原则如下：

(1) 在尽可能地利用既有工程的前提下，合理确定技术指标。原则上维持既有立交等级及主要技术标准。

(2) 当既有匝道安全性存在问题，技术指标偏低，平纵线形技术指标不能满足现有规范要求时，应按现行规范的要求进行改进。部分条件受限制的匝道，可适当降低设计速度，但与原设计速度差值不应大于10km/h，并应增设相应的交通安全设施。

(3) 匝道的车道规模应以预测交通量和路网规划为依据，满足设计年限内的交通需求，结合匝道的平纵线形设计，合理确定横断面布置。

主要技术标准包括设计速度、视距、变速车道、通行能力及服务水平等指标。

1. 设计速度

互通立体交叉范围内，高速公路主线的设计速度应采用基本路段的设计速度。当立交范围内主线平纵线形较差时，在互通式立体交叉范围内的主线设计速度可适当降低，但与相邻路段设计速度差不应大于20km/h。

互通式立交匝道的设计速度主要是根据立交等级、转弯交通量大小等条件确定，一般为主线设计速度的40%～70%，具体取值参见表9-2，出口匝道在分流鼻端附近的设计速度可参照表9-3所列分流鼻端通过速度取值，但不应小于匝道基本路段的设计速度。入口匝道在合流鼻端附近的设计速度可采用匝道基本路段的设计速度。改扩建互通立交的线形指标可采用下限指标，新增的互通立交宜采用上限指标。

表 9-2 匝道的基本路段设计速度的取值范围

匝道类型		直连式		半直连式		环形匝道	
		标准型	变化型	内转弯式	外转弯式	标准型	变化型
一般互通立体交叉	设计速度（km/h）	40～60	30～40	—	40～60	30～40	30～40
	匝道形式	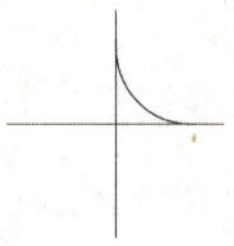	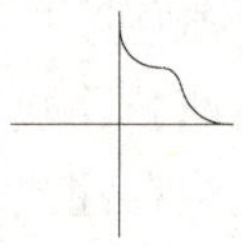	—	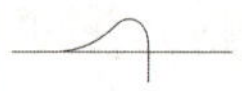		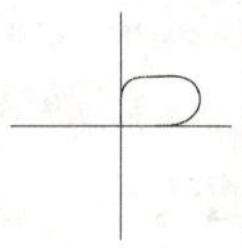
枢纽互通立体交叉	设计速度	60～80	50～60	60～80	40～60	40	40
	匝道形式	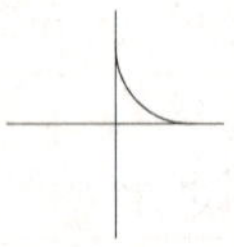		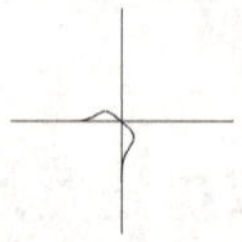	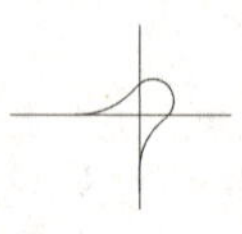		

表 9-3 出口匝道分流鼻端设计速度

主线设计速度（km/h）		120	100	80	60
分流鼻端设计速度（km/h）	一般值	70	65	60	55
	最小值	65	60	55	45

2. 视距

互通式立体交叉改建中应避免出现易引起驾驶员在出口所需的识别视距，识别视距应大于表 9-4 的规定，当驾驶者需接受的信息较多时，宜采用较大（接近高限）值。匝道全长范围应满足不小于表 9-5 规定的停车视距，积雪冰冻地应不小于括号内的数值。

表 9-4 识别视距

设计速度（km/h）	120	100	80	60
识别视距（m）	350～460	290～380	230～300	170～240

表 9-5 匝道停车视距

设计速度（km/h）	80	70	60	50	40	30
停车视距（m）	110（135）	95（120）	75（100）	65（70）	40	30

3. 变速车道

匝道与主线之间的连接部应设置变速车道，变速车道包括渐变段、变速段和鼻端。其中渐变段和变速段的长度是重要的技术指标，合理的指标是高速公路安全运营的重要保证。由于原有互通式立交进行线形设计时，遵循的规范与现行的 2006 版《路线设计规范》在技术指标上存在一定差异，表 9-6 对比分析 1994 版和 2006 版关于变速车道取值。通过新旧规范的对比，对原有互通式立交的指标进行检查，对不满足现行规范的指标，改扩建时应进行调整。变速车道的长度应根据匝道的基本车道数以及主线的设计速度合理取值，同时还要根据变速车道长度处的纵坡进行合理修正。

表 9-6 2006 版与 1994 版规范互变速车道取值对比

变速车道类别		设计速度（km/h）	变速车道长度（m）		渐变段长度（m）	
			1994 版	2006 版	1994 版	2006 版
出口	单车道	120	100	145	70	100
		100	90	125	70	90
入口	单车道	120	200	225	60	90
		100	180	190	60	80

4. 通行能力及服务水平

互通立交改扩建设计宜采用年第 30 位小时交通量，也可根据立体交叉功能和当地小时交通量的变化特征采用 20～40 位小时之间最为经济合理时位的小时交通量。匝道、分流区、合流区、交织区和集散道的设计服务水平可比主线低一级，但不应低于四级。当匝道设计服务水平采用四级时，匝道基本路段单车道和双车道的设计通行能力可由表 9-7 取值。

表 9-7 匝道基本路段的设计通行能力

设计速度（km/h）		80	70	60	50	40	30
设计通行能力（pcu/h）	单车道	1500	1400	1300	1200	1000	800
	双车道	2900	2600	2300	2000	1700	1300

9.3.2 线形设计

1. 主线线形设计

互通区主线是整个互通的“骨架”，其线形的优良直接关系到整个互通的行车安全和通行能力，并且影响高速公路的服务水平。

从行车安全、通行能力和交通状况方面考虑，现行设计规范都明确规定：互通式立交范围内主线平纵线形指标应高于主线正常路段。特别是在主线分、合流点处，从驾驶员的角度考虑，总是希望能够得到较高的线形指标，有着良好的视距，能够对前方道路有一定的预见性。

在实际的项目设计中，设计者较多地注重匝道的设计和指标的选取，而往往忽视主线的线形指标，主要表现在：设计时互通式立交范围主线平、竖曲线半径或纵坡等指标按照高速公路主线正常路段值选用，并非按规范规定的互通区主线指标选用。

（1）平面线形设计。

对于互通立交的主线位于较小半径圆曲线情况，在互通立交改扩建时可以采取以下措施予以改善：

1）在条件允许的条件下，适当提高互通范围主线圆曲线线形指标，尽量采用超高值不大于 2%的圆曲线半径。

2）调整立交位置，将立交位置选择在主线平曲线半径较大处或直线段上。

3）当无法调整圆曲线半径或移位时，应对附加超高旋转轴的长度加以控制，保证路拱的平缓自然过渡。

沈大高速改扩建工程中的十里河互通立交位于JD7（K35+345）平曲线内，曲线半径为2080m。由于受红阳煤矿铁路专用线限制，原立交内环匝道半径仅为25m，主线加宽改造后内环匝道将更加难以布设，将主线平曲线半径加大为2182m，向西移14～15m，也改善匝道内环半径为30m。本段主线调整范围共长2.608km（图9-6）。

图9-6 沈大高速的十里河互通立交

（2）纵断面线形设计。

互通式立交的主线设置在长大纵坡底部时，互通区范围内特别是互通出入口处交通事故率较高。理想的设计是减速车道范围处的主线纵坡宜设置为上坡，加速车道设置成下坡，但高速公路主线纵断面设计的受控因素较多，实际情况并非如此，往往会出现相反的情况。针对这种情况，在互通式立交改扩建时，可以采取以下措施予以改善：

1）对互通区主线纵坡进行适当调整。

2）适当增加减速车道及渐变段的长度，并加强交通标志标线、防撞等安全设施。

2. 匝道线形设计

（1）平面线形设计。

匝道平面线形设计的合理与否，对通行能力、交通安全影响最大。全国正在运营的高速公路的互通立交中，绝大多数均采用了环形左转匝道，环形左转匝道造价最低，一般出现在喇叭形、苜蓿叶形和复合式互通式立交中。互通式立交的最小技术指标（如最小平曲线半径、最大纵坡、最大超高等）基本上出现在环形匝道上。缓和曲线的设置实现了线形、超高和加宽的自然过渡，同时缓和曲线的设置也符合了车辆在匝道上的行驶轨迹，提高了行车安全和舒适，改善了行车条件。因此改扩建时，匝道（尤其是环形匝道）的圆曲线半径及缓和曲线长度的设计非常重要。

当既有互通立交匝道的圆曲线半径有些小于现行规范（表9-8）的规定，改扩建设计时应充分考虑远景设计年限交通量大小，在用地、拆迁允许的条件下，适当增大圆曲线半径。当圆曲线半径满足规范及交通量需求时，宜保持既有圆曲线半径，适当调整圆曲线长度和缓和曲线（表 9-9），使匝道线形与改扩建后主线线形顺适衔接。

表 9-8　匝道圆曲线最小半径

匝道设计速度（km/h）		80	70	60	50	40	30
圆曲线最小半径（m）	一般值	280	210	150	100	60	30
	极限值	230	175	120	80	50	25

表 9-9　缓和曲线最小参数及长度

匝道设计速度（km/h）	80	70	60	50	40	30
缓和曲线最小参数（m）	140	100	70	50	35	20
缓和曲线最小长度（m）	70	60	50	40	35	25

（2）纵断面线形设计。

匝道纵断面的设计应与速度变化趋势相一致。从安全的角度考虑，减速车道和匝道出口段最好采用上坡，以有利于车辆减速和保证出口识别视距；加速车道和匝道入口段有条件时应采用下坡，以有利于将汇入主线的车辆能够在较高的位置观察主线行驶车辆，寻找合适的汇入机会。匝道纵断面设计的要点是：

1）匝道的纵坡应平缓，并避免不必要的反坡，合理确定纵坡、坡长及竖曲线半径的取值（表 9-10、表 9-11）。出口匝道宜为上坡匝道，入口匝道宜为下坡匝道；上坡加速或下坡减速的匝道应采用较缓的纵坡，避免采用最大纵坡。

2）匝道两端纵坡应与相接主线的纵坡连续，避免局部突变。匝道和主线分、合流处的主线的竖曲线半径和长度应按照规范提高一级控制。

3）匝道中设收费站时，邻接收费广场的路段，其纵坡应平缓，不得以较大的下坡紧接收费广场。

表 9-10　匝道最大纵坡

匝道设计速度（km/h）			80、70	60、50	40、30
最大纵坡（%）	出口匝道	上坡	3	4	5
		下坡	3	3	4
	进口匝道	上坡	3	3	4
		下坡	3	4	5

表 9-11　匝道竖曲线最小半径与最小长度

匝道设计速度（km/h）			80	70	60	50	40
竖曲线最小半径（m）	凸形	一般值	4500	3500	2000	1600	900
		极限值	3000	2000	1400	800	450
	凹形	一般值	3000	2000	1500	1400	900
		极限值	2000	1500	1000	700	450
竖曲线最小长度（m）		一般值	100	90	70	60	40
		极限值	75	60	50	40	35

当既有互通立交匝道的纵断面设计参数不满足现行规范的规定时，原则上应予以修正。无法通过工程措施修正，应考虑降低匝道的设计速度，并增强相应的安全设施，如设置减速标线、加强防撞设施。

（3）横断面设计。

对于互通立交改扩建工程，匝道横断面设计包括横断面布置、超高、加宽等三部分内容。

应根据预测交通流量确定的车道规模，结合匝道的长度，按照现行规范的要求，合理确定立交匝道的车道数，进而明确横断面类型及布置。当既有匝道的横断面布置不满足现行规范要求宽度时，路基部分的匝道应采用直接单侧或双侧拼宽的方式；桥梁部分的匝道可采用单侧拼宽或拆除重建的方式，条件受限时可适当减少路肩宽度，但不应减少车道规模及车道宽度。

匝道上的圆曲线应根据设计速度、圆曲线半径、公路条件、自然条件等计算确定超高值。当既有匝道由于超高设置偏小是事故多发路段，在改扩建工程中匝道路基段应根据现行规范的要求加大超高设置，桥梁段可采用拆除重建或调整铺装的方式，必要时可降低设计速度。

改扩建工程的互通立交应根据匝道的横断面类型，按现行规范要求选取加宽值，加宽宜在曲线内侧，对向分隔式匝道宜在两侧加宽。加宽缓和段长度宜在缓和曲线段或超高过渡段设置，且长度不小于10m。当既有匝道由于加宽设置偏小是事故多发路段，在匝道路基段应根据现行规范的要求加大加宽设置，桥梁段可采用拆除重建或调整路肩宽度的方式，必要时可降低设计速度。

3. 匝道出入口

在改扩建互通立交高速公路主线出入口，主线与匝道分、合流处应保持车道数的平衡，如图 9-7 所示，并应满足式（9-1）的要求，否则应在主线上出入口的上下游增设辅助车道，辅助车道的长度应按照现行规范的要求取值。当改扩建互通立交匝道基本车道数增加时，应在主线上增设设置辅助车道，同时变速车道长度也要增加。当改扩建互通立交匝道基本车道数不变时，只需对匝道的局部出入口线形进行调整（图 9-8）。

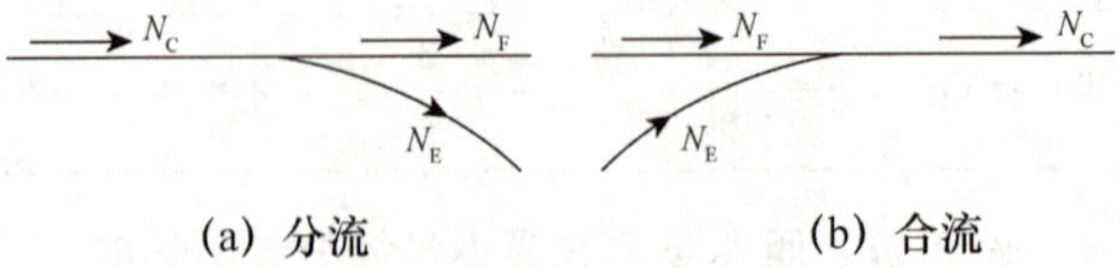

图 9-7 分、合流处的车道平衡

$$N_C \geqslant N_F + N_E - 1 \tag{9-1}$$

式中：N_C——分流前或合流后的主线车道数；

N_F——分流后或合流前的主线车道数；

N_E——匝道车道数。

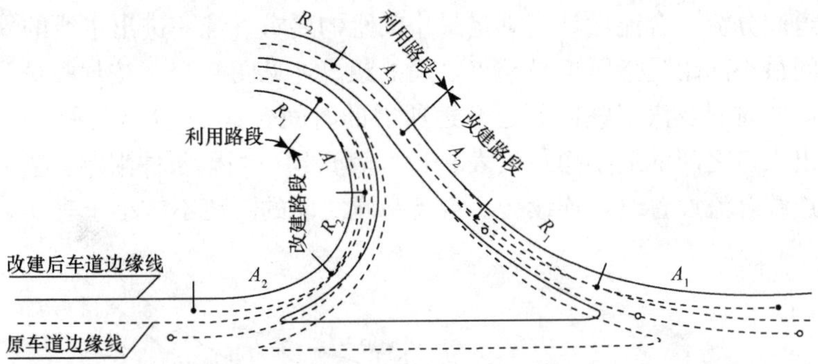

图 9-8　主线拼宽路段的匝道局部改建方案设计示意图

在现行《立交设计细则》中，相比老版的路线设计规范，特别注重匝道间分流、合流设计。当匝道分流车道数平衡时，可采用直接分流的方式［图 9-9（a）］；车道不平衡时，可增设一条辅助车道，长度不应小于 150m［图 9-9（b）］。当匝道合流车道数平衡且合流前交通量均较小时，可采用直接合流的方式［图 9-10（a）］；当车道数平衡且合流后的交通量接近设计通行能力，或单车道匝道汇入速度相对较高的双车道匝道时，应增加渐变段长度或增设一条辅助车道，辅助车道长度不应小于 100m［图 9-10（b）］；车道不平衡时，应增设一条辅助车道，长度不应小于 150m［图 9-10（c）］。在改扩建时，路基段的立交匝道间的分合流应按现行规范进行调整，桥梁段的立交匝道间的分合流可以参照现行规范进行调整。

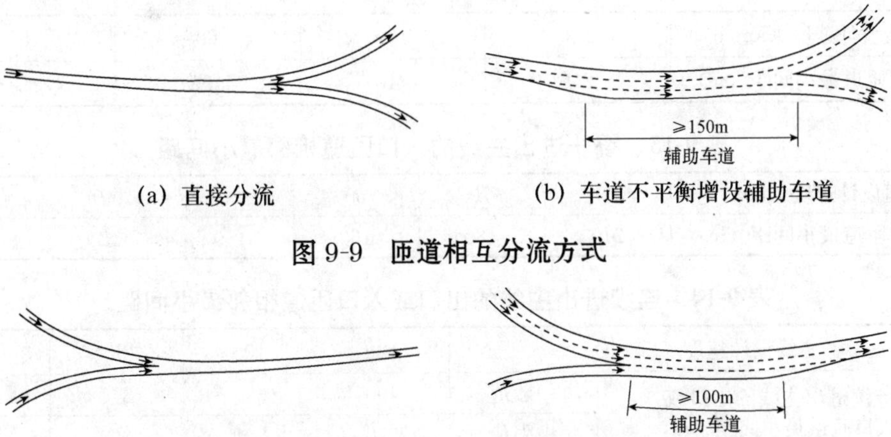

(a) 直接分流　　(b) 车道不平衡增设辅助车道

图 9-9　匝道相互分流方式

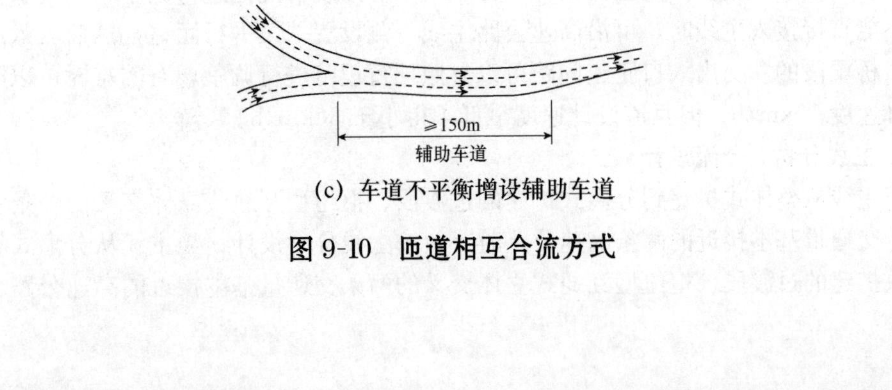

(a) 直接合流　　(b) 增设辅助车道合流

(c) 车道不平衡增设辅助车道

图 9-10　匝道相互合流方式

设计匝道间分流、合流设计应满足最小间距的要求。统一进出主线的立体交叉相邻匝道出入口间最小间距是指匝道鼻端点之间的距离，见图 9-11，按驾驶员辨认交通标志引起反应所需的时间及汽车驶向邻近车道所需的时间合计 7～12s 计算。立体交叉范围内相邻匝道出入口之间的最小净距见表 9-12、表 9-13。当因条件限制，立交的主线侧按连续分流或连续合流设置时，连续分、合流鼻端之间的距离不应小于表 9-14 的规定值。

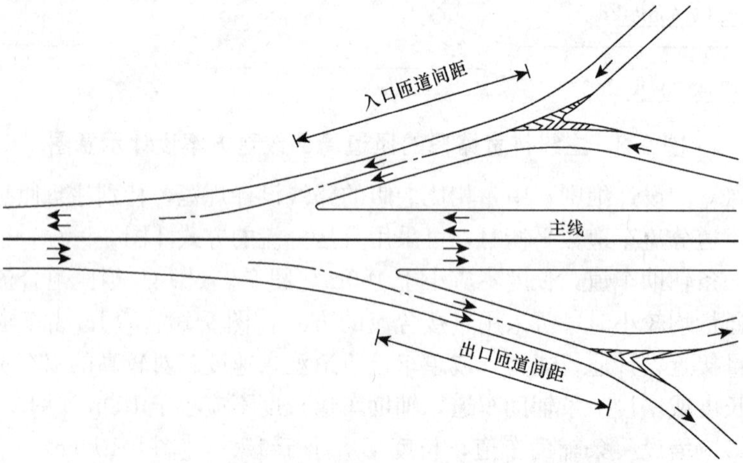

图 9-11 统一进出主线的匝道间分、合流布置形式

表 9-12 统一进出主线的出口匝道相邻最小间距

主线设计速度（km/h）	120	100	80	60
出口匝道最小间距（m）	240	210	190	170

表 9-13 统一进出主线的入口匝道相邻最小间距

匝道设计速度（km/h）	80	70	60	50	40	30
入口匝道最小间距（m）	210	180	160	140	120	100

表 9-14 连续进出主线的出口或入口匝道相邻最小间距

主线设计速度（km/h）		120	100	80	60
连续进出主线的出口或入口匝道最小间距（m）	一般值	400	350	310	270
	极限值	350	300	260	220

在改扩建时，路基段的立交出入口匝道间距应按现行规范进行调整，当现状接口的间距不能直接接入主线时，可沿高速公路主线一侧设置一段平行匝道，然后驶入或驶出主线；桥梁段的立交出入口匝道间距可以参照现行规范进行调整，有困难时可以降低匝道设计速度 10km/h，但匝道设计速度最低不得小于 30km/h。

4. 主线分岔、合流设计

当主线从整体式扩建到分离式扩建的过渡段、枢纽型互通式立体交叉的一条主线分岔变为交通量基本接近的两条高速公路时，应按主线分岔设计；当主线从分离式扩建到整体式扩建的过渡段、枢纽型互通式立体交叉的两条交通量基本接近的高速公路合流变为一条高速公路时，应按主线合流设计。

主线分岔、合流设计应符合车道平衡原则，线形设计宜按照中心线要求进行平面线形设计，设计指标应符合现行《公路路线》规范的要求。困难路段，可采用平缓的变距曲线，变距方式可采用线性过渡，当鼻端前后车道数相等时，分岔段、合流段的渐变率分别不大于1∶40和1∶80（图9-12）；当鼻端前后车道数相差1车道时，分岔段渐变段长应大于150m［图9-13（a）］，合流段的渐变段长应大于300m［图9-13（b）］。

在改扩建工程中，无论是路基段还是桥梁段，为保证交通安全，主线分岔、合流设计应按照上述要求进行。

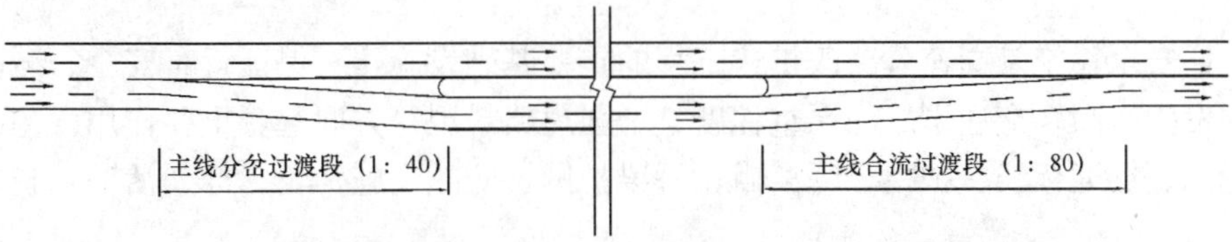

图9-12 主线分岔、合流布置（鼻端前后车道数相等）

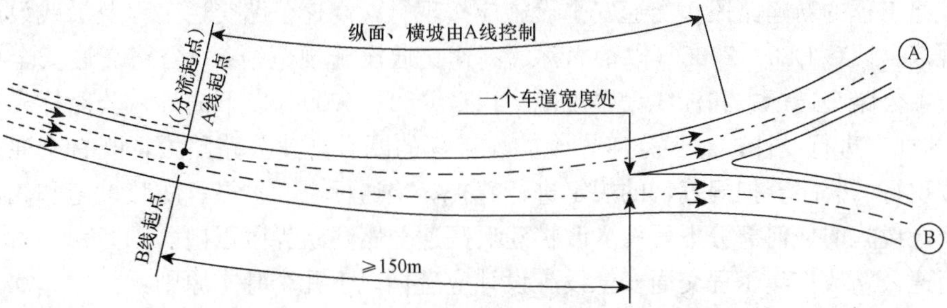

(a) 主线分岔

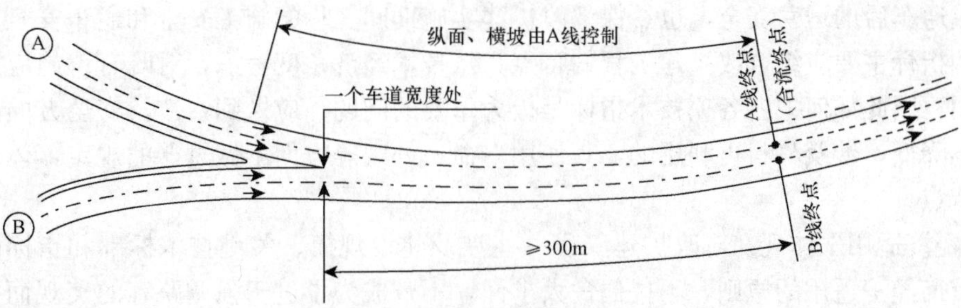

(b) 主线合流

图9-13 主线分岔、合流布置（鼻端前后车道数不等）

第十章 交通安全设施

10.1 概 述

交通安全设施是高速公路改扩建工程的重要基础设施，对保证行车安全、减少交通事故的发生、减轻交通事故的严重程度、增强道路景观等方面起着重要作用。主要包括交通标志、交通标线、护栏、隔离栅、桥梁护网、防眩设施、轮廓标、活动护栏、防撞垫等。

高速公路改扩建工程的交通安全设施等级应为A级。对于整体式扩建工程及分离式改扩建工程的新建路段，交通安全设施应按现行《高速公路交通工程及沿线设施设计通用规范》JTG D80—2006（以下简称《高速交通设施规范》）、《公路交通安全设施规范》及《公路交通标志和标线设置规范》JTG D82—2009（以下简称《公路标志标线规范》）的规定进行设计；对于分离式改扩建工程的既有高速公路路段，既有交通安全设施宜按现行《公路养护规范》的规定进行养护。交通标志、护栏、防眩设施和轮廓标等交通安全设施的任何部分不得侵入改扩建后高速公路建筑界限以内。

高速公路改扩建工程交通安全设施设计应遵循以下几个基本原则：

（1）应该充分体现安全合理、经济适用、资源节约、因地制宜的要求。

“安全合理”应体现安全实施和指标合理两层含义。作为改扩建工程，安全既要包括建成通车后的运营安全，也要保证改扩建实施期间工程的施工安全和通车安全。选用合理的指标主要应结合改扩建工程的特点，从技术经济角度考虑，对既有设施应加以充分利用，因此如何把握各项技术指标是极为重要的问题。应做到：涉及安全方面的技术指标不降低，涉及材料再利用的，其使用寿命、外观等方面不做过严的规定，体现改扩建的特点。

“经济适用”体现在对改扩建工程一些涉及建设规模、关键技术标准和指标的掌握上，贯彻经济适用的原则，不提倡贪大求洋，不赞成为了过于强调路容的美观而导致大量既有工程被拆毁，造成浪费。

“资源节约”在高速公路改扩建中地位十分重要。高速公路既有交通安全设施虽已陈旧，但仍有一定的实用功能，弃之可惜，应在确保使用功能的前提下对之加以充分利用。

“因地制宜”在改扩建工程中应得到执行。不同的高速公路改扩建工程，其交通安全设施的再利用方法各有不同，应充分利用项目的实际情况，结合改扩建工程的交通组织方案来具体实施。

（2）在对既有高速公路调查和评价基础上结合主体工程改扩建方案进行交通安全设

施的总体设计。

一方面，改扩建项目与新建项目不同，改扩建项目的公路一般设计较早，由于当时技术条件、设计水平和规范标准等条件的局限，难免与现有要求存在一些差距。

另一方面，改扩建项目经过多年的营运，对交通需求已经有了一定的数据积累，如果能够根据实际的交通流数据进行分析，将会大大提高方案与实际情况的吻合程度，且既有公路交通安全设施也相应程度得到了一定检验。因此，通过对既有高速公路现有沿线附属设施的调查和评价，可以深入分析原设计的得与失，在改扩建设计中采取针对性的措施，改造既有公路的不足。尤其在安全方面，事故率相对集中的局部路段，往往有其深层次的原因。通过评价和调查，深入分析事故原因，并在改扩建设计中予以改造，是改扩建设计的重点和难点之一。

（3）高速公路改扩建工程施工期间维持通行时，应根据交通组织方案开展临时交通安全设施设计。

临时交通安全设施设计是改扩建工程设计的重要内容，也是改扩建工程的一大特色。临时交通安全设施设置的目的是满足改扩建工程施工期间的临时通车和施工安全双重需要。

（4）应重视新技术、新材料、新工艺、新产品的应用。

高速公路改扩建工程交通安全设施设计应在满足安全和使用功能的条件下，积极稳妥地采用新技术、新材料、新工艺、新产品、落实节能减排的相关规定。

10.2　总体设计

交通安全设施的总体设计是主体工程改扩建工程总体方案设计的重要组成部分，因此，必须在对既有公路调查与评价基础上，并与主体工程的改扩建方案有机结合，针对不同路段、不同工程地点的具体改扩建方案制定相应的交通安全设施配套方案。总体设计主要从以下几个方面进行考虑：

（1）交通安全设施总体设计与主体工程的总体设计同步进行，包括交通安全设施改扩建的主要方案及方案比选、结合项目特点针对交通安全和节能环保等目标拟采取的具体应对措施、既有设施再利用方案、临时交通安全设施的设计内容和主要方案、交通安全设施的造价测算等。

与新建项目不同，改扩建项目的交通安全设施设计具有及时性、阶段性、设计周期更长等特点，和主体工程施工存在相互交叉的特征更加明显。在项目实施前，就需要对既有的设施进行迁改和保护，并实施临时交通安全设施，在主体工程施工期间，交通安全设施还要配套为施工和通行保障提供服务，在建设后期，部分临时设施还需拆除改移或改造，并实施交通安全设施。有时上一阶段的施工方案确定后才可确定下阶段交通工程的具体实施方案。

（2）制定交通安全设施的总体设计方案时，综合考虑主体工程的设计方案、既有公路的安全性评价结果和改扩建交通组织方案等因素。交通工程安全设施的设计指标不宜低于相同技术标准的新建高速公路。

高速公路改扩建后，经常会出现同向分离、集散运行等不同于改扩建前的道路条件和交通组织方式，同时改扩建后车道数增加也造成了车辆运行环境的变化，所有这些变化带来一些新的影响行车安全的因素，需对其进行综合分析，相应确定新的设计重点和交通安全处理方案。

因为改扩建工程是在既有高速公路上进行改造和扩容，为节省投资，充分利用了既有高速公路的线路、路基路面、桥涵隧道、互通式立体交叉等设施，较新建高速公路工程而言，行车舒适性可能存在不足，甚至是安全性方面也可能存在一定的隐患。为保证改扩建高速公路的行车安全，可适当提高改扩建工程的交通安全设施设计指标，如安全设施宽容度设计、护栏的防撞等级、标志视认性等。

（3）结合既有公路现状、交通量和交通组成、运行速度、交通事故情况、气象环境状况等进行综合分析，并结合调查与评价进行技术经济比较，确定交通安全设施设计重点和设计方案。

改扩建高速公路通常已经运行了较长时间，积累了一定的运营资料，这些资料有助于有针对性地改善安全通行条件，应予以充分利用。

交通安全设施设计重点和交通安全处理方案与高速公路交通环境密切相关，需要考虑交通量和交通组成、运行速度、交通事故情况、气象环境状况等因素。交通量和交通组成主要考虑改扩建后不同阶段和不同路段交通量的预测情况、车型比例，以及不同车型在各车道的分布情况；运行速度主要考虑改扩建后不同的几何线形、车辆和驾驶人特性，以及路侧环境等对实际行驶速度的综合影响，同时，还要考虑不同车道运行速度的分布规律等；交通事故情况需要考虑改扩建前交通事故的分布情况，以及改扩建后整体安全性和改扩建前交通事故分布情况的比较。这些因素主要影响驾驶人对交通标志的识认性，标志设置的密度、位置，以及外侧大型车辆对内侧小型车辆视线的遮挡等方面。由于改扩建后高速公路路基宽度加宽、车道数增加等运行环境的变化，导致事故车辆碰撞护栏的速度、碰撞角度有所变化，路侧护栏的中央分隔带护栏需要对不同车型进行防护。

（4）总体设计对既有公路交通安全设施的建设年份、升级改造工程、专项改造工程、设置等级、设置规模、存在的主要问题等基本情况予以说明。

（5）根据既有公路的安全性评价结论，结合主体工程改扩建设计方案，对下列路段提出针对性的设计方案：

1）对长大纵坡路段、平曲线或竖曲线半径小于一般值的路段等，提出安全设施、行车速度、监控设施等综合整治对策。

整治对策主要包括：提高栏杆的防撞等级、增设防滑标线，增设警示标志，设置一些提醒减速慢行或提醒驾驶人注意安全的其他告示牌，对行车速度提出建议性方案，增加监控、诱导等设施。在路段已发生事故的成因分析的基础上，针对事故原因采取对策。

2）对分合流路段、特大桥及大桥路段，应根据对通车以来交通拥挤、事故的分析，提出增设警告标志、标线渠化、局部照明等综合整治对策。

分合流路段由于交通流紊乱，易发生侧撞、追尾等事故，特大桥及特长隧道等路段存在救援困难等不利因素。改扩建设计时应结合调研与评价结论，分析项目中有没有安全隐患，存在隐患区域及时予以弥补。

3）对地质、气象灾害多发等路段，提出紧急救援、灾害预警、通行保障等综合整治对策。

4）对发生过重大交通事故或交通事故发生率相对较高的路段进行专项分析论证，提出安全设施设置方案。

对于通车以来事故发生率明显偏高的路段，首先应分析事故成因。既然一个特殊路段事故率明显高于其他路段，事故原因除驾驶员的过失意外，必然存在其他方面的诱因。应从人、车、路、环境等方面进行分析判断，找出事故高发的内在原因并加以源头治理。

（6）对下列路段结合主体工程改扩建方案的安全性评价、运行车速分析结论等，提出交通安全设施相应的补充完善方案：

1）因新增互通式立体交叉导致相邻互通式立体交叉的间距不足 4km 的路段，宜增设图形化指路标志、可变信息标志等安全和监控设施。

2）同向分离路段、不同加宽方式的过渡段，应提出安全、监控设施等强化方案，必要时进行专题研究。

（7）根据调查与评价结果，通过技术经济比较，确定交通安全设施的再利用方案。

1）符合现行标准规定同时能满足改扩建后使用环境需要的，应继续使用；

2）符合现行标准规定，但不满足改扩建后使用需要的安全设施，在进行经济技术比较后确定改造利用方案。如部分指路标志版面不能满足改扩建后的路网需求，需要重新设计版面，进行贴膜处理改造；标志设置位置不合理，需要进行整体移位方式改造；单侧拼宽的高速公路改扩建工程，既有公路的交通流向发生改变时，护栏板的搭接顺序已经不能满足通行需求，需要搭接方向改造；原上坡方向改为下坡方向时，既有公路护栏防撞等级可能会不满足需要，则需利用既有护栏结构进行提高防撞等级的改造；对于改扩建工程中路面加铺，导致既有护栏高度不能满足需求时，利用既有护栏结构改造提升高度等。

3）对于难以利用的，可将其材料加以利用。如拆除的标志进行简单加工改造用作道路施工阶段的保通临时标志；拆除的波形梁护栏立柱和护栏板经处理后重新利用等。

（8）改扩建施工过程中需要维持通车时，应根据交通组织方案，确定临时交通设施的设计方案。临时交通安全设施应计入项目的工程概预算。

10.3　交通标志和标线

改扩建高速公路项目通常位于经济发达地区，周边路网复杂。高速公路改扩建工程交通标志标线的设置应以不熟悉周围路网体系的高速公路使用者为设计对象，并充分考虑改扩建后路网变化对驾驶人选择路径的影响和既有公路使用者的习惯，根据改扩建工程在路网中的功能、地位、服务对象选择合适的标志信息。

10.3.1 标志标线设计内容

高速公路改扩建标志、标线改造在高速公路通车以来标志标线的使用效果分析与评价的基础上，并结合改扩建后周边路网的变化情况，对既有高速公路的指路标志标线体系进行必要的调整和完善。

改扩建工程标志标线体系的调整和完善，主要涉及入口系列指引标志，包括入口预告标志、入口地点方向标志、高速公路入口标志；行车确认标志，包括地点距离标志、高速公路命名和编号标志；出口预告系列标志，包括出口预告标志、出口标志和地点方向标志。改扩建工程的标志布设必须和标线布设统一考虑，保证信息协调一致。同时，标志布设应与监控、通信、收费、供配电、服务设施、房屋建筑、环境等其他沿线设施协调配合，重要信息重复提示、多级预告，使标志提供的信息及时充分，同时又不造成信息过载，确保行车的舒适安全和服务功能完备。

除按现行《公路标志标线规范》的规定设置必要的标志标线外，应着重加强下列几个方面设计：

1. 长大纵坡路段

对于长大纵坡路段，应加强交通标志、标线及其他安全设施设计，增强标志标线的指示、引导和警示作用。同时应充分结合各项管理措施，如长下坡路段前后采用区间测速，加大执法力度，从管理角度控制驾驶人采取危险的驾驶方式。加强路面监控，遇紧急情况时，实现快速处置，及时发布事故情况信息等，安全引导车辆通过长下坡路段。对于平曲线或竖曲线半径小于一般值的路段、视距不佳路段可采用设置线形诱导标、加密轮廓标、设置纵向减速标线、偏移标线等措施改善。

2. 分合流路段、特大桥及大桥路段

对于分合流路段，特大桥及大桥路段，特别是同向分离迎向车流方向的三角端头、匝道分岔口等，应增设图形化的警告标示、合理渠化标线，同时，设置防撞垫等缓冲设施。另外，也可通过设置警示弹性分道体，强化对同向交通的隔离。在分离式路段的前基准点 2、1km 和 500m 处，应分别设置相应的预告标志，在 0km 处应设置确认标志。在合流并板的前基准点 500、200m 和 0km 处，应在既有高速公路的右侧和新建分离式高速公路的左侧分别设置注意合流标志。

3. 互通式立体交叉间距小于 5km 的路段设置组合出口预告标志

互通式立体交叉间距较近的路段交通流运行复杂、信息量大，易分散驾驶人注意力，增加其疲劳度。同时由于车道数较多，内侧车道的车辆驶出高速公路要经过多次变换车道，与其他车道车辆交织点较多、交织距离较长。如果交通标志、标线设置不当，将给驾驶人对指路信息的认读和判断带来困难。因此标志、标线内容及设置的距离对驾驶人在合适的时间内完成识别、认知、判断行动一系列动作有较大影响。

根据国家科技支撑计划相关成果，在对互通式立体交叉区分合流行为以及出口车辆强制性换道行为、入口车辆自由驶人行为等进行详尽和系统的调查研究的基础上，结合现场调研数据，对互通式立体交叉最小间距的主要影响因素进行分析，考虑改扩建后的通行能力和经济中心通达性的需求，提出互通式立体交叉间距小于 5km 的路段应作为重点路段，应设置组合出口预告标志。

4. 改扩建后单向车道数大于或等于4条的高速公路

（1）根据需要设置车道功能划分的标志和标线。

根据已有调查，高速公路的车辆运行速度依车道从左至右依次呈阶梯性降低。八车道高速公路左侧第一车道运行速度普遍超过120km/h，相邻车道之间的速度差较大，特别是第二和第三车道之间。研究还发现第三、四车道小型车的车速离散型最大，而且外侧两条车道上大、小型车之间运行速度的差值大多在30km/h以上，这是导致多车道高速公路外侧车道事故较为多发的原因之一。因此，改扩建后单向车道数大于或等于4条的高速公路，可设置车道功能划分标志或标线，规范不同车辆行驶范围，减少车辆间的交通冲突。

（2）标志支撑形式推荐采用门架式，或在行车方向的左侧增设出口预告、服务区预告等标志。左侧设置标志时，标志信息应与对应的右侧标志一致，在保证视认效果的条件下，可结合净空条件对版面尺寸进行调整。

在靠近左侧车道行驶的车辆，驶离高速公路前变换到最外侧车道需要更多的时间，因此需要保证驾驶人读取交通标志信息时视线不被遮挡，并加强对左侧车道行驶车辆的信息预告，提示驾驶人尽早进行换道操作，保证充分的反应时间和行动距离。门架式标志对于解决路侧标志遮挡问题非常有效，特别是在互通进出口交通信息较复杂处，宜采用门架式标志支撑形式。

10.3.2　原有标志标线再利用方案

交通标志的再利用可通过更换反光膜、更换面板、标志位移、版面内容增删等方法实现，并应该符合以下几条规定：

（1）当交通标志的面板，支撑结构和基础均可以直接利用，仅版面内容需要调整，或仅逆反射系数达不到规范要求需要调整时，可通过更换反光膜的方法改造。

（2）当只需要通过移位就可加以利用时，可将既有的标志移位改造。移位可采用纵向设置位置挪移、横向位置挪移、原位置板面高度调整等。

（3）标志板面再利用时宜整板利用。

（4）交通标志板拼接再利用时，新板和既有板的厚度应一致，且拼缝不得与标志中的图形、文字和重要符号相重合。拼接后的标志板面整体强度不得低于整板。

改扩建时未重新铺筑路面或罩面的路段，当交通流特性发生变化时，应对既有标线重新施划。当交通流未发生变化时，既有标线使用状况良好的，可继续使用。交通标线所用材料应具有良好的耐久性、抗滑性、施工方便性和经济性，在白天和晚上均应具有良好的可视性。新施划的交通标线的初始逆反射系数应符合现行国家标准《新划路面标线初始逆反射亮度系数及测试方法》GB/T 21383—2008的规定，白色及黄色标线的逆反射亮度系数应分别不低于150mcd·m^{-2}·lx^{-1}及100mcd·m^{-2}·lx^{-1}。

10.4　护　　栏

高速公路改扩建工程可对既有公路护栏进行改造或新设护栏，设计时应基于现有规范和调查评价结果确定布设方案和防护等级，一般应满足以下两点要求：

（1）护栏的防护等级不应低于现行《公路护栏评价标准》的要求。

高速公路改扩建工程中，可根据现行《公路护栏安全性评价标准》并结合《公路交通安全设施规范》的要求设计新护栏，也可以对既有护栏结构或材料进行改造利用，但改造后护栏的防护性能必须经过《公路护栏评价标准》的验证。由于改扩建工程在设计速度、路基宽度、交通量及交通组成、运行速度等方面变化较大，导致交通事故的严重程度有可能增加，基于此，护栏的防护等级不应低于现行《公路护栏评价标准》的要求。

2006 年以前，中国高速公路设置波形梁钢护栏的依据是《高速公路交通安全设施设计及施工技术规范》JTJ 074—94 和《高速公路波形梁钢护栏》JT/T 281—1995，要求护栏防护碰撞能量为 70kJ。2006 年以后，《公路交通安全设施设计细则》JTG/T D81—2006（以下简称《安全设施设计细则》），规定高速公路护栏至少应达到 A 级，即 160kJ 的碰撞能量。2006 年以前的波形梁钢护栏结构在现行《安全设施设计细则》中相当于 B 级防护等级。因此在对 2006 年以前修建的高速公路进行改扩建或大修养护时，需要对护栏进行重新设置或者对原有护栏进行改造才能达到新规范的要求。

（2）根据既有公路护栏使用状况的调查和评价结果，结合主体工程改扩建方案，统筹确定全线护栏布设方案及各路段防护等级。

改扩建工程应按本书 3.7 节要求对既有公路护栏的设计等级、使用状况、目前实际具备防护等级和对交通量变化的适应性进行调查和安全评价，评价的内容包括既有护栏对现有交通流状况的适应性评价和既有护栏实际具备的防护等级评价两个方面，对现有交通流状况的适应性评价主要根据改扩建前后交通量的大小、不同车型组成对既有护栏提升防护等级的要求以及路侧护栏和中央分隔带护栏的主要防护对象进行评价。既有护栏实际具备的防护等级评价主要是对已使用若干年的既有护栏防护等级的评价，主要评价既有护栏结构材料如立柱间距、埋置深度、波形板厚度、钢材性能、腐蚀程度以及土基压实度等方面对护栏防护等级的影响。根据以上两个方面的评价结果，确定改扩建后不同路段护栏防护所需达到的基本防护等级，进一步提出对既有公路护栏改造提升的目标和既有护栏利用方案。

对于改扩建前事故率相对较高且主体工程设计已做出优化调整的路段，如平纵横指标已优化的路段等需结合既有路段发生车辆碰撞护栏事故的严重程度，并根据《公路护栏评价标准》确定护栏采用的防护等级。路基护栏防撞等级适用条件的规定见表 10-1，根据路侧状况选择合适形式。

表 10-1 路基护栏防撞等级适用条件

<table>
<tr><th rowspan="2">公路等级</th><th rowspan="2">设计速度（km/h）</th><th colspan="3">车辆驶出路外有可能造成的交通事故等级</th></tr>
<tr><th>一般事故</th><th>重大、特大事故</th><th>二次事故、特大事故</th></tr>
<tr><td rowspan="2">高速公路</td><td>120</td><td rowspan="2">A、Am</td><td rowspan="2">SB、SBm</td><td>SS</td></tr>
<tr><td>100、80</td><td>SA、SAm</td></tr>
</table>

对改扩建前事故率相对较高，主体工程设计限于客观条件未改造彻底的路段，应分析既往发生的事故与护栏设置的关系，事故是否与既有设置的护栏防护等级有关，是否

与护栏的设置形式有关，同时，还应分析改扩建后，交通组成变化对护栏防护的需求，车辆碰撞护栏的速度、车辆碰撞护栏的角度是否发生变化等因素。护栏等级的形式应与该路段曾经发生的事故等级相适应，满足《公路护栏评价标准》的要求。

10.4.1　高速公路改扩建工程护栏常见改造区域

（1）单侧拼宽路段或分离式加宽路段的护栏设施按以下要求执行：

1）单侧拼宽路段既有公路行车方向发生改变时，对护栏搭接、护栏端头设置、轮廓标等进行改造，并结合新的行车方向，对长下坡等路段护栏防护等级进行调整。

单侧加宽的高速公路，当既有公路的中央分隔带改为同向车道分隔带时，就存在护栏的拆除与保留问题。如将其拆除，对交通安全和行车舒适更为有利，但是如遇到该分隔带范围内有上跨桥墩、标志立柱、通信管道等设施需要保护等情况时，拆除栏杆将会带来复杂的相关设施的工程改建，在此情况下需要进行技术经济分析。如可以通过其他手段保证行车安全且经济性较佳，就不必要硬性拆除。

2）原中央分隔带改造为同向车道分隔带后，原有的分隔带开口应保留，并应安装活动护栏。此外，同向车道分隔带应在互通式立体交叉及服务区、停车区前后各增设一处开口，开口长度不宜小于2km。该开口处有护栏时，尚应在该护栏端头处设防撞垫。

根据国内单侧加宽高速公路使用情况，在互通式立体交叉前后设置的同向车道分隔带开口长度不宜过短，太短则影响车辆驶入或驶出，易造成安全隐患。开口长度的取值跟交通量、交通组成及设计速度相关。河南郑洛高速公路开口长度为2.5～3km，使用效果较理想。洛三灵高速公路改扩建时考虑地形显示等因素，开口长度为2km，实践证明基本上能够满足车辆交通转换的需要。因此建议同向车道分隔带开口长度不宜小于2km。

原中央分隔带改为同向车道分隔带时，其开口在应急抢救及紧急情况下需要启用。考虑到因其长度通常较短，正常行驶的车辆通过该开口转换车道时安全及舒适性难以满足要求，因此规定加装活动护栏，防止车辆随意经过该开口变换车道。

3）同向车道分隔带高度大于12cm时，可将该分隔带上原有的护栏拆除。

4）当侧分带内有需要保护的特殊结构物时，可保留护栏。此时该护栏的安全性能应满足现行《公路护栏评价标准》的要求。

（2）通过改造、加固或拆除重建等方法，使改扩建后桥梁护栏的防护等级满足现行《公路护栏评价标准》的要求。

原《高速公路交通安全设施设计及施工技术规范》JTJ 074—094设计的桥梁护栏最大防护等级为231kJ，而现行规范对桥梁护栏的最低防护等级为280kJ。因此，改扩建工程中需要对既有桥梁护栏进行改造，以满足现行规范对防护等级的规定。对于利用既有桥梁护栏结构进行改造的护栏，其改造后防护等级的验证，应根据《公路护栏评价标准》进行评价。

10.4.2　高速公路改扩建工程护栏利用常见方案

（1）混凝土护栏可通过加高或在其顶部加装有效防撞构件等方法，使其安全性能达到现行《公路护栏评价标准》的要求。桥梁混凝土护栏改造时，应对桥梁结构局部受力进行验算；当混凝土护栏强度不能满足金属构件安装时，应将混凝土护栏拆除重建。

对于混凝土护栏，可将既有混凝土部分凿毛，采用植筋的方式，重新构造混凝土护栏，也可采用在既有混凝土护栏上加装有效钢构件等办法提高护栏的防护等级。

对于桥梁混凝土护栏，由于改扩建前后车辆碰撞护栏条件的不同和护栏高度的增加，导致改造后的护栏存在三处薄弱区域，一是原护栏底部与桥梁翼缘板的连接部分，二是混凝土护栏本身最不利截面处的强度，三是新增构件和混凝土护栏连接处。因此，需要对桥梁翼缘板与护栏连接的可靠性进行验算，同时，也需要对混凝土本身进行强度验算，当混凝土护栏与翼缘板连接处、护栏本身和新增金属构件连接处强度不足时，需要将混凝土护栏拆除重建。可采用改造方案如去掉原来上部构件，改用型钢构件，改造后的护栏能达到SB级防撞等级；也可采用马鞍型钢构件；还可采用在原混凝土护栏植筋加高的方式。

（2）将满足设计要求的原护栏予以利用，无法直接利用的护栏立柱，可通过内套管或外套管加长立柱、加密立柱等方式加以利用，且应保证其整体性能达到现行《公路护栏评价标准》对防护等级的要求。重复利用的立柱，在拆除后应进行防腐处理。

对于在改扩建工程中路面加铺，导致护栏有效防护高度不足的情况，可采用内套管、外套管或内外套管的方式对立柱进行加高。采用内套管加高时，需要保证内套管的有效截面面积不小于现行规范规定的立柱截面面积，且要考虑加高立柱与原立柱间空隙的防水措施。同时，加高套管套入原立柱的部分要足够长，加高套管与原立柱通过螺栓连接，保证受力的有效传递，原立柱上的螺栓孔应进行防腐处理。

（3）将满足设计要求的原护栏板和防阻块等材料予以利用，无法直接利用的原护栏板，可将原有护栏板组合或加强后使用。采用护栏板组合或加强后，护栏整体安全性能应符合现行《公路护栏评价标准》的要求。重复利用的护栏板，在拆除后宜进行翻新处理。

高速公路改扩建工程应本着资源节约的理念，对于在交通事故中经车辆碰撞变形或由于自然及其他原因腐蚀等，造成性能衰减不能利用的原护栏外，外观完好，满足现行设计要求的原护栏板和防阻块等材料应予利用。如，目前部分高速公路的改造中就采用了双排波形梁的护栏结构，其防护等级能达到160kJ。广东广韶高速公路改造采用两块波形梁板对叠成8字梁的护栏结构，其防护等级能达到93kJ。

（4）护栏的改造设计，其外观、材料尺寸及安装方式与现行《安全设施设计细则》不符的，应进行碰撞试验，达到现行《公路护栏评价标准》对防护等级要求时方可采用。

通过改造利用原护栏，达到满足现行规范对护栏防护等级的要求，有利于资源的节约。但新护栏结构通常在护栏构造、外观、断面尺寸及安装方式等方面与原护栏相差较大。因此，改扩建中通过改造原护栏结构形成的新护栏应根据《公路护栏评价标准》进行安全性评价。

10.5　临时交通安全设施

高速公路改扩建应设置必要的临时安全设施。临时交通安全设施的设计应满足交通组织和改扩建期间通行需求。

10.5.1　设计原则

临时交通安全设施设计应遵循下列原则：

（1）根据交通组织方案，针对分流、通行保障和施工保障的需求进行设计。用于分流的临时设施，其设计需符合相应等级公路交通安全设施布设的要求；用于通行保障的临时交通安全设施，其设计标准与维持通车路段的通行需求相适应；用于保障施工的临时交通安全设施，其设计需满足正常施工需要。

（2）统筹考虑临时和正式运营的设施。充分利用既有公路设施，最大限度地发挥既有设施的综合效益。临时交通安全设施应考虑设施的通用性和可重复利用性，应便于拆迁和移动。

改扩建工程多采用分段、分幅施工，因此，临时交通安全设施要多次移动，在设计中尽可能考虑到重复利用，以节约投资。

（3）临时交通工程及沿线设施与永久设施结合设置时，其设计使用年限应满足现行《高速交通设施规范》的相关规定。

10.5.2　设计内容

临时安全设施包括用于路网分流、路段通行保障和施工保障等各种场合的设施。

（1）用于路网分流的临时交通安全设施应设于改扩建施工路段具有交通流分流转换关系的区域路网。并结合改扩建施工的交通组织方案，在路网各分流结点设置交通分流的标志标线、隔离设施等临时设施，临时交通安全设施设置应易于拆装及挪移和重复使用。

（2）用于路段通行保障的临时交通安全设施的设置应该符合下列规定：

1）在主体工程改扩建施工需要对原来的出口预告等标志进行拆除前，应设置替代既有公路主线功能的临时交通标志。该类标志可设置在中央分隔带，标志版面内容可简化，仅保留出口、重要地点、服务设施等信息。中央分隔带有波形梁护栏时，临时标志可固定在中央分隔带护栏立柱上，其他情况时可设活动式混凝土基础。

高速公路采用两侧拼接加宽的方式进行改扩建时，需要在中央分隔带设置的临时交通标志包括：服务区标志、出口预告标志、收费站及预告标志、地点距离标志、限速标志、救援标志等。这些标志一般在改扩建工程开工时事先设置，和路侧的相关标志共同发挥作用，以便给驾驶员一定的过渡适应时间。随着路基拼宽作业的进展，路侧的标志会被拆除，此时依靠中央分隔带临时标志提供相应的信息。

2）高速公路的出口预告、方向地点、限速标志等用于路段通行保障的重要临时交通标志设置在中央分隔带上时，不得侵入建筑限界，标志版面可在满足通行视认性的前提下进行调整。

临时交通标志应专门设计。对于保通车速为 60～80km/h 的一般改扩建工程而言，临时交通标志汉字字高采用 40cm 左右是较合适的，而且一般情况下中央分隔带可以容纳得下。该类标志图案应基本与《道路交通标志和标线》GB 5768—2009（以下简称《道路交通标志和标线》）相符，可以不设英文，汉字的高宽比可适当压缩，采用 1∶0.8～1∶0.75 之间的数值。个别重要的标志，为避免标志版面过小影响视认，可以采用标志在中央分隔带上加高、重复预告等方法。

3）服务区和互通立体交叉前宜增设 3km 临时预告标志。

（3）用于施工保障的临时交通安全设施应根据施工交通组织的需要设置，并应符合现行《公路养护安全作业规程》JTG H30—2015（以下简称《公路养护安全作业规程》）的相关规定。

（4）用于路网分流和路段通行保障的临时标志，其图案、颜色、字符形式等应满足《道路交通标志和标线》以及《公路交通安全设施规范》的相关规定。主线临时标志的设置不宜过于集中。字高及汉字的高宽比应满足施工路段维持通行的基本需求，且字高不小于 40cm，重要信息不应遗漏。

（5）高速公路改扩建施工时，应设置完善的施工区临时标志。需进行交通转换时，应设置施工区交通转换的交通标志。维持通行的车道和施工作业区之间以及对向行车的车道之间，应设置临时隔离设施。当维持通行路段的车速为 60km/h 及以上时，临时隔离设施宜采用连续设置并互锁的混凝土护栏预制块，注水（或砂）且连续布设并互锁的水马、波形梁护栏等。

高速公路在改扩建期间应尽量提供高品质的服务，使其符合高速公路的底线要求。如施工对于通车干扰过于严重，势必影响到高速公路的服务水平。保持通行的高速公路，其一般路段应满足 60km/h 的行车速度要求。在此情况下，通车区和施工区之间需要施行硬质隔离。

（6）改扩建中拆除且不准备在改扩建完成后继续使用的安全设施，宜优先用作临时交通安全设施。

（7）在满足使用条件下，临时标志支撑结构可采用附着于护栏立柱、跨线桥、移动支架等形式。

10.6 隔离栅和桥梁护网

1. 改扩建项目隔离栅和桥梁护网设计

隔离栅能够阻止人、畜进入高速公路或其他禁入的区域，防止非法侵占高速公路用地。可有效地排除横向干扰，避免由此产生的交通延误或交通事故，保障高速公路效益的发挥。所以，改扩建高速公路的外侧应连续设置隔离栅，高度宜为 1.50～1.80m，形式主要为焊接网或编制网，并尽量考虑采用与既有高速公路所用材料及规格相同或相近的隔离栅。

上跨改扩建高速公路的桥梁应在高速公路用地范围内的两侧设置桥梁护网，高度宜为 1.80～2.10m。

2. 改扩建项目隔离栅和桥梁护网的重复利用

拆除的隔离栅、防落网等设施的网材、支撑钢材等，经局部修补或翻新等方式进行处理、检验合格后，可重复利用或作为施工期间临时设施使用。

隔离栅能否再利用需要考虑其使用年限、外观状况以及对高速公路改扩建后的适应性。严重腐蚀、损坏，有碍美观，无法满足改扩建后设计要求的隔离栅不可再利用，但应考虑有没有其他用途，核算其剩余价值。

10.7 其他安全设施

高速公路防眩设施主要包括防眩板、防眩网和植树防眩三种形式，改扩建工程新设置的防眩设施类型宜与既有防眩设施相一致，既有防眩设施经局部修复，并经检测合格后重复利用。在中央分隔带开口处活动护栏上，宜设置防眩设施。

改扩建高速公路主线出入口、匝道、分离式改扩建工程分、合流点以及线形变化较大的路段，视需要设置分流或合流诱导标、线形诱导标等设施。

改扩建高速公路主线出口、匝道分流点、分离式改扩建工程分流点需设置防撞垫。

防眩设施、轮廓标、视线诱导标和防撞垫等其他交通安全设施的设置均需满足现行《高速交通设施规范》的要求。

第十一章　管理及服务设施

11.1　概　　述

高速公路的管理及服务设施是高速公路的配套设施。其中管理设施包括：监控设施、通信设施、收费设施、供配电照明、房屋建筑等；服务设施包括服务区和停车区等。

管理及服务设施的改扩建设计，应满足“安全合理、经济适用、资源节约、因地制宜”的要求，应与主体工程同步进行改扩建。

管理及服务设施中，监控设施、通信设施、收费设施、供配电照明等通常也被称作机电设施。

机电设施改扩建工程是为适应整个改扩建工程总体上对监控、通信、收费、供电和照明等系统提出的管理、服务的需要和技术、标准发展的需要，通过系统扩容以及系统软件、应用软件升级等，对原系统进行技术改造，提高其技术性能和功能，适应高速公路实际需求的工程。它是以提高系统的技术性能和功能为主要目的。在改扩建工程中，对沿线的管理设施和服务设施要统筹规划，科学合理的改造，为此，要注意以下几点：

（1）改扩建高速公路的管理与服务设施应符合路网建设规划，满足信息化管理的要求，满足技术发展和管理水平提升的要求；

（2）改扩建高速公路的机电系统配置和建设标准应满足现行国家标准、行业标准和地方标准的规定；改扩建工程应充分利用既有的机电系统设备，但不得因此降低系统性能指标，或采用过时的系统方案；

（3）应对工程涉及的内容进行详细设计，设计应充分考虑既有系统情况，充分利用既有系统的设备、软件和数据等；

（4）系统设计应完整，与相互系统的关联应良好。

11.2　监 控 设 施

高速公路改扩建设计时，应根据调查与评价结果，结合交通量和交通组成、主体工程改扩建设计方案等因素，对监控分中心、监控管理所、外场设备以及配套的监控外场设备信号传输、供配电等各个子系统中不能满足改扩建后需求的设备和系统一并进行改造，综合确定监控设施改扩建方案。

监控设施改扩建设计主要包括以下内容：监控设施等级和规模的确定、监控分中心设施设计、监控外场设施设计。

11.2.1　监控设施等级和规模

改扩建高速公路监控设施的等级和规模除应不低于同等交通量及车道数的新建高速公路外，在设施配置上还应注意以下情形：

（1）对于改扩建以前主体工程技术指标采用低限的路段，宜设置交通事件检测、视频监控设施；有条件的，可采用全程监控方式。

（2）同向分离路段、不同扩建方式的过渡段、单侧加宽高速公路侧分隔带的开口段，宜按无盲区、全覆盖的原则设置交通事件检测、视频监视等设施，并视需要设置信息发布、警示等设施。

（3）长度超过5km的同向分离路段，宜在分离前适当位置设置车道指示标志，并在分离后的路段设置可以检测交通量、车速等信息的检测设施，并根据各路幅的交通状况实时调整车道指示标志指令，动态调整各路幅上的交通流分配。

（4）经常发生气象等灾害的路段，宜设置相应的检测或预警设施。

11.2.2　监控分中心设施

监控分中心设施较多，主要有大屏幕系统、计算机系统、机柜、电源、控制台以及连接光电缆等，对于满足系统需求的监控分中心设备，宜继续使用，并且在改扩建施工过程中应妥善保护；对于不满足系统需求的设备应根据性能需求进行合理更新。

监控分中心设施尤其是计算机系统，往往运行多年，运行速度缓慢，备品备件因产品更新快而遭淘汰，影响日常管理和使用，因此，改扩建高速公路的监控分中心设施宜按更新处理。

11.2.3　监控外场设施

改扩建高速公路监控外场设施，应根据以下原则确定利旧、更新或新增：

（1）对于满足技术标准和使用需求、设备完好的外场监控设施，应利用。

（2）对于局部可以利用的设施，应尽量利用以节约投资。如表面已锈蚀的结构杆件，应考虑翻新利用。

（3）对于不满足技术要求和配置标准的监控设施，应考虑更新和新增。如模拟视频系统应更新为高清数字视频系统；如采用车道分离的高速公路，采用客货分流的主线收费站上游，应新增可变车道指示标志。

（4）对于原有能耗较高的外场设施，如使用年限已久，应更新为节能型监控设施。如节能型可变信息标志。

11.3　通信设施

高速公路改扩建设计时，应结合调查与评价结果，按下列原则对通信设施的适用性进行分析判定：

（1）能正常运营且能满足改扩建后通信业务需求的，应保留并继续使用；

（2）运行基本正常，且经过升级扩容即能满足改扩建后的通信业务需求的，可对其改造后继续使用；

（3）不能正常运行或容量不能满足改扩建后业务需求和区域通信联网需要，且升级扩容困难的，应更新通信设施。

通信设施改扩建设计主要包括以下内容：通信传输网络设计、电话交换网设计、会议电视网设计、紧急电话系统设计、通信光缆和管道设计。

11.3.1 通信传输网络

通信传输网络主要包括路段通信分中心与上级通信中心之间的干线网和本路段的接入网。

干线网的改扩建一般利用原有干线网，与上级通信的设备（如路由器）若已达到或超过其正常使用年限或不能满足传输容量要求时，应按更新处理，更新的设备应与原干线网兼容。

路段接入网需要承载数据传输网和视频传输网。随着高清视频的应用，改扩建高速公路原有接入网带宽往往难以满足改扩建后的使用需求，而且原有传输设备因产品更新快而带来停产、无配件等风险。因此，路段接入网的改扩建采用全部更新为多。

根据改扩建高速公路工程情况，路段接入网有基于 SDH/MSTP 综合业务接入网，PTN 分组传送网，以太网接入技术等多种技术。

从目前实际应用来看，以太网接入技术由于设备简单，产品丰富，应用灵活，更适合路段接入网的应用。以太网的网络结构可以采用自愈环、相切环及环带链网等。

11.3.2 电话交换网

目前高速公路电话系统改扩建时，应注意随着技术的发展，目前普遍不再使用程控交换机，如需更新，应采用软交换电话网。

11.3.3 会议电视网

会议电视网由省级会议电视系统和路段会议电视系统构成。

省级高速公路会议电视网是根据全省（自治区、直辖市）统一规划设置的。改扩建时应根据各省的具体要求进行建设。如上海市，在 2014 年基本建成了全市高速公路中心与分中心级的会议电视网。因此，近期的上海高速公路改扩建中，采取保留原有会议电视即可。

路段会议电视系统目前还较少设置。但改扩建高速公路工程时，应注意对于一些重要的节点，如主线收费站等，可考虑设置或预留视频会议电视分会场。

11.3.4 紧急电话系统

早期建设的高速公路都设有紧急电话系统，随着手机的普及，以及 2005 年交通部对于新建项目原则上不再设置紧急报警电话的要求，原则上目前高速公路改扩建应取消紧急电话系统。但应注意，除了拆除紧急电话外，还应一并拆除紧急电话线缆，释放出管道资源。

11.3.5 通信光缆和管道

目前外场设备到通信站点普遍采用通信光缆。改扩建高速公路的光缆应采用管道敷设方式。

改扩建高速公路时，原有通信光缆往往难以利用。主要原因是原敷设的管位由于道路拓宽，需要将通信光缆及管道进行搬迁，有些工程甚至需要二次搬迁，即建设中先临时搬出影响范围，待施工完毕再回搬。当然从工程实施角度尽量一次搬迁到位。如 2009 年 G60 沪杭高速莘松段拓宽改造时，管线搬迁充分结合横断面布置，一次搬迁到路侧。

通信管道改扩建时应符合以下规定：

（1）考虑改扩建后的需求后仍有冗余管道，冗余管道的折算子管数不少于 3 孔的，可不新增通信管道；少于 3 孔的，应进行通信管道的扩建。

（2）新建通信管道时，其新建管孔折算子管数不宜少于 8 孔。

（3）双侧拼宽高速公路时宜保留原中分带管道；当需要扩建通信管道时，可将新建的通信管道敷设于原通信管道的上方，或在路侧重新敷设。采用在原通信管道上方敷设时，除应满足新设管道和原管道之间留存不小于 5cm 的保护层以外，尚应满足新设通信管道顶部的覆盖层厚度大于或等于 70cm，如果厚度不能满足时，应采用混凝土包封等保护措施。

（4）当单侧拼宽高速公路将既有公路的中分带改造成同向车道分隔带予以保留时，可保留原有通信管道；当拆除并改建为路面时，应对该分隔带下的管道和线缆进行迁移。新建中分带时，宜在新建半幅高速公路的内侧新建通信管道。

（5）应根据改扩建后的需要，调整或新增人、手孔，对于改扩建后仍利用的原人、手孔应保留并修复。分歧管道宜接续保留使用。在既有公路上新增分歧管道时，宜采用顶管或拉管等非开挖方式敷设分歧管道；当既有高速公路路面需挖除时，可采用反开挖方式埋设分歧管道。

11.4 收费设施

高速公路收费设施改扩建设计时，应结合调查与评价结果，根据收费车道数量及广场位置的变化，分析既有公路收费分中心、收费站、收费车道系统以及配套土建设施的适应性，对不满足使用需求的收费设施进行改扩建。

收费设施改扩建设计主要包括以下内容：收费车道规模确定、其他收费站改扩建方式、收费管理模式、收费设施设备。

11.4.1 收费车道规模

应根据预测的交通量、服务时间、平均排队车辆数等指标，依据《收费公路联网收费技术要求》（交通部 2007 年第 35 号公告）的相关规定，综合确定收费车道数。

1. 确定 ETC/MTC 收费车道规模的思路

通过现状调查发现，选择 ETC 收费方式的用户正在逐步增加。根据各地实际统计数据，截至 2016 年年底 ETC 占比已在 30%之上。但 MTC 用户也将长期存在，因此在确定收费站规模时应将道路使用者分成 ETC 和 MTC 两类来考虑，分别确定两类不同的用户各自需要的车道数，并在满足服务水平的条件下适当调整车道数量，最终得到收费站总的车道规模。

ETC 车道数确定需先确定 ETC 车道的通行能力和 ETC 用户的使用比例（或交通流量），并以此为基础确定 ETC 车道规模。MTC 车道数则可依据《收费公路联网收费技术要求》中的方法求得。

2. ETC 专用车道通行能力计算和用户流量预测

按照《收费公路联网收费技术要求》2.6.3 对车道系统收费服务水平的要求：非自由流 ETC 车道服务时间为 2～3s，在计算收费站规模时，车道服务时间按上限或较高值取用，ETC 车道服务时间取 3s。为确保 100%扣费，且防止砸车、闯关等情况出现，当前国内 ETC 大多限速 20km/h，前后相邻两车之间的间距取 20m，车身平均长度取 6m，可计算得到一般情况下单个 ETC 车辆用户通过收费站的时间为：

$$t=\frac{S}{V}=\frac{20+6}{20/3.6}=4.68\ (\mathrm{s}) \tag{11-1}$$

考虑到可能会受实际行车条件的干扰，t 取 5s，由此可计算得到单一 ETC 专用车道的通行能力约为：

$$C_{\mathrm{E}}=3600/5=720(\mathrm{veh/h}) \tag{11-2}$$

根据排队论方法得知，收费站设置相邻的 2 根 ETC 车道是的通行能力大于两根单独的 ETC 车道通行能力之和，但考虑到两者的差值不至于对收费站车道规模产生决定性影响，因此在工程中将多条 ETC 车道的通行能力简单考虑为每条 ETC 车道通行能力之和。

结合道路使用者收费方式的动态变化规律，ETC 出行占总交通流量的比例可按近期五年和中期十五年两个时间节点预测，以保证这两个时间节点的收费站规模均能满足使用要求。

以上海为例，根据相关资料显示，2012 年 5 月 ETC 用户突破 20 万，达到交通总流量的 17%，2015 年底工作日 ETC 日均流量达 25 万辆次，约占整个高速公路网总流量的 25%。综合分析上海市经济增长及政府政策导向等因素，预测上海市收费道路通行车辆中，到 2020 年使用 ETC 的车辆将占总车辆的 40%～50%，故进、出口 ETC 分担率控制指标按小于 50%进行控制；到 2030 年使用 ETC 的车辆将占总车辆的 45%～60%，故进、出口 ETC 分担率控制指标按小于 60%进行控制。以此为基础可推算出预测交通量中 ETC 和 MTC 两者各自的交通流量。

3. ETC/MTC 组合车道规模确定

ETC 车道不同于 MTC 车道，车辆通过时无须停车排队，只需适当减速和前车保持一定间距。因此，无需排队论对收费车道数进行计算，使多条 ETC 车道通行能力之和大于设计小时交通量就能满足收费需求，ETC 最小车道数 N 具体求法如下：

$$N>\frac{V_{高\mathrm{E}}}{C_{\mathrm{E}}} \tag{11-3}$$

式中：N——ETC 最小车道数；

$V_{高\mathrm{E}}$——高峰小时 ETC 用户交通量；

C_{E}——ETC 车道通行能力。

求得初步 ETC/MTC 车道规模之后，需要对车道规模合理性进行验算，主要验算指标为车道利用率和 ETC 车道分担率。车道利用率 U_M 、U_E 和 ETC 车道分担率 P_E 计算方法如下：

$$U_M = \frac{V_{M实}}{C_{M总}} \tag{11-4}$$

$$U_E = \frac{V_{E实}}{C_{E总}} \tag{11-5}$$

$$P_E = \frac{V_{E实}}{V_{高}} \tag{11-6}$$

式中：U_M——MTC 车道利用率；

$V_{M实}$——实际通过 MTC 车道的交通量；

$C_{M总}$——MTC 车道总通行能力；

U_E——ETC 车道利用率；

$V_{E实}$——实际通过 ETC 车道的交通量；

$C_{E总}$——ETC 车道总通行能力；

P_E——ETC 车道分担率；

$V_{高}$——高峰小时交通量。

最终 ETC/MTC 车道数确定，需综合车道利用率 U_M、U_E 和 ETC 车道分担率 P_E 等因素考虑。若近期某类型车道利用率大于 75%，需增设一条相应类型的收费车道，为中远期交通量的增长需求预留车道；若中远期 ETC 车道分担率不高，观察 ETC 车道利用率是否已达 100%，若达到则需在满足 MTC 车道收费需求的前提下，改设一条 MTC 车道为 ETC 车道。

4. 实例分析

以嘉闵高架路-G2 公路立交的四个匝道收费站的车道规模的确定为例，平衡考虑 2020 年和 2030 年两个时间节点 ETC/MTC 车道规模的需求。匝道收费站具体位置如图 11-1 所示。

图 11-1　嘉闵高架-G2 公路立交四个匝道收费站布置

（1）相关参数的确定。

选取嘉闵高架-G2公路立交2020年和2030年的预测交通量作为计算依据。各收费站以“自然车”为单位的交通量，取2020年ETC收费流量占总收费流量约50%，2030年ETC收费流量占总收费流量约60%。由此可计算出2020年和2030年各收费站的ETC流量和MTC流量如表11-1所示。

表11-1　2020年和2030年各收费站ETC和MTC流量预测

收费站位置		2020年			2030年		
		高峰小时总流量（veh/h）	ETC流量（50%）	MTC流量（50%）	高峰小时总流量（veh/h）	ETC流量（60%）	MTC流量（40%）
嘉闵高架东侧	进口收费站A	1244	622	622	1554	932	622
	出口收费站B	1200	600	600	1509	906	604
嘉闵高架西侧	进口收费站C	1236	618	618	1500	900	600
	出口收费站D	1288	644	644	1550	930	620

按照《收费公路联网收费技术要求》要求，在计算收费站服务水平时，车道服务时间按上限或较高值取用，MTC入口车道服务时间取8s，MTC出口车道服务时间取18s；收费站平均等待车辆数均取1。

（2）ETC/MTC车道规模的确定。

ETC单车道通行能力为720veh/h，双车道通行能力约为1440veh/h，由式（11-3）可初步计算得各收费站ETC专用车道规模，依据《收费公路联网收费技术要求》可求得MTC车道规模。初步确定2020年各收费站MTC车道规模、利用率和ETC分担率如表11-2所示。

表11-2　2020年收费车道规模及利用率和分担率

收费站位置		ETC车道数量	ETC车道利用率（%）	MTC车道数量	MTC车辆利用率（%）	ETC分担率（%）	改造措施ETC+MTC
嘉闵高架东侧	进口收费站A	1	86.39	2	97.19	50.00	1+3
	出口收费站B	1	83.33	4	89.55	50.00	1+5
嘉闵高架西侧	进口收费站C	1	85.83	2	96.56	50.00	1+3
	出口收费站D	1	89.44	4	96.12	50.00	1+5

注：ETC安装使用率不大于50%。

由表11-2可得MTC车道的利用率过高（最低为89.55%），所以增设一条MTC车道，为以后的交通量增长预留空间。由于ETC用户既可通过ETC车道收费，又能通过MTC车道采用人工收费，而非ETC用户只能通过MTC车道收费。若保持2020年规模不变，则2030年各收费站车道利用率和ETC分担率如表11-3所示。

表 11-3　2030 年收费车道规模及利用率和分担率

收费站位置		ETC 车道数量	ETC 车道利用率（%）	MTC 车道数量	MTC 车辆利用率（%）	ETC 分担率（%）	改造措施 ETC+MTC
嘉闵高架东侧	进口收费站 A	1	100	3	77.95	46.33	2+3
	出口收费站 B	1	100	5	91.78	47.70	2+4
嘉闵高架西侧	进口收费站 C	1	100	3	72.90	48.00	2+3
	出口收费站 D	1	100	5	96.54	46.44	2+4

注：ETC 安装使用率不大于 60%。

由表 11-3 可得，ETC 车道分担率不高（最高 48.00%），而 ETC 车道相对 MTC 车道具有更好的通行效率和社会经济效益。因此对 MTC 车道进行 ETC 改造，改造后的 2030 年各收费车道利用率和 ETC 分担率如表 11-4 所示。

表 11-4　2030 年收费车道规模及利用率和分担率

收费站位置		ETC 车道数量	ETC 车道利用率（%）	MTC 车道数量	MTC 车辆利用率（%）	ETC 分担率（%）
嘉闵高架东侧	进口收费站 A	2	64.75	2	97.13	60.00
	出口收费站 B	2	62.89	4	90.11	60.00
嘉闵高架西侧	进口收费站 C	2	62.50	2	93.75	60.00
	出口收费站 D	2	64.60	4	92.55	60.00

注：ETC 安装使用率不大于 60%。

综合 2020 年以及 2030 年改造后的 ETC/MTC 车道数量后的嘉闵高架路-G2 公路立交收费站规模，如表 11-5 所示。

表 11-5　嘉闵高架路-G2 公路立交各收费站车道规模

收费站位置		2020 年收费站规模			2030 年收费站规模		
		ETC	MTC	总车道数	ETC	MTC	总车道数
嘉闵高架东侧	进口收费站 A	1	3	4	2	2	4
	出口收费站 B	1	5	6	2	4	6
嘉闵高架西侧	进口收费站 C	1	3	4	2	2	4
	出口收费站 D	1	5	6	2	4	6

11.4.2　其他收费站改扩建方式

收费站不满足设计交通量需求而需要对收费设施进行改扩建时，除对收费车道进行改扩建，还可通过升级现有系统、增加收费站、采用纵向交错式收费广场、设置复式收费车道等方式对其进行改造或扩建。

（1）在难以对既有收费站进行改扩建时，可以通过增加收费站的方式。如 G60（沪杭高速莘松段）拓宽改造时，由于松江立交南侧的松江收费站收费广场已无法扩建，故在立交的北侧新建了松方收费站（图 11-2）。

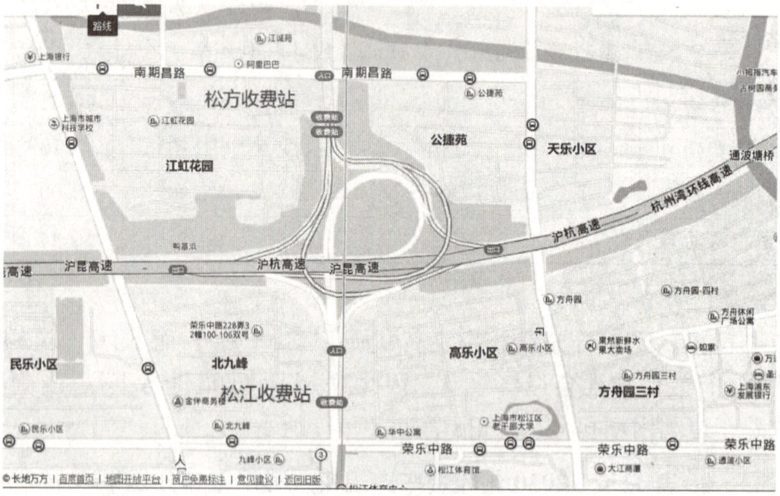

图 11-2　沪杭高速松方收费站平面布置图

（2）纵向交错式收费广场。收费广场的扩容可以横向扩容，也可以纵向扩容。一般扩容车道数量较少时（通常 2～3 根左右），采用横向扩容方式；当需要扩容的车道数多时，采用横向扩容可能会影响收费广场旁的收费站房的，而纵向又有条件时，多采用纵向扩容，即设置纵向交错式收费广场（图 11-3）。

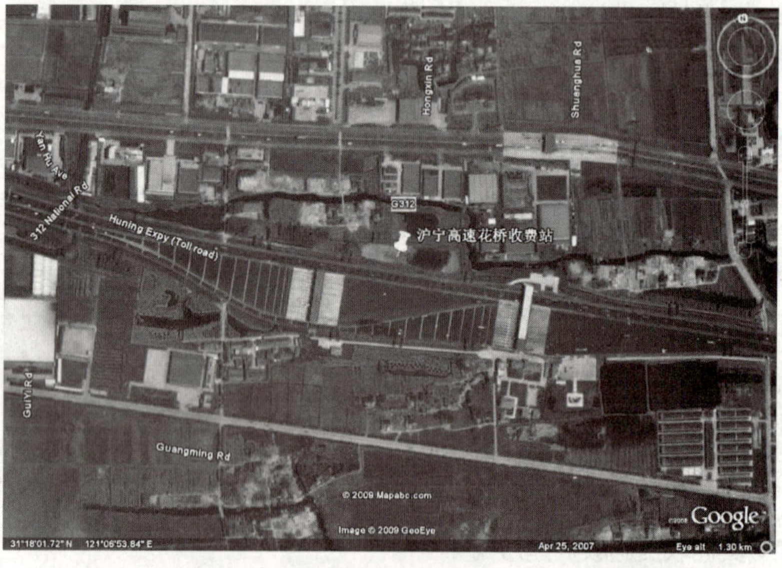

图 11-3　沪宁花桥纵向交错式收费广场平面布置图

（3）设置复式收费车道。改扩建高速公路时，当难以进行土建方面的扩容或者土建改建工程量过大时，可采用复式收费车道。

如 G42 沪宁高速上海江桥收费站（图 11-4），在扩建时除了增加少量的交错式收费广场，在一些收费岛上，还采用了一岛双亭的复式收费车道。经过多年运营总结，1 条复式收费车道通行能力大致是 1 条 MTC 车道的 1.3 倍。这个是在改扩建车道数计算时需要注意的。

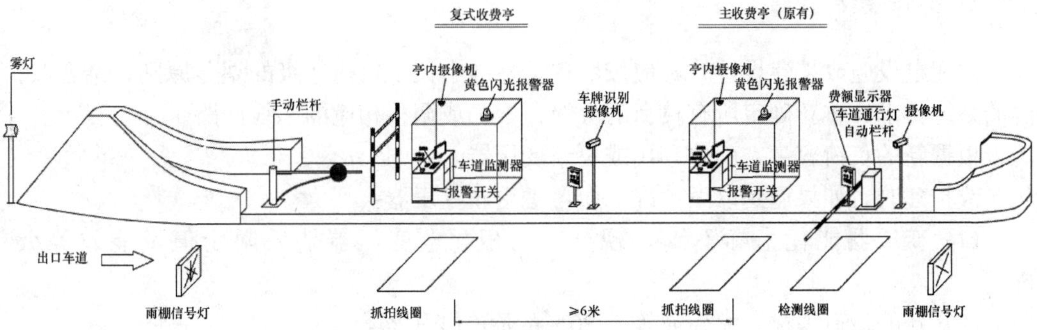

图 11-4　复式收费岛设备布置示意图

11.4.3　收费管理模式

传统的收费管理模式是路网收费中心一路段收费分中心一收费站一收费车道。

随着管理技术手段的丰富，管理人员成本的上升，很多高速公路运营管理已采用了集约化收费管理模式，即俗称的大站带小站，精简管理人员和设备，节约管理成本。改扩建项目在全方位调查后，可以考虑采用集约化收费管理模式。

11.4.4　收费设施设备

收费设施设备再利用除结合调查与评价结果来确定以外，还应符合下列规定：

(1) 目前正常使用的雾灯、信号灯、费额显示器、手动及自动栏杆、车道控制机、IC 卡读写器等设备及收费亭内设备，宜继续使用；

(2) 原模拟闭路电视系统，应更新为高清数字视频系统；

(3) 拆除后的计重设备等可用在其他公路或作为备品备件加以利用；

(4) 仍能使用，但已超过使用年限的，宜作为改扩建期间的临时过渡设施或作为备品备件加以利用；

(5) 满足系统需求的收费站及收费分中心设备，宜继续使用。

另外还需要注意的是，为减少收费人员，提高自动化程度，入口收费车道宜设置 1 条自助发卡和 MTC 可切换车道，入口车道数较多的匝道或主线收费站，宜设置 2 条或 2 条以上自助发卡和 MTC 可切换车道。

11.5　供配电照明设施

高速公路改扩建设计时，应根据调查和评价结果，结合运营管理需求，应对供配电设施、照明设施、电力监控系统以及相应的土建设施等进行扩容和改造。

供配电照明设施改扩建设计主要包括以下内容：负荷计算、供电设备、电力监控、照明设施。

11.5.1 负荷计算

供配电设施改扩建设计时，应按照现行标准中关于负荷等级的划分原则，结合改扩建的系统需求，重新确定所有负荷的分级，增加或调整相应的出线回路。

根据新的负荷容量，确定利用或更新变压器。

改扩建时，如果遇到以下情况，应考虑更新变压器：

(1) 变压器能耗指标不满足现行《三相配电变压器能效限定值及能效等级》规定；

(2) 新的负荷需求，大于或等于90%的原有变压器容量；

(3) 原变压器容量远大于新的负荷需求，更换为容量更小的变压器可以降低变压器自身能耗，并减少运营费用的。

负荷容量在确定时，还应注意调查总结。应根据调查反馈结果，注意对原有设计负荷计算根据实际使用情况进行修正。

11.5.2 供电设备

应根据电源质量标准的更新以及用电环境的变化，改造相应的供电设备。

(1) 当原电源质量不能满足新的需求，或电源的谐波随着变频空调、变频泵、发光二极管灯以及软启动器、开关电源等各类整流设备的出线而增加时，应对供电设备进行改造；

(2) 当功率因素低于0.9时，应改造电容补偿设备；

(3) 当原进线电压偏差较大时，可调整外线接入点或采用有载调压变压器。

(4) 对于电源质量要求较高或电源的谐波随着变频空调、变频泵、发光二极管灯以及软起动器、开关电源等各类整流设备的出线而增加，可考虑增设谐波抑制设备。

11.5.3 电力监控

目前改扩建的高速公路，原供配电设施多在十几年前设计和实施，一般都没有考虑电力监控。

随着运营管理需求的提高，智能化管理的要求也越来越高。电力监控可以使运营管理人员实时掌握供配电设施运行情况，大大提高高速公路智慧化管理水平。因此，宜增加电力监控设计内容。

电力监控（SCADA）系统采用集中管理、分散布置的模式，分层、分布式系统结构（图11-5）。系统由电力监控中心管理层、网络通信层、现场设备层组成。实现系统设中心、变电所两级管理，实现中心、变电所、现场三级控制。

以供电设备为对象，通过网络通信层将所有现场设备层的设备连接起来，通过具有可靠性高、实时性强的监控单元构成稳定、可靠的电力监控系统。

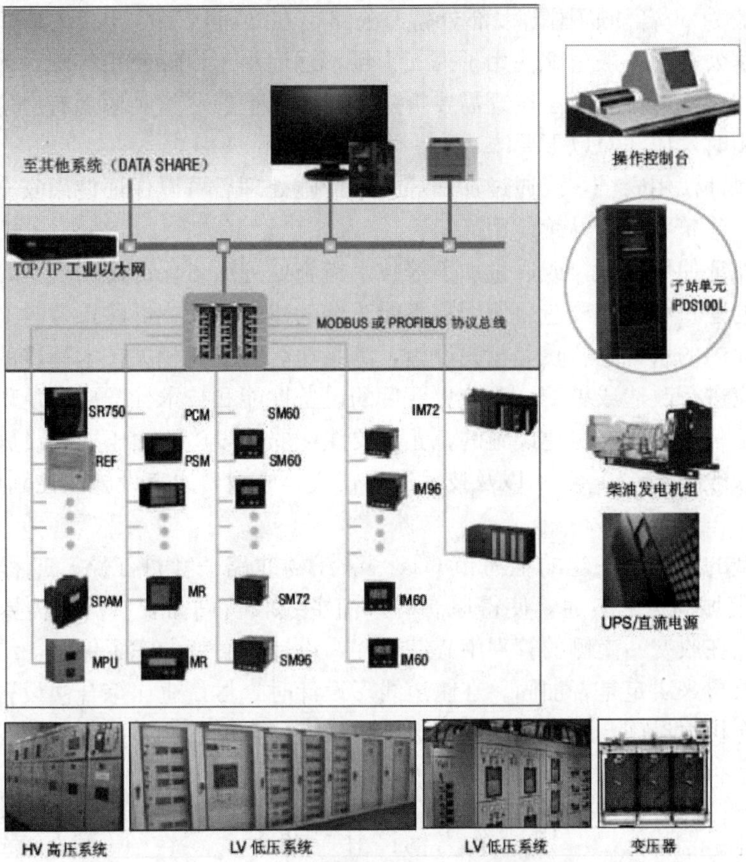

图 11-5　电力监控系统系统架构图

11.5.4　照明设施

目前改扩建的高速公路，原照明多在十几年前设计和实施，大多采用高压钠灯，部分区域如在收费大棚也有采用金卤灯的。随着绿色节能 LED 灯具的成熟与推广，改扩建时应尽量更换为 LED 灯具。而灯杆的正常使用年限较长，一般可达 20 年以上，根据使用情况应尽量利用。对于表面已锈蚀的灯杆，再利用时应考虑翻新使用。

11.6　房 建 设 施

房建设施主要指路段管理中心综合楼、收费站综合楼、变电所等房屋建筑。

房建设施的建筑规模应满足现行《高速交通设施规范》的要求，应充分利用现有房建设施，注重节约环保，提高综合效率。

11.6.1　已建房建设施利用

高速公路改扩建的工程，一般都是在经济比较发达的地区，土地开发利用已很充分。如需对房建设施改扩建，涉及征地、拆迁等问题，困难很大。其次房建设施的设计使用年限一般为50年，而国内大部分高速公路是在20世纪90年代以后建设的，需要改扩建的高速公路，一般也就使用了一二十年，远远小于设计使用年限，因此，除非原有房建与主体工程冲突且无法避开需要拆除外，原则上应尽量利用现有房建设施。

但在利用时，应注意以下要求：

（1）可保证使用安全，或通过加固等技术措施处理后可以保证使用安全，且功能满足使用需求的建筑物，应继续使用。

（2）可保证使用安全，或通过加固等技术措施处理后可保证使用安全，但功能不满足使用需求的建筑物，宜改造后使用；不能改造的建筑物，应拆除重建。

（3）房建内的水、电、暖等相关设施，满足功能需求及相关技术标准的，应予以保留；否则，应进行改造或更新。改造更新后的设备性能和技术标准应满足现行标准。

改扩建工程利用现有房建设施的，尤其要注意弱电设施，由于弱电设施的正常使用年限较短（一般在5～10年），以及技术进步较快等原因，原有设施往往利用价值不大，建议更新。

较为典型的工程是在建的上海市G1501（江杨北路—牡丹江路）工程（图11-6），由于G1501绕城高速的贯通，使得原有的月浦主线收费站需要拆除，需要将其调整为匝道收费站，在收费站南侧的管理中心综合楼，设计方案就考虑了保留，结构上视结构安全检测结果再来决定是否加固。在匝道线形设计时，尽量避让综合楼设置位置。而管理中心的原有机电设施，设计方案就考虑了更新。

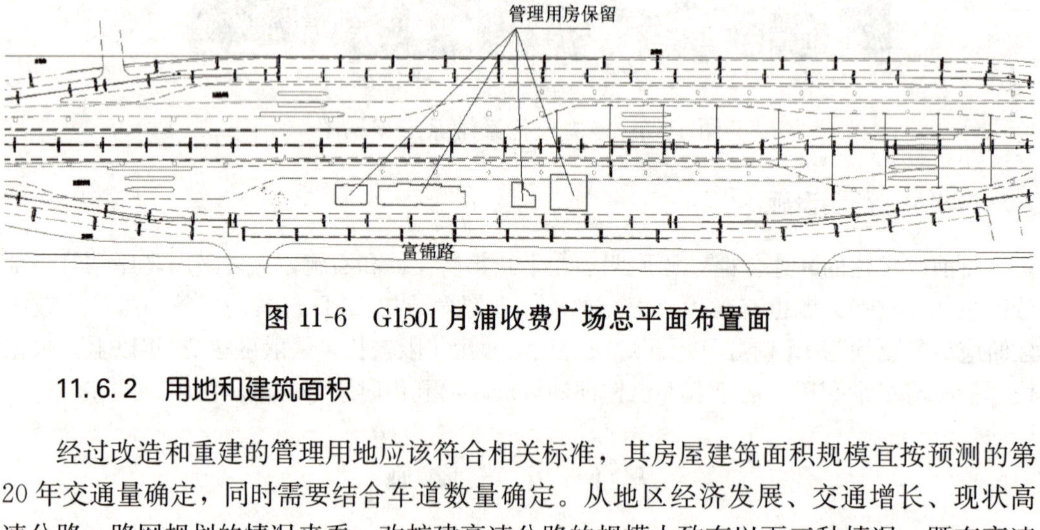

图11-6　G1501月浦收费广场总平面布置面

11.6.2　用地和建筑面积

经过改造和重建的管理用地应该符合相关标准，其房屋建筑面积规模宜按预测的第20年交通量确定，同时需要结合车道数量确定。从地区经济发展、交通增长、现状高速公路、路网规划的情况来看，改扩建高速公路的规模大致有以下三种情况：既有高速公路为双向4车道，改扩建后车道数双向为6～10车道；既有高速公路为双向6车道，改扩建后车道数为双向8～10车道或重新选择新的高速公路走廊；既有高速公路为双向8车道，改扩建后车道数为双向10车道或重新选择新的高速公路走廊。在实际高速公路改扩建中，改扩建后车道数为双向8车道较多（见本书2.2.2工程案例），其相应监控、通信、收费的用地和建筑面积应符合《高速交通设施规范》的规定，其他改扩建车道数对应用地和建筑面积在此基础上根据规范增加或减少。

1. **监控、通信系统用房用地和建筑面积**

监控、通信系统房屋建筑的用地为不包含填（挖）方边坡、边沟等的场区用地面积，管理机构中监控、通信系统的用地和建筑面积指标宜符合表 11-6 规定。

表 11-6　监控、通信系统的用地和建筑面积指标

管理机构类型	用地面积（hm^2/处）	建筑面积（m^2/处）
监控通信中心	2.0	5000～8000
监控通信分中心	1.3333～1.6667	3000～4000
监控通信站	0.3333～0.6667	800～1200

2. **收费站用地和建筑面积指标**

收费站的用地和建筑面积指标宜符合表 11-7 规定。

表 11-7　收费站用地和建筑面积指标

收费站类型	用地面积（hm^2/处）	建筑面积（m^2/处）
主线收费站	0.8667～1.0000	1500～1700
匝道收费站	0.3333～0.4667	800～1000

应该注意的是，表 11-7 所列的收费站用地指标，主线收费站是按 12 条车道进行计算的，匝道收费站是按 6 条车道进行计算的。实际的收费车道数增加或减少时，用地指标也应相应增加或减少 0.0417～0.04667hm^2/车道，建筑面积指标也应相应增加或减少 100m^2/车道。

对于改扩建工程中常见的 8 车道高速公路，在进行计算时，也应注意：

（1）主线收费站用地面积不应超过 1.5hm^2/处，建筑面积不应超过 2000m^2；

（2）匝道收费站用地面积不应超过 0.6hm^2/处，建筑面积不应超过 1200m^2。

11.7　服务设施

服务设施主要包括服务区和停车区。

服务设施改扩建应根据既有高速公路调查与评价结果，结合主体工程改扩建方案、运营需求和周边高速公路服务设施布局统筹规划确定。服务设施占地规模与设施间距应满足现行《高速交通设施规范》的要求。

服务设施改扩建应结合既有高速公路服务设施的现状，在充分利用的前提下综合考虑改扩建方案。

11.7.1　服务设施用地面积

1. **服务区**

服务区设置停车场、公共厕所、加油站、车辆维修、餐饮与小卖部等配套设施。服务区的建筑规模，应根据交通量、交通组成、沿线城镇布局、用地条件等因素确定。其用地、建筑面积不宜超过表 11-8 的规定。

表 11-8 服务区用地和建筑面积指标

服务设施	高速路主线车道数	用地面积（hm^2/处）	建筑面积（m^2/处）
服务区	6	5.33	6500
	8	8.0	8000

注：由于加减速车道、贯通车道以及填（挖）方边坡、边沟等用地、场地等实际影响差别很大，为保证服务区的实际用地，上述用地不计入服务区用地指标内。

在服务区总体布局时，应注意按功能区分布置，将为人服务的设施和为车服务的设施以及服务区内的附属设施分开设置。

2. 停车区

停车区应设置停车场、公共厕所、休息座椅，给使用者提供简单的休憩服务。

停车区的建筑规模，应根据交通量、交通组成、公路用地条件等因素确定，其用地、建筑面积不宜超过表 11-9 的规定。

表 11-9 停车区用地和建筑面积指标

服务设施	高速路主线车道数	用地面积（hm^2/处）	建筑面积（m^2/处）
停车区	6～8	1.2	110

上述指标为 6～8 车道的用地和建筑面积指标，当车道数超过 8 车道时，应根据实际情况增加用地和建筑面积。

在停车区布置时，应注意区分大车区和小车区，合理组织交通流。

3. 服务区和停车区共建

服务区多与停车区共建，当共建时，其用地和建筑面积为服务区与停车区规定值之和。

11.7.2 服务设施改扩建

服务区或停车区改扩建方案主要分以下几种：

（1）原服务区就地扩建，可以保留原有服务区内的综合服务楼等配套设施，在扩建范围增设服务设施。并可结合交通流组织采用客货车分区停放，分别服务的方式。其中客车区一般驻留时间短，可以设在近端，货车区驻留时间较长，可以设置在远端。

（2）利用拆除或移位的互通式立交、管理站或养护场地进行改造。

（3）就地扩建受限，或既有服务设施无法满足实际需求时，可另辟位置新建服务设施，新建的服务设施宜结合互通立交，减少征地。

利用原服务区就地扩建的，扩建时，应对原综合楼进行修缮，并宜与新建部分连为一个整体，且原综合楼与新综合楼应进行功能区分，并统一考虑给排水、供电等设施的配置。

第十二章　交 通 组 织

12.1　概　　述

拟改扩建的高速公路往往交通量很大，而实施改扩建工程通常会对既有的交通流造成干扰，极端情况下甚至中断交通，从而给沿线区域路网带来巨大的交通压力，甚至会导致区域交通瘫痪，给社会效益和经济效益带来巨大的影响。因此，改扩建工程的交通组织设计至关重要，既要合理组织高速公路既有的内部交通，同时应从外部路网上对交通进行分流，力求对既有高速公路的通行影响降到最小，做好应急预案和保障措施。

12.1.1　总体要求

在改扩建工程研究、设计全过程中应充分重视交通组织设计。交通组织设计应纳入设计文件编制内容，并到相关主管部门办理施工期间交通组织设计审批手续。

交通组织设计应结合改扩建高速公路的技术方案，并考虑周边区域的路网状况、工程实施方案、施工工期及交通运营要求。应充分调查既有高速公路相关资料和工程范围所在区域路网现状，并进行详细的交通量分析，研究改扩建工程对既有高速公路及区域路网的交通影响，并依据交通组织设计原则，提出总体的交通组织方案和具体的交通组织措施。

交通组织设计重点应从区域路网分流、工程范围内交通组织两方面进行综合考虑，并应制定交通组织应急预案及保障措施，同时应与主体工程相协调（图 12-1）。

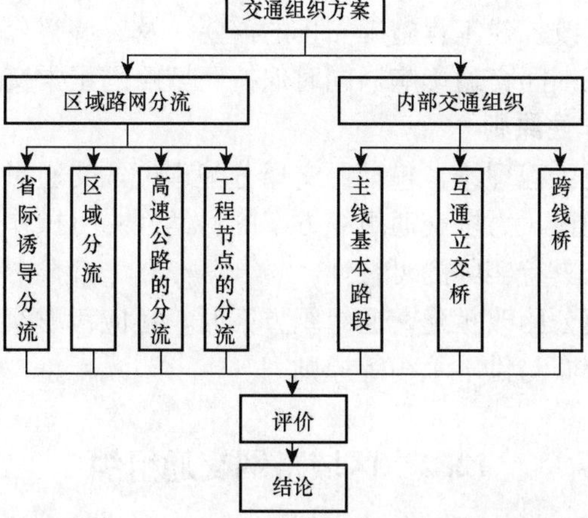

图 12-1　交通组织总体设计思路

施工期间临时交通工程设施应符合现行《道路交通标志和标线》、《公路养护安全作业规程》的规定。应统筹工程实施期间运营车辆和出入施工区域工程车辆的交通组织，保障交通安全和施工安全。

12.1.2 交通组织原则

为了制定科学合理的改扩建交通组织方案，保障高速公路改扩建工程的顺利完成，应遵循以下主要基本原则：

1. 安全原则

高速公路在改扩建工程施工期间，必须做好安全工作，一方面是保障行驶车辆的安全；另一方面是保障施工区工作人员的安全。

2. 畅通原则

高速公路在一个国家中具有较为重要的战略地位，一般都是区域间的重要干线，在区域经济发展中处于较突出的战略地位。对高速公路进行改扩建工程，不光会对车辆通行产生影响，更会影响区域的经济社会活动。所以在制定交通组织方案时要尽可能地把现场施工和交通特性协调起来，在确保交通畅通的同时，减少因施工对周边区域的社会影响。

3. 确保施工进度原则

改扩建工程是在原有高速公路的基础上进行的，其施工必将带来原有高速公路的运营损失，同时对高速公路通行能力有很大的影响。因此，确保施工进度、尽量缩短施工周期是非常必要的。

4. 交通与财务影响最低原则

目前大多数高速公路都是收费还贷项目，所以在分流方案制定后，在保证施工路段的安全通行前提下，应该尽可能减少分流的交通量，减小改扩建工程造成高速公路上经济的损失，同时还要考虑周边路网的承受能力，避免分流集中，影响到居民的正常出行生活。

5. 路网分流与施工路段交通组织相结合原则

交通组织方案应尽可能做到将区域路网交通分流与高速公路改扩建工程施工路段交通组织协调起来，根据改扩建工程施工安排的需要，及时调整分流交通量，尽量满足基本交通需求，降低施工期间交通影响，同时保持区域路网正常交通的稳定和畅通。

6. 科学性与可操作性原则

科学性即运用交通工程理论，包括：交通分配理论，交通影响分析评估理论，交通组织、管理、控制等理论，力求交通组织方案的科学性。可操作性是指提出的具体交通组织方案应切实可行，具有实际的可行性。

此外，在制定高速公路改扩建交通组织方案时，还应考虑交通组织与改扩建工程设计相协调、交通合理分布与供求平衡等原则。

12.2 区域路网交通组织

高速公路改扩建的交通组织首先应考虑从区域路网进行交通分流，并制定合理分流方案，以减轻施工期间既有高速公路的交通运营压力。高速公路改扩建工程的施工及交通组织信息应通过各种渠道在时间、空间上提前进行发布，诱导交通分流，减轻改扩建工程施工范围的交通压力。另外，宜根据实际交通拥堵情况，采用一些交通管制强制措施。在选择分流路径时，尽量避免绕行距离过长。

12.2.1 区域交通组织主要内容

区域路网交通组织应充分调查施工期间交通影响区域的路网现状，对调查的基础资料进行详细论证分析，提出合理可行的路网分流方案，确保施工期间分流后道路网的总体服务水平不致大幅度降低。区域路网交通组织设计应包含以下内容：

（1）对周边路网交通量、交通组成、交通流特性的分析预测。

（2）对区域路网布局、沿线城镇分布、公路技术状况等的调查、分析。

（3）对路网分流点、分流车型、分流路径、实施计划安排等方面进一步分析论证，制定细致的分流、绕行、管制方案。

12.2.2 分流点设置

高速公路改扩建期间公路网的分流一般采取三级分流，分别是设置交通诱导点、分流点、管制点分流。

首先交通诱导点的设置，是柔性的交通管理措施，通过设置各种信息牌，各种新信息的公布，可以通过网上、新闻以及报纸等手段进行及时通报，驾驶人可以合理地选择路线，减少改扩建道路的交通压力。交通诱导点一般选择在改扩建项目周边，改扩建工程的起始端影响范围内的点，改扩建工程的入口的重要节点，采取设置一些临时的标志、可变信息板、提示牌展示可以选择的路线为驾驶人提供信息，诱导交通，尽可能地分流交通。

其次，交通分流点一般设置在施工路段的出入点以及改扩建工程区内主要道路交叉口布设，在这些需要设置分流标志、标线等配合现场管理人员，执行分流预案，从管理手段上看，交通分流属于强制分流的交通管理措施。

最后，交通管制点一般设置在立交出入点，在这个位置既能控制车辆进出高速公路，又能在立交匝道施工时进行管制，也属于强制性强制交通管理措施来解决路堵的交通。

12.2.3 分流车型

通过车辆运行特性及对改扩建施工影响程度分析，选择合适的车型作为改扩建施工期间的分流对象。根据实际的交通量调查结果，将对高速公路的通行能力影响较大的车型（如特大型货车、大型货车、中型货车等）作为分流对象，选择性地分流至其他道路，同时考虑区域内短途交通的分流，使得高速公路的改扩建交通量控制在施工期间的道路通行能力范围内，来确保改扩建工程的顺利实施。

12.2.4 分流路径

根据项目所在区域路网构成和交通量的分布情况，将改扩建高速公路周围与其平行或大致同一走向的高速公路、国道、省道、快速干道等作为分流的骨架干线，县道或其他的地方道路作为辅助性分流道路。对各个分流道路的基础设施和技术状况（道路等级、路面宽度、路面类型等）进行详细调查，并对其现状交通量进行整理分析，预测其增长趋势，计算各个主要分流道路的通行能力。在满足其通行能力的条件下将高速公路上的部分交通量转移到分流道路上来。

12.2.5 分流方案设计

高速公路改扩建工程承担的交通流概括起来主要有以下三种类型：跨区域长途过境交通流、区域间出入境交通流、区域内短途交通流。

1. 跨区域长途过境交通

这部分交通是指车辆起终点都不在高速公路的范围内，属于过境交通，这部分车辆建议改线，转移到其他周边的道路，同时有转移到城市道路的需要做好绕城诱导，减少对城市交通的影响。

2. 区域间出入境交通

是指起点或终点为改扩建高速公路沿线区域的车辆，这部分车辆的运行在改扩建高速公路的区域内部或者外部进行进出，是该高速承担的主要交通量，对于这部分车辆的分流要结合施工段所处的地点，根据车辆的行驶特性，将部分车辆分流至周边路网，并通过临时便道实现交通量的相互转换。

3. 区域内短途交通

是指改扩建高速公路沿线区域内任意两点之间的交通出行，这部分交通量主要是和改扩建高速公路走向一致主要地方道路。

改扩建工程交通分流方案应根据上述三种交流类型，并结合区域路网路况，施工基本路段或关键节点施工方案时序分时段、分路段、分车型等进行交通分流设计。

12.3 一般施工路段交通组织

改扩建施工路段的交通组织方案应遵循不中断和少影响原则，既要考虑施工期交通组织方案对施工方案和设计方案的反作用，又要根据总体工程方案需要制定可行的交通组织方案。

12.3.1 限制车速

施工作业区内大小型车宜采用统一的限速值。根据交通运输部发布了《有关高速公路改扩建工程中有关技术问题处理的若干意见》（交公路发〔2013〕634 号），参考上海市《高速公路改扩建设计规范》DG/TJ 08—2174—2015 的相关规定，根据国内改扩建高速公路施工作业区限速经验，在作业区范围管理车速一般不宜低于 60km/h，运营管理车速应根据该路段设计速度、交通组成、交通管理水平等确定。改扩建工程实施期间，运营交通的路段服务水平可在原设计服务水平上降低一级，一般可为四级。

12.3.2　交通组织设计主要内容及相关要求

交通组织设计应包含以下内容：

(1) 对施工期各路段、各阶段的通行能力及可容纳的交通量的分析预测；

(2) 对工程实施期施工与营运的相互干扰程度的分析；

(3) 对施工期路段保通、限速、改道等分析；

(4) 对关键工点的交通组织设计进行详细论证，确定关键工点的交通组织。

交通组织设计应符合下列要求：

(1) 应结合施工标段、行政区划、构造物分布、施工方案，确定区段划分。

(2) 在满足工程质量前提下，应做好工期、施工标段间、区段间的交通协调。

(3) 应做好一般路段和关键工点的交通组织设计。

12.3.3　施工阶段划分

根据高速公路改扩建工程的性质与施工特点，并考虑交通保畅的要求，通常将施工进度计划分为①路基施工初期，②路基施工末期，③路面施工期，④主体工程后期，如表 12-1 所示，为各阶段的施工内容。项目实施中各工作内容需要交叉进行，无法截然区分，如互通立交改建、上跨桥的拆除需要贯穿①～③阶段，主体为第②阶段。

表 12-1　高速公路改扩建各阶段的施工内容

阶　段	施工内容		
	路基、桥涵等	互通立交	上跨桥
路基施工初期	路基、涵洞、通道加宽及桥梁下部结构施工		
路基施工末期	路基上部搭接； 桥梁上部结构拼接	半幅施工、半幅通行或间隔封闭施工	跨线桥（含人行天桥）的拆除改造
路面施工期	主线路面铺装； 旧涵、通道改造和桥面铺装		
主体工程后期	交通工程及沿线设施、景观绿化、服务区建设等		

(1) 路基施工初期。

路基施工初期主要进行高速公路主线路基加宽、高速公路主线桥基础及下部结构施工、涵洞、通道、小桥加宽等工程，施工中不应影响高速公路主线的交通。路基施工初期首先需要在现有路基范围外清理施工场地、设置贯通的施工便道，再将隔离栅移至路侧波形梁护栏外侧，通过抱箍安装在护栏立柱上，之后再进行路基各项工程施工，沿线交通安全设施在这个阶段基本不受影响。

(2) 路基施工末期。

路基施工末期是高速公路改扩建中施工组织较为复杂的一个阶段，主要进行拼宽路基的上部搭接、跨线桥的拆建、拼宽桥梁上部结构施工及部分互通式立交改建等工程，施工作业区较多，施工工序相互交叉。在路基填筑和路基拼接阶段施工过程中，需要拆除路侧防撞护栏以及设置在边坡上的交通标志等，会对高速公路的通行能力造成一定的影响，应及时安装临时交通标志、渠化设施等临时交通安全设施来保证通行车辆与施工作业区的安全。

（3）路面施工期。

路面施工期主要进行高速公路主线路面及部分交通安全设施的施工、互通式立交改建、部分上跨桥的拆建等工程。改扩建工程中路面施工交通组织最为复杂，并且对夜间行车的影响较大，通常采用分段单幅施工，即半幅道路封闭进行路面施工，另半幅用以为双向车辆通行服务，中间采用防撞安全设施隔离，部分路段可以穿插施工，车辆行驶路径像“S”形。该阶段施工作业区路段通行能力较低，对通行车辆影响较大，容易产生交通拥堵和交通事故。

（4）主体工程后期。

主体工程后期主要是对成交通工程、沿线设施、绿化及通信工程等进行施工。该阶段对夜间行车的影响逐渐减小，通行条件开始改善。

12.3.4 施工作业区的交通组织

从上述对高速公路改扩建工程四个施工阶段的论述可见，路基施工末期和路面施工期是施工交通组织最为复杂的两个阶段，施工作业区复杂且通行能力较低。因此在了解施工作业区组成的基础上分析常见施工作业区的交通组织形式。

高速公路改扩建施工作业区是从高速公路上第一块提前警告标志开始，到不再影响交通流的最后一点结束，并且为工程施工、施工人员安全作业、设备材料存储而预留的整个区域。施工作业区一般分为警告区、上游过渡区、缓冲区、工作区、下游过渡区和终止区等6个区域（见图12-2）。

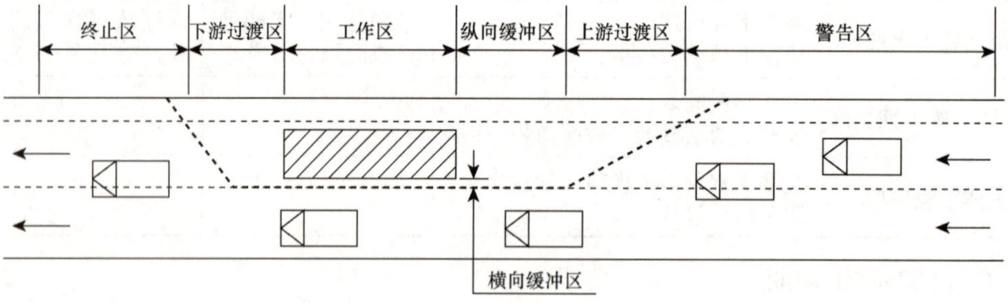

图12-2 施工作业区组成示意图

1. 警告区

施工作业区的警告区是指从施工作业控制区起点设置的第一块施工警告标志到上游过渡区之间的路段。警告区应设置施工警告标志、闪光可变箭头信号标志、限速标志、线形诱导标、施工警示灯等临时交通安全设施，用来警告通行车辆驾驶人已经驶入施工作业区路段，同时提醒驾驶人应调整行车状态。警告区可以增加可变情报标志等，但应保证标志摆放的间距能够使驾驶人视认并完全理解标志的内容。当路肩进行施工时，应在警告区范围内设置过渡区。在施工作业完成后，要将这些临时标志全部拆除，保证交通流的顺畅运行。《公路养护安全作业规程》对高速公路施工作业区警告区的最小长度进行了规定，详见表 12-2。

表 12-2　警告区最小长度 S

位置	公路等级	设计速度（km/h）	警告区最小长度（m）
路段	高速公路	120，100	1600
		80，60	1000

由于施工作业区环境复杂，驾驶人不熟悉行驶路径，夜间车辆行驶速度高，加之驾驶人夜间视觉水平不高，警觉性低、反应迟钝，增加夜间施工作业区警告区的长度以及标志的间距有利于驾驶人根据实际情况及时调整行车状态。

2. 上游过渡区

上游过渡区是引导通行车辆平稳地从封闭车道上游横向过渡到缓冲区旁边未封闭车道的一段渐变段。车辆的正常行驶路径发生了改变，需要在新旧路径之间设置渠化设施，将车辆从正常行驶路径引导到新的路径上去。对于移动施工作业来说，过渡区要随着施工作业区的移动而移动。

（1）车道封闭下的上游过渡区长度。

上游过渡区是部分车道封闭，车辆合流的渐变段，其长度主要取决于车辆行驶速度和行车道宽度。现行《公路养护安全作业规程》对上游过渡区的最小长度做出了规定，如表 12-3 所示；路肩封闭渐变段的最小长度应按表 12-3 的 1/3 选取；隧道内上游过渡区的最小长度应按表 12-3 的 1.5 倍选取。上游过渡区长度设置的合理性能够根据现场的路面痕迹来进行判断，如果上游过渡区路段出现较多车辆的刹车划痕，则说明上游过渡区长度设置较短。对于急弯或者陡坡这些视距会受到限制的路段，上游过渡区的起点应设置在驾驶人视距受到影响的路段之前，适当增加上游过渡区的长度以满足驾驶人视距的要求。但是上游过渡区的长度也不宜太长，美国有研究认为，当上游过渡区的长度太长时，会造成驾驶人不能及时变更车道，容易导致车辆闯入施工作业区。

表 12-3　上游过渡区最小长度 L_s

封闭车道宽度（m） 限制车速（km/h）	3.0	3.5	3.75
80	150	170	190
70	120	140	160
60	80	100	120
50	70	90	100
40	30	40	50
30	20	30	30
20	20	20	20

（2）多车道封闭下的两个过渡区之间的间距。

高速公路改扩建施工通常会在单侧封闭多个车道，这就需要分级设置过渡区，现行《公路养护安全作业规程》规定过渡区之间路段长度为上游过渡区长度的 2 倍。

3. 缓冲区

缓冲区是上游过渡区末端与工作区之间开放或者未被占用的空间，将交通流与施工作业区隔离，为通行车辆和施工人员、设备提供了安全区域，也为失误车辆提供了一定的缓冲空间，驾驶人可以重新调整采取措施，避免车辆闯入施工作业区。对于移动施工，缓冲区应随施工区域的变化而变化。在缓冲区临近未封闭车道一侧应设置醒目的渠化设施或者防撞安全设施，引导车辆沿正确路径行驶；当两个方向的交通流在同一车道行驶时，在缓冲区临近未封闭车道一侧应使用防撞安全设施将对向交通流隔离。

缓冲区可以横向或者纵向设置，现行《公路养护安全作业规程》考虑了纵坡对缓冲区长度的影响，对纵向缓冲区长度的规定如表 12-4 所示。横向缓冲区设置在纵向缓冲区、工作区侧面，用以分离交通流和施工作业区，并为施工人员、设备提供横向安全的区域。横向缓冲区一般取 0.5m。

表 12-4　纵向缓冲区最小长度规定值

限速值（km/h）	下坡段不同坡度的纵向缓冲区长度（m）	
	≤3%	>3%
80	120	150
70	100	120
60	80	100
50	60	80
40	50	50
30、20	30	30

4. 工作区

工作区是指道路上为施工作业、施工人员、设备、材料等预留的施工操作区域，通常用渠化设施或者防撞安全设施分割出边界，阻止车辆进入。工作区可以是固定的，也可以随着施工进展而移动。

为降低高速公路施工作业区对通行交通流交通的影响，必须对工作区路段的长度进行限制，工作区最大长度的取值应综合高速公路施工范围、施工活动性质、道路平纵线形以及限速，一般不得超过 3km。由于改扩建工程会分段进行，有些工程可能会有数个间隔几公里的工作区，这就需要使用有效的交通标志等临时交通安全设施反复提示驾驶人，避免车辆错误的闯入施工作业区。根据第二章的分析，驾驶人在夜间行驶时视觉水平有限，为了保障交通流沿着指定路径行驶，在行车道与施工区域之间，沿着工作区边界相切设置清晰可见的渠化设施是一种有效手段。

5. 下游过渡区

下游过渡区设置在工作区结束处，用来引导通行车辆从工作区旁边的车道平稳过渡到原来行驶车道。我国规范与国外规范均规定下游过渡区的最小长度为 30m。如果渐变段太长，车辆行驶速度会降低，驾驶人在变换车道时可能会产生延误。另外，下游过渡区内应设置工程车辆专门的出入口，防止工程车辆与通行车辆发生交通冲突。

6. 终止区

终止区为设置于工作区下游调整车辆行车状态使驾驶人通过工作区后返回正常路径

的一段区域，应该延伸至最后的临时交通控制设施的位置。现行规范建议终止区的最小长度为 30m。

另外，高速公路改扩建施工作业区按照封闭形式可以分为 4 种类型并各自对应不同的交通组织形式。

1. 路肩封闭施工作业区

高速公路改扩建在进行新旧路基拼接施工时必须封闭路肩。这种形式的交通组织不会改变交通流的行进方向，不需要封闭车道，对通行车辆的干扰较小，但路肩封闭施工会侵占部分行车道空间，造成车道宽度变小。为保证车辆安全行驶，不会误入施工作业区，需要重新施划交通标线引导车辆，采用渠化设施进行隔离，施工作业区的设置如图 12-3 所示。

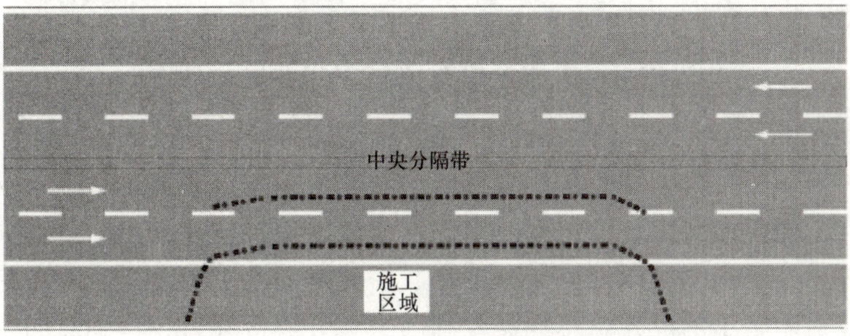

图 12-3　路肩封闭施工作业区示意图

2. 半幅部分车道封闭施工作业区

高速公路改扩建项目根据施工需要，会封闭单向部分车道，通行车辆需要在其他车道上合流后通过施工作业区，而另一方向交通流基本不受影响。为避免通行车辆误入施工作业区，一般采用锥形交通标或混凝土隔离墩等隔离设施将通行车辆与施工作业区分离开来。车道数减少、周围车辆变更车道、施工作业环境等都会对驾驶人产生影响，同时也会给交通控制管理带来不便。半幅部分车道封闭施工主要包括封闭外侧车道与硬路肩和封闭内侧车道这两种形式。

（1）外侧车道与硬路肩封闭施工作业区。

在高速公路改扩建路基施工末期通常会封闭外侧车道和硬路肩进行施工，如图 12-4 所示，车辆经过合流在施工路段行驶呈跟驰状态，超车存在困难，如果大型车比例较高，会导致车辆行驶速度和通行能力明显下降。因此，工作区不宜太长或者间歇设置施工作业区，为通行车辆提供超车路段。

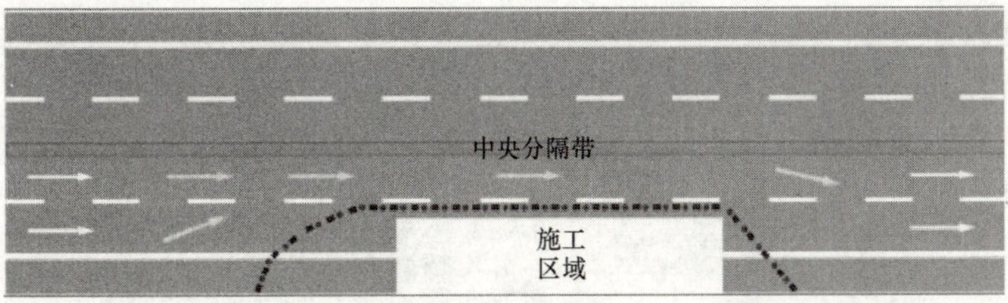

图 12-4　外侧车道与硬路肩封闭施工作业区示意图

（2）内侧车道封闭施工作业区。

在改扩建路面施工期和主体工程后期需要封闭内侧车道进行施工，如图 12-5 所示，车辆经合流后可利用外侧车道和硬路肩进行通行，如果条件允许，大货车可以在硬路肩上通行，小汽车则可在外侧车道进行超车，从而减小对通行能力的影响。

图 12-5 内侧车道封闭施工作业区示意图

3. **半幅封闭施工作业区**

半幅封闭施工是高速公路改扩建项目施工经常使用的交通组织形式，不仅可以引导车辆顺利通行，而且能够降低交通流对施工作业区的干扰，施工空间足够大，大型施工设备可以进驻，施工安全可以得到保证。在改扩建路面施工以及桥梁和上跨桥施工期间通常采用半幅封闭施工的形式，车辆需要利用中央分隔带开口转移到对向车道行驶，对双向交通流均会产生影响，容易造成高速公路服务水平的下降，不利于安全行车。为保证车辆安全、平稳通过施工作业区，防止车辆误闯施工作业区，在上游过渡区、缓冲区和工作区应设置醒目的渠化设施或者防撞安全设施；另外，对向半幅也应布设醒目的渠化设施或者防撞安全设施，将双向交通流分离。半幅封闭施工主要有以下三种具体形式，分别如图 12-6、图 12-7 和图 12-8 所示。前两种形式的半幅封闭施工作业区均借用对向半幅的一条车道，在双向交通流之间设置渠化设施或者防撞安全设施起到隔离作用，双向交通流均不允许超车，这两种形式的施工作业区只是在上过渡区车辆合流存在差异。

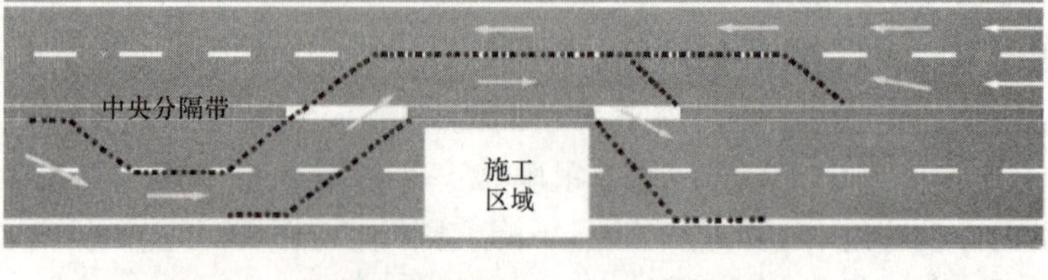

图 12-6 半幅封闭施工作业区示意图（一）

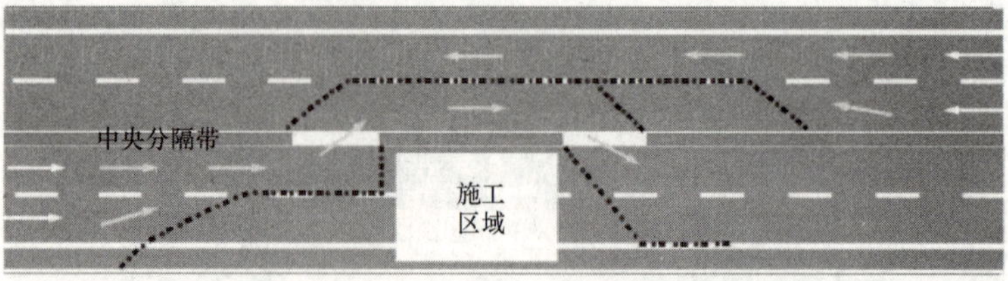

图 12-7 半幅封闭施工作业区示意图（二）

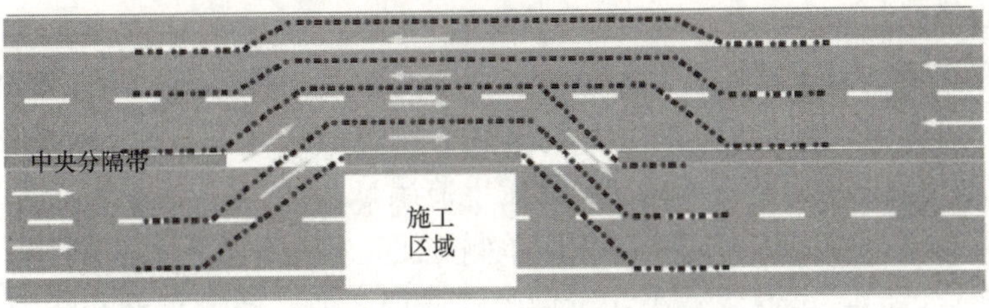

图 12-8　半幅封闭施工作业区示意图（三）

图 12-8 所示的半幅封闭施工作业区是利用对向半幅的硬路肩，并对对向半幅道路的标线进行重新施划，将对向半幅道路划分成双向四车道。这种形式的施工作业区不会出现强制合流，路段车道数也没有减少，可以有效保证通行车辆的效率，减小事故发生的风险；但这种形式的施工作业区要求高速公路的车道宽度、硬路肩宽度应足够大。

4. 全幅封闭施工作业区

全幅封闭施工相当于新建工程施工，禁止车辆在改扩建高速公路上通行，车辆可以利用周边并行的高速公路、干线公路或者临时修建的便道进行分流。全幅封闭施工适用于有平行公路来进行分流，并且分流效果较明显的情况，这样能够大大降低通行车辆与施工作业区发生交通事故的概率，同时有利于改扩建施工的全面进行。然而这种形式的施工作业区会给分流公路带来较大的交通压力，容易给沿线经济社会带来较大不良影响。我国高速公路改扩建项目施工过程中很少采用全幅封闭施工，仅在某些施工难度较大、不易进行交通组织同时交通安全难于保证的关键工点、关键路段采用全封闭施工作业区，既可以保证施工质量、节约成本，同时又能够保证通行交通流的安全。

12.4　互通式立交改扩建交通组织

互通式立交改扩建的交通组织方案应结合主线交通组织方案制定，必要时相关路段主线交通组织应配合立交改扩建方案。一般情况下，施工期间主线单向至少要保证一个车道通行，匝道至少要保证一个车道通行；一个区域内所有互通不能同时改造，一个方向驶出或驶入的匝道不能同时改造，需要始终保证在区域内有驶出和驶入主线的条件。

12.4.1　作业区交通特性

立交改扩建施工作业，特别是保持交通不中断的情况，对正常交通会产生一系列的、不同程度的影响和干扰，主要表现是道路通行能力降低、道路事故增多、交通拥挤和延误等方面。因此，对制定互通改扩建交通组织方案而言，应首先研究立交改扩建期间道路、通行车辆和驾驶员三个基本要素的交通特性。

1. 互通区道路特性

高速公路互通立交的改扩建不仅需要对匝道进行改造，还要对主线拓宽，同时为满足施工要求，还需要建设临时匝道等。与正常路况相比，道路特性发生了较大变化，应通过主线和匝道两个方面进行分析。

（1）主线道路特性。

对于转弯车辆，由于交通管制和诱导，匝道与主线连接部渐变段长度和转弯半径减小，各项指标可能低于规范值，使得转弯车辆必须提前减速，这种情况势必对主线直行车辆产生干扰，延误主线直行车辆，容易发生追尾。

对于直行车辆，主线扩宽时一般采用单侧施工，另一侧实行双向行车，在车辆驶入互通区主线作业区时，车道数减小，车辆密度增加，加之转弯车辆和路侧施工的干扰，车辆行驶速度大幅降低，延误时间增加。

（2）匝道特性。

一般情况下，匝道改扩建以原有平面线形为基础，对连接变速车道的匝道曲线半径、回旋线参数和长度等做适当的调整，使匝道与主线顺适连接。立交改扩建作业时，为了不中断车辆上下高速公路匝道，改扩建时设置临时匝道，而临时匝道出于占地、规模和使用功能等因素的考虑，其线形及路面指标降低。为了缩短工期和不中断交通，交通组织会结合施工组织，对未受影响或分期分批改扩建的匝道综合利用，这就使得部分匝道的运行条件和方式复杂，对陌生的驾驶员来讲就显得更加困难。同时，部分单车道匝道实施双向行车，对路肩及边坡改造时，会导致路侧净空不足。

2. 车辆运行及交通流特性

立交区车辆的基本运行模式为分流、合流和交织。在改扩建期间，由于临时匝道以及施工组织的影响，合流、分流、交织相对集中。合流运动、分流运动、交织运动相互影响，使立交作业区车流的复合运动贯穿于整个立交车流运动之中。

（1）车辆运行特征。

在立交改建施工作业区，车辆必须在有限的长度内完成车道变换。在分流开始前，分流车辆驾驶员看到标识牌时开始减速，做分流准备，影响跟随其后的直行车辆的正常运行。这时转弯车辆不再追求最大的行车速度，而是控制一定的速度保持与前车之间的安全距离。而直行车辆则是减速让行转弯车辆后，跟随前车运行。车辆合流时，汇入车辆在加速车道加速的同时，寻找汇入主线车流的时机，完成合流。

（2）车流运动特性。

由于立交作业区段较短，在车辆合流—分流—合流的往复运动中，主线直行车辆受到分、合流车辆等转弯车辆和车道减半的影响严重，车速大幅下降。

（3）合流的强制性。

一般情况下，车辆在施工作业区前方看到警告交通标志后，减速行车并在有限长度内寻找合适的机会变换车道，实现合流。但时常会有车辆在到达合流点之前未能实现上述操作，只能合流点被迫减速，甚至停车。驾驶员为了减少延误时间，可能会不顾拥挤和危险在合流点处进行强制车道变换，出现强制合流。

3. 驾驶员交通特性

对于途径立交施工作业区的驾驶员，他们对施工作业区环境和道路状况不甚了解，有着特殊的交通特性。

（1）驾驶员信息需求。

当驶入立交作业区时，驾驶员需要审视、判断出现及可能出现的各种情况，驾驶员在时刻注意道路两侧的各种交通标志标线以及交通安全设施的同时，还要控制合适的车速，保持安全车距，保证车辆能够从容分、合流及转弯。

在立交作业区，如果作业区标志、标线、情报板以及交通安全设施过少，驾驶员获取信息量就会不足，会导致驾驶员判断迟疑、操作犹豫造成车辆追尾或者交通拥堵；如果作业区设置交通信息量过大或过于集中时，驾驶员控制车速和方向同时还要处理的大量交通信息，容易造成驾驶疲劳或情绪烦躁，不利于驾驶员及时作出正确判断并采取相应措施。因此，在立交作业区有限空间内合理、高效地向驾驶员提供交通信息，使驾驶员能从容处理道路信息，有利于车流按照交通组织平稳运行。

(2) 驾驶员处理信息的方式。

驾驶行为是信息感知、判断决策和行为动作所组成的信息处理过程。当车辆驶入立交作业区时，由于在有限的空间内各种交通标志、交通安全措施和信息板等交通信息密度相对较大，车辆分、合流和转弯等交通状况比较复杂，这就使得驾驶员要不断地接收外界信息，在短时间内判断后做出合理的决策，从而迅速地调整车辆的运行状态和轨迹。

(3) 驾驶员的心理反应。

立交作业区有如下特点空间有限，道路信息多，车辆运行复杂，路侧施工横向干扰大等。当车辆进入作业区后，这些特点无形中就使驾驶员的压力倍增，心理紧张。在这种状态下，容易导致驾驶员操作失误。

12.4.2 作业区交通组织原则

针对立交区改扩建交通特性，在制定互通式立交交通组织方案时，应遵循以下基本原则：

(1) 安全性原则。互通式立交改扩建实施期间的交通组织方案，必须保证互通式立交区通行的车辆及人员的安全。特别是临时施工便道应该满足基本的行车要求，保证足够的侧向余宽和视距，保证行车安全。

(2) 不中断交通原则。要求施工期间力求三方面行车通畅：高速公路交通通畅、地方交通出入高速公路交通通畅、地方道路交通通畅。

(3) 少影响原则。互通式立交改扩建期间，对区域道路交通的影响是不可避免的，因此应对改扩建的作业工序进行合理的安排，分阶段实施，从而降低工程建设对道路交通的影响程度，保证施工期间各相关道路都具有可接受的服务水平，并通过合理恰当的施工组织安排，缩短施工对相关道路交通不利影响的时间。

(4) 交通组织应和互通式立交范围内的路基、路面、桥梁等改扩建施工方案和施工工艺等紧密结合，确保交通组织与施工工序协调一致。

12.4.3 单喇叭型互通式立交改扩建的交通组织方案

单喇叭型互通式立交多采用原位扩建方式进行改扩建，交通组织方案与临时便道的修建、施工分阶段实施密切相关，交通组织方案通常分为四个阶段。

1. 第一阶段

当新建单车道匝道的线位偏离现有匝道时，可在新线位进行匝道的施工，不影响现有匝道的运行；当新建匝道线位与现有匝道部分重合或完全重合时，可在现有匝道内侧新建部分临时匝道，保证匝道的通行（图 12-9）。

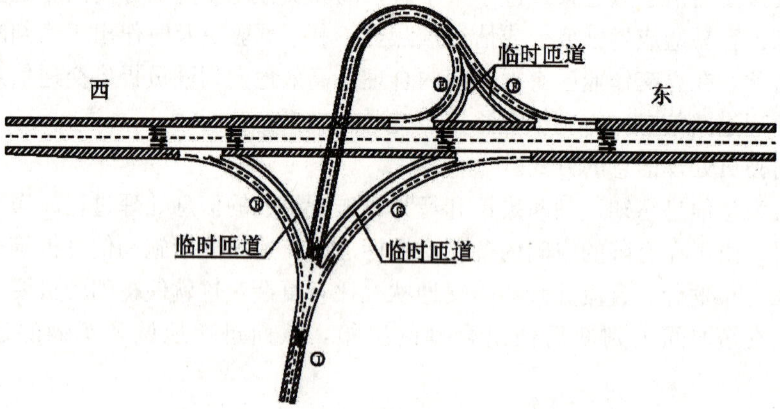

图 12-9 交通组织第一阶段

2. 第二阶段

封闭主线由西往东方向车道，将车辆移至另半幅；封闭 I 匝道右幅，进行路面施工，左幅对向行驶，中间设置隔离设施，现有半幅收费站改为 1 进 1 出，保证车辆通行，封闭 E、F、G、H 匝道进行改建，车辆移至各自临时匝道（图 12-10）。

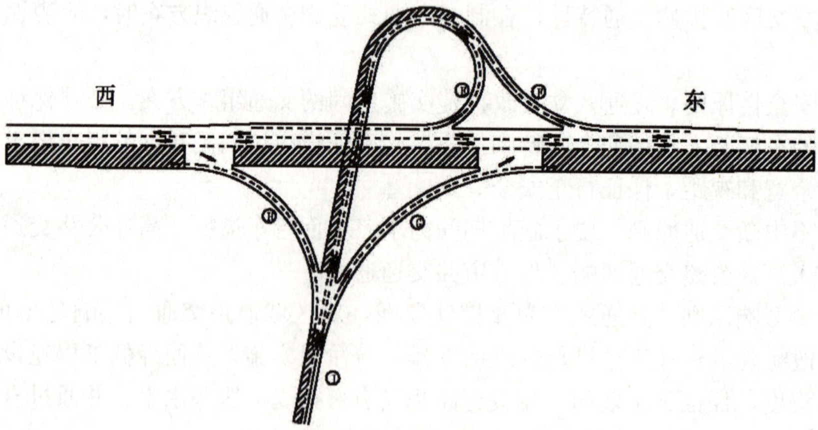

图 12-10 交通组织第二阶段

3. 第三阶段

封闭主线由东往西方向车道，将车辆移至另半幅；封闭 I 匝道左幅，进行路面施工，右幅对向行驶，中间设置隔离设施，临时匝道上的车辆转移至已建好的 E、F、G、H 匝道（图 12-11）。

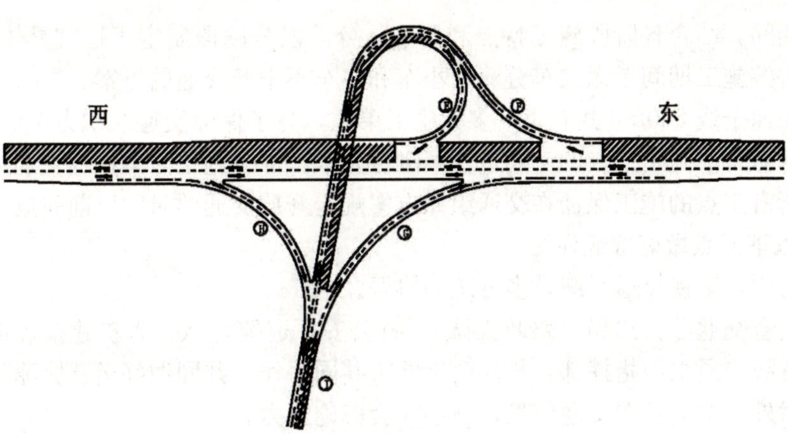

图 12-11 交通组织第三阶段

4. 第四阶段

相关交通设施配备齐全后，拆除临时立交匝道，临时保通设施，改建工程完毕，该互通立交可以正常通行车辆。

对于交通组织时临时匝道的修建，需考虑到用地及所在区域的具体情况进行布设，当立交所在区域内的平行道路、可分流道路比较多，能够暂时性的对交通进行分流时，临时匝道可不布置，改扩建工程可进行全封闭施工，提高工期及施工安全可进行上述的临时匝道布置时，可通过临时匝道进行转移交通量。

12.5 交通组织管理体系及应急预案

高速公路改扩建工程应成立由相关部门组成的交通组织管理、应急管理部门。应对施工时间可能发生的各种情况，提出相应的应急预案及保障措施。

交通组织应急预案及保障措施应包含以下内容：

(1) 对交通管理、安全保障、应急预案等方面的总体框架；

(2) 在充分考虑交警、路政、地方政府、建设单位等方面需求的基础上，对实施机构的组成提出建议；

(3) 相关的临时交通工程及沿线设施。

交通组织应急预案及保障措施应符合下列规定：

(1) 应提出应急预案的启动时机、反应机制等；

(2) 应对相关的临时交通工程及沿线设施进行设计。

同时，应针对特定时段如节假日等车辆高峰期准备相应的预案及保障措施。

以沪宁高速公路（江苏段）为例，从交通组织管理和运营保障两方面着手，卓有成效地完成了改扩建工程施工期间的“保通”工作。

1. 交通组织管理体系

为了做到改扩建实施期间交通流不中断，提前明确分流指导思想，制定合理分流方案。沪宁高速扩建前通过交通调查，分析道路交通流向特点，明确过境交通分流指导思想，并结合路网状况，制定了四级分流方案，减小了工程实施期间沪宁路的交通压力。

工程实施期间，结合各阶段施工特点和要求，分阶段分路段制定了适宜具体分流方案，例如桥梁拼接施工期间考虑大车分流、小车和客车不中断交通的方案。

沪宁高速全线 250km 共有 110 多家施工单位，为了保障交通组织方案的顺利实施，建设指挥部对每个施工工点的工期进行了刚性要求，部分施工方案根据交通组织方案进行调整，所有工点的施工保证在交通组织方案规定开放交通的时间以前完成。

2. 从以下三点做好营运保障

（1）对内，重视交通组织，多方统一协调。

成立由省交通厅公路局（路政大队）、省公安厅巡警总队、省扩建指挥部、沪宁公司组成的省级交通组织指挥部，长江两岸八市共同协作，共同做好运营保障工作。

（2）对外，主动发布交通信息，减小社会舆论压力。

为了减少交通分流及交通组织给周边交通出行带来的不便，建设单位通过媒体及时发布交通信息。沪宁高速改扩建期间，浙江、上海媒体协调配合，召开联合会议 10 次，沟通协调阶段性调整方案；省公安厅、交通厅联合发布公告 19 次，并通过情报板实施滚动发布即时信息；印制发行通行信息 3 次，共发放 500 多万份；通过广播每天 24 小时滚动播出路段信息及重要工点即时信息。

（3）保障人员及经费。

交警、路政、建设指挥部及施工单位通力合作，各单位人员协同做好交通组织管理工作，高峰时，全线有上千人上路组织交通。沪宁高速改扩建“保通”费用共计逾亿元。

参考文献

[1] Allersma, H. G. B. , Ravenswaay, L. , Vos, E. Investigation of road widening on soft soils using a small centrifuge [J]. Transportation Research Record, n 1462, Dec, 1994, 47-53.

[2] Van meurs, A. N. G, Van Den Berg, A. et. Embankment widening with the gap-method [A]. Rotterdam: Geotechnical Engineering for Transportation Infrastructure [C]. 1999, 1133-1138.

[3] 何通海. 高速公路改扩建工程软土地基段新旧路基间的衔接技术 [D]. 大连: 大连理工大学, 2003.

[4] Richard J. Deschamps, Christopher S. Hynes, Philippe Bourdeau. Embankment widening design guidelines and construction procedures [R]. Final Report, Purdue University, 1999.

[5] Saye, S. R. ; Ladd, C. C. Analysis of geotechnical instrumentation to assess foundation performance ofI-15. Geotechnical Special Publication, n 126 II, Geotechnical Engineering for Transportation Projects: Proceedings of Geo-Trans 2004, pp. 2103-2114.

[6] 黎志光. 高速公路拓宽扩建工程新老路衔接的处理措施 [J]. 广东公路交通, 2001, 68 (2): 9-10.

[7] 桂炎德, 徐立新. 沪杭甬高速公路(红垦至沽浩段)拓宽工程设计方法 [J]. 华东公路, 2001, (6): 3-6.

[8] 徐泽中, 苏超, 何良德. 锡澄与沪宁高速公路拼接段地基处理设计 [J]. 水利水电科技进展, 1998, 18 (2): 49-51.

[9] 陈海珊, 胡永深. 广佛高速公路拓宽工程的软基处理 [J]. 广东公路交通, 1998, (3).

[10] 龚晓南, 徐日庆, 郑尔康. 高速公路软弱地基处理理论与实践 [M]. 上海: 上海大学出版社, 1998.

[11] 杨顺安, 刘志欣, 张迎春, 等. 粉喷桩加固软土地基的认识 [J]. 地质科技情报, 1999, 18 (3): 75-78.

[12] 刘秋文. 高压旋喷注浆法在特殊地基处理中的应用 [J]. 水运工程, 1999, (5): 41-44.

[13] 任文宏. 高速公路软基加固技术及其效果分析 [J]. 国外公路, 2000, 20 (4): 55-57.

[14] 苏阳. 广佛高速公路扩建工程软基路段施工简介 [J]. 水运工程, 2001, (2): 51-55.

[15] 刘保健，谢永利．海南东线高速公路软基处理现场试验研究 [J]．西安公路交通大学学报，1998，18 (48)：214-217.

[16] 苏超，徐泽中，吴任．锡澄与沪宁高速公路沉降隔离墙工作状态的数值模拟 [J]．水利水电科技进展，1998，18 (2)：52-54.

[17] 苏超，徐泽中，吴任．高速公路拼接段地基参数反分析方法及其应用 [J]．河海大学学报（自然科学版），2000，28 (6)：38-42.

[18] 郭志边，余佳，徐泽中．高速公路拼接段地基处理方法的探讨 [J]．施工技术，2002，31 (1)：45-46.

[19] 谢家全，吴赞平，华斌，等．沪宁高速公路扩建工程软土地基处理和路基拼接技术研究 [J]．现代交通技术，2006，5：40-47.

[20] 顾建武，侯辉．沪宁高速公路扩建工程典型软基特性及处治对策研究 [J]．土工基础，2005，19 (3)：12-15.

[21] 刘奉桥，曲向前，聂鹏，等．沈大高速公路改扩建工程路基拓宽技术 [J]．辽宁交通科技，2005，1：1-7.

[22] 杨昊．沈大高速公路改扩建工程软土地基处理的设计思路和施工控制要点 [J]．东北公路，2002，25 (2)：11-14.

[23] 中华人民共和国行业标准．高速公路改扩建设计细则：JTG/T L11—2014 [S]．北京：人民交通出版社，2014.1.

[24] 上海市工程建设标准．高速公路改扩建设计规范：DG/T J08—2174—2015 [S]．上海：同济大学出版社，2015.

[25] 中华人民共和国行业标准．公路沥青路面设计规范：JTG D50—2006 [S]．北京：人民交通出版社，2006.

[26] 中华人民共和国行业标准．高速公路改扩建交通工程及沿线设施设计细则 (JTG/T L80—2014) [S]．北京：人民交通出版社，2014.

[27] 马君毅．冷再生旧沥青路面材料在基层中的应用研究 [D]．西安：长安大学，2005.4.

[28] 姚辉．沥青混合料冷再生技术研究 [D]．长沙：长沙理工大学，2007.4.

[29] 冯瑞玲，谢永利，方磊．柔性基础下复合地基的数值分析 [J]．中国公路学报，2003，16 (1)：40-42.

[30] 费康，刘汉龙，高玉峰．路堤下现浇薄壁管桩复合地基工作特性分析 [J]．岩土力学，2004，25 (9)：1390-1396.

[31] 陈仁朋，贾宁，陈云敏．桩承式加筋路堤受力机理及沉降分析 [J]．岩石力学与工程学报，2005，24 (23)：4358-4367.

[32] 陈泽松，夏元友，芮瑞，等．管桩加固软土路基的工作性状研究 [J]．岩石力学与工程学报，2005，24 (supp. 2)：5822-5826.

[33] 李海芳，龚晓南．路堤下复合地基沉降影响因素有限元分析 [J]．工业建筑，2005，35 (6)：49-51.

[34] 陈仁朋，徐正中，陈云敏．桩承式加筋路堤关键问题研究 [J]．中国公路学

报，2007，20（2）：7-12.

[35] 芮瑞，夏元友. 桩—网复合地基与桩承式路堤的对比数值模拟［J］. 岩土工程学报，2007，29（5）：769-772.

[36] 吴慧明，陈洪，候涛. 现行复合地基沉降理论在不同刚度地基中的应用［J］. 土工基础，2004，18（1）：16-18.

[37] 王斌，徐泽中. 预应力管桩在高速公路拼接工程软基处理中的设计方法［J］. 公路，2004，（2）：84-88.

[38] 饶为国. 软土路基控制工后沉降的疏桩设计法及其应用［J］. 工程勘察，2006，（8）：35-38.

[39] 刘堂辉. 预应力管桩在客运专线软土路基中的应用［J］. 铁道建筑，2007，（3）：63-65.

[40] 陈福全，李阿池. 桩承式加筋路堤的改进设计方法研究［J］. 岩土工程学报，2007，29（12）：1804-1808.

[41] 汪浩. 新老高速公路结合部处治技术研究［D］. 南京：东南大学，2004.

[42] 章定文. 软土地基上高速公路扩建工程变形特性研究［D］. 南京：东南大学，2004.

[43] 刘汉清，曾国东，应荣华. 老路拓宽容许工后不均匀沉降指标研究［J］. 公路，2004，3：37-38.

[44] 陈玉良，吕悦，张志宁. 公路拓宽改建工程路面纵向开裂原因及防治［J］. 华东公路，2003，（1）：38-41.

[45] 嵇如龙，等. 软土地基上路堤拓宽处理技术研究［J］. 华东公路，2002（5）：25-29.

[46] 杨卫东，陈景雅. 新老路基拼接的沉降及对策浅析［J］. 江苏交通工程，1999（专刊）：139-141.

[47] 周志刚，郑健龙. 老路拓宽设计方法的研究［J］. 长沙交通学院学报，1995，11（3）：50-56.

[48] 汪浩，黄晓明. 软土地基上高速公路拓宽的有限元分析［J］. 公路交通科技，2004，13（1）：21-24.

[49] 章定文. 软土地基上高速公路扩建工程变形特性研究［D］. 南京：东南大学，2004.

[50] 钱劲松，孙力彤，管旭日. 老路拓宽差异沉降计算的研究［J］. 兰州铁道学院学报（自然科学版），2003，22（4）：91-94.

[51] 同济大学，上海市政工程设计研究总院. 软土地区高速公路拓宽路基路面关键技术研究［R］. 2010.

[52] 朱银乐，袁胜强. 桩承式路堤在软土地基公路拓宽工程中的应用［J］. 上海公路，2007（4）：9-12.

[53] 徐健，袁胜强. 沪宁高速公路（上海段）拓宽工程设计［J］. 上海公路，2009（4）：11-17.

[54] 朱银乐，袁胜强. 高速公路拓宽改建工程路基拼接设计与应用 [J]. 上海公路，2009 (1)：1-4.

[55] 袁胜强，朱银乐. 沪宁高速公路（上海段）拓宽工程设计的几个关键问题 [J]. 上海公路，2009 (1)：5-10.

[56] 袁胜强，朱银乐. 既有高速公路纵断面线形的拟合技术 [J]. 城市道桥与防洪，2009 (6)：7-9.

[57] 袁胜强，徐健，朱银乐. 拓建高速公路纵断面设计的两个重要技术问题 [J]. 上海公路，2010 (1)：1-3.

[58] 吕红振. 高速公路改扩建施工期交通组织 [D]. 西安：长安大学，2011.6.

[59] 张圣. 高速公路改扩建施工作业区夜间临时交通安全设施设置研究 [D]. 西安：长安大学，2015.6.

[60] 冯波. 高速公路互通式立交改扩建交通组织及安全保障措施研究 [D]. 西安：长安大学，2012.6.

[61] 刘海强，刘胜斌，吴涛. 山区高速公路改扩建工程中互通式立交设计探讨 [J]. 公路交通科技，2013，(5)：13-15.

[62] 孙绪宝. 高速公路互通式立交改扩建方案研究 [D]. 西安：长安大学，2011.6.

[63] 王峰. 单喇叭型互通式立交改扩建关键技术研究 [D]. 西安：长安大学，2011.6.

[64] 中华人民共和国行业标准. 气泡混合轻质土填筑工程技术规程：CJJ/T 177—2012 [S]. 北京：中国建筑工业出版社，2012.4

[65] 徐强. 高速公路改扩建工程桥涵结构物拼接技术 [M]. 北京：人民交通出版社，2011：43-53.

[66] 徐强. 高速公路改扩建工程技术与实践 [M]. 北京：人民交通出版社，2010：55-58.

[67] 王世杰，龙志刚. 高速公路拓宽技术探讨 [J]. 公路工程与运输，2005 (10)：113-115.

[68] 王宗华. 高速公路桥梁加宽拼接技术优化研究 [D]. 西安：长安大学，2009.

[69] 吴文清，叶见曙，等. 高速公路扩建中桥梁拓宽现状与方案分析 [J]. 中外公路，2007，27 (6)：100-104.

[70] 梁志广，周滨，袁磊. 公路桥梁拓宽拼接方式综述 [J]. 中国市政工程，2008，6：17-19.

[71] 黄智华，吴永进，苏静. 浅谈桥梁整体同步顶升施工 [J]. 公路交通科技，2008，11：72-74.

[72] 单成林，奉翔. 桥梁加固改造中的整体顶升施工 [J]. 中南公路工程，2002，27 (3)：79-80.

[73] 中华人民共和国行业标准. 公路养护技术规范：JTG H10—2009 [S]. 北京：人民交通出版社，2009.

[74] 中华人民共和国行业标准. 公路桥梁承载能力检测评定规程：JTG/T J21—2011 [S]. 北京：人民交通出版社，2011.